浙江省2011协同创新中心
"非洲研究与中非合作协同创新中心"研究项目
（15FZZX10YB）

中非经贸发展丛书

RESEARCH ON
INVESTMENT ENVIRONMENT OF
AFRICAN COUNTRIES

非洲国家投资
环境研究

谢守红 甘晨 王庆 著

中国财经出版传媒集团

经济科学出版社
Economic Science Press

图书在版编目（CIP）数据

非洲国家投资环境研究/谢守红，甘晨，王庆著. —北京：
经济科学出版社，2017.3
（中非经贸发展丛书）
ISBN 978 - 7 - 5141 - 7755 - 8

Ⅰ.①非…　Ⅱ.①谢…②甘…③王…　Ⅲ.①投资环境 –
研究 – 非洲　Ⅳ.①F14

中国版本图书馆 CIP 数据核字（2017）第 025740 号

责任编辑：周国强
责任校对：刘　昕
责任印制：邱　天

非洲国家投资环境研究

谢守红　甘　晨　王　庆　著
经济科学出版社出版、发行　新华书店经销
社址：北京市海淀区阜成路甲 28 号　邮编：100142
总编部电话：010 – 88191217　发行部电话：010 – 88191522
网址：www. esp. com. cn
电子邮件：esp@ esp. com. cn
天猫网店：经济科学出版社旗舰店
网址：http://jjkxcbs. tmall. com
北京密兴印刷有限公司印装
710 × 1000　16 开　27. 25 印张　470000 字
2017 年 3 月第 1 版　2017 年 3 月第 1 次印刷
ISBN 978 – 7 –5141 –7755 –8　定价：96. 00 元
（图书出现印装问题，本社负责调换。电话：**010 – 88191510**）
（版权所有　侵权必究　举报电话：010 –88191586
电子邮箱：**dbts@esp. com. cn**）

总　序

　　非洲，这个占全球总陆地面积 20.4%、拥有 3020 万平方公里、总人口达 11.55 亿的世界第二大洲，是一个资源丰富、文明悠久、文化多元、市场潜力巨大的神奇之地；中国，这个拥有 960 多万平方公里陆地面积、300 多万平方公里海洋国土面积、13 亿多人口、世界上第二大经济体的发展中国家，是一个具有 5000 多年历史、文化灿烂、美丽富饶的文明古国。中国和非洲，相距遥远，但中非人民交往的历史悠久，源远流长，都曾遭受过殖民主义的压迫和剥削。相同的经历，相同的信念，在谋求独立和自由的过程中，中非人民相互支持，相互砥砺，都希望尽快发展经济，通过工业化和现代化，实现国家的富裕和人民的幸福。加强中非经贸合作，实现中非双方的优势互补、合作共赢、共同发展，进而促进世界更加均衡、稳定与繁荣，最终实现"中国梦"和"非洲梦"，可谓一举多赢，功在千秋。

　　中国经过 30 多年改革开放，经济高速发展，2016 年国民生产总值将超过 70 万亿元人民币。中国发展的经验，对广大发展中的非洲国家有可资借鉴的地方。在 2015 年 12 月南非约翰内斯堡举行的中非合作论坛第二次峰会上，中国国家主席习近平发表演讲，宣布了关于工业化、农业现代化等一系列对非合作重大新举措，阐述对中非关系以及重大国际和地区问题的看法和主张，并对未来中非各领域合作进行全面规划。中非关系提升为全面战略合作伙伴关系，中非经贸合作面临着新的机遇，双方秉持共同发展、集约发展、绿色发展、安全发展、开放发展五大合作发展理念，经贸合作迈向深度和广度。中国已经连续六年稳居非洲第一大贸易伙伴国，2014 年中非贸易额达到 2200

亿美元，是 2000 年中非合作论坛启动时的 22 倍。非洲也已成为中国企业在海外的第二大承包工程市场和新兴投资目的地。尤其是中国正在大力推进"一带一路"建设，实施经济结构调整和产业转型升级；非洲国家普遍谋求推进工业化和现代化，努力建设以包容性增长和可持续发展为基础的繁荣非洲。双方发展目标相互呼应，为更高水平的经贸合作与发展提供了新的契机。

发展中非经贸，谋求经济转型，积极推进工业化进程的广大非洲国家，有现实的迫切需求；而拥有 220 多种主要工业品产量位居全球第一、已经进入工业化成熟阶段、经济高速发展的中国，有条件、有能力成为非洲工业化进程中最理想的合作伙伴。但是，中非经贸如何发展、怎样发展、通过什么路径发展，从理论上进行深入阐释和研究的成果还比较少。面对国情不同、文化有别的中国和非洲国家发展经贸关系，有大量的理论和实践问题需要探索和研究，中非经贸发展才能有序、有效、有利、共赢。浙江师范大学以非洲研究作为自己的特色之一，在历史学、政治学、社会学等领域取得了一系列研究成果，但在中非经贸研究领域还比较薄弱。浙江师范大学经济与管理学院、中非国际商学院不但承担了为非洲国家培养经贸人才的重任，而且突出中非经贸特色，致力于中非经贸理论和实践方面的研究，在中非金融、贸易、产能合作、文化等各个方面取得了一批研究成果。学院每年举办中非经贸论坛、中非产能合作论坛等研讨会，设置了中非经贸研究课题，邀请中非经贸领域的国内外专家来学院进行交流和讲学，力求在中非经贸研究领域取得进展，产生影响，做出自己的特色。出版这套丛书，就是实现这个目标的一种努力！

"中非经贸发展丛书"尽管风格各异，研究视角不同，见解相互争鸣，但用这种方式和学术界展开对话和讨论，有利于中非经贸研究的深入和繁荣。趁丛书即将在经济科学出版社出版之际，写上以上寄语，是为序。

浙江师范大学经济与管理学院
院长、教授、博士生导师
唐任伍
二〇一六年十一月

前　言

非洲，位于东半球西部，西临大西洋，东靠印度洋，纵跨赤道南北。非洲陆地面积为 3020 万平方公里，约占世界陆地总面积的 20.4%，是世界上仅次于亚洲的第二大洲。2014 年，非洲总人口 11.55 亿，占世界总人口的 16.02%，GDP 为 24989.62 亿美元，占全球 GDP 的 3.21%。

近年来，随着经济全球化的不断深入，非洲国家逐步融入世界发展的大潮流中，陆续出台各种优惠政策，吸引世界各地的投资者前来投资，非洲利用投资呈现快速增长的态势，已经成为世界各国政府和企业界关注的热点。非洲国家的投资环境如何，是实施对非投资需要考虑的首要问题。目前，非洲有 54 个国家，各个国家的投资环境差异非常大，因此，对非投资既面临难得的机遇，同时又充满风险。在全世界对非洲投资实现快速增长的背景下，投资国别和区位的选择则成为重要的研究课题。

投资环境是指一定时间和空间范围内，能够影响或制约投资活动及其结果的各种因素的总和，是包括政治、经济、自然、社会等诸方面因素的复杂系统。投资环境包括投资硬环境和投资软环境，硬环境是指投资环境中有形的要素的总和，例如自然资源、地理区位、基础设施和经济基础等物质环境，而软环境指无形的投资环境要素，其内容比较广泛，包括政治制度、法律法规、社会观念、风俗习惯以及政府的办事效率等。硬环境是投资环境的物质基础，而软环境可以提高或降低硬环境的吸引力，它们之间相互交织、相互作用、相互影响、相互制约而形成一个有机整体。

本书力图从投资环境的科学内涵出发，多方面地收集数据资料，全面审视和评价非洲国家的投资环境，全方位地分析非洲各个国家的优势和劣势、地位和差距，将有助于关注非洲发展和投资的政府官员、专家学者和企业家等更好地了解非洲，为科学制定对非洲国家的投资战略提供参考借鉴。

本书内容共分四大部分：第一部分是非洲国家经济发展概况，包括非洲的资源与环境基础、非洲的农业、非洲的工业、非洲的交通、非洲的旅游业、非洲的对外贸易、非洲的利用外资和非洲区域合作及一体化发展等；第二部分是非洲国家社会发展概况，包括非洲的人口、非洲的教育、非洲的政治、非洲的文化发展和非洲城镇化等；第三部分是对非洲国家投资环境进行评价，首先讨论了评价指标体系的构建和评价方法的选择，接着运用熵权法对非洲国家投资环境进行综合评价和单项评价，分析了其空间差异，并对非洲国家投资环境进行分类；第四部分是对非洲12个重点国家的投资环境进行个别的阐述。

本书的写作得到了浙江省 2011 协同创新中心"非洲研究与中非合作协同创新中心"研究项目（15FZZX10YB）和浙江师范大学经济与管理学院"中非经贸发展"研究项目的资助。本书的写作分工如下：第一章，谢守红、王庆；第二章，王庆、谢守红；第三章，谢守红、甘晨；第四章，甘晨、谢守红。我的研究生王平、张诗瑶和于海影参加了课题调研、资料收集和数据处理工作，甘晨在翻译历年的《非洲统计年鉴》和数据处理方面付出了艰辛的劳动。在本书写作过程中，得到了许多领导、同事和朋友的支持和帮助。浙江师范大学非洲研究院院长、长江学者刘鸿武教授，科学研究院副院长黄中伟教授，经济与管理学院唐任伍院长、王利民书记、段文奇副院长等给予了大力支持和关心，为研究工作的顺利开展提供了有利条件。北京大学非洲研究中心主任李安山教授，浙江师范大学经济与管理学院朱华友教授、葛深渭教授、林云副教授、郑小碧博士等对研究工作提供了帮助，并提出了许多中肯的建议，在此一并表示衷心感谢！本书参考和借鉴了国内外众多学者的研究成果，在此向这些学者表示诚挚的谢意！

本书可供经济学、管理学相关专业人士教学和研究参考，也可供有关政府部门工作人员和企业管理人员阅读参考，特别是对有志于非洲投资和贸易的企业家而言，本书可作为其了解非洲国家投资环境，从而进行投资和贸易决策的重要参考。由于作者水平和精力的限制，书中疏漏错误和不足之处在所难免，恳请广大读者批评指正。

谢守红

2016 年 11 月

目　录
CONTENTS

第一章 非洲国家的经济发展

第一节 非洲的资源与环境基础

一、非洲自然环境

1. 地理位置。

非洲，全称为"阿非利加洲"，位于东半球西部，西临大西洋，东靠印度洋，纵跨赤道南北。北隔地中海及直布罗陀海峡同欧洲相望，东北与亚洲之间隔着狭窄的红海，并以苏伊士运河为陆上分界。陆地面积为3020万平方公里，是世界上第二大洲。非洲大陆北至吉兰角（本赛卡角）（东经9°50′，北纬37°21′），南至厄加勒斯角（东经20°02′，南纬34°51′），东至哈丰角（东经51°24′，北纬10°27′），西至佛得角（西经17°33′，北纬14°45′）。

非洲大陆整体的轮廓北宽南窄，呈不等边三角形状。南北最长约8000千米，东西最宽约7500千米。大陆海岸线全长30500千米。海岸比较平直，缺少海湾与半岛。非洲是世界各洲中岛屿数量最少的一个洲。除马达加斯加岛（世界第四大岛）外，其余多为小岛。岛屿总面积约62万平方千米，占全洲总面积不到3%。

2. 地形特征。

非洲的地形较为单一，地貌以高原为主，地势大致以刚果民主共和国境内的刚果河河口至埃塞俄比亚高原北部边缘一线为界，由东南向西北倾斜。明显的山脉仅限于南北两端。全洲平均海拔750米。海拔500～1000米的高原占全洲面积60%以上。海拔2000米以上的山地和高原约占全洲面积5%，海拔200米以下的平原多分布在沿海地带。重要地形区有撒哈拉沙漠、刚果盆地、东非高原、南非高原、埃塞俄比亚高原（非洲屋脊）、东非大裂谷（地球的伤痕）。非洲沙漠广布，面积约占全非洲大陆的1/3。其中，撒哈拉沙漠面积达945万平方千米，是世界最大的沙质荒漠。

3. 气候条件。

非洲气候总体呈纬向地带性分布，有纬度低，气温高的特征，且干燥地区广，常年湿润地区面积小。具体如下：①全年气温高，有"热带大陆"之称，主要原因在于赤道穿过大陆中部，位于南北纬30°之间，主要是热带和亚热带气候，没有温带和寒带。②气候带呈明显带状分布，且南北对称，原因在于赤道穿过大陆中部，整个大陆基本被赤道均分为两部分。因此，纬度地带性明显。主要有8种气候类型：亚热带夏干气候、亚热带湿润气候、亚热带干旱与半干旱气候、热带干旱气候、热带干湿气候、赤道多雨气候、热带海洋性气候和高山气候。③气候炎热干燥，主要原因在于中部穿越赤道，大部分地区位于低纬地区，日照时间长，气温高，降水量较少，炎热干燥。

4. 水文条件。

非洲的外流区域约占全洲面积的68%，可分为大西洋外流水系和印度洋外流水系。大西洋外流水系有尼罗河、刚果河、沃尔特河、尼日尔河、塞内加尔河和奥兰治河等。尼罗河全长6853千米，是世界第一长河。刚果河的流域面积和流量位居世界第二位。印度洋外流水系包括赞比西河、林波波河、朱巴河及非洲东海岸的短小河流、马达加斯加岛上的河流等。非洲的内流水系及无流区约占全洲总面积的32%，其中河系健全的仅有乍得湖流域。奥卡万戈河流域和撒哈拉沙漠十分干旱，多间歇河。非洲的河流季节变化大，多峡谷、急流和瀑布。水能资源虽然丰富，但是不利于航运。非洲湖泊集中分布于东非高原，少量散布在内陆盆地。高原湖泊多为断层湖，狭长水深，呈串珠状排列于东非大裂谷带，其中维多利亚湖是非洲最大湖泊和世界第二大淡水湖，坦噶尼喀湖是世界第二深湖。

5. 土壤条件。

非洲土壤的成土母质主要是火山岩、花岗岩、变质岩和沉积岩的风化物，小部分是风积和河、湖沉积物。非洲的地带性土壤有：①砖红壤、红壤与砖红壤化红壤，它们分布与赤道热带多雨气候区，土壤呈酸性，呈深红色。②热带及亚热带红棕色土和棕色土、半干旱红棕色土和棕色土，主要分布在草原地带，土壤呈弱酸性至中性。③热带及亚热带漠壤土，这类土壤发育在沙漠区内。④地中海型红色土、棕色土和栗钙土，它们分布在沿海地带，呈中性，肥力中等。⑤棕色土分布在较高的山地区，肥力较高。⑥栗钙土分布在较干燥的高原山地，有机质含量较高，肥力中等；非洲的非地带性土壤主要有盐碱土、草甸土、沼泽土、火山灰土、沙土和石质土、冲积土等。

6. 生物条件。

非洲的植被带的分布和气候类型的分布大体保持一致，都具有以赤道为中轴、南北两半球对应，向高纬度递交分布的趋势。非洲中部的植被类型是赤道热带雨林，南北两侧依次排列着热带稀树草原、热带草原、热带荒漠、亚热带草原和亚热带常绿硬叶林，山地高原也具有明显的垂直带谱结构。非洲动物类型可分为以下几个动物地理区：①赤道热带森林动物区。区内气候暖湿，植物繁茂，动物的种类繁多，生活习性也各有不同。②热带草原动物区。区内既有斑马、犀牛、长颈鹿、河马等食草兽，也有狮、猎豹、豹、鬣狗等食肉兽。③热带荒漠动物区。本区的典型动物有单峰驼、野驴、瞪羚、斑马、鸵鸟。④亚热带森林动物区。本区的代表动物是北非蛮羊和无尾猿。此外尚有鹿、熊、鼹鼠等其他动物。⑤马达加斯加动物区。本区的特点是有大量的树栖的食果动物，缺少大型的食草动物和食肉动物。

二、非洲地理分区

非洲共有 54 个国家，习惯上分为北非、东非、西非、中非和南非五个地区。北非包括埃及、苏丹、南苏丹、利比亚、突尼斯、阿尔及利亚、摩洛哥、亚速尔群岛（葡）和马德拉群岛（葡），面积 820 多万平方千米，阿拉伯人占 70% 左右。东非包括埃塞俄比亚、厄立特里亚、索马里、吉布提、肯尼亚、坦桑尼亚、乌干达、卢旺达、布隆迪和塞舌尔。有时也把苏丹作为东非的一部分。东非面积约 370 万平方千米。西非包括毛里塔尼亚、西撒哈拉、塞内加尔、冈比亚、马里、布基纳法索、几内亚、几内亚比绍、佛得角、塞拉利昂、利比里亚、科特迪瓦、加纳、多哥、贝宁、尼日尔、尼日利亚和加那利群岛（西），面积 656 万多平方千米。其中黑人约占总人口的 85%，其余多为阿拉伯人。中非包括乍得、中非、喀麦隆、赤道几内亚、加蓬、刚果、刚果（金）、圣多美和普林西比、赞比亚、津巴布韦和马拉维，面积 536 万多平方千米。南非包括赞比亚、安哥拉、津巴布韦、马拉维、莫桑比克、博茨瓦纳、纳米比亚、南非、斯威士兰、莱索托、马达加斯加、科摩罗、毛里求斯、留尼汪岛（法）、圣赫勒拿岛（英）和阿森松岛（英）等，面积 661

万多平方千米。

三、非洲水资源

水是自然资源中最重要的、最不可或缺的资源。如果没有水，无论是社会经济发展，还是环境多样性都不可能维持下去。联合国教科文组织总干事博科娃指出，在当今世界上，约8.84亿人无法获得安全的饮用水，其中大部分人生活在非洲。全球总水量的9%分布于非洲大陆，世界重要河流的1/3也分布于此，这些足以说明水资源短缺并不是非洲水资源危机出现的根源。除了水资源分布不均，水利基础设施建设投资不足、水资源利用不合理、水资源管理能力有限以及近些年气候变化等都是造成非洲国家水资源危机加剧的原因。

非洲共有九大流域：刚果河、尼罗河、乍得湖、尼日尔河、赞比西河、奥兰治河、塞内加尔河、林波波河和沃尔特河，流域面积占非洲大陆面积的一半左右。非洲现有水库总库容约为7980亿 m^3，在22条河流上共修建了53座水库。在这九大流域修建了31座水库，总库容为6432亿 m^3。非洲水库分布极不均匀，南部地区水库数量占非洲水库总数的39%，几内亚湾地区占29%，北部地区占24%；中部地区和印度洋群岛是降雨量最大的地区，水库数量最少。非洲最大的5座水库的总库容达5650亿 m^3，占非洲水库总库容的71%。其中，属于赞比亚和津巴布韦两国所有的卡里巴水库库容最大，为1880亿 m^3。

整个非洲的可再生水资源量约为3930km^3，不足全球可再生资源的9%，且区域之间存在差异。中部地区的优势比较明显，18%的面积上拥有48%的非洲可再生水资源；北部地区处于最不利地位，拥有的可再生水资源不足1%。国家之间也存在着明显的差异，刚果（金）有900km^3的可再生水资源，占非洲总量的23%，而利比亚只有这些资源的0.01%。非洲可再生水资源的利用率比较低，包括污水处理以及海水淡化等。目前，非洲一些国家正在研究和实施可再生水资源的利用，如在城市周边地区利用污水处理技术进行农业灌溉等。可再生水资源利用率比较高的国家有：埃及、南非、利比亚、阿尔及利亚、突尼斯、摩洛哥、毛里塔尼亚、佛得角、塞舌尔和吉布提。

非洲大陆水资源的供需严重失衡，需求量逐渐增加的同时可用的水资源量却在不断减少。非洲水资源年消耗量为 2150 亿 m^3，相当于水资源年补给量的 5.5%，占世界用水量的 6%。全世界有 41 亿人缺水，其中非洲占有 4.5 亿人。据联合国教科文组织统计，非洲目前约有 3 亿人遭遇水短缺，预计在未来的 20 年里，非洲至少有 5 亿人口继续遭遇水短缺。另外，非洲每年有 6000 人死于与水资源危机相关的疾病。

非洲大约有 4645 km^3 的淡水资源，其中 30% 是地下水，而非洲大陆主要的城市、乡镇、社区绝大多数依赖于地下水去满足生活及工农业用水。从不同地区看，中非和西非有 13 个国家的居民享受足够的供水，形成对比的是有 16 个非洲国家经历长期缺水，9 个国家经历经常性缺水和干旱，其中 9 个北非和东非国家经历着严重的水资源危机。总的来说，非洲约有一半的国家都在经历着水资源危机。

四、非洲矿产资源

非洲大陆素有"世界原材料仓库"之称，世界上已探明的 150 种地下矿产资源在非洲都有储藏，尤其是与高科技产业密切相关的 50 多种稀有矿物质在非洲也堪称储藏量巨大。金、金刚石、铂族金属、铝土矿和铀等重要矿产资源储量均居世界首位，铬、锰、钒、钛、铜、镍、石油和天然气等矿产资源也非常丰富。非洲大多数矿床品位高、分布连续、易于规模化开采。近年来，非洲的几内亚湾沿海和近海油气资源方面又有重大发现，推动了非洲经济的发展。再加上非洲国家政治趋向稳定，经济稳步发展，社会治安也有所好转和改善，以及非洲法律、体制机制的不断完善，这些都为吸引投资创造了良好的条件。许多非洲国家还出台了一系列优惠政策，如主动谋求开发主体多元化和私有化的改革等都给国际矿业公司与非洲的矿产资源合作带来了难得的发展机遇。

1. 有色金属。

非洲大陆蕴藏着丰富的有色金属矿产，许多矿种近年来产量趋于增长。但由于有色金属种类较多，这里只介绍铜矿、铀矿、钴矿、铝矾土、铅矿等。

非洲铜矿资源十分丰富，20 世纪初非洲铜矿探明的储量为 6300 万吨，潜在储量 1200 万吨到 1.1 亿吨，约占全世界已探明的铜金属储量的 13.5%，非洲已探明有铜矿的国家达到 30 多个。非洲地区的铜矿资源分布也具有相对集中的特点，主要分布在著名的刚果（金）—赞比亚铜（钴）矿带中，其铜储量占非洲铜矿总储量的 83% 左右。其余的铜矿资源主要分布在南非、纳米比亚、摩洛哥、博茨瓦纳、乌干达和津巴布韦等国。赞比亚地处非洲中部，铜是其最主要的矿产资源，在世界上享有"铜矿之国"的美誉。目前，赞比亚已探明铜矿石储量为 20 亿吨，铜金属储量 5000 万吨。刚果（金）在世界上享有"世界原料仓库"和"地质奇迹"之称，也是非洲主要的产铜国家。2013 年，赞比亚的铜产量大幅上升，年产 92 万吨。刚果（金）异军突起，铜产量比 2012 年增加 52%，年产达到 94 万吨，首次超过赞比亚，成为第一大产铜国。

非洲铀资源量十分丰富。目前，非洲发现的铀资源量占世界铀资源量的 16% 以上。纳米比亚、尼日尔、坦桑尼亚、拉维和南非是目前非洲主要的产铀国家。但近年来，非洲的铀矿产量呈下降趋势。1977 年产量为 9404 吨，占全球的比重为 22%，之后逐渐下降，2007 年非洲铀矿产量下降到占全球的 17%。

非洲钴矿储量在全球排名第一。2011 年非洲钴矿山产量为 71200 吨，占世界总量的 67%。钴矿主要分布在刚果（金）和赞比亚两国。2000 年，非洲仅刚果（金）和赞比亚两国初步探明储量约为 236 万吨［刚果（金）250 万吨、赞比亚 36 万吨］，约占全球比重为 30.7%。到了 2008 年上述两国已经探明的储量占世界储量比重的 51.7%，占全球储量基础的 41.4%。2011 年，刚果（金）成为非洲最大的钴矿生产国，产量高达 6 万吨，占非洲总量的 84.3%。非洲其余钴矿分布在摩洛哥和西撒哈拉、津巴布韦、马达加斯加、赞比亚、博茨瓦纳和南非等国家。

非洲的铝土矿储量丰富，2011 年非洲铝土矿产量约 1730 万吨，占世界总量的 7%，其中 88% 产自几内亚，该国产量列当年世界第五位，8% 产自塞拉利昂，2% 产自加纳。2011 ~ 2018 年非洲铝土矿产量年均增长将达 11%。

2. 贵金属和黑色金属。

非洲贵金属的储量及生产在全球占有非常重要的地位。相对于贵金属，黑色金属（铁、铬和锰）在非洲的储量没有引起各国的高度关注。铁矿在非洲的已探明储量在世界总量中略显贫乏，铬矿在非洲大陆分布集中，锰矿在非洲储量巨大。

金矿在非洲分布广泛，储藏丰富。金矿是非洲矿产资源中非常重要的资源之一，2011年，非洲产金514吨，占世界总量的19%。南非是非洲产金最多的国家，也是世界产金最多的国家，南非的产金量占非洲总量的35%。加纳为非洲第二大黄金资源国，南非的产金量占非洲总量的16%。金矿床主要分布在该国南部。其次是坦桑尼亚（占9%）、马里（占7%）、布基纳法索（占6%）和苏丹（占5%），以及厄立特里亚、埃塞俄比亚、坦桑尼亚和津巴布韦等。

非洲的铂族金属矿储藏丰富且分布集中。南非和津巴布韦是非洲铂族金属矿的主要产地。2011年，非铂族金属中的主要矿产品铂和钯的产量分别占非洲总量的91%和93%。津巴布韦的铂和钯产量分别占9%和7%。2013年，南非产铂约140吨，占世界总量的72.9%；津巴布韦铂产量约为12吨，占世界总量的6.3%。

黑色金属是工业上对铁、铬和锰的统称。非洲铁矿资源主要分布在南非共和国，其次分布在刚果（金）、加蓬、几内亚、毛里塔尼亚、摩洛哥、埃及、坦桑尼亚、津巴布韦、安哥拉、利比里亚等国。南非的铁矿石储量占非洲铁矿石总储量的40%以上，有10亿吨，主要分布在该国中北部地区，主要为沉积变质型铁矿床，部分为岩浆型（钒—钛磁铁矿型）铁矿床。非洲其他地区的铁矿床也主要为沉积变质型，部分铁矿床形成于显生宙，主要为沉积型赤铁矿床。但总的来说，非洲的铁矿产量占世界总产量的比重较少。

铬矿在非洲大陆蕴藏非常丰富，分布也很集中，2007年非洲铬铁矿产量为1047.2万吨，占世界总量的48.71%。主要分布在南非和津巴布韦两国。南非是非洲最大的铬铁矿生产国，也是世界最大的铬铁矿生产国。2007年产量为964.7万吨，占非洲总产量的87.53%，占世界总产量的44.8%。2009年南非铬铁矿的产量有所下降，占世界总产量的42%。津巴布韦是非洲第二大铬铁矿生产国，占非洲总量的 10.22%.

锰矿在非洲大陆的储藏量也相当丰富，但很集中，主要分布在南非和加蓬两国。南非是非洲也是世界最大的锰矿资源国，储量 37000 万吨，主要分布在该国中北部地区。加蓬是非洲第二大锰资源国，储量 4500 万吨，主要分布在加蓬中南部地区。加纳为非洲第三大锰矿资源国，储量 2000 万吨，主要分布在该国南部地区。

3. 非金属矿产和油气资源。

非洲的非金属矿产资源及其生成条件称得上世界上最富饶的大陆，特别是磷矿石和金刚石，无论储量和产量都居世界前列。非洲的非金属矿开采和加工的品种主要的磷矿石、金刚石、煤、石棉和大理石等。

金刚石在非洲资源丰富，分布广泛。主要分布在刚果（金）、南非、纳米比亚和博茨瓦纳等国，在中非共和国、安哥拉、坦桑尼亚、加纳、科特迪瓦、塞拉利昂、几内亚和埃塞俄比亚等国也有分布。以刚果（金）、博茨瓦纳和南非三国储量最为丰富，分别为 1.5 亿克拉、1.3 亿克拉和 0.7 亿克拉。据统计，2014 年南非共拥有 159 个金刚石矿山项目，其中有 32 个矿山项目正在进行开采，5 个项目正在进行扩建。博茨瓦纳迄今共发现了 250 多个金伯利岩岩筒，其中，含金刚石的金伯利岩岩筒主要位于奥拉帕和朱瓦能地区。博茨瓦纳金刚石质量好、宝石级金刚石占 75% 以上，是世界上最大的钻石生产国。2014 年，博茨瓦纳共拥有 49 个金刚石矿山项目。

随着石油和天然气的陆续探明，东非成为全球油气开发的新热点。非洲东海岸从亚丁湾以南的索马里起，沿东非海岸向南至莫桑比克，涉及的主要国家有埃塞俄比亚、索马里、肯尼亚、坦桑尼亚、莫桑比克和马达加斯加；涉及的盆地（或三角洲/海槽）有 13 个：索科特拉盆地、萨加莱盆地、古班盆地、索马里盆地、拉穆盆地、坦桑尼亚盆地、鲁伍马盆地、赞比西三角洲、莫桑比克盆地、纳塔尔海槽、安比卢贝盆地、穆龙达瓦盆地和马任加盆地。13 个盆地中目前仅有 6 个重点盆地有油气发现，分别是索马里、拉穆、坦桑尼亚滨海、鲁伍马、莫桑比克和穆龙达瓦盆地，累计探明石油储量 $32.33 \times 10^{6} t$，天然气储量 $5586.1 \times 10^{8} m^{3}$，合计约 $4.827 \times 10^{8} t$ 油当量。2013 年，在肯尼亚的图尔卡纳地区探得油气储量达 3.68 亿桶。2014 年在肯尼亚的基查（Locichar）盆地发现油气储量达 6 亿桶，在东非大裂谷发现油气储量达 100 亿桶。在坦桑尼克发现的天然气储量达 44 万立方英尺。

中非油气产量势头良好。2013 年 8 月刚果在海上油田发现了储量达 6 亿桶的石油。中非的喀麦隆近海的盆地中已经探明石油储量达 1.55 亿桶油的凝析油，预计可供开采量达到 2000 万桶。天然气油田发现了储量达 3000 立方米的天然气。

西非油气产量稳中有升。尼日利亚是非洲的第一大天然气资源国，储量为 35092 亿立方米，主要分布在该国西南部和滨海地区的一些油气盆地中。尼日利亚又是非洲第二大石油资源国，储量达 225 亿桶，主要分布在该国西南部地区的里奥德尔雷盆地和滨海三角州盆地中。2014 年科特迪瓦发现了一个高度约 40 米的轻质原油含油层。

北非具有传统产油气大国并且新油气资源不断发现。非洲石油资源主要分布在利比亚、阿尔及利和埃及等国。利比亚为非洲第一大石油资源国，储量达 295 亿桶，主要分布在该国中北部地区的锡尔特含油气盆地中，该油气盆地面积为 200×500 平方公里。据有关方面估计，该盆地潜在石油储量可达 350 亿桶。利比亚又是非洲第二大天然气资源国，储量为 13131 亿立方米，主要分布在该国西北部地区的一些油气盆地中。2013 年在利比亚又发现两处天然气矿藏。阿尔及利亚为非洲第三大石油资源国，储量 92 亿桶，主要分布在该国东北部地区，其最大的石油盆地为哈西梅萨乌德。埃及是非洲第三大天然气资源国，储量为 8914 亿立方米，主要分布在该国北部和滨海地区盆地中。2013 年埃及在三角洲东部发现新的天然气油田。2014 年 5 月，在埃及陆上发现日产 3000 桶石油和 320 万立方英尺伴生气。

煤矿在非洲大陆的储藏也较为丰富，预测煤炭资源远景资源量逾 5000 亿 t。现已经发现煤矿的国家有 18 个，分别是南非、博茨瓦纳、津巴布韦、莫桑比克、赞比亚、纳米比亚、尼日利亚、坦桑尼亚、马达加斯加、斯威士兰、马拉维、埃塞俄比亚、埃及、刚果（金）、安哥拉、尼日尔、阿尔及利亚和摩洛哥。非洲南部卡鲁超群埃卡群煤炭资源储藏量极为丰富，20 世纪的预测总量仅为 760 亿 t，21 世纪初的预测总量猛增了 4000 亿 t，其增量主要来自南非、博茨瓦纳、津巴布韦和莫桑比克四国。

第二节　非洲的农业发展

　　非洲是人类发源地之一，有农业生产发展的优势条件，是世界粮食作物种类最多的大陆，除一般性粮食作物如玉米、高粱、小麦、稻谷和大麦等作物外，还有特产如木薯、大蕉、椰枣、薯蓣和食用芭蕉等；非洲还是世界重要的热带经济作物产地。如此丰富的农业生物资源，却生活着众多的饥饿半饥饿人口，这种较优越的农业发展条件和非洲人们面临的严峻的粮食问题之间的矛盾，引起了世界的关注。

一、非洲农业发展进程

　　非洲农业发展历史悠久，不仅是全球农业文明的发源地，也是高粱、咖啡、棕榈和椰枣等作物的原产地。早在 6000 年前，非洲人民就创造了尼罗河农业文明，灌溉农业在当时开始兴起，后来逐渐形成了尼罗河流域——北非地中海沿岸农业区、西非内陆农业区、东非高原农业区以及赤道以南农业区四个农业区。从 15 世纪开始，非洲被西方殖民侵略，使得非洲成为了西方国家的原料、商品和资本输出的场所，非洲农业开始出现一种仅为满足西方国家需要的种植单一经济作物的畸形发展。20 世纪 60 年代，非洲国家纷纷开始独立，虽然独立初期的一段时间内农业经济有所增长，但是由于非洲各国实施重工农的政策，导致农业投入不足，资金、人才缺乏，发展缓慢。

　　目前，非洲除南非、利比亚等 11 国外，其余都是以农业为主的国家，农业产值约占全洲国民生产总值的 1/5，农业产值比重超过 30% 的有 21 个国家；农业人口约占总人口的 2/3，有 1/2 的国家农业人口占 80% 以上；农产品出口约占出口总额的 1/4，有 32 个国家的出口贸易以农产品为主；非洲还是世界热带和亚热带作物的重要产地，许多产品在世界上占有极重要的地位。然而，"饥荒之地"一直以来都是非洲的一个标签。《2012 全球饥饿指数报告》中显示非洲国家的饥饿状况令人担忧，尤其是撒哈拉以南非，1990～2012 年的 22 年间，饥饿状况恶化最严重的国家大都来自于撒哈拉南非洲，包括布隆迪、科特迪瓦、科摩罗、斯威士兰、博茨瓦纳等国家。非洲的粮食无法实现自给，大量的粮食进口成为非洲沉重的经济负担，非洲一些国家对粮食实行价格补贴政策。近年来，国际市场的粮食上涨，政府不得不增加粮食价格补贴款项，造成了政府财政收支的恶化，甚至有些国家和地区因此引发了动荡。

非洲的粮食作物在各国的种植结构不尽相同，有些国家主要生产玉米、高粱；有些国家则以块根作物为主。不同作物的分布与当地的气候条件、农业技术的发达程度密切相关。因此，非洲粮食作物的地理分布与气候类型分布相一致，也表现出呈带状沿纬线东西延伸、南北对称、依次更替的递变规律。

二、非洲的耕地资源

1. 耕地总面积。

"民以食为天，食以土为本"，耕地是农业之本，是非洲最宝贵的农业资源和不可替代的生产要素，耕地事关非洲农业的绿色和可持续发展，对非洲经济发展和社会稳定的有着重大影响力。

从非洲国家耕地总面积的角度来看来看，2011 年耕地面积在 1000 万公顷以上，耕地资源非常丰富的国家有 6 个，它们分别是尼日利亚、苏丹、尼日尔、埃塞俄比亚、南非和坦桑尼亚。这 6 个国家的耕地总面积占非洲耕地总面积的 47.3%，其中尼日利亚的耕地面积最大，高达 3600 万公顷，约占非洲耕地总面积的 15.8%，是苏丹耕地总面积的 1.9 倍，是坦桑尼亚耕地总面积的 3.1 倍。苏丹耕地面积为 1885.8 万公顷，约占非洲耕地总面积的 8.3%。尼日尔耕地面积 1494 万公顷，约占非洲耕地总面积的 6.5%。埃塞俄比亚耕地面积为 1456.5 万公顷，约占非洲耕地总面积的 6.4%。南非亚耕地面积为 1203.3 万公顷，约占非洲耕地总面积的 5.3%。坦桑尼亚耕地面积为 1160 万公顷，约占非洲耕地总面积的 5.1%。

耕地面积在 500 万～1000 万公顷，耕地资源较丰富的国家有 9 个，它们分别是摩洛哥、阿尔及利亚、马里、刚果、乌干达、喀麦隆、布吉纳法索、肯尼亚和莫桑比克。摩洛哥耕地面积为 794.38 万公顷，约占非洲耕地总面积的 3.5%。其余 8 个国家的耕地面积占非洲耕地总面积的比重在 2% ~ 3.5%。

耕地面积在 200 万 ~ 500 万公顷，耕地资源较贫乏的国家有 14 个，分别是乍得、加纳、安哥拉、津巴布韦和塞内加尔等。这些国家的耕地面积占非洲耕地总面积的比重在 1% ~ 2%，耕地资源相对较少。

耕地面积在在 200 万公顷以下，耕地资源贫乏的有 24 个国家，分别是中非共和国、利比亚、卢旺达、塞拉利昂、索马里和布隆迪等。这些国家耕地面积占非洲耕地总面积的比重皆在 1% 以下，耕地资源非常贫乏。其中，圣多美和普林西比、吉布提、塞舌尔 3 个国家的耕地面积都不足 1 万公顷，分别为 0.87 万公顷、0.2 万公顷和 0.1 万公顷。

2005 ~ 2011 年，非洲耕地总面积的总体趋势是在波动中缓慢增长。2005 年，非洲耕地总面积为 21419.6 万公顷。2006 年非洲耕地总面积的增长到 21679.43 万公顷，增长率为 1.21%。2007 年非洲耕地总面积增长了 1.08%，2008 年非洲耕地总面积增长了 2.64%。2009 年非洲耕地总面积下降了 0.66%，下降到 22342.54 万公顷。2010 年以来非洲耕地总面积又开始增长，增长率为 1.78%。2011 年非洲耕地总面积增长了 0.35%，增长到 22820.55 万公顷（见表 1.1）。

表 1.1　　　　　　　　　非洲国家耕地面积　　　　　　　　单位：万公顷

国家	2005 年	2006 年	2007 年	2008 年	2009 年	2010 年	2011 年	2011 年排名
尼日利亚	3500	3700	3750	3700	3400	3600	3600	1
苏丹	1875	1875	1924.7	1932.1	1879.6	1885.8	1885.8	2
尼日尔	1414.8	1416.7	1495.8	1495.5	1494	1494	1494	3
埃塞俄比亚	1236.4	1292.3	1339.6	1403.8	1360.6	1394.8	1456.5	4
南非	1317.5	1260	1260	1280	1266	1253.3	1203.3	5
坦桑尼亚	970	970	1000	1132.57	1150	1160	1160	6
摩洛哥	812.2	806.4	806.5	805.5	787.04	782.96	794.38	7
阿尔及利亚	751.1	747	746.9	748.9	749.3	750.2	751	8
马里	560.3	567.7	580.8	576.1	626.1	626.1	686.1	9
刚果	670	670	670	675	679	680	680	10
乌干达	595	610	625	645	660	675	675	11

续表

国家	2005 年	2006 年	2007 年	2008 年	2009 年	2010 年	2011 年	2011 年排名
喀麦隆	596.3	596.3	596.3	596.3	596.3	620	620	12
布吉纳法索	490	470	490	610	570	600	570	13
肯尼亚	526.4	531	530	530	550	550	550	14
莫桑比克	450	480	480	480	520	520	520	15
乍得	450	445	430	430	430	450	490	16
加纳	400	420	430	450	465	470	480	17
安哥拉	330	330	340	340	400	410	410	18
津巴布韦	388	403	403	423	410	410	410	19
塞内加尔	317.6	298.6	298.5	365	385	385	385	20
马拉维	320	330	300	340	350	360	360	21
马达加斯加	300	300	300	320	350	350	350	22
赞比亚	272.7	301.3	294.9	305.2	335	370	340	23
科特迪瓦	280	280	290	290	290	290	290	24
埃及	256.3	260.5	256.4	264.2	288.4	287.3	287	25
几内亚	274.1	275	280	285	285	285	285	26
突尼斯	273	276.3	273.3	283.5	270.7	282.3	283.9	27
贝宁	270	250	250	260	245	254	258	28
多哥	210	210	231	234	241	249	251	29
中非共和国	193	193	193	193	195	180	180	30
利比亚	175	175	175	175	175	175	175	31
卢旺达	111.6	112.8	110	120.1	121	122	122	32
塞拉利昂	129.5	148.7	101.1	108.4	109	110	110	33
索马里	135	114	100	110	110	110	110	34
布隆迪	95.6	95	93	94	97	92	92	35
纳米比亚	81.4	81.3	80	80	80	80	80	36
厄立特里亚	62	67	67	67	69	69	69	37
刚果（金）	49	49	49	49	50	50	50	38
冈比亚	33	29.3	30.3	37.2	42.8	45	45	39
利比里亚	38	38.5	38.5	40	43	45	45	40
毛里塔尼亚	40	40	40	40	39	45	45	41
加蓬	32.5	32.5	32.5	32.5	32.5	32.5	32.5	42
莱索托	32.3	30.3	32.5	35.8	33.5	32.2	30.8	43

续表

国家	2005 年	2006 年	2007 年	2008 年	2009 年	2010 年	2011 年	2011 年排名
几内亚比绍	28	28	28	28	28	30	30	44
博茨瓦纳	24	20.1	18.2	27.9	31.6	25.9	25.9	45
斯威士兰	17.8	17.8	17.8	17.8	17.5	17.5	17.5	46
赤道几内亚	13	13	13	13.1	13.2	13	13	47
科摩罗	8	8	8	8	8.5	8.2	8.2	48
毛里求斯	8.5	8.3	8.1	8	8	8	7.8	49
佛得角	4.7	4.7	4.7	4.7	4.7	4.7	4.7	50
圣多美和普林西比	0.8	0.8	0.85	0.9	0.9	0.85	0.87	51
吉布提	0.1	0.13	0.13	0.1	0.2	0.2	0.2	52
塞舌尔	0.1	0.1	0.1	0.1	0.1	0.1	0.1	53
南苏丹	—	—	—	—	—	—	—	—
非洲耕地总面积	21419.6	21679.43	21913.48	22491.27	22342.54	22740.91	22820.55	—

2. 人均耕地面积。

从非洲的人均耕地面积的角度来看，2011 年，人均耕地面积大于 0.5 公顷的人均耕地多的国家有 4 个，分别是刚果、贝宁、尼日尔和苏丹。刚果人均耕地面积为 1.608 公顷，是排名第 2 的贝宁人均耕地面积的 1.64 倍，是排名第 4 的苏丹人均耕地面积的 3.08 倍。人均耕地面积在 0.2~0.5 公顷，人均耕地较多的国家有 21 个，分别是马里、乍得、中非共和国、多哥和纳米比亚等。人均耕地面积在 0.1~0.2 公顷，人均耕地较少的国家有 19 个，分别是阿尔及利亚、乌干达、塞拉利昂和几内亚比绍等。人均耕地面积小于 0.1 公顷的国家有 9 个，分别是布隆迪、佛得角、毛里求斯、圣多美和普林西比、埃及、塞舌尔、几内亚、吉布提、加纳和南苏丹。耕地总面积小和人口众多是导致这些非洲国家人均耕地面积非常小的原因。

2005~2011 年，非洲平均人均耕地面积的总体特征是在波动中缓慢的下降。2005 年非洲平均人均耕地面积为 0.276 公顷。2006 年非洲平均人均耕地面积就下降到 0.270 公顷，下降了 2.12%。2007 年非洲平均人均耕地面积又下降了 2.3%。2008 年非洲平均人均耕地面积上升了 0.84%，上升到了人均耕地面积 0.266 公顷。2009 年非洲平均人均耕地面积又开始呈现下降趋势，2009 下降率为 2.27%，2010 年下降率为 1.67%，2011 年下降率 1.89%。非洲耕地总面积呈上升趋势而人均耕地呈下降趋势的主要原因是，耕地面积的增长速度远远小于人口的增长速度，如 2011 年，非洲总人口为 9.96 亿人，人口增长率为 2.5%，而非洲耕地总面积的增长率仅为 0.35%（见表 1.2）。

表 1.2			非洲国家人均耕地面积				单位：公顷
国家	2005 年	2006 年	2007 年	2008 年	2009 年	2010 年	2011 年	2011 年排名
刚果	1.893	1.836	1.782	1.740	1.698	1.655	1.608	1
贝宁	1.109	1.123	1.108	1.129	0.975	0.965	0.979	2
尼日尔	1.073	1.036	1.053	1.015	0.976	0.940	0.905	3
苏丹	0.594	0.579	0.579	0.568	0.539	0.529	0.518	4
马里	0.469	0.460	0.456	0.438	0.462	0.448	0.476	5
乍得	0.450	0.430	0.402	0.390	0.378	0.384	0.406	6
中非共和国	0.487	0.479	0.470	0.461	0.457	0.414	0.405	7
多哥	0.379	0.369	0.396	0.391	0.393	0.395	0.388	8
纳米比亚	0.401	0.397	0.385	0.379	0.374	0.367	0.360	9
布吉纳法索	0.365	0.340	0.344	0.416	0.377	0.386	0.356	10
津巴布韦	0.305	0.317	0.316	0.331	0.318	0.313	0.307	11
喀麦隆	0.329	0.320	0.312	0.304	0.297	0.301	0.293	12
塞内加尔	0.282	0.258	0.251	0.298	0.306	0.297	0.289	13
利比亚	0.313	0.308	0.303	0.298	0.294	0.290	0.287	14
突尼斯	0.272	0.272	0.266	0.273	0.258	0.266	0.264	15
冈比亚	0.229	0.198	0.198	0.235	0.263	0.268	0.259	16
坦桑尼亚	0.250	0.243	0.243	0.267	0.264	0.258	0.250	17
赞比亚	0.238	0.256	0.244	0.245	0.261	0.280	0.249	18
摩洛哥	0.270	0.265	0.263	0.260	0.252	0.247	0.248	19
马拉维	0.247	0.248	0.219	0.240	0.240	0.240	0.233	20
南非	0.273	0.258	0.254	0.255	0.249	0.244	0.232	21
尼日利亚	0.251	0.258	0.255	0.245	0.219	0.225	0.219	22

续表

国家	2005 年	2006 年	2007 年	2008 年	2009 年	2010 年	2011 年	2011 年 排名
莫桑比克	0.214	0.222	0.217	0.211	0.223	0.217	0.212	23
加蓬	0.236	0.230	0.224	0.220	0.214	0.208	0.204	24
安哥拉	0.200	0.193	0.192	0.186	0.211	0.210	0.203	25
阿尔及利亚	0.221	0.216	0.213	0.210	0.206	0.202	0.199	26
乌干达	0.207	0.205	0.203	0.203	0.201	0.199	0.192	27
塞拉利昂	0.253	0.282	0.187	0.196	0.193	0.191	0.187	28
几内亚比绍	0.197	0.193	0.189	0.184	0.181	0.189	0.185	29
赤道几内亚	0.217	0.210	0.203	0.198	0.194	0.186	0.181	30
埃塞俄比亚	0.162	0.165	0.167	0.170	0.160	0.160	0.163	31
马达加斯加	0.164	0.159	0.155	0.161	0.171	0.166	0.161	32
莱索托	0.167	0.156	0.166	0.182	0.168	0.160	0.152	33
科特迪瓦	0.161	0.159	0.162	0.159	0.156	0.153	0.150	34
斯威士兰	0.160	0.159	0.156	0.155	0.150	0.147	0.145	35
肯尼亚	0.147	0.144	0.140	0.137	0.138	0.134	0.131	36
博茨瓦纳	0.128	0.106	0.095	0.145	0.162	0.131	0.130	37
毛里塔尼亚	0.127	0.123	0.120	0.117	0.111	0.125	0.122	38
刚果（金）	0.138	0.134	0.130	0.126	0.125	0.122	0.118	39
科摩罗	0.133	0.129	0.127	0.123	0.127	0.121	0.117	40
厄立特里亚	0.128	0.133	0.129	0.125	0.124	0.120	0.116	41
索马里	0.159	0.131	0.112	0.120	0.117	0.114	0.111	42
利比里亚	0.116	0.114	0.109	0.109	0.113	0.114	0.110	43
卢旺达	0.118	0.117	0.111	0.118	0.115	0.113	0.110	44
布隆迪	0.123	0.118	0.112	0.109	0.109	0.100	0.096	45
佛得角	0.098	0.098	0.098	0.096	0.096	0.096	0.096	46
毛里求斯	0.070	0.068	0.066	0.066	0.065	0.065	0.063	47
圣多美和普林西比	0.050	0.050	0.053	0.053	0.053	0.047	0.048	48
埃及	0.036	0.036	0.035	0.035	0.038	0.037	0.036	49

国家	2005 年	2006 年	2007 年	2008 年	2009 年	2010 年	2011 年	2011 年排名
塞舌尔	0.011	0.011	0.011	0.011	0.011	0.011	0.011	50
几内亚	0.003	0.003	0.003	0.003	0.003	0.003	0.003	51
吉布提	0.001	0.002	0.002	0.001	0.002	0.002	0.002	52
加纳	0.002	0.002	0.002	0.002	0.002	0.002	0.002	53
南苏丹	—	—	—	—	—	—	—	
非洲平均	0.276	0.270	0.264	0.266	0.260	0.256	0.251	—

非洲的耕地资源且具有大量的未开发的耕地资源，即使耕地开发利用较好的莫桑比克，已垦种的土地也只占可耕地面积的 1/5。2011 年，非洲的人均耕地面积达到 0.251 公顷，相比中国人均耕地面积大得多。此外，在非洲购买土地和租赁的价格也十分低廉，在津巴布韦购买土地的价格仅为一公顷 350～500 美元，而租赁的价格更低，通常每年只需要几美元即可。不难看出，非洲耕地资源的外延式发展潜力巨大。

三、非洲的粮食生产

1. 粮食产量空间分布。

近年来，非洲各地区的粮食生产有所增加。中非、南非、北非、东非和西非的粮食生产也各不相同。近些年来，非洲粮食生产取得了很大进展。2012 年非洲粮食总产量 $1.72 \times 10^8 t$，其中，中非 $8.88 \times 10^6 t$，北非 $3.95 \times 10^7 t$，东非 $5.17 \times 10^7 t$，西非 $5.75 \times 10^7 t$，南非 $2.23 \times 10^7 t$。如图 1.1 所示，产量最高的是西非，占非洲总量的 1/3 以上，其次为东非，占非洲产量的 30%，是最少的中非的 6 倍。北非的产量占非洲总产的 23%。南非和中非所产粮食分别将近非洲的 8% 和 5%。虽然非洲的粮食增长较为明显，但是由于非洲人口增长迅速，非洲依然面临着严重的缺粮问题。就 2012 年产量来说，非洲粮食的总产量只占世界谷物总产量的 6.77%，这对于占世界人口 14% 的非洲来说，其粮食产量是远远不够的。而且进口粮食逐年增加。1950 年非洲粮食基本能够保证自给,1960 年非洲粮食进口量为 200 万吨,1970 年增加到 500 万吨,1980 年非洲粮食进口量为 1500 万吨,1985 年则高达 2900 万吨。1974 ~ 1990 年,撒哈拉以南非洲地区粮食进口增长了 185%,粮食援助增长了 295%,1995 年,粮食进口占地区粮食需求总量的 17%。据统计,非洲各国进口粮食花费更是逐年增加,从 1972 年为 6 亿美元到 1983 年的 54 亿美元,十余年间净增 8 倍。

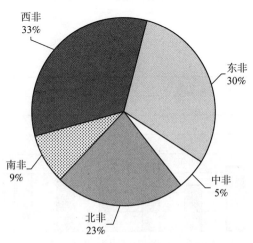

图 1.1　非洲各区 2012 年粮食产量比重

2. 粮食单产空间分布。

非洲由于各种原因导致非洲粮食单产量不高,地区差异明显。总的来说,非洲粮食单产有以下两大特点:其一是粮食单产低于世界平均水平。如果按 2012 年粮食种植面积 1.071×10^8 ha 来说,非洲单产约为 1610kg/ha,而世界单产为 3619kg/ha,这不但低于同期世界水平,也远远低于发展中国家的平均水平,这说明近年来非洲的农业生产力虽然有所提高,但是相对于世界平均水平来说,还是偏低的。虽然非洲拥有较多土地,但由于各种原因,导致非洲粮食生产效率低,粮食单产低。其二是非洲各地区粮食单产存在差异。非洲各地区域之间,由于自然条件和社会经济条件的差异,作物单产存在一定差异。南非地广人稀,有利于大规模经营,距离优良海港近,有利于农产品的商品经营,本地区单产量最高,达到 3223kg/ha,接近世界单产水平

（见图1.2）；其次为北非，北非的尼罗河流域和地中海沿岸地区，由于有气候、水文和优越的地理位置等条件，使得这些地区的耕地相对较为集中，单产为2084kg/ha。中非与西非的单产相差不大，分别为1173kg/ha和1270kg/ha。东非单产与非洲平均单产也相差无几，为1689kg/ha。西非的环几内亚湾地区自然条件也比较优越，但总体上生产力较低，单产为1270kg/ha。而中非由雨林广布，耕地较为分散，加之生产力低下，因此单产水平最低，只有1173kg/ha，与最高的北非地区相差将近一半。另外，西非和中非的单产要低于非洲平均水平。

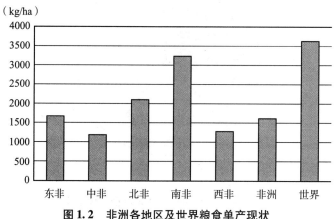

图1.2　非洲各地区及世界粮食单产现状

四、主要粮食作物分布

为了更加全面地研究非洲粮食的现状，不仅要从总体层面上了解非洲粮食现状，更要基于非洲主要粮食作物来做详细的分析。非洲主要粮食作物包括玉米、小麦、高粱、粟类、稻谷等谷类作物、豆类作物和薯类作物，而这7种粮食作物结构中，玉米产量占非洲粮食作物比重最大，为40.44%；其次为稻谷，占15.58%；小麦次之，为14.35%；高粱占13.54%，其余粮食作物占16.09%。因此，本书选取玉米和稻谷两种主要粮食进行研究。

1. 玉米空间分布。

玉米是非洲最重要的粮食作物，种植面积、产量与出口量均居非洲首位。

非洲大部分地区的气温条件可以一年两季种植玉米，南非充分利用这一生长特点，在降雨相对集中的夏季种植玉米。在南部非洲和撒哈拉沙漠的绿洲都积累了这方面的实践经验，使玉米增产潜力更大。

2012 年非洲玉米种植面积为 3.37×10^7 ha，产量为 6.96×10^7 t。东非和西非是非洲玉米的主要生产地（见图 1.3），总体上非洲的玉米以自给性生产为主，其种植面积分别为 1.55×10^7 ha 和 1.03×10^7 ha，分别占非洲玉米种植面积的 45% 和 31%，产量分别为 2.75×10^7 t 和 1.82×10^7 t，占非洲玉米产量的 40% 和 26%；南非和中非种植面积相当，均占非洲玉米种植面积的 10%，而产量却相差甚多，这是由于南非的亚热带草原和以干湿季分明的热带草原最为集中，这种气温条件可一年两季，所以南非产量要高于中非，是中非产量的 3 倍多，达 1.2×10^7 t，占非洲玉米产量的 17%；终年多雨的热带森林带、降水稀少而变动率很大的萨赫勒带、冬雨夏干的地中海式气候区的北非种植面积都比较有限，种植面积只有 1.19×10^6 ha，占非洲玉米种植面积的 4%，其产量为 8.24×10^6 t，占非洲玉米产量的 12%。

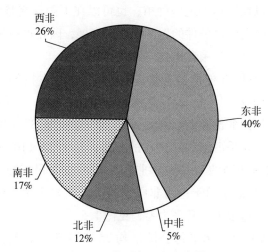

图 1.3 非洲各区玉米产量

非洲玉米生产大部分由小农经营，单产很低。2012 年，平均每公顷2065.7 千克，但增长潜力巨大。北非和南非玉米单产都超过非洲的平均水平（见图 1.4），分别为 6911.8kg/ha 和 3513.1kg/ha，其中北非玉米单产超过世

界平均水平；东非和西非玉米单产水平相当，均接近2000kg/ha；中非玉米
单产最少，为1142.9kg/ha。

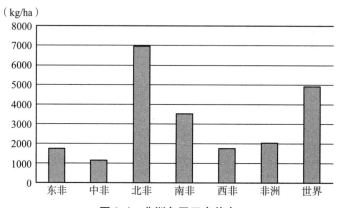

图1.4 非洲各区玉米单产

2. 稻谷空间分布。

稻谷不仅可以在湿热带地区种植，也可以在干雨季交替的地区发展，在
干旱、半干旱地区有灌溉条件的地区仍可以发展，因此水稻是非洲发展最快、
发展潜力最大的一种商品粮食作物。

2012年，全洲稻谷种植面积为 1.05×10^7 ha，占世界总稻谷种植面积
6.46%，产量 2.68×10^7 t，占世界总稻谷产量的3.73%。稻谷主要产地集中
在西非，种植面积为非洲稻谷种植面积的60%，达 6.37×10^6 ha，产量也是
非洲最高的区域，几乎占稻谷总产量的一半，达 1.32×10^7 t；东非其次，种
植面积和产量均是非洲的26%；中非和北非种植面积相当，但北非产量较
高，为非洲稻谷产量的22%；南非雨水较少，地多干旱，因此稻谷不宜生
长，种植面积和产量很少，几乎为零，见图1.5。

2012年非洲的单产水平每公顷平均2545.4千克，是世界单产水平的
57.7%。非洲稻谷生产水平极不平衡，除中非（平均每公顷单产885.7
千克）以外各国稻谷单产水平都接近非洲稻谷单产水平，其中北非稻谷
单产水平为9424.3kg/ha，超过世界两倍，约是非洲单产水平的4倍，见
图1.6。

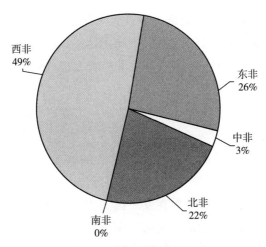

图 1.5　非洲各区稻谷产量

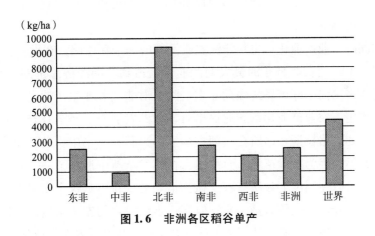

图 1.6　非洲各区稻谷单产

五、非洲农业发展前景

1. 非洲农业发展新思路。

21 世纪以来，严峻的粮食安全形势迫使非洲各国将推动农业生产置于国家发展的中心地位，并提出一系列农业改革的新发展思路。其中比较重要的有"非洲农业综合发展计划""绿色革命联盟"和"农业产业化"等。

近年来，非洲开始独立自主发展农业，把握农业发展的主动权。2003年，非洲各国政府首脑在莫桑比克共同签署了"非洲农业综合发展计划"

（CAADP）。该计划的目的是建立一种以非洲自己为主导的接受外部援助的模式，使得外部援助能够更好的适应非洲的国情，最终达到通过过农业发展，消除饥饿、减少贫困的目的。"非洲农业综合发展计划"的实施使得非洲各国的农业发展重新得到重视，截至 2011 年，非洲已有 8 个国家的农业生产投资达到国家预算的 8%，10 个国家的农业生产力提高 6%，另有 19 个国家农业生产率的增长在 3% ~6% 。

非洲的"绿色革命"日益引起国际社会的重视。在国际社会的援助下，2006 年，"非洲绿色革命联盟"（AGRA）已经成立，联合国前秘书长安南将担任主席。非洲的绿色革命努力在发展抗病作物品种、更有效的栽培技术以及天然的防治虫害办法方面取得突破。AGRA 资助了近百个项目，包括开发更好的种子以应对气候变化、进行综合的土壤与水管理以提高土壤肥力、升级储存和市场信息系统、使更多农民和小供应商能够获得信贷，以及倡导有益于小农的国家政策。

非洲的农业产业化，也是非洲农业发展的一个新思路。在世界银行 2013 年的报告中提到农业是非洲最大的产业，它占到非洲经济总量的一半以上。由于近年来国内国际市场的强劲需求，将会对非洲农业生产的发展产生巨大的推动作用。农业产业化概念的提出对于非洲发展农业经济有着非常积极的作用。正如道格拉斯·诺斯在《西方国家的兴起》一书中指出，现代西方国家的兴起不是因为技术革新，而是因为在技术革新中形成了一个有效率的经济组织，可以在制度上和所有权上做出恰当的安排。从这个意义上说，非洲的发展离不开产业化的道路，非洲要真正走出粮食的安全困境，不仅需要大力发展实体经济，也必须从根本上建立合乎市场规则的农业产业化机制。

2. 农业改革新进展。

近年来，许多非洲国家开始大力推动农业改革和调整农业政策来促进农业的发展。如南非政府一方面加快土地改革进程，让更多人拥有土地；另一方面增加农业投资，加强基础设施建设，使得农业收入不断增加。坦桑尼亚初步实施农业灌溉计划，以改变该国 3000 万公顷土地中只有不到 1% 能够得到灌溉的现状。此外，该国也在积极准备实施农业第一计划，在全国引进优良种子和机械化耕作方式，增加单位面积粮食产量。还有一些非洲国家则开始着手实施减少粮食进口的计划。如安哥拉将执行旨在促进农业经济发展的计划，以减少对外部粮食的依赖，第一阶段计划将率先在 3 个省实施。埃塞俄比亚政府 2010 年制订了 5 年经济发展计划，其中提到决定增加农业投资，争取在之后 5 年实现粮食自给自足。马达加斯加过去由于把大米的收购价格压得很低，致使农民不愿种植水稻，2015 年初，其政府为了调动农民的生产积极性，提高了水稻收购价格，不到几年时间，水稻产量有所增长。

3. 农业区域合作。

农业区域合作正在非洲大陆积极的开展。非洲联盟正在积极地制订相关农业政策并监督实施。东非共同体举行首脑会议，专门讨论粮食安全与气候变化问题，希望以创新方式改革农业，进而促进经济增长。非洲绿色革命联盟在加纳首都阿克拉举行了首届"非洲绿色革命论坛"，与会非洲国家领导人就改变非洲农业现状的行动计划达成共识。南非政府应其他非洲国家要求，启动了名为"非洲农业发展计划"的技术支持项目，帮助其他南部非洲发展共同体国家发展农业。南非标准银行近年来也宣布，将为加纳、莫桑比克、坦桑尼亚和乌干达四国提供 1 亿美元贷款，用于支持 75 万小农户提高粮食产量。

4. 国际农业合作加强。

非洲农业发展不仅需要国际的援助，更应该谋求合作的机会，才能使非洲农业得到可持续的发展。近年来，中非之间合作的成效较为突出，尤其是在粮食生产技术上。从 20 世纪 60 年代起，中国先后与非洲 30 多个国家开展多项农业投资与合作项目，包括建立农业技术试验站，推广中心和农业示范园等。目前已经在卢旺达、刚果和莫桑比克等国家和地区建立了 15 个农业技术示范中心。中国对非洲农业直接投资流量实现快速增长，仅在 2009 ~ 2013 年 3 年，就从 3000 万美元增长到 8247 万美元，增幅达 174.9%，覆盖非洲 49 个国家和地区，覆盖率达到 81.4% 在对非洲投资的企业中，以国内大型农业企业为主，仅中垦集团公司在非洲就有 6 个合作项目，累计投资就达到 3800 万美元。

第三节　非洲的工业发展

尼日利亚总统乔纳森曾经表示：非洲若想摆脱发展困境，必须要走工业化道路。实现工业化是许多非洲国家一直在努力和坚持的目标，这也是非洲国家摆脱贫困"走向富裕的必由之路"。1989 年，第四十四届联合国大会会议决定，将每年的 11 月 20 日定为"非洲工业化日"，旨在动员国际社会力量致力于推进和实现非洲工业化的目标。2008 年，非盟举行第十届首脑会议，大会将"非洲工业发展"确定为主题，强调了工业化对非洲消除贫困、实现千年发展目标的重要作用。很多非洲国家纷纷效仿亚洲和拉丁美洲国家的做法，努力发展本土制造业来促进非洲工业化发展，探索新的经济增长点。

一、非洲工业发展历程

非洲几乎拥有发展工业所必需的全部矿产资源，而且这些资源的蕴藏量和产量在世界上都占有突出的地位，但是独立前的非洲一直是殖民者争夺的原材料产地和商品市场，几乎没有自己的民族工业。独立后，非洲各国政府为了发展民族经济、摆脱西方控制，非常重视发展工业，搞进口替代，因此，非洲的工业发展取得了一定成效。20 世纪 60 年代，非洲主要发展了人民生活必需的食品、纺织、服装、建筑等行业以及原油、矿产品和农副产品的出口加工行业，全非工业产值占其国内生产总值的 10%，占世界工业产值的 0.7%。从 70 年代开始，非洲比较注重发展轻工业和工业产品多样化，对 70 年代的非洲工业发展起到了较积极的推动作用。到 80 年代，许多非洲国家在进口替代、出口品种多样化方面又进一步取得了成效，民族工业得到一定发展。现在非洲国家能够生产五大类产品，这些产品包括：加工后的农矿产品、日用轻工业产品、家用器具及装饰品、出口加工品、由进口替代转向出口的制造工业产品，如汽车零件、钢管、电缆、自行车、摩托车等。第五类产品虽然只有少数几个非洲国家能生产，但不仅解决了一些进口替代问题，而且可供出口，在非洲的工业发展中有着重要的意义，象征着非洲工业发展的新起点。

二、非洲工业发展现状

1. 工业发展概况。

工业化是推动非洲经济结构转型和提高人们生活水平的关键。近年来，非洲工业取得了较快增长，但就整体而言，非洲的工业化水平不高。由图1.7所示，2005～2008年非洲的第二产业增加值一直快速的在增长，2005年非洲总体的第二产业增加值为3683.48亿美元，2006年增长到4325.78亿美元，增长率高达17.4%。2007年非洲第二产业增加值增加到4987.45亿美元，2008年，非洲国家第二产业增加值再创新高，为6220.09亿美元。2009年，非洲工业受到金融危机的影响，直降至5063.51亿美元。金融危机后，非洲经济开始慢慢复苏，非洲国家依托丰富的自然资源和充沛的廉价劳动力，2010～2012年的非洲第二产业总增加值又开始上升。2010年非洲第二产业总增加值增长到6235.19亿美元。2011年非洲第二产业总增加值增长了8.4%，达6760.91亿美元。2012年非洲第二产业总增加值增长了8.9%，达7365.09亿美元。虽然非洲工业产值正不断上涨，但非洲工业发展仍然面临着基础设施匮乏、生产效率低、管理水平差、工业结构不合理等一系列挑战。

图1.7 非洲第二产业总增加值增长趋势

2. 工业发展的国别差异。

由于资源禀赋和历史进程不同，非洲各国工业发展水平不同，工业产值在国内生产总值中的比重也不相同。从第二产业增加值来看，2013年，第二产业增加值在500亿美元以上，非洲工业发展好的国家有6个，分别是尼日利亚、阿尔及利亚、埃及、南非、安哥拉和利比亚。这6个国家第二产业增加值占非洲第二产业总增加值的72.9%，工业产值分布非常集中。其中，尼日利亚第二产业增加值最大，高达1331.53亿美元，约占非洲第二产业总增加值的 17.8%。阿尔及利亚第二产业增加值为 956.47 亿美元，约占非洲第二产业总增加值的 12.8%。埃及、南非、安哥拉和利比亚的第二产业增占非洲第二产业总增加值的比重依次为 12.70%、11.5%、9.3%、8.85%。第二产业增加值在 100 亿~500 亿美元的工业发展较好的国家有 6 个，分别是苏丹、突尼斯、冈比亚、加纳、刚果（金）和刚果；第二产业增加值在 100 亿~50 亿美元的工业发展较差的国家有 9 个，包括埃塞俄比亚、赞比亚和喀麦隆等。第二产业增加值在 50 亿美元以下的工业发展差的国家有 30 个，包括博茨瓦纳、厄立特里亚、纳米比亚、塞内加尔和莫桑比克等。其中，利比里亚的第二产业增加值仅为 0.01 亿美元。

从第二产业增加值占 GDP 比重来看，2013 年非洲第二产业增加值占 GDP 比重的平均为 29.92%，低于世界水平，这表明非洲经济持续增长中工业的贡献率较低。第二产业增加值占 GDP 比重在 50% 以上的工业的贡献率高的国家有 6 个，分别是赤道几内亚、刚果、利比亚、安哥拉、加蓬和阿尔及利亚。它们第二产业增加值占 GDP 比重依次为 94.7%、73.53%、71.33%、61.93%、59.01% 和 50.41%；第二产业增加值占 GDP 比重在 50%~29.92% 的工业的贡献率高中等的国家有 12 个，包括斯威士兰、乍得、几内亚、赞比亚、毛里塔尼亚、埃及和刚果（金）等；第二产业增加值占 GDP 比重在 29.92% 以下的，工业的贡献率低的国家有 34 个，包括加纳、乌干达、突尼斯、南非、尼日利亚、布吉纳法索、科特迪瓦和毛里求斯等。总的来说，非洲工业在不断发展，但总体水平还很低，对国民生产总值的贡献率也不高，仍需要非洲各国的高度重视和大力发展。见表 1.3。

表 1.3　　　　　　　　　　　2013 年非洲工业产值国别差异

国家	第二产业增加值（亿美元）	第二产业增加值占 GDP 比重（%）
尼日利亚	1331.53	25.77
阿尔及利亚	956.47	50.41
埃及	952.49	39.01
南非	865.16	27.58
安哥拉	697.35	61.93
利比亚	664.08	71.33

续表

国家	第二产业增加值（亿美元）	第二产业增加值占 GDP 比重（%）
摩洛哥	269.84	30.31
苏丹	129.24	19.86
突尼斯	122.86	27.83
冈比亚	116.85	16.28
加纳	116.85	28.14
刚果（金）	115.91	38.02
刚果	101.43	73.53
埃塞俄比亚	99.91	11.13
赞比亚	95.35	42.48
喀麦隆	80.7	29.7
科特迪瓦	69.82	24.8
肯尼亚	62.59	17.39
马达加斯加	62.59	17.39
坦桑尼亚	62.5	24.32
乍得	60.32	48.22
乌干达	54.56	27.94
博茨瓦纳	49.85	36.9
厄立特里亚	47.32	23.24
纳米比亚	37.1	30.93
塞内加尔	29.67	24.09
莫桑比克	28.18	21.59
毛里求斯	25.94	24.34
布吉纳法索	24.96	25.5
马里	22.45	22.73
几内亚	20.69	44.65
毛里塔尼亚	16.86	40.63
斯威士兰	16.75	49.41
尼日尔	14.97	21.88
卢旺达	11.05	15.79
马拉维	10.59	16.4
贝宁	10.52	14.01
塞拉利昂	8.7	19.68

续表

国家	第二产业增加值 （亿美元）	第二产业增加值 占 GDP 比重（%）
多哥	7.81	20.46
赤道几内亚	6.99	94.7
莱索托	6.19	31.68
布隆迪	3.67	15.79
佛得角	3.31	20.61
中非共和国	2.64	13.17
吉布提	1.99	19.21
塞舌尔	1.62	16.96
几内亚比绍	1.54	15.15
加蓬	1.35	59.01
科摩罗	0.68	11.06
津巴布韦	0.49	22.75
圣多美和普林西比	0.48	19.06
利比里亚	0.01	11.25
索马里	—	—
南苏丹	—	—

3. 制造业发展概况。

制造业作为工业核心部分则是反映一国工业发达程度的重要标志。为改变工业落后面貌，增强经济发展动力，非洲国家普遍将发展制造业以及其他工业产业作为国民经济发展的重要产业，但是由于各种原因，非洲国家制造业发展水平普遍较低。

从 2010 年东南非共同市场成员国货物产品出口结构中可以看出，制造品出口额占整个国家总出口额的比例在 10% 以下的有 9 个国家，分别是埃塞俄比亚、马拉维、赞比亚、卢旺达、布隆迪、塞舌尔、喀麦隆、苏丹和安哥拉。制造品出口额占整个国家总出口额的比例在 50% 以上的仅有斯威士兰、马达加斯加和毛里求斯 3 个国家。

落后的基础设施增加了工业项目初创阶段和经营时期的成本费用。落后的交通和其他基础设施限制了制成品市场的扩大，昂贵的运输成本又使制成品成本增加。基础设施的发展（如公路、港口、公共服务和金融机构）远不

如亚洲和欧洲，工业项目的费用高于欧亚国家，这些因素使得非洲制造品在
世界市场上不具有竞争优势。

科学技术水平落后，劳动生产率低是阻碍非洲制造业发展最主要的原因。
非洲国家的科技水平和劳动生产率不仅低于发达国家更加低于发展中国家，
说明非洲的工业发展还处于初级阶段。

非洲本国工人工资较高以及外籍人员的薪金都会增加制造业的成本，也
会减少其他部门投资的减少。资料显示，非洲纺织工人的工资比巴基斯坦高
出50％，是孟加拉国的两倍多。制造业部门外籍员工的工资占制造业增加值
的1/4。高工资不仅造成其他部门投入的减少，而且也造成了一些社会问题。
大量农业人口涌入城市，导致了城市事业率增加，影响社会稳定，农村青年
流失，阻碍农业发展。

表1.4　　　　　2010年东南非共同市场成员国货物产品出口结构

国家	货物产品出口额（百万美元）	货物出口产品分类		
		农产品比重（％）	燃料与矿物产品比重（％）	制成品比重（％）
斯威士兰	1550	16.80	1.10	78.50
马达加斯加	1090	26.00	14.00	59.50
毛里求斯	2239	31.50	1.00	50.00
埃及	26438	19.40	34.50	41.50
津巴布韦	2500	27.00	36.40	36.30
肯尼亚	5151	55.50	6.00	32.80
乌干达	1612	60.50	6.90	31.10
纳米比亚	4052	34.60	35.30	20.00
埃塞俄比亚	2238	81.20	1.00	9.80
马拉维	1066	79.70	11.20	9.10
赞比亚	7200	6.80	83.20	8.90
卢旺达	297	37.90	33.90	8.20
布隆迪	100	90.10	2.20	7.20
塞舌尔	400	54.90	43.20	1.80
喀麦隆	18	40.70	0.30	1.30

续表

国家	货物产品出口额 （百万美元）	货物出口产品分类		
		农产品比重 （％）	燃料与矿物产品 比重（％）	制成品比重 （％）
苏丹	11443	6.90	88.00	0.80
安哥拉	53500	0.10	99.00	0.80
吉布提	95	—	—	—
刚果（金）	5300	—	—	—
厄立特里亚	12	—	—	—

三、非洲工业发展缓慢的原因

1. 外部原因。

经历了西方殖民长期的统治、剥削和掠夺使得非洲工业发展极其缓慢。一方面，非洲国家一直扮演着西方世界"原料供应地、商品市场和投资场所"的角色，从而形成了以农、矿产品出口为主要经济来源的单一经济结构，这种经济结构容易受到国际初级产品价格的影响，波动和风险都随着加大，加剧了非洲国家经济发展的被动性和脆弱性。另一方面，非洲进口的绝大部分是制成品和生活消费品，这种殖民时代造成的非洲国家"生产的不消费、消费的不生产"结构，某些非洲国家甚至出现畸形经济结构固化、深化的趋势。

当今社会，西方发达国纷纷减少国际援助资金，改为对外投资。非洲国家经济不发达、法律不完善、政局不稳定、投资风险大、回报率较低，使得非洲国家在吸引外资方面缺乏竞争力。而且非洲大陆已成为世界上负债最多的地区，大部分国家都具有债务问题。还为获得必要的发展资金，常常使得一些国家的关键部门被西方国家所垄断，严重影响了民族工业和民族经济的发展。

2. 内在原因。

非洲国家呈现出"整体稳定，局部战乱"的现象。政局不稳会严重阻碍工业的正常发展，对社会经济造成了严重的破坏。此外，政局不稳会还会影响了投资者的信心，造成投资减少，不利于经济的进一步发展。如战乱中的安哥拉，全国90%的农田、种植园被毁，石油、钻石和咖啡三大产品的出口额大幅度减少。

非洲国家教育事业发展缓慢也是阻碍工业化的发展的重要原因之一。迄今非洲成人文盲率仍是世界最高，如冈比亚、塞拉利昂、贝宁、几内亚、南苏丹、埃塞俄比亚、乍得、马里、布吉纳法索和尼日尔文盲率超过50%。在非洲，只有不到3%的适龄人口进入高等教育学校，显然这一比例是世界上最低的。非洲的科学工作者和工程师只占世界的0.4%，而且由于政策和待遇等诸多原因，科技人员还在不断外流。

非洲基础设施的落后也制约了非洲工业的发展。非洲的铁路断断续续，互不连贯的。这给物资流通和地区资源有效开发带来极大困难。非洲现有公路153万公里，全天候公路只占1/3，公路区域平均密度很低，仅为5.06公里/万人。非洲国家电信基础建设缓慢，人均电信交换线路占有率低，拥有电话总容量超过10万门的非洲国家只有十几个，平均每百名非洲居民拥有1.4个电话线路，平均电话接通率只达30%。能源短缺和电力不足也是非洲国家普遍面临的问题。即使埃塞俄比亚这样电力相对充足的国度，在实施《2011年至2015年电力发展规划》前，埃塞的用电覆盖率仅为33%，即便这一计划得以实现，用电覆盖率也才70%。

四、非洲工业未来发展趋势

1980年4月，非洲国家领导人制定的《拉各斯行动计划》中确定了非洲工业化发展的战略目标，1982年1月，在联合国非洲经济委员会、联合国工业发展组织和非统组织的参与下，非洲国家讨论制定了1980～1990年非洲工业发展十年计划，后来为筹集资金还建立了"非洲工业发展基金"；非洲国家工业部长会议到1984年为止已举行了7次，各个地区的国家有关负责人也开了多次小型会议，研究工业化的途径、方针和政策。经过多年的实践和探索，非洲许多国家先后总结经验教训，对非洲工业发展的道路开始有了比较正确的认识，在方针政策上开始进行调整。若干年内，非洲工业发展的趋势大体是：

1. 私有化改革。

近年来，非洲经济私有化正在如火如荼的开展，很多国家正在把一些经营不善的国营企业转为私营。如扎伊尔对 38 家国营企业实行了私营化，科特迪瓦这样做的有 20 多家，多哥有 1 家（钢铁厂）。在非洲国家的现时情况下，这一措施对提高企业的经济效益、减少国家财政困难、活跃国内市场、促进民族工业的发展，将会产生较好的效果。

2. 发展中、小型企业。

中、小型企业普遍具有生命力旺盛、投资少、收效快的特点。近年来，许多非洲国家开始重点培养中、小型企业。如阿尔及利亚在 1980～1984 年的五年计划中的 1000 个发展项目中，中、小型工业就占了 50%。非洲 15 个英语国家 1983 年 12 月在赞比亚首都卢萨卡举行会议，专门讨论了发展中、小型工业的问题，交流了经验，会议强调这类工业对加速民族经济的发展，逐步促进农村的工业化以及创造就业机会方面都有重要作用。

3. 推动地区合作。

非洲国家大多社会经济发展水平低下，国内市场狭小，生产技术落后，因此，每一个国家都建立一套独立完整的工业体系既不可能也不需要。这就要求通过发展广泛的地区性双边与多边合作来取得某种程度的分工合作，共同促进经济的发展。随着非洲区域合作和经济一体化的发展，经济一体化组织通过制定统一的工业化战略和政策、协同成员国间的生产分工与合作进等方法来激发经济一体化组织成员国间的规模经济潜能，丰富区域市场供应，减少对外部世界的依赖。如在西非国家经济共同体主持下，由多哥、加纳和科特迪瓦三国联合投资创办的西非水泥公司以及由塞内加尔、科特迪瓦和尼日利亚联合兴建的塞内加尔化学工业公司。

4. 鼓励吸引外资。

外国投资在非洲国家经济发展至关重要。近年来，非洲各国不断的在土地价格、投资范围、各种捐税、利润处理等多个方面都有放宽政策来吸引更多的外国投资。在吸引外资这点上还需多学习中非合作的经验。中国企业在非洲国家将不仅开展石油、天然气、电力、风能、节能和能源科技装备等领域的合作，而且将能源合作从单一的上游勘探开发，逐步拓宽到炼化、加工、储运和销售等上下游一体化领域。中国企业在非洲的投资合作，正是推动非洲工业可持续发展的具体行动，符合非洲的发展利益，给中非双方带来双赢和多赢的成果。

5. 完善基础设施。

为了解决能源特别是电力短缺、电力不足方面的问题，许多非洲国家非常重视电力，一些国家还制订了颇具雄心的电力发展规划。据 2014 年 6 月 12 日肯尼亚每日财经报道，肯尼亚电力局计划斥资 520 亿肯先令用于建设基础设施项目，包括新的变电站和输电网络。肯尼亚电力照明公司 2014/2015 财年计划显示，其将投入约 6 亿美元，用于改造其电力基础设施。2014 年，面对日益增长的电力需求，前尼日利亚电力部部长纳吉预计，政府需要将可用发电量从现有的 8000 兆瓦提升至 2014 年的 20000 兆瓦，而在 2020 年装机容量要达到 40000 兆瓦，预计年投资额超过 100 亿美元。南非政府曾在 2015 年颁布了新的《综合能源规划》，将发电能力定义为国家能源工业的最高需要。该规划计划在 15 年内提高火力发电能力 9%，水力发电能力 6%，并使天然气进口量增长 6%。除了常规发电途径，南非《综合能源规划》还将核电、太阳能发电和风力发电等可再生能源作为发展的重点领域。

第四节　非洲的交通发展

现代交通运输方式主要分为铁路、公路、水路、航空和管道 5 种交通方式，其中铁路、公路、水路、航空可用于客运和货运，而管道运输只用于货运，它们各有优缺点和适用范围。囿于数据的限制，本节主要分析非洲铁路、公路和航空的现状、空间差异与影响因素。

自 20 世纪 80 年代以来，非洲许多国家调整了它们的经济发展战略和经济政策，即允许国有经济、民营经济和联合经济等经济要素并存，合理利用外资与援助。因此，非洲交通运输业发展取得了巨大成就。非洲国家逐渐认识到依靠集体力量促进交通运输业发展的重要性，西非国家经济共同体、非洲南部发展中国家发展体和东非共同体以及其他区域的功能组织在区域交通发展具有发挥着至关重要的作用，特别是进入 21 世纪以来，非洲大陆整体政治稳定，经济发展速度快，交通运输发展有良好的外部环境，交通基础设施建设有所增加，进入新的发展阶段。

一、铁路交通

目前，非洲铁路交通整体发展缓慢，并且地区发展很不平衡，既有像南非铁路比较完善，也有如尼日尔的铁路还呈现空白状况。一些非洲国家的资源非常丰富，非洲的石油和其他矿产资源的全球需求增加，因此铁路建设的需求也增加。近十年来，为了加大非洲铁路里程，非洲国家提出了依靠自己的力量进行铁路建设的思路，解决横跨大陆的铁路一体化问题。

为了举办 2010 年世界杯，南非耗资 23 亿美元建成连接南非最大城市约翰内斯堡和首都比勒陀利亚的铁路。铁路一期工程已于 2010 年 6 月 3 日在世界杯开始前完成。

2016 年 6 月 17 日，由中国铁建所属子公司中国土木工程集团公司承建的尼日利亚铁路现代化项目第一标段——首都阿布贾至卡杜纳铁路举行试乘活动，这是非洲首条中国标准铁路试乘活动。尼日利亚铁路现代化项目全长 1315 公里，从该国南部沿海城市拉各斯一直连通到北部重镇卡诺，它是非洲首条由中国进出口银行提供优贷资金、采用中国铁路技术标准建设的现代化铁路。

1. 部分国家发展状况。

南非：截至 2013 年，国内铁路总长约 3.41 万公里，其中 1.82 万公里为电气化铁路，有电气机车 2000 多辆。年度货运量约 1.75 亿吨。由比勒陀利亚驶往开普敦的豪华蓝色客车享有国际盛誉。目前正在修建连接行政首都比勒陀利亚和约翰内斯堡奥立佛·坦博国际机场的高速铁路，总长约 80 公里。

埃及：由 28 条线路组成，总长 10008 公里，共有 796 个客运站，日客运量 200 万人次。截至 2014 年 3 月，开罗共有两条地铁线路，总长 64 公里，共耗资 120 亿埃镑。地铁三号线分两段修建，第一段全长 4.3 公里，第二段全长 7.12 公里。

阿尔及利亚：国内铁路集中在北部地区，总长 4219 公里，其中标准轨 3138 公里，复线 345 公里，电气化铁路 300 公里，窄轨 1081 公里。铁路全线有 214 个车站，日客运能力约 3.2 万人次。

安哥拉：国内铁路总里程 2800 公里，有本格拉、纳米贝和罗安达—马兰热三条主干线。本格拉铁路全长 1350 公里，与刚果（金）的铁路连接，曾是南部非洲铁路运输干线之一。因多年战乱，截至 2013 年只有部分路段维持运转。安哥拉政府正在修复全国铁路网，计划投入数十亿美元，修复总长约 2700 公里铁路。本格拉铁路部分路段已修复通车，预计年运送旅客 400 万人次，货物 2000 万吨。2010 年铁路运送旅客 325.3 万人次，货物 4.1 万吨。

乌干达：国内货物主要依靠空路及铁路，截至 2012 年末，铁路总长 1250 公里，为 1 米宽的窄轨铁路。客运量约 2700 万人公里，货物运输量 2005 年达 185559 吨公里。

2. 铁路总里程的地区差异。

从整体上看，非洲国家铁路总里程数处于一个相对稳定的状态，即 2010～2013 年这 4 年的时间里基本没有变化。其中，铁路总里程数最多的阿尔及利亚在 2010 年就已经达到 113.66 千 km，而最少的斯威士兰在 2013 年也仅仅只有 0.332 千 km，这说明非洲不同国家之间铁路交通发展水平差异非常大。

从具体的里程数上看，10 千 km 以上的国家有 5 个，分别是阿尔及利亚、中非共和国、马里、毛尼塔尼亚和赞比亚；10 千 km 以下 1 千 km 以上的国家有 11 个国家，分别是埃及、几内亚比绍、肯尼亚、摩洛哥、莫桑比克、纳米比亚、尼日利亚、苏丹、坦桑尼亚、突尼斯和乌干达；1 千 km 以下的国家有 5 个国家，分别是博茨瓦纳、埃塞俄比亚、几内亚、马拉维和斯威士兰。见表 1.5。

表 1.5　　　　　　　　　　非洲国家铁路总里程　　　　　　　　　　单位：千 km

国家	2010 年	2011 年	2012 年	2013 年
阿尔及利亚	113.66	—	—	—
博茨瓦纳	0.89	0.89	0.89	0.89
中非共和国	20.28	—	—	—
埃及	9.57	9.57	9.57	—
埃塞俄比亚	0.78	—	—	—
几内亚	0.39	0.39	0.39	—

续表

国家	2010 年	2011 年	2012 年	2013 年
几内亚比绍	2.76	2.76	2.76	2.76
肯尼亚	2.70	2.70	2.71	—
马拉维	0.77	0.77	—	—
马里	26.14	31.62	33.53	37.03
毛尼塔尼亚	10.63	—	—	—
摩洛哥	2.11	2.11	2.11	—
莫桑比克	3.12	3.12	3.12	3.12
纳米比亚	2.72	—	—	—
尼日利亚	3.51	3.51	3.51	—
塞内加尔	—	0.91	—	—
苏丹	5.90	5.84	5.84	—
斯威士兰	0.33	0.33	0.33	0.33
坦桑尼亚	7.90	—	—	—
突尼斯	2.16	2.16	—	—
乌干达	1.24	1.24	1.24	1.24
赞比亚	59.60	59.60	59.60	59.60

3. 铁路网密度的地区差异。

从整体上看，非洲各国家铁路网密度处于一个相对稳定的状态，即 2010～2013 年这 4 年的时间里基本没有变化。其中，铁路网密度最高的赞比亚在 2013 年就已经达到 79.46km/千 km²，而最少的马里在 2013 年也仅仅只有 0.64 千 km/千 km²，这说明非洲不同国家之间铁路交通发展水平差异非常大。

从具体的铁路网密度上看，10 千 km/千 km² 以上的国家有 8 个，分别是阿尔及利亚、中非共和国、几内亚比绍、毛尼塔尼亚、斯威士兰、坦桑尼亚、突尼斯和赞比亚；10 千 km/千 km² 以下 1 千 km/千 km² 以上的国家有 11 个国家，分别是博茨瓦纳、埃及、几内亚、肯尼亚、马拉维、摩洛哥、莫桑比克、纳米比亚、尼日利亚、苏丹和乌干达；1 千 km/千 km² 以下的国家有 2 个国家，分别是埃塞俄比亚和马里。见表 1.6。

表 1.6		非洲国家铁路网密度		单位：km／千 km²
国家	2010 年	2011 年	2012 年	2013 年
阿尔及利亚	47.7	—	—	—
博茨瓦纳	1.53	1.53	1.53	1.53
中非共和国	32.60	—	—	—
埃及	9.56	9.56	9.56	—
埃塞俄比亚	0.71	—	—	—
几内亚	1.59	1.59	1.59	—
几内亚比绍	76.26	76.26	76.26	76.26
肯尼亚	4.64	4.64	4.64	—
马拉维	6.50	6.50	—	—
马里	0.64	0.64	0.64	0.64
毛尼塔尼亚	10.31	—	—	—
摩洛哥	4.72	4.72	4.72	—
莫桑比克	3.90	3.90	3.90	3.90
纳米比亚	3.30	—	—	—
尼日利亚	3.79	3.79	3.79	—
塞内加尔	—	4.61	—	—
苏丹	3.13	3.10	3.10	—
斯威士兰	19.12	19.12	19.12	19.12
坦桑尼亚	74.66	—	—	—
突尼斯	13.18	13.18	—	—
乌干达	5.14	5.14	5.14	5.14
赞比亚	79.46	79.46	79.46	79.46

二、公路交通

公路是非洲最主要的交通方式。非洲横贯公路网是由联合国非洲经济委员会、非洲开发银行、非洲联盟会同区域性国际组织共同制定并实施，目标是通过发展非洲公路基础设施和加强以公路为基础的贸易走廊建设与管理，以促进非洲贸易和减轻贫困。穿越非洲公路网现有 9 条线路，公路总里程56683 公里。

1. 部分国家发展状况。

南非：分为国家、省及地方三级。截至 2013 年，国家级公路 9600 公里。双向高速公路 1440 公里，单向高速公路 440 公里，单向公路 56967 公里，收费公路 2400 公里。年客运量约 450 万人次，货运量 310 万辆。

安哥拉：总里程 7.5 万公里，其中 1.8 万公里为柏油路面，其余为沙石土路面，干线总长 2.5 万公里。2010 年公路运送旅客 2.01 亿人次，货物 445.9 万吨。

莫桑比克：截至 2014 年，国内公路总长约 3.03 万公里。其中柏油公路 6303 公里，南北公路干线（国家公路 1 号线）正在分段修复中。1990 年至 2012 年莫桑比克等级汽车数量增长 832%，约有 48.7 万辆。

科特迪瓦：公路网四通八达，系西非地区公路最发达的国家。总长近 8.3 万公里（2013 年），占整个西非经货联盟道路里程的 45%，其中一级公路 6500 公里（沥青路面）、二级公路 7000 公里；全国有 5850 个货运商行，各种车辆 31.1 万辆，其中货车 1.7 万辆。

刚果：截至 2014 年全国原有公路总长 14.5 万公里，其中一级公路 58129 公里，乡村公路 87300 公里，城市公路网 7400 公里。由于长年战乱破坏和缺乏维护，大部分公路无法正常通行，许多二级公路和乡村公路遭损毁，仅剩 5 万公里的主干道（其中沥青路仅占 1.8%），平均每百平方公里只有 7 公里长的道路。

2. 公路交通发展的地区差异。

从整体上看，非洲各国家铺装道路比例处于一个缓慢上升的状态，即 2010~2013 年这 4 年的时间里增加量比较小。其中，铺装道路比例最高的塞舌尔在 2012 年就已经达到 97.5%，而最少的加纳在 2013 年也仅仅只有 5.5%，这说明非洲不同国家之间公路交通发展水平差异非常大。

从具体的里程数上看，铺装道路比例在 80% 以上的国家有 4 个，分别是博茨瓦纳、埃及、毛里求斯和塞舌尔；80% 以下 30% 以上的国家有 4 个国家，分别是阿尔及利亚、贝宁、几内亚比绍和斯威士兰；30% 以下的国家有 15 个国家，分别是布吉纳法索、布隆迪、佛得角、喀麦隆、中非共和国、加纳、几内亚、肯尼亚、马达加斯加、毛尼塔尼亚、莫桑比克、纳米比亚、尼日尔、塞内加尔和坦桑尼亚。

表 1.7　　　　　　　　　　非洲国家铺装道路比例　　　　　　　单位：%

国家	2010 年	2011 年	2012 年	2013 年
阿尔及利亚	77.1	—	—	—
贝宁	35.7	—	—	—
博茨瓦纳	85.0	78.0	78.0	78.0
布吉纳法索	15.3	—	—	—
布隆迪	15.5	16.3	16.7	14.8
佛得角	—	—	29.4	—
喀麦隆	10.1	—	—	—
中非共和国	6.8	—	—	—
埃及	90.1	89.6	89.6	—
加纳	5.5	—	—	—
几内亚	10.4	10.4	10.5	—
几内亚比绍	37.8	37.8	37.8	37.8
肯尼亚	14.0	14.0	15.0	—
马达加斯加	14.0	14.0	15.0	—
毛尼塔尼亚	29.7	—	—	—
毛里求斯	98	98	98	98
摩洛哥	70	71	70	—
莫桑比克	21	21	21	21
纳米比亚	14.5	—	—	—
尼日尔	20.9	21	21.5	21.4
塞内加尔	—	4.61	—	—
塞舌尔	96.5	96.5	97.5	—
苏丹	51.6	90.6	—	—
斯威士兰	37.6	42.0	42.0	45.0
坦桑尼亚	7.9	—	—	—

三、民用航空

非洲大陆的民航事业起步较早，20 世纪初即有民航航班往返非洲大陆与宗主国之间，但是发展速度缓慢。非洲国家取得独立以后，民航事业并没有成为经济发展的重点，只有南非、埃塞俄比亚、摩洛哥和埃及等少数几个国家致力于民航发展。大部分非洲国家的航空公司成立较晚，非洲多数人直到21世纪都未坐过飞机。21世纪后非洲民航业迅速发展。

1. 民航业客运量的空间差异。

非洲客运分布不平衡，从对外分布来看，非洲至洲外的客运量主要集中在欧洲。2012年，非—欧之间的旅客运输量达到3914万人次，占非洲至区域外旅客运输总量的64%。近年来，由于中东航空公司的崛起，非洲—中东地区的旅客运输量增长迅速，2012年达到1363万人次，占总量的22%。

表1.8   2012年非洲航空运输市场分布情况

区域	旅客运输量（万人次）	所占比例（%）
非洲—亚太	531	8.6
非洲—北美	283	4.6
非洲—欧洲	3914	63.6
非洲—拉美	64	1.0
非洲—中东	1363	22.1

2. 非洲与中国航线。

进入21世纪以来，中非经贸合作呈跨越式发展状态。2009年以来，中国连续5年成为非洲第一大贸易伙伴国。目前中国已累计在非设立各类投资企业超过2000家，雇用当地员工逾8万人。中非经贸和人员来往的快速发展双方民航业合作提供了巨大空间。中国已与埃塞俄比亚、安哥拉、坦桑尼亚、赞比亚、南非和尼日利亚等17个非洲国家正式签署了政府间航空运输协定，与塞舌尔、利比亚和乌干达等8个非洲国家草签了航空运输协定。

2012年中非航空运输市场中，中方仅有海航1家承运人，在中非航空运输市场的份额仅有5%。非方则有8家承运人，所占市场份额约为40%。中东国家航空公司在中非间航空运输市场有较高的市场份额，达到37%。

表 1. 9 中非通航情况（2012 年）

始发城市	经停	目的城市	承运人	机型	班期	周航班量	周座位数
北京	—	阿尔及尔	AH	330	1...5..	2	484
		罗安达	DT	772	1......	1	255
	阿布扎比	罗安达	HU	767	1...5..	2	466
	—	亚的斯亚贝巴	ET*	77L	12.45.7	5	1605
		开罗	MS	330	.2.4.6.	3	933
		约翰内斯堡	SA	346	.2.4.6.	3	951
上海浦东	吉隆坡	毛里求斯	MK	343	.2....	1	300
广州	曼谷	亚的斯亚贝巴	ET	763、77L	1234567	7	1731
		内罗毕	KQ	772	123.5..	4	1288
		塔那那利佛	MD	763	.2...6.	2	454
	—	开罗	MS	773	1.3.567	5	1730
杭州	新德里	亚的斯亚贝巴	ET	752、763	1234567	7	1495

四、非洲交通发展的影响因素

20 多年来，在非洲区域化政策指导下，通过非洲各国人民的不懈努力，非洲交通发展取得了进步。无论是交通运输线路长度、还是交通运输工具数量及客货运输量，较之 20 世纪 80 年代都有很大的增长。但是，目前制约非洲交通发展的影响因素还是非常多。

1. 自然资源和环境问题。

自然资源和环境是社会经济发展的最主要推动因素。自然资源方面，虽然大自然赋予了非洲大陆以异常丰富的资源，但鉴于非洲经济是一种以初级产品的生产和出口为基础的原材料消耗型经济型经济，再加上人口膨胀的压力，以及非洲小国众多而自然资源分布极不均衡，资源的开发和利用问题同样也成为非洲国家面临的重大问题之一。而环境方面，非洲大陆由于交通落后，人口增长过快，对生态环境的破坏相当严重，已成为制约其交通发展的一个重要因素。

2. 人口问题。

人口是社会经济发展的最基本因素。非洲国家在这项最基本要素上存在的种种不协调现象，是制约其交通运输业发展的首要因素。从独立至今，非洲国家的人口呈持续增长趋势，伴随人口膨胀而出现的是人口低龄化、畸形城镇化和人口素质低下下等一系列现象，使得非洲发展交通运输人力资源严重不足。

3. 基础措施落后。

非洲的基础设施薄弱突出表现在交通运输比较落后上，非洲的通信设施，供水供电设施以及其他公共服务设施也严重短缺。此外，非洲作为经济不发达、法制不健全、政府干预经济力度较大的地区，腐败问题尤为突出。这些直接影响到非洲各国吸引外资来协助建设交通设施的能力。

第五节　非洲的旅游业发展

非洲是一块文明而古老的大陆，它拥有悠久的历史、灿烂的文化，整片大陆幅员辽阔、风光旖旎。丰富而独特的旅游资源，每年都吸引着世界各地数以万计的游客前来观光、考察及探险，从而推动了非洲各国旅游经济的增长，进而拉动国民经济的发展。非洲旅游资源得天独厚，经过几十年的发展，已经形成一定的规模。各个国家都在积极探索适合本国国情的旅游方针，使旅游业得以长足发展。

一、非洲旅游业发展历程

当代非洲旅游业的发展过程，大致可分为觉醒、快速发展、调整和提高3个阶段。20世纪50～60年代末是非洲旅游业的觉醒阶段。在这个阶段，非洲国家纷纷独立，开始将工作重心转移到经济建设上来，非洲旅游资源得到大力开发，非洲的旅游业开始觉醒。

20世纪70年代初至20世纪末是非洲旅游业的快速发展阶段。摆脱了西方殖民统治后的非洲不断的推动经济快速发展和维护国家团结稳定，为旅游业的发展提供了良好的外部环境，使非洲旅游业进入快速发展阶段，成为非洲蓬勃发展的新兴产业。非洲各国纷纷采取如培养旅游人才、建立旅游组织和鼓励外资投资等一系列措施促进非洲旅游业的发展。但 20 世纪 80 年代末 90 年代初，随着国际政治形势的变化，非洲各国纷纷实施政治改革，引发不少民族冲突、恐怖事件的发生，影响了非洲旅游业的发展，但总的来看，并没有改变非洲旅游整体快速发展的态势。

20 世纪末至今非洲旅游业一直处于调整和提高阶段。20 世纪末，非洲旅游基础设施不完善、非洲局部政局动荡以及个别恐怖事件的发生都使非洲的旅游形象大大受损，非洲旅游业普遍出现了大幅度下降。21 世纪初，非洲各国政府纷纷采取了如加强安全措施、加强旅游宣传、改善旅游环境、降低旅游价格和设立旅游办事处等一系列措施来促进非洲旅游业的整体复苏。

二、非洲的旅游发展现状

1. 非洲自然旅游资源的开发。

非洲面积 3020 万 km^2，约占世界陆地总面积的 20.2%，非洲幅员辽阔、多样的地形和多变的气候，造就了千姿百态的自然旅游资源，塑造了非洲千姿百态的旅游景观。既有一望无际的草原、粗犷原始的沙漠、青翠可爱的绿洲，又有奇雄峻美的高原和动人心魄的裂谷。在非洲，可以领略到最原始的自然美景，东非大草原壮阔绝美日出，乞力马扎罗山上赤道雪峰的奇景，深沉宽广的非洲母亲河尼罗河，世界上跨度最大的维多利亚大瀑布，彩虹国度南非的花园海岸线，"天堂岛"毛里求斯奇异的七色土，印度洋明珠塞舌尔的天然植物。这些自然旅游资源种类丰富、知名度大、游赏价值高，有强烈的热带风情，开发潜力无限。非洲自然旅游资源的开发正在逐渐进入成熟期，开发了很多现代旅游活动。如利用苍茫广阔的撒哈拉大沙漠来开展沙漠体验旅游，吸引了国际上探险旅游一族到此一游。利用东非大裂谷景致带，开发建设以裂谷、雪峰、火山、高原为主要内容，湖光山色冰火两重的自然风光旅游黄金线，吸引了大批以科考、观赏旅游为主的游客。

2. 非洲人文旅游资源的开发。

非洲历史悠久，古埃及文化、地中海南岸文明、埃塞俄比亚以及几内亚湾等古文化给世人留下了丰富的遗产。当前，非洲旅游界也在逐渐认识到人文旅游资源的重要作用，正试图进一步挖掘传统的文化旅游资源。历史遗迹与现代都市风情相交融，民风民俗与宗教文化相粹聚，集古老与现代、民族与宗教于一体使得非洲遥远而神秘。如埃及金字塔、狮身人面像、帝王谷、卡纳克神庙、卢克索、突尼斯古城、迦太基城古遗址、摩洛哥的拉巴特王宫和非斯古城及津巴布韦古遗址等，还有塞舌尔的奢华度假天堂，南非的太阳城等都市风情。又因为非洲地域辽阔，区域差异较大，各地、各民族受自然、历史、宗教和传统习俗等的影响，所以形成了绚丽多彩的民俗风情。如"森林儿子"俾格米人和"沙漠之子"桑人等神秘民族、富有特色的居民建筑、奇特的服饰装束、形形色色的婚姻习俗、不同宗教信仰的宗教节日庆典、古老的酋长制遗风，以及高昂激越的音乐、粗犷刚健的舞蹈、扣人心弦的体育竞技和制作精巧的手工艺品等。所有这些对异国他乡的游客有着巨大的吸引力。

3. 非洲旅游市场发展现状。

随着各国经济的持续发展和人民生活质量的不断提高，国际旅游的重要性日益彰显，旅游业的效益愈加引人注目。非洲既拥有千姿百态的自然旅游资源又拥有神秘奇特的人文资源。近年来，非洲各国不断地探索旅游发展的方针，使得非洲旅游业得到了快速发展。

从非洲国际旅游收入来看，2005～2008年，非洲国际旅游收入快速增长，由2005年非洲国际旅游收入为283.85亿美元增长至2006年的320.6亿美元，增长率为12.95%。2007年非洲国际旅游收入为320.60亿美元，增长率高达17.61%。2008年非洲国际旅游收入增长至401.12亿美元，增长率为6.38%。2009年，受到金融危机的影响，国际旅游收入下降到379.84亿美元，下降率为5.31%。2010年世界经济开始复苏，非洲国际旅游收入开始回升，上升到418.12亿美元。2011年受到非洲地区局势动荡的影响，非洲国际旅游收入下降了3.61%，下降到403.02亿美元。2012年非洲国际旅游收入回升了7.89%，为434.84亿美元。2013年遭遇了埃及局部动荡，肯尼亚国内恐怖袭击使得非洲国际旅游收入大大减少，下降了13.6%。见图1.8。

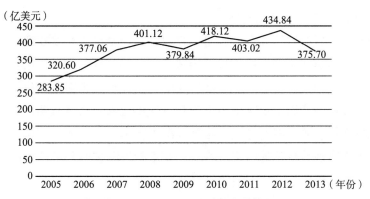

图 1.8 2005～2013 年非洲国际旅游收入

从非洲国际旅客人数来看，2005～2010 年，非洲国际旅客人数一直处于上升的趋势。2005 年非洲国际旅客人数达 5 百万人次，2006 年为 5.51 百万人次，2007 年为 6.32 百万人次，2008 年为 6.69 百万人次，2009 年为 6.81 百万人次，2010 年为 7.52 百万人次。2006 非洲国际游客人数增长率为 10.2%，2007 年为 14.6%，2008 年为 6.0%，2009 年为 1.7%，2010 年为 10.4%。2011 年由于非洲局部地区政局不稳定，非洲国际旅客人数降至 6.9 百万人次，下降率为 8.2%。2012 年非洲国际旅客人数回升至 7.52 百万人次，2013 年又猛降至 5.11 百万人次。可以看出政局不稳定对非洲旅游业发展有严重的阻碍作用。2013 年，非洲旅游人数在世界中所占比重仅为 5%，远远小于欧洲的 52%，亚洲和太平洋的 23%，美国的 16%，见图 1.9。

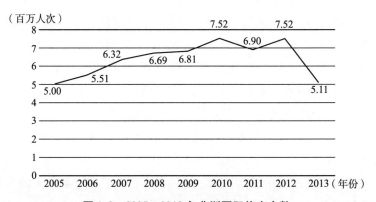

图 1.9 2005～2013 年非洲国际旅客人数

4. 非洲重要旅游区的发展。

最新的世界旅游统计数据表明，非洲已成为全世界最受欢迎的旅游目的地之一。近年非洲旅游发展较快的国家主要是突尼斯、埃及、南非、肯尼亚和摩洛哥等，而其中肯尼亚、摩洛哥和南非一起被评为对非洲旅游贡献最大的国家，被称为非洲旅游黄金线上三颗璀璨的宝石。实践表明，北非国家主要是凭借文物古迹和海滩等优秀旅游资源来吸引大批的旅游度假者。而南部非洲国家则以独具特色的国家公园（主要指野生动物园）和旖旎的自然风光取胜，从而促进了生态旅游的快速发展。

（1）北部非洲旅游区。

根据世界旅游组织的统计数据，约88%到非洲旅游的游客会到西北非和东北非游览观光，且主要目的地是埃及、摩洛哥和突尼斯。

埃及拥有金字塔、撒哈拉沙漠、尼罗河风光等众多的旅游资源，名胜古迹星罗棋布，首都开罗、港口城市亚历山大、中南部城市卢克索和阿斯旺都是埃及旅游资源中的热门之选。由于埃及旅游交通便利、旅游设施完善，历史文化悠久，从而使埃及成为北非乃至整个非洲最重要的旅游国。金融危机前埃及的国际旅游收入一直不断的增长，2005 年埃及国际旅游收入为 66.95 亿美元，2006 年为 74.18 亿美元，2007 年为 90.91 亿美元，2008 年为 107.35 亿美元。国际游客人数也在不断上升 2005 年埃及国际游客人数为 860.8 万人次，2006 为 908.3 万人次，2007 年为 1109.1 万人次，2008 年为 1283.5 万人次。2009 年，受金融危机影响，埃及国际旅游收入下降为 105.10 亿美元，国际游客人数也下降为 1253.6 万人次。2010 ~ 2013 年埃及国际旅游收入受到了政局局部不稳定的影响，波动较大。2010 年国际旅游收入上升为 122.83 元，人数上升为 1473.1 万人次，2011 年国际旅游收入下降为 85.37 亿美元，人数下降为 984.5 万人次，2012 年前，埃及一直是非洲的第一旅游大国，2012 年埃及国际旅游收入达 97.46 亿美元，远远高于摩洛哥 76.17 亿美元国际旅游收入，是突尼斯埃及国际旅游收入的 4.4 倍。2013 年埃及国际旅游收入下降为 58.05 亿美元，首次被摩洛哥超过。

摩洛哥是世界著名的旅游胜地，境内众多的名胜古迹和迷人的自然风光，首都拉巴特景色迷人，乌达亚城堡、哈桑清真寺遗址以及拉巴特王宫等著名景点都位于这里。古都非斯是摩洛哥第一个王朝的开国之都,以精湛的伊斯兰建筑艺术闻名于世。此外北非古城马拉喀什、"白色城堡"卡萨布兰卡、美丽的海滨城市阿加迪尔和北部港口丹吉尔等都是令游客向往的旅游胜地。2013 年摩洛哥国际旅游收入 68.48 亿美元,国际游客人数也到达 994.3 万人次,超过了埃及的 919.2 万人次,一跃成为北非第一大旅游国。这些都与摩洛哥国内政局相对稳定,摩洛哥政府一直努力恢复客源信心,改善旅游形象、提高旅游信誉、提供超值旅游产品等分不开的。

突尼斯是世界上少数几个集中了海滩、沙漠、山林和古文明的国家之一,是悠久文明和多元文化的融和之地。旅游设施主要分布在东部沿海地带,有五大旅游中心,苏斯"康达维"中心是全国最大的旅游基地。突尼斯市、苏斯、莫纳斯提尔、崩角和杰尔巴岛是著名的旅游区。旅游业在国民经济中居重要地位,是突尼斯第一大外汇来源。2009 年旅游收入为 27.51 亿美元,接待游客 761.1 万人次。全国约 800 家旅馆拥有 23 万张床位,居非洲和阿拉伯国家前列。直接或间接从事旅游业人员达 35 万人,约占全国人口的 3.6%,解决了 12% 的劳动力就业问题。2010 年突尼斯旅游收入下降为 26.24 亿美元。受政局剧变影响,2011 年突尼斯接待外国游客约 545.1 万人次,旅游收入下降为 18.94 亿美元。2012 年突尼斯旅游收入上升为 22.04 亿美元,接待国际游客约 763.5 万人次。2013 年,突尼斯旅游收入下降为 21.68 亿美元,同比下降了 1.63%。见图 1.10、图 1.11。

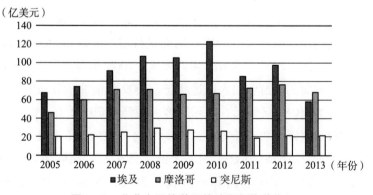

图 1.10 北非主要旅游目的地国际旅游收入

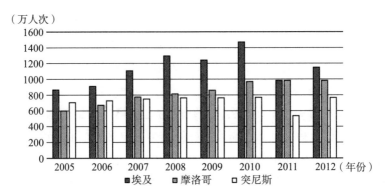

图 1.11　北非主要旅游目的地国际游客人数

（2）南部非洲旅游区。

自 2004 年以来，非洲撒哈拉以南地区旅游迅速发展，游客人数剧增。当然，其中主要归功于南非、肯尼亚、津巴布韦、莫桑比克、斯威士兰和塞舌尔等少数几个国家对旅游业做出的贡献。

南非共和国位于非洲大陆的最南端，享有"彩虹之国"的美誉。南非旅游资源丰富，南非的旅游景点主要集中在东北部和东南沿海地区，好望角的浪花、厄加勒斯的城堡、太阳城的温暖等等，拥有各种不同风景可以满足不同游客的喜好。相关基础设施建设较为完善。有 700 多家大饭店，2800 多家大小宾馆、旅馆及 10000 多家饭馆。南非旅游业发展较快，旅游收入成为南非第三大外汇收入来源。2005 年南非国际旅游收入高达 15.03 亿美元，2006年为 25.24 亿美元，2007 年为 26.18 亿美元，2008 年为 33.07 亿美元。南非接待游客人数也在不断增长，2005 年南非接待游客人数达 553 万人次，2006年为 625.9 万人次，2007 年为 677.4 万人次，2008 年为 715.7 万人次。金融危机后，整个南非的旅游业陷入低迷状态。2009 年南非国际旅游收入下降了 9.68%，下降为 29.87 亿美元，国际游客人数降为 701.2 万人次。2010 年南非国际旅游收入骤降为 9.43 亿美元，国际游客人数为 807.4 万人次。2011 年南非国际旅游收入为 18.50 亿美元，上涨了约 1 倍，国际游客人数也涨为 833.9 万人次。2012 年南非国际旅游收入为骤升为 88 亿美元，同比上升 375.66%。2013 年南非国际旅游收入下降了 10.08%，约 79.13 亿美元，国际游客人数为 951.5 万人次。

　　肯尼亚是人类的发源地之一，境内曾出土约250万年前的人类头盖骨化石，还有东非大裂谷等著名景点。而最具特色和吸引人的还是肯尼亚西部与坦桑尼亚赛伦盖蒂齐名的马赛马拉野生动物自然保护区。近年来，肯尼亚将旅游业的发展重点主要集中在野生动物保护区游览、海滩旅游以及动物保护国际会议旅游等三个方面，充分利用其天然的"野生动物王国"资源发展特色旅游。2005～2007年非洲国际旅游收入和游客人数都不断增加。2005年肯尼亚国际旅游收入为2.67亿美元，2006年为2.87亿美元，2007年为3.06亿美元。2005年肯尼亚接待国际游客11.82万人次，2006年为12万人次，2007年为12.3万人次。2008年，肯尼亚引发骚乱而造成上千人死伤，使得国际游客骤降了3.27%，达2.96亿美元，游客人数骤降了3.58%，达11.86万人次。2009年，肯尼亚开始复兴旅游业，扩大旅游产品的范围，深层挖掘旅游资源，开发传统文化旅游项目，让游客观赏索马里鸵鸟等稀有动物和史前人类遗址等，这些努力使得肯尼亚游客人数增加了13.32%，国际游客人数达到13.44万人。2010年肯尼亚国际旅游收入下降为2.46亿美元，国际游客人数下降为13.43万人次。2011年肯尼亚国际旅游收入上升到4.14亿美元，国际游客人数上升为15.93万人次，同比增长了19.95%。2013年，自肯尼亚购物中心袭击事件后，肯尼亚的安全状况一直在恶化、袭击事件频发，使得肯尼亚国际旅游收入下降了11.12%，下降到3.68亿美元，旅游业蒙上了阴影。

　　斯威士兰旅游业较发达，博彩业是斯旅游业的一大特色，外国游客中约60%为赌客。近年来，斯威士兰政府通过开发野生动物园和展示丰富多彩的礼仪文化来招揽游客。礼仪文化包括王宫内的各种庆祝活动、斯威士兰传统婚礼以及各种民族舞蹈等。旅店设施完好，太阳国际集团在斯威士兰开有数家五星级宾馆。2005年以来，除了2009年斯威士兰的国际旅游收入略有下降外，斯威士兰的国际旅游收入一直保持上升的趋势。2005年斯威士兰的国际旅游收入为8.24亿美元，接待游客118.2万人次。2006年为9.50亿美元，同比上升了15.37%，接待游客120万人次。2007年为11.99亿美元，同比上升了26.16%，接待游客123万人次。2008年为12.89亿美元，同比上升10%，接待游客118.6万人次。2009年斯威士兰的国际旅游收入下降了7.50%，接待游客134.4万人次。2010年，斯威士兰经济恢复，国际旅游收入为 12.55 亿美元，同比上升 8.17%，接待游客 134.3 万人次。2011 年斯威士兰国际旅游收入为 13.53 亿美元，同比上升了 7.87%，接待游客 132.8 万人次。2012 年斯威士兰国际旅游收入为 15.64 亿美元，同比上升了 15.56%，接待游客 159.3 万人次。2013 年斯威士兰国际旅游收入为 16.79 亿美元，同比上升了 7.39%，接待游客 161.2 万人次。见图 1.12、图 1.13。

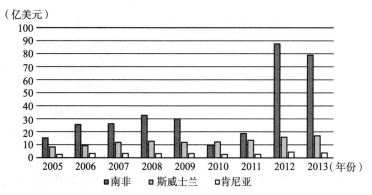

图 1.12　南部非洲主要旅游目的地国际旅游收入

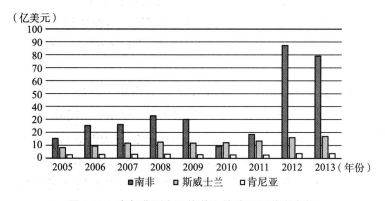

图 1.13　南部非洲主要旅游目的地国际游客人数

三、非洲旅游业发展特点

1. 旅游业发展基础和水平仍明显落后。

21 世纪以来，非洲旅游业发展迅速。2012 年非洲国际游客人数以

6.9%的增长率增长，远远高于世界平均水平（4%）、欧洲（3.4%）、亚洲和太平洋（6.8%）、美洲（4.5%）、中东（−5.2%）。2013年非洲国际游客人数以5.6%的增长率速度高速发展，除了低于亚洲和太平洋地区的增长率（6%），要远远高于世界平均水平（5%）、欧洲（5.4%）、美洲（3.6%）、中东地区（0.3%）。但非洲旅游业发展的基础和水平仍然明显落后于其他各大洲。由于全世界的旅游业发展速度也极为迅速，因而非洲旅游业在全世界旅游业中所占的比重仍然很小。到2010年，访问非洲的人数只占世界国际旅游人数的5.2%，旅游收入仅占世界国际旅游收入的3.4%左右。

2. 旅游业发展潜力大。

非洲是世界公认的经济最不发达的大陆。在联合国2011年排名的全世界人均GDP最低的40个国家中，有32个在非洲。多数非洲国家基础设施较差，特别是与旅游有密切关系的基础设施相当落后，非洲每1000平方公里仅有204公里道路。此外，近几十年来，非洲大片地区发生了干旱和荒漠化等自然和人为灾害。不少国家社会不安定，甚至连年发生战争，使游客缺乏安全感。这些都是不利于旅游业发展的因素。

然而，由于非洲旅游资源十分丰富，自然地理环境和历史文化景观独具特色，加上非洲是人类文明最早的发源地之一，对于外来旅游者有很大的吸引力。另外，广大非洲地区的旅游资源尚未得到充分的开发，只要非洲这个神秘大陆的面纱一经掀起，就一定会受到世人的瞩目，各国的游客就会纷至沓来。世人普遍认为，随着非洲地区政治局势的渐趋稳定，非洲国家越来越重视旅游业，加上非洲与欧洲距离较近，欧洲人喜欢到非洲度假和观光。而距离较远的许多美国人对于到非洲进行探险旅游和狩猎也很感兴趣，同时伴随着金砖国家崛起，加上中非合作的不断深入，广大发展中国家的公民赴非旅游的愿望也越来越强烈，相信在不远的将来，非洲在商务旅游和度假旅游方面会展示其巨大的潜力，其旅游业各项指标也一定会在世界旅游业中占有更大的比重。

3. 区域间旅游业发展极不平衡。

在非洲56个国家和地区中，由于人口、幅员、地理位置、资源条件以及经济发展战略和政策各不相同，各国的经济发展水平也相差很大，既有最贫穷的国家，也有小康乃至富裕的国家，各国之间相差悬殊。目前，人均国民收入最高的赤道几内亚与人均国民收入最低的刚果（金）收入水平已相差70多倍，非洲自然资源丰富，但主要集中在南非及津巴布韦等地，而大部分的非洲国家资源贫乏、经济落后、人民贫穷，这些都直接导致了非洲旅游业发展的不平衡。但各国、各地区国际旅游发展很不平衡。如非洲的埃及、摩洛哥、突尼斯、肯尼亚和南非五国，接待国际游客总数占非洲总数的约3/4。尽管非洲的旅游资源十分丰富，但非洲绝大多数国家的国际旅游市场竞争力较弱，有能力出境旅游的人数不多。

四、非洲旅游业发展的制约因素

近年来，非洲旅游业发展速度惊人。但总体来看在国际旅游业中非洲旅游业所占比重不高，体系不够成熟，服务不够完善，还存在很多问题阻碍非洲旅游未来的发展。

1. 旅游基础设施薄弱，服务水平低。

非洲国家和地区缺乏资金、技术、物质、人才等条件，导致了基础设施较为薄弱、交通体系不健全和可进入性差等问题，使得非洲许多优越的旅游资源难以得到大规模、系统化的开发，无法有效推动非洲经济的发展。

非洲国家科技水平普遍低，信息业和电信业很不发达，通信条件落后，成为制约非洲旅游业发展的重要因素。例如非洲东部地区至今没有海底光缆与互联网相通，只能靠卫星上网，费用相当昂贵，且稳定性欠佳，制约着这一地区旅游业的发展。交通设施的不完善是制约非洲旅游发展的重大因素，使得很多旅游资源只能听其名，不能看其实。对于陆上运输来说，非洲大多数交通线路是从沿海港口伸向内地，但大多彼此独立，未能连成线，串成网，尚未形成较为完整的交通运输网络。对于海运来说，只有与非洲较为接近的亚欧大陆东部沿海地区的海运才相对完整、全面；对于航运来说，非洲的国际航空近两年发展迅速，但总体上仍然较为落后，国际航线与国际航班数量偏少，出现到非洲旅游需要多次转机的麻烦。为了促进旅游的发展，非洲的交通运输业有待提高。

食宿和接待等方面还存在各种问题等直接影响非洲旅游业的发展。如有

"微型非洲"之称的喀麦隆，在首都雅温得至今还没有一家大型的娱乐场所，也没有一家像样的风味餐馆，更没有一家专门出售非洲特产的工艺品商店。世界旅游组织发表的《非洲2020年展望报告》指出，旅游基础设施的改善、旅游产品的丰富，以及通过促销改变非洲的形象是今后非洲旅游业的首要任务。

2. 文化交流困难，旅游规划缺乏。

非洲文化具有独特性、原始性和多样性等特点，与其他各洲文化存在着极大的差异，这对国际旅游者来说具有巨大的吸引力。但由于长期的殖民统治、闭塞的交通与经济基础薄弱，非洲社会文化又存在一定的落后性。一方面，当地人大多知识水平较低；另一方面由于历史原因，英语、法语和葡语在非洲比较流行，分别成为许多国家的官方语言或通用语，懂的多种语言的导游人员较少，懂的日语和中文的更是寥寥无几。这就使得当地居民与外来旅游者的交流和沟通形成障碍，国际游客很难真正感受到非洲历史和文化的巨大魅力，不利于当地旅游业的发展。

完善的发展规划是旅游业发展的主要前提之一。由于旅游业是许多非洲国家的重要外汇来源，还为非洲各国创造了大量就业机会，越来越多的非洲国家开始重视旅游，把旅游业视为振兴本国经济的一个新途径，并纷纷出台了一系列优惠政策以大力开发旅游业。但很多非洲国家市场观念、市场意识比较薄弱，缺乏对旅游业的规划管理，缺乏市场营销、产品推广，接待服务等方面的人才，部分国家或地区的旅游开发处于无序的"原始"状态。但是无论对于单个国家，还是针对地区或泛非来说，都由于缺乏完善的旅游规划，所以对于旅游业的促进作用仍然非常有限。

3. 旅游产品单一，旅游合作缺乏。

非洲国家的旅游项目大多以传统的观光、休闲度假为主，项目单一。虽然有丰富的旅游资源，许多独特和高品质的旅游资源仍然处在"养在深闺人未识"的状态，没有得到很好地开发。非洲各国各地区都具有独特的旅游资源，但不能抱成团、连成线、形成面，无法扩大非洲旅游的整体吸引力。

近年来，非洲联盟成立，使非洲各国协调合作意识加强，但是非洲现有的旅游法律和法规很不完善，政府各相关部门之间、私人企业和政府部门间缺乏有效协调，非洲各国的旅游及与国际旅游之间缺乏紧密联系，北部非洲与南部非洲的旅游业发展不平衡，旅游管理效能低。非洲国家和地区之间人员流动与限制措施不利于非洲经济一体化的发展。据统计，因为旅游方面的限制，在欧洲跨区域旅行1000公里的花销只能够在非洲跨区域旅行100公里。可见，消除非洲跨区域间的贸易壁垒、加强旅游合作势在必行。

五、非洲旅游发展前景

1. 非洲各国出台新举措。

旅游业是许多非洲国家的重要外汇来源，旅游业的发展为非洲各国创造了大量的就业机会。越来越多的非洲国家把旅游业视为振兴本国经济的一个新途径，并纷纷出台了一系列优惠政策以大力开发旅游业。

据悉，北非的摩洛哥最近决定投资12.4亿美元在今后5年内建设两项大型旅游和房地产项目，其中5.3亿美元用于建造一个具有国际标准，占地50公顷的动物园及其配套旅游设施，6.8亿美元用于开发距首都拉巴特15公里的国家海滨，包括新建住宅、饭店、游港及占地450公顷的18洞高尔夫球场。

拥有众多自然景观和人文景观的坦桑尼亚，近年来也采取了各种措施大力发展旅游业。一是努力改善基础设施，坦桑尼亚政府目前已重点修复了通往阿鲁沙及各国家公园的公路干线，投资3500多万美元修缮和扩大了国有旅馆和电信网。二是推动旅游业非国有化，允许私人和外国资本向旅游业投资，吸引外国公司参与国有饭店、机场管理，提高管理技术和服务水平。经外国公司承包管理后，阿鲁沙的梅鲁山饭店及乞力马扎罗机场等先后扭亏为盈。三是积极扩大对外宣传，坦桑尼亚旅游部门已在欧美和亚洲设立了办事处，同时还于1995年与设在丹麦的非洲旅游协会签署合作协定，重点开拓欧美市场。近年来，坦桑尼亚政府积极参加在欧美、中东及亚洲等地区举行的大型国际旅游博览会，极力推销坦桑尼亚旅游资源。四是实施各种优惠政策吸引外资开发旅游业，坦桑尼亚投资中心共注册了214个旅游业项目，投资总额为2650亿先令，创造就业机会20676个。包括喜来登在内的一些国际和地区知名旅游公司已先后进入坦桑尼亚旅游市场。

旅游业是埃及国民经济的龙头产业，旅游业的外汇收入已占到国民总收入的 18% 左右。旅游业带动了包括食品工业在内的 80 多个相关产业的发展。目前旅游业以及相关产业的产值在埃及国内生产总值中所占比例约为 11.8%。埃及旅游部长左海尔表示，旅游业的发展对于埃及经济发展有着十分重要的战略意义，埃及政府非常重视埃及旅游业的发展，希望通过发展旅游业来进一步降低失业率。据埃及旅游部长介绍，一间在建的客房能够提供 5~7 个就业岗位，而完工后一间客房可以提供 2~3 个直接的就业岗位和很多间接的就业机会。目前，埃及政府正着力吸引更多的投资者投资埃及的旅游项目，尤其是埃及北部沿海地带的一个项目，该项目占地面积达 100 平方公里，投资总额将达到 400 亿美元，主要由阿联酋、沙特和科威特等阿拉伯国家的投资者投资，该项目是迄今为止埃及最大的投资项目。

2. 中非旅游合作前景广阔。

中非双方在政治上是平等友好、相互信赖和相互支持的战略伙伴；在经济上是优劣互补、互利共赢的合作伙伴。中国尊重非洲国家自主选择发展道路，支持非洲国家联合自强，推动并积极参与国际社会促进非洲和平与发展的行动。非洲各国应充分利用"新非洲行动计划""西非经济共同体""东非自由贸易区"和"南部非洲发展共同体"等非洲地区的各种合作组织，结合各地自然资源和人文资源的特色，大力吸引投资，以确保非洲旅游业和中非旅游合作的快速发展。

自 2004 年 12 月开始，中国与埃塞俄比亚、肯尼亚、毛里求斯、塞舌尔、坦桑尼亚、突尼斯、赞比亚、津巴布韦和乌干达等 9 个非洲国家相继签署了关于双方旅游市场互相开放的谅解备忘录，再加上此前向中国公民开放的南非和埃及，中国政府已把中国公民出境旅游的非洲国家目的地由原来的两个增加到 11 个，非洲这片神秘的热土已经向国人揭开了它的神秘"面纱"，正在逐渐展现它的魅力。

中非合作论坛是中国与非洲友好国家建立的集体磋商与对话平台，是南南合作范畴内发展中国家之间的合作机制。其特点一是务实合作：以加强磋商、扩大合作为宗旨，重在合作；二是平等互利：政治对话与经贸合作并举，目的是彼此促进，共同发展。中非论坛北京峰会的成功举办，为中非旅游合作注入了新的活力，有助于增进双方民间的了解和友谊。自 2003 年中非合作论坛部长级会议以后，乌干达、马达加斯加、博茨瓦纳、莱索托、纳米比亚和加纳等国相继成为"中国公民组团出境旅游目的地"国。同时，中国政府还决定新增加阿尔及利亚、佛得角、喀麦隆、加蓬、卢旺达、马里、莫桑比克、贝宁和尼日利亚 9 国为"中国公民组团出境旅游目的地"国家，使中国在非洲批准开放的旅游目的地国增至 26 个。现在，越来越多的中国游客开始前往非洲这片神奇的土地，长期以欧美、日本游客为主的非洲旅游市场正在刮起一股"中国风"。

第六节　非洲的对外贸易

一、非洲对外贸易的发展现状

非洲贸易总体上的特征是在经济波动中增长，总贸易额由 2001 年的 2453 亿美元上升到 2012 年的 12239 亿美元，增长了将近 4 倍。2009 年欧美国家这一非洲最大贸易伙伴爆发了大规模的金融危机，席卷了整个国际市场，导致各国经济萧条、市场需求萎缩、初级产品价格下降等现象，直接影响了整个非洲的贸易，2009 年非洲对外的进出口额都出现了大幅的下降。金融危机后，非洲各国通过调整经济政策，改善宏观经济环境，紧密联系新兴经济体等一系列措施，使得非洲商品贸易开始复苏，截至 2012 年非洲的进出口额都呈上升趋势。2013 年，原油进口量的减少、国际经济尚未完全复苏和非洲产业结构不合理，使得对外贸易出现了第二次下降。2013 年对外贸易总额为 12274.42 亿美元，下降了 9.6%，同比下跌 2.14%。其中进口总额为 6277.25 亿美元，下降了 6.33%，同比下跌 6.34%。出口总额为 5995.25 亿美元，下降了 11.72%，同比下跌 6.34%。2013 年，非洲的贸易逆差创造了历史新高，达到 281.92 亿美元，见图 1.14。

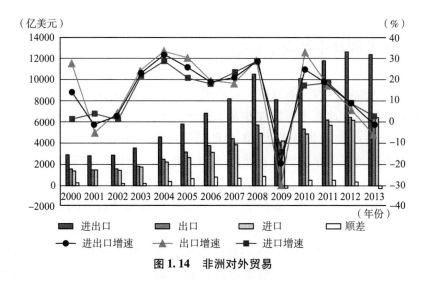

图 1.14 非洲对外贸易

近年来，随着非洲对外贸易的逐步发展，非洲对外贸易总额占世界的比例总体也呈增长的趋势。2013 年，欧洲出口额占世界出口总额的 40%，欧洲进口额占世界进口总额的 38%。而非洲出口额仅占世界出口总额的 3.19%，进口额占世界进口总额的 3.34%，贸易总额仅占世界贸易总额的 3.72%，非洲仍然处于世界贸易的边缘地带。见图 1.15。

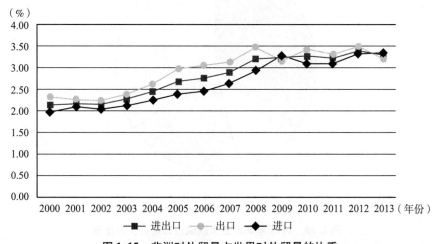

图 1.15 非洲对外贸易占世界对外贸易的比重

二、非洲对外贸易的区域差异

非洲各地区因为资源禀赋、经济基础、对外开放程度的不同，导致了非洲对外贸易在地区之间发展非常不平衡。2013 年，东部非洲的总进口额与总出口额占全非的份额均位居非洲第一位。东非进口额所占比重为 35%，大约是中部非洲所占比重的 5 倍，东部非洲所占比重的 3 倍。东非出口额所占比重为 31%，是东部非洲所占比重的 4.4 倍。南部非洲是进口第二大地区，进口额占全非的 23%，约是中部非洲进口额的 2.6 倍。但南部非洲出口额所占比重排名较低，仅为非洲第四位。西部非洲进口额排名第三位，所占比重为 19%，出口额所占比重为 24%，相比 2000 年的 21%，上涨了 14.2 个百分点。东部非洲进口数额较少，进口额占全非的 14%，出口额仅占非洲总出口额的 7%。中部非洲进口最少，仅占非洲总进口的 9%，中部非洲出口状况较好，出口额占全非的 20%，排名第三位。见图 1.16、图 1.17。

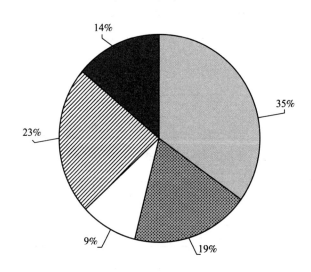

□ 北部非洲　図 西部非洲　□ 中部非洲　◨ 南部非洲　■ 东部非洲

图 1.16　2013 年非洲五大区域进口额占全非比重

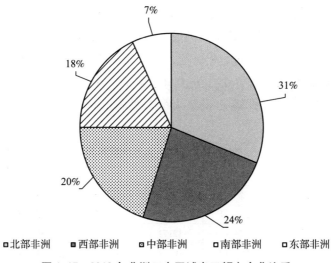

□北部非洲 ■西部非洲 □中部非洲 □南部非洲 □东部非洲

图 1.17　2013 年非洲五大区域出口额占全非比重

三、非洲对外贸易的国别差异

非洲对外贸易国别差异也很大，2012 年主要的进口额排名前十个国家的进口总额高达 4243.73 亿美元，占整个非洲进口总额的 74.40%。非洲这十大进口国分别为南非（1016.11 亿美元）占整个非洲进口总额的 17.81%、埃及（724.7 亿美元）占整个非洲进口总额的 12.71%、尼日利亚（601.12 亿美元）占整个非洲进口总额的 10.54%、阿尔及利亚（503.69 亿美元）占整个非洲进口总额的 8.83%、摩洛哥（448.38 亿美元）占整个非洲进口总额的 7.86%、突尼斯（244.73 亿美元）占整个非洲进口总额的 4.29%、安哥拉（237.17 亿美元）占整个非洲进口总额的 4.16%、肯尼亚（162.62 亿美元）占整个非洲进口总额的 2.85%、坦桑尼亚（162.27 亿美元）占整个非洲进口总额的 2.84%、埃塞俄比亚（142.94 亿美元）占整个非洲进口总额的 2.51%。2012 年出口额排名前十个的国家进口总额高达 4416.08 亿美元，占整个非洲出口总额的 67.60%，这十大出口国分别为：尼日利亚（956.76 亿美元）占整个非洲出口总额的 14.65%、南非（867.12 亿美元）占整个非洲出口总额的 13.27%、阿尔及利亚（717.36 亿美元）占整个非洲出口总额的 10.98%、安哥拉（710.93 亿美元）占整个非洲出口总额的 10.88%、埃及

（306.27 亿美元）占整个非洲出口总额的 4.69% 、摩洛哥（214.24 亿美元）占整个非洲出口总额的 3.28% 、突尼斯（170.18 亿美元）占整个非洲出口总额的 2.61% 、利比亚（168.68 亿美元）占整个非洲出口总额的 2.58% 、加纳（157.26 亿美元）占整个非洲出口总额的 2.41% 、赤道几内亚（147.28 亿美元）占整个非洲出口总额的 2.25% 。见表 1.10。

表 1.10　　　　　　　2012 年非洲的十大对外贸易国　　　　单位：亿美元

项目	进口			出口		
排名	国家	金额	百分比（%）	国家	金额	百分比（%）
1	南非	1016.11	17.81	尼日利亚	956.76	14.65
2	埃及	724.7	12.71	南非	867.12	13.27
3	尼日利亚	601.12	10.54	阿尔及利亚	717.36	10.98
4	阿尔及利亚	503.69	8.83	安哥拉	710.93	10.88
5	摩洛哥	448.38	7.86	埃及	306.27	4.69
6	突尼斯	244.73	4.29	摩洛哥	214.24	3.28
7	安哥拉	237.17	4.16	突尼斯	170.18	2.61
8	肯尼亚	162.62	2.85	利比亚	168.68	2.58
9	坦桑尼亚	162.27	2.84	加纳	157.26	2.41
10	埃塞俄比亚	142.94	2.51	赤道几内亚	147.28	2.25
合计		4243.73	74.40		4416.08	67.60

四、非洲对外贸易的商品结构

非洲国家的商品出口与资源禀赋、产业结构有很大关联。非洲出口的商品一直是以能源为主，非洲能源又主要以原油石油和天然气为主。2000 ~ 2004 年能源的出口量一直在 35% ~ 45%，呈下降趋势。2005 年，非洲的石油储量占世界的 12%，非洲的天然气产量占世界天然气产量的 6%；2005 ~ 2008 年油田的发现和天然气的开发，使得非洲石油产量和天然气产量一路飙升，能源出口量也不断增长。2009 年受到金融危机的影响，能源出口量随着市场的萧条而减少。2010 ~ 2012 年，世界经济开始复苏，但受不稳定的国际价格影响，能源出口量一直处于波动之中。2013 年非洲能源出口下降到了 35%，相比 2012 年下降了 17%。2013 年非洲的矿产和金属出口额占非洲总出口额的比重较 2012 年上升了 6.9%。非洲有很多依赖能源矿产出口为主要经济来源的欧洲国家，如加蓬主要出口锰矿和原油，2004 年加蓬的石油收入占该国 GDP 的 50%；安哥拉主要出口钻石和原油，2003 年，石油收入占该国 GDP 的 89.7%，钻石收入占该国 GDP 的 8.3%；尼日利亚是最典型的资源型国家，石油部门的收入占国民总收入的 80% 以上，是国民经济的主要来源。

2013 年，非洲农产品的出口量占非洲出口量的份额较 2012 年有所下降。非洲有许多以农业出口为主的国家，如吉布提、冈比亚、佛得角、塞舌尔和布隆迪等，这些国家一般能源矿产相对匮乏或出口受到制约，但耕地广阔，光热充足，农业地理条件良好，以出口农产品为主要经济来源。非洲出口世界的农产品主要为可可及可可制品类、水果坚果类、鱼类、咖啡香料类、棉花类、饮料类、烟草类、糖及甜食类和动植物油脂类等农产品。农业生产中热带经济作物产量丰富，其中可可产量和出口量分别占世界总量的 56% 和 63%；咖啡产量和出口量均占世界总量的 18%；棉花产量占世界总量的 4.7%，原棉出口量占世界总量的 12%；此外，天然橡胶、棕榈仁、花生和剑麻等产品产量和出口量在世界市场上也都占有较大份额。

2013 年，非洲制造品出口额占非洲总出口额相比 2012 年上升了 10.8%，机械和运输设备、化学品和纺织品产品出口额也都存在不同程度的上升，这表明非洲的出口结构在不断的优化（见图 1.18）。制造业在国民经济发展和

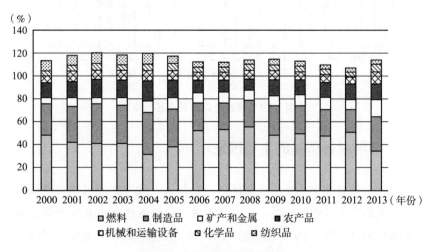

图 1.18　非洲出口主要产品构成

工业化进程中具有特殊的意义，其发展水平反映的是一个国家的工业化程度。非洲出口的制造业产品主要以轻工业为主，其中食品、饮料和烟草占制造业产品的主体，其次为纺织和服装加工制造业。

2000~2013年非洲制造品进口额占非洲总进口额的60%以上，非洲进口产品是以制造品为主，其次占比重较大的是机械和运输设备。2013年排名靠后的分别是能源、农作物、化学品，最后是纺织品。这是由于非洲的制造业还处于初级阶段，还存在着许多如经济环境差、人均收入少、国内市场小、基础设施缺乏、工业企业能力弱和劳动生产率低等挑战。所以非洲进口的产品对一些技术含量高的产品，如电子产品、机械和运输设备、化学品对国外仍具有严重的依赖性。非洲从其他各国进口的农作物主要是粮食作物，还有茶叶、蔬菜、水果、烟草、动物类产品、油籽、糖类和肉制品类等其他农作物，见图1.19。

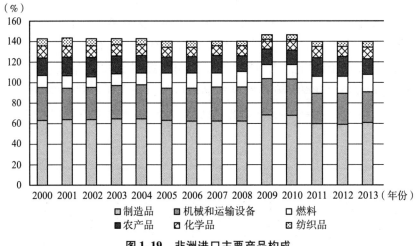

图1.19　非洲进口主要产品构成

五、非洲对外贸易的主要国家

欧盟和美国是非洲传统的贸易伙伴。近年来，欧非之间进出口总额都呈增长态势，但增长速度明显减缓，所占非洲进出口总额比重也有所下降。2001年欧非之间进出口总额为2970亿美元，2011年增加到3650亿美元，但欧非之间的贸易额占非洲总体贸易额的比重却减少了，2001年非洲与欧盟之间的进出口额约占非洲总进出口额的一半，2011 年下降到 32%。美国与非洲之间的出口额占非洲出口总额的比重也从 2001 年的 17.9% 下降到了 2013 年的 8.3%。

中国和非洲之间贸易规模不断的扩大，1994 年，中非贸易额仅为 26.43 亿美元、2000 年中非贸易额首次突破 100 亿美元，2001 中非进出口总额为 106 亿美元、2010 年达到 1260 亿美元，2011 年中非进出口总额为 1327 亿美元，相比 1994 年增长了近 50 倍。2013 年，中国和非洲之间的出口额超过了美国与非洲之间的出口额，成为了非洲第一大出口国。中非进出口额占非洲进出口总额的比重也从 2000 年的约 4% 上升到 2011 年的 11.7%，总的来说，在非洲对外贸易中，欧美老牌贸易伙伴的地位在逐渐下降，中国等新兴国家的地位在逐渐上升。虽然现在中非贸易占非洲对外贸易的比重不大但一直处于上升趋势，这就使得中国成为非洲最具发展潜力的重要贸易伙伴。

六、非洲对外贸易面临的机遇

1. 中非合作与对非援助。

随着我国综合国力的增强，我国不断加大对非援助，中非合作迈上新台阶。目前，非洲已成为我国对外承包工程最重要的市场之一，非洲项目在我国海外项目中占据重要地位。以 2011 年为例，在我国十大海外承包工程项目中非洲占四个。从新签合同额来看，我国与阿尔及利亚合作的项目达 645847 万美元，排在海外项目第二名，而从 2011 年完成营业额来看，与安哥拉完成 634417 万美元的项目，同样排在第二。新签合同额进入前 10 名的非洲国家主要有阿尔及利亚、埃塞俄比亚、安哥拉和尼日利亚等。从完成营业额大小排名来看，进入我国海外市场 10 大项目的非洲国家主要有安哥拉、阿尔及利亚、尼日利亚和苏丹等。见表 1.11。

表 1.11　　　　2011 年中国对外承包工程非洲项目排名　　　　单位：万美元

国家	新签合同金额	排名	国家	完成营业额	排名
阿尔及利亚	645847	2	安哥拉	634417	2
埃塞俄比亚	601060	3	阿尔及利亚	405255	4
安哥拉	442570	7	尼日利亚	345969	6
尼日利亚	348431	10	苏丹	273502	9

　　近年来，中非关系从单纯的援助向经贸互惠、增强双边经贸合作、帮助非洲实现工业化、增强非洲对外贸易能力方面转变。为此，中非进出口额逐年增加，其中进出口份额较大的非洲国家主要有南非、安哥拉、苏丹、尼日利亚、埃及、阿尔及利亚、刚果、利比里亚、刚果（金）和摩洛哥。以2011年1～9月为例，中非实现进出口贸易值为1222.02亿美元，其中我国出口非洲533.48亿美元，从非洲进口达688.54亿美元。在非洲国家中，南非进出口额占中非贸易额的26.7%，安哥拉占16.6%。表1.12是中非贸易额排名前20名的非洲国家与中国的进出口情况（2011年1～9月的数据）。

表1.12　　　　　　　　　中非贸易额排名前20名的国家　　　　　　　单位：亿美元

排名	国家	进出口		进口		出口	
		金额	占比（%）	金额	占比（%）	金额	占比（%）
1	南非	325.86	26.7	98.71	18.1	229.15	33.3
2	安哥拉	202.76	16.6	19.53	3.7	183.23	26.6
3	苏丹	87.73	7.2	15.65	2.9	72.08	10.5
4	尼日利亚	80.05	6.6	68.16	12.8	11.89	1.7
5	埃及	66.23	5.4	52.65	9.9	13.58	2
6	阿尔及利亚	45.9	3.8	33.53	6.3	12.37	1.8
7	刚果	41.24	3.4	3.64	0.7	37.6	5.5
8	利比里亚	36.11	3	35.76	6.7	0.34	0
9	刚果（金）	28.81	2.4	6.25	1.2	22.56	3.3
10	摩洛哥	27.06	2.2	23.27	4.4	3.37	0.6
11	加纳	25.1	2.1	22.2	4.2	2.9	0.4
12	赞比亚	25.03	2	4.58	0.9	20.46	3
13	贝宁	23.15	1.9	21.81	4.1	1.35	0.2
14	利比亚	22.03	1.8	5.18	1	16.85	2.5
15	肯尼亚	17	1.4	16.61	3.1	0.4	0.1
16	赤道几内亚	15.71	1.3	1.96	0.4	13.75	2
17	毛里塔尼亚	15.05	1.2	2.71	0.5	12.33	1.8
18	坦桑尼亚	15.01	1.2	11.81	2.2	3.21	0.5
19	多哥	13.98	1	13.42	2.5	0.57	0.1
20	喀麦隆	11.44	0.9	6.4	1.2	5.04	0.7
合计	非洲	1222.02	—	533.48	—	688.54	—

2. 贸易模式优化。

非洲的贸易模式原本有两种，第一种贸易模式是非洲的南亚商人创建的贸易流通体系，这种流通体系是以东非为中心，以南亚、中东的迪拜地为采购源地，在非洲各地设立商业网点进行销售。这些网点主要以中等规模超市为主，价格适中，位于城市中繁华街区，主要客源是一般城市居民。第二种贸易模式是由南非企业创建的垂直一体化流通体系。这种贸易流通体系是以"宜家家居"的专业超市连锁和"沃尔玛"这样的大型综合超市的为主的，具有价格较贵、位置优越和店面现代化的优点，主要客源一般是城市中产阶级。随着中国和非洲对外贸易的逐步深入，中国浙江等地区的商人和北非阿拉伯商人的不断努力下，创造了一种全新的贸易流通体系。其基础是由中国集群里的专业市场、非洲各大商业枢纽里的批发与零售市场，以及商业街构成的市场网络。这一流通体系的优势明显。①将产业集群里价格低廉的产品通过简洁的流通渠道直接销售到非洲。②利用各大商业枢纽辐射力强的优势，将产品最大范围地拓展到非洲的各个角落。③以有形市场的形式，最大程度地接触到非洲各地的小商小贩，可以在短时间内实现传统商业的整合。

七、非洲对外贸易面临的挑战

1. 基础设施薄弱。

基础设施的薄弱仍然是西非国家经济共同体区域内部贸易发展的严重"瓶颈"。交通运输方面，共同体在发展公路运输、建设跨境高速公路、开发内陆国互联公路网、加强公路维护等方面开展了合作。虽然取得了一些成绩，但仍有相当部分项目由于资金问题处在未完成或未实施的状态。通信方面，基础设施的缺乏尚未得到根本的改变，通信费用仍相当高。能源方面，虽然实施了西非天然气管道和西非电力联营的计划，但能源产地分布不均衡、开发利用不足的问题仍然很严重，大部分国家普遍存在能源短缺现象。这些问题有的直接束缚区域内部贸易的发展，有的则构成间接障碍。

2. 贸易成本高。

非洲是贸易手续最复杂、贸易时间最长和贸易成本最高的地区之一。非洲出口所需时间平均为 28 天，出口所需成本平均为 1969 美元/集装箱。世界经济合作与发展组织高收入国家，出口所需时间平均仅为 11 天，出口所需成本平均仅为 1070 美元/集装箱。

非洲的沿海国家交通较为便利可以大大缩短出口所需时间，减少贸易成本，如毛里求斯（10 天，675 美元/集装箱）、摩洛哥（11 天，595 美元/集装箱）、埃及（12 天，625 美元/集装箱）、塞内加尔（12 天，1225 美元/集装箱）、利比里亚（15 天，122 美元/集装箱）、南非（16 天，1750 美元/集装箱）、斯威士兰（17 天，1880 美元/集装箱）、佛得角（19 天，1125 美元/集装箱）。这些国家都是沿海国或者岛国，出口所需时间是整个非洲地区最少的，出口所需的成本也低于非洲的平均值。非洲的内陆国家一般所需出口时间较长、所需出口的成本也较高。乍得（73 天，6615 美元/集装箱）、南苏丹（55 天，5335 美元/集装箱）、津巴布韦（53 天，3765 美元/集装箱）、中非共和国（46 天，5490 美元/集装箱）、刚果（金）（44 天，3155 美元/集装箱）、赞比亚（44 天，2765 美元/集装箱）和埃塞俄比亚（44 天，2180 美元/集装箱）。

非洲的进口所需要的时间比出口所需要的时间高出 54 天，进口所需时间少于 20 天的只有 7 个国家：毛里求斯、塞内加尔、埃及、摩洛哥、塞舌尔、突尼斯和佛得角。

非洲出口所需单据平均为 7 份，更有些国家如喀麦隆、安哥拉、刚果和马拉维出口所需单据高达 10 份以上，增加所需的时间成本，不利于货物人员的流通，阻碍了非洲对外贸易的发展。世界经济合作与发展组织高收入国家非洲出口所需单据平均为 4 份。一些非洲国家，如埃及、埃塞俄比亚、阿尔及利亚正在通过简化海关手续，减少进出口程序降低贸易成本，为更好地促进非洲对外贸易的发展而努力。

3. 制造业水平偏低。

非洲国家的工业化水平偏低，制造业水平偏低，贸易结构不合理，不利于非洲对外贸易的发展。目前，非洲的制造业具有以下 5 个特点：非洲国家制造业占 GDP 的比重很低、非洲国家制造业占全球制造业的比重非常低、非洲国家劳动密集型制造业占制造业的比重在下降、非洲国家制造业的主要部分是以资源为基础的加工业和非洲国家制造业小企业占据主要地位。这就会对非洲的贸易导致很多不利的影响。①制造业在非洲国民经济中的比重过低势必造成制成品的数量很少，出口制成品的数量不足，2008 年，非洲国家的制成品出口占出口的比重的 39%。②非洲国家劳动密集型产业萎缩给对外贸易带来的是负效应，非洲处于工业化初级阶段，劳动密集型产业比较有优势。但是，非洲国家的劳动密集型制造业占制造业的比重只有 1/5，2000～2009年，劳动密集型产业占制造业的比重从 23% 下降至 20%。③非洲国家制造业的主要部分是以资源为基础的加工业，出口这类的依赖资源型产品会产生附加值低、风险大、对国外依赖程度高、出口单一等多种问题，这就制约了非洲国家的对外贸易。④非洲国家制造业以小企业和微小企业为主的格局会导致科研经费不足，无法使用高新技术生产产品，规模效益不明显，生产效率偏低等问题。这些都会使非洲的制造品在出口方面缺乏竞争力。

第七节　非洲的 FDI

全球化的扩大将各国的国民经济紧紧的联系在一起，商品、服务和资本都在这个全球市场中流动。外国直接投资（FDI）是促进经济国际化发展最主要的推动力量之一，它与国际贸易一起被称为世界经济增长的"孪生引擎"。外国直接投资本身是一个集成的资本存量、知识和技术的综合体，它能有效地缓解东道国经济中某些元素的缺乏，因此，吸收和利用对外直接投资已成为促进经济增长的一个重要组成部分。对外直接投资不仅能够直接帮助填补在储蓄和外汇方面的缺口，而且也能间接的通过促进现代技术、技能和创新能力转移，从而刺激经济增长。

近年来，国际资本流动日益活跃，外国直接投资已经成为了国际资本流动的主要形式，成为了发展中国家获取外部资源的主要渠道。外国直接投资作为非洲国家的外国资本的重要来源已经与非洲国家的经济增长紧密的联系在一起。全球资本的流动具有波动性，非洲国家不仅需要提高 FDI 流入的稳定性，而且需要丰富国内投资来源的多样化。

一、非洲 FDI 发展现状

非洲经济发展较为落后，与世界上其他国家相比，资金的回报率较低，且从全球 FDI 的流向来看，发达国家占比重最大，非洲所占比重较小。2005

年全世界的 FDI 总规模为 9857.96 亿美元，非洲仅占全世界比重的 3.97%，2006 年全世界的 FDI 总规模为 14591.33 亿美元，非洲占全世界的比重为 3.19%。2007 年全世界的 FDI 总规模为 20999.73 亿美元，非洲占全世界的比重为 3.02%。2008 年全世界的 FDI 总规模为 17708.72 亿美元，非洲占全世界的比重为 3.96%。2009 年全世界的 FDI 总规模为 11141.89 亿美元，非洲占全世界的比重为 5.58%。从 FDI 在发展中国家的分配来看，主要是在亚太、拉美和非洲国家。2005 年非洲 FDI 流入量占发展中国家 FDI 总量的比例为 11.87%，2006 年占发展中国家的比例为 10.72%，2007 年占发展中国家的比例为 11.26%，2008 年占发展中国家的比例为 11.14%，2009 年占发展中国家的比例为 13%，2010 年占发展中国家的比例为 7.91%（见表 1.13）。非洲国家外国直接投资流入量虽然在 2005~2008 年呈现快速发展的趋势，但在发展中国家总的 FDI 流入量中所占的比重依然很小。还有一个现象就是金融危机以来，流入非洲国家的外国直接投资数量虽然下降了，但非洲占世界 FDI 的比重和非洲占发展中国家的比重却呈现上升趋势。这是由于美国、欧洲等发达国家是金融危机的发源地，在金融危机之中，银行等金融体系受到严重打击。而像非洲这样的发展中国家的金融体系受到冲击较小，投资风险也较小，再加上初级产品价格的上涨，这都成为了非洲国家吸引外国直接投资流入的因素。

表 1.13　　　　　　　非洲与世界其他经济体的 FDI 流入量比较　　　　单位：亿美元

年份	2005	2006	2007	2008	2009	2010
世界	9857.96	14591.33	20999.73	17708.72	11141.89	12436.7
发达国家	6556.67	10247.68	15350.44	11408.6	6358.4	6701.02
发展中国家	3301.29	4343.65	5649.29	6300.12	4783.49	5735.68
非洲	391.84	465.55	636.19	701.74	621.93	453.65
非洲所占世界比例	3.97%	3.19%	3.03%	3.96%	5.58%	3.65%
非洲占发展中国家比例	11.87%	10.72%	11.26%	11.14%	13.00%	7.91%

（1）非洲总体 FDI 流量发展趋势。

非洲在 2005～2008 年一直处于高速发展的状态。内部原因就是非洲自然资源十分的丰富，近年来，非洲又不断的改善自己的投资环境，提高经济开放性、开放国家市场、鼓励政治自由化，努力吸收外国直接投资。全球初级商品市场需求兴旺，初级产品价格上涨。2005 年非洲 FDI 总量为 391.84 亿美元，2006 年非洲 FDI 总量为 465.55 亿美元，增加了 18.81%，2007 年非洲 FDI 总量为 636.19 亿美元，增速高达 36.65%。虽然 2007 年美国发生了次贷危机席卷了全球，全世界 FDI 开始下降，但是由于"南南合作"的顺利开展以及初级产品价格依然较高，所以非洲 2007～2008 年 FDI 流入依然呈上升趋势，只是增速减缓，降为 10.3%。2008 年非洲 FDI 流入量创造了历史高峰，到达 701.74 亿美元。

2008 年金融危机后，导致了全球经济不景气，全世界的资本市场萎缩，世界 FDI 规模总体锐减。经济全球化使得全球的经济紧密的联合在一起，非洲外国直接投资的变化趋势也和世界同步。流入非洲外国直接投资自 2008 下半年开始下降，到了 2009 年下降到了 621.93 亿美元，下降率为 11.37%，2009～2010 年依然呈现下降趋势，2010 年跌至谷底，FDI 流入量仅为 453.65 亿美元，下降率为 27.06%，在此期间，流入非洲外国直接投资的减少导致了整个非洲的经济呈现后退、资金短缺的趋势。最为显著的标志就是跨国公司在非洲并购金额和并购项目的锐减，这是由于大型或巨型跨国企业并购案产生时，就伴随着巨大金额的投资，会极大的刺激 FDI 的增长，所以并购成为了 FDI 流入的最主要的方式。在非洲并购金额的发展趋势与 FDI 流入量相同，2008 年上半年达到了峰值 210 亿美元。受到金融危机的影响，从 2008 年下半年开始大幅度下降，2009 年全球的初级商品价格开始出现大幅下滑且全球市场需求不断减少，2009 年非洲跨国并购规模骤降了 73%，部分地区下降率甚至高达 90% 以上，远远高于全球平均下降率 66%。2010～2011 年，经济危机过后，世界各国家都纷纷通过调整经济政策等方法努力的恢复经济发展，使得全球经济开始慢慢复苏，世界 FDI 规模开始上升。从 2010 年下半年开始，非洲的 FDI 流入量也以 20.06% 的增长率回升至 2011 年 544.63 亿美元，见图 1.20。

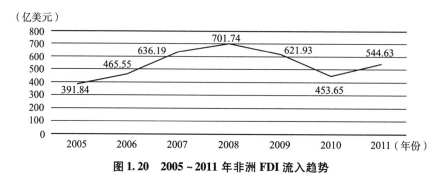

图 1.20　2005～2011 年非洲 FDI 流入趋势

（2）非洲各国 FDI 流量发展趋势。

在非洲的 54 个国家中，除了厄立特里亚和南苏丹两个国家的数据缺失外，无法判断 FDI 流入量趋势，剩下 52 个非洲国家皆可判断其 FDI 趋势，并可将 2005～2011 年 FDI 流入量趋势细分为 5 种。第一种趋势与非洲 FDI 流入量总体趋势相同，为上升下降再上升，这类的国家有 20 个，约占了 40%，分别为阿尔及利亚、博茨瓦纳、布隆迪、中非共和国、埃及、刚果、吉布提、加蓬、利比亚、马达加斯加、马拉维、科特迪瓦、几内亚、肯尼亚、利比里亚、摩洛哥、纳米比亚、塞内加尔、塞舌尔和多哥；第二种趋势为上升下降上升下降，这类的国家有 9 个，分别是刚果（金）、埃塞俄比亚、几内亚比绍、莱索托、毛里求斯、卢旺达、索马里、乌干达和赞比亚；第三种趋势为上升下降，这类国家有 4 个，分别为安哥拉、布吉纳法索、佛得角和冈比亚。前面三种趋势有共同的特征就是都是金融危机前 FDI 呈现出上升趋势，金融危机后呈下降趋势，不同的是第一种趋势的国家在经济回升后 FDI 流入量也开始回升，第二种趋势在经济回升后上升到 2011 年又下降了，第三种趋势是在金融危机后一直呈下降的趋势。此外，还有第四种趋势一直上升，这类国家有 3 个，分别是加纳、莫桑比克和尼日尔；最后一种趋势是波动，这类型的国家有 17 个，分别是贝宁、喀麦隆、乍得、科摩罗、赤道几内亚、马里、毛里塔尼亚、尼日利亚、圣多美和普林西比、塞拉利昂、南非、苏丹、斯威士兰、坦桑尼亚、突尼斯、乌干和津巴布韦（见图 1.21）。

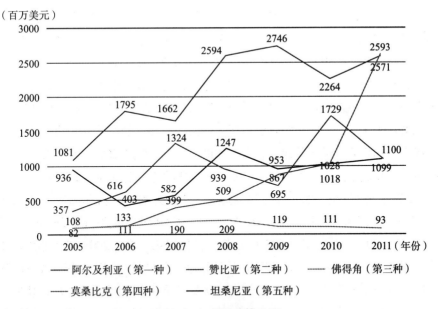

（百万美元）

图 1.21　五种趋势示意图

二、非洲 FDI 的空间差异

1. 非洲 FDI 的地域差异。

（1）非洲 FDI 流量的地域差异的现状。

中非地区外国直接投资的吸引力一直排第四。2005～2007 年中非地区的 FDI 流入量一直上升，2005 年为 2669 百万美元仅占了整个非洲 FDI 流入量的 6.8%。2006 年 FDI 流入量数额上升到了 2729 百万美元。从 2006 年下半年开始以 112.90% 的高速增长，2007 年达到历史高峰，中非地区的 FDI 流入量在 2005 年为 2669 百万美元仅占了整个非洲 FDI 流入量的 6.8%，受到 2007 年美国次贷危机的影响，2008 年中非地区的 FDI 流入量下降了 29.88%，占全非 FDI 流入量的比例由 2007 年的 9.1% 下降到了 2008 年的 5.8%。2009～2010 年随着中非地区经济的回升，FDI 流入量也在逐步的回升，2009 年增长了 33.3%，2010 年又增长了 54.9%，占全非的比重也由 2009 年的 9.8% 上升到 20.9%。2011 年中非地区的 FDI 流入量略有下降为 8425 百万美元。

2005～2009 年，西非地区对外国直接投资的吸引力一直低于南非和北非，排名第三，2010 年开始成为第一，2011 年流入西非地区的 FDI 流量也最多。2005 年西非的 FDI 流量达到 7126 百万美元，占全非的比重为 18.2%，2006 年略有下降，2007 年增长了 35.54%，达到了 9523 百万美元。金融危机爆发以来，2008~2009 年中非、北非、南非、东非纷纷受到了牵连，FDI 流入量下降，只有西非地区一直保持的趋势。2008 年西非地区的流入量增长了 31.17%，达到 12491 百万美元，2009 年西非地区依然保持 1.73% 的增速 2010 年，西非就一跃成为了 FDI 流量最多的地区，占全非的比重上升到了 26%。2011 年西非地区吸引的 FDI 流量达到 16197 百万美元，占全非的比重上升到了 29.7%。

2005 年南非地区的 FDI 流量高达 14669 百万美元，占非洲的 FDI 总流入量 37.4%，高居非洲第一。2006 年，南非地区 FDI 流量下降了 24.4%，退居第二名，2007 年上升至 19697 百万美元，稳居第二名。2008 年南非地区 FDI 流量猛增了 47.95%，到达 29141 百万美元，占非洲的 FDI 总流入量 41.5%，一跃成为吸引非洲 FDI 最多的地区。2008 年下半年开始至 2010 年南非地区 FDI 流入量一直呈下降趋势。2009 年下降率为 36.7%，2010 年下降率为 52.26%，降至 10174 百万美元，低于西非和北非，排名第三。2010 下半年以来南非地区的 FDI 流量由开始逐渐增加，2011 年增长率为 40.9%，到达 14330 百万美元，排名第二。

东非地区吸引 FDI 流量的能力一直排名第五，在整个非洲的 FDI 流量中的排名一直不高于 6%。

北非地区 2005~2007 年 FDI 流量一直处于增长趋势。2005 年 FDI 流入量为 12972 百万美元，占全非 33.1%，FDI 吸引力排名第二。2006 年 FDI 流量猛增了 86.6%，占全非 FDI 总量的 51.4%，排名第一，2007 年增长了 5.8%，到达历史高峰 25606 百万美元，2008~2010 年 FDI 流量下降，2008 年下降了 15.1%，2009 年下降了 11.5%，2011 年回暖。见表 1.14、图 1.22。

表 1.14   **非洲五大区域 FDI 空间差异**

		中非	西非	南非	东非	北非
2005 年	FDI 流入额（百万美元）	2669	7126	14669	1748	12972
	所占比例	6.8%	18.2%	37.4%	4.5%	33.1%
2006 年	FDI 流入额（百万美元）	2729	7026	11093	2024	24210
	所占比例	5.8%	14.9%	23.6%	4.3%	51.4%

续表

		中非	西非	南非	东非	北非
2007 年	FDI 流入额（百万美元）	5810	9523	19697	2983	25606
	所占比例	9.1%	15.0%	31.0%	4.7%	40.2%
2008 年	FDI 流入额（百万美元）	4074	12491	29141	2734	21734
	所占比例	5.8%	17.8%	41.5%	3.9%	31.0%
2009 年	FDI 流入额（百万美元）	6105	12711	21312	2577	19488
	所占比例	9.8%	20.4%	34.3%	4.1%	31.3%
2010 年	FDI 流入额（百万美元）	9459	11792	10174	2427	11513
	所占比例	20.9%	26.0%	22.4%	5.3%	25.4%
2011 年	FDI 流入额（百万美元）	8425	16197	14330	2982	12529
	所占比例	15.5%	29.7%	26.3%	5.5%	23.0%

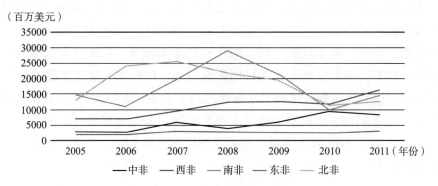

图 1.22　非洲各地区 FDI 流量趋势

（2）非洲五大区域 FDI 流入量差异变化。

为了更加精确地分析非洲各地区域 FDI 流量的差异及其动态变化，本书引用变异系数法来计算 2005～2011 年非洲五大区域 FDI 流入量的变异系数。变异系数是衡量样本中各观测值变异程度的一个统计量，能够更加准确地反映区域差异总体特征。变异系数的数值越大代表地区差异就越大，反之就越均衡。其计算式如下：

$$CV = \frac{\sigma}{\overline{X}} \times 100\% = \frac{\sqrt{\sum_{i=1}^{n}(X_i - \overline{X})/n}}{\overline{X}} \times 100\%$$

式中：CV 为变异系数，$\overline{X}$ 为区域平均值，σ 为标准差。

为满足精确分析的需求，本书利用变异系数公式计算出 2005～2011 年非洲五大区域 FDI 流量的变异系数。结果如图 1.23 所示，非洲 5 大区域 FDI 流量的差异的总体趋势是正在波动中逐步的下降，变异系数由 2005 年的 66.9%，下降到 2011 年的 43.3%。2005～2006 年地区间 FDI 流量的差异逐渐的加大，2006 年变异系数达到了高峰 85.8%，这是由于北非地区的油气资源的开发，投资环境最好，政治稳定，吸引了整个非洲外国直接投资的一半以上，导致非洲五大区域 FDI 流入量的差异最大。2007 年变异系数又下降为 67.4%，地域差异缩小，这主要是由于南非国家的崛起，通过经济改革、资源的开发、招商引资政策的实施导致的。随着南非地区吸引 FDI 能力的逐步加强，2008 年南非成为吸收外国直接投资最多的地区，使得非洲五大区域的差异逐步加大，2008 年变异系数增至 72.4%。2008～2010 年，区域的差异逐步变小，2009 年变异系数为 58.6%，2010 年则降到 37.8%。这是由于南非、北非地区受到金融危机的影响较大，FDI 流入量递减，而中非、西非、东非受到金融危机的影响较小，FDI 流入量处于逐步增加的状态，使得非洲各地区域间 FDI 流量的趋于平衡，2011 年变异系数略有抬升，上升为 43.3%，西非 FDI 流入量的增加，尤尤为需要注意的是位于西非的尼日利亚 2011 年 FDI 流入量要多于中非总体 FDI 流入量，所以非洲的地域差异变大。

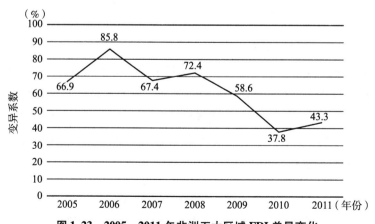

图 1.23　2005～2011 年非洲五大区域 FDI 差异变化

2. 非洲 FDI 流量的国别差异。

(1) 中非地区 FDI 流量的国别差异。

2011 年，中非地区吸收 FDI 较多的国家有刚果、乍得、刚果（金）和赤道几内亚。例如，刚果占了中非 FDI 总量的 34.8%，该国具有丰富的石油资源，石油产业是刚果的支柱产业，很多跨国公司纷纷投资石油产业，如意大利埃尼公司等外国石油公司已经掌控大部分石油生产和出口。乍得的 FDI2007 年以前都为负值，这是由于乍得经济长期以来受到高能源消耗和历史动荡等因素的困扰，回报率低。一直到石油资源勘探的发现，乍得的 FDI 流入量才转负为正。如美国的财团经投资了 37 亿美元去勘探石油储量。中国的华为、中兴、中石油等中资公司在电信、石油和基础设施多个领域加大了对乍得的投资。刚果（金）在 2005 年 FDI 流量接近为 0，这是由于刚果（金）之前，连连战事、政局动荡，经济政策失误、基础设施破坏，被国际组织划入"重债穷国"之列。2006 年，小卡比拉当选总统，开始调整经济政策，推行市场经济，放松经济管制，扩大对外开放，宏观经济环境得到改善，再加上刚果（金）铜、钴和钻石等自然资源丰富。FDI 流入量由 2006 年的 256 百万美元，猛增了 606%，到达 2007 年的 1808 百万美元。2008~2009 年，在整个金融危机的大环境在，刚果（金）的 FDI 流量跌至 664 百万美元。但由于刚果（金）经济结构单一，金融危机的负面影响持续时间不长。2009 年下半年开始宏观经济势头转好，FDI 流入量增加，2010 年达到了 2939 百万美元。2011 年刚果（金）国内通货膨胀严重，FDI 流入量下降。

(2) 西非地区 FDI 流量的国别差异。

西非地区的 FDI 流量在国家间分布的也极为不平衡。尼日利亚是西非吸引 FDI 最多的国家，2005 年和 2006 年尼日利亚 FDI 流入量均约占了整个西非的 70%，2007 年为 64%，2008 年为 66%，2009 年为 68%，2010 年为 52%，2011 年为 55%。尼日利亚从 20 世纪 90 年代就开始经济自由化和私有化改革，现在是非洲第一大经济体，自然资源丰富，天然气储量位于非洲第一位、石油储量位于非洲第二位。外国投资领域主要是石油、银行、制造和建筑业。加纳是少数的几个外国直接投资一直保持增长的国家，这是得益于加纳政府自 1983 年以来的经济结构调整。2008 年以来，加纳的支柱产品可可与黄金在国际上依然需求旺盛、油气资源逐步开采，再加上政府立刻采取了稳定经济政策，受金融危机的负面影响较小，FDI 流量快速增长，2011 年 FDI 流量增长率 27.5%，加纳的 FDI 流量 2011 年占整个西非的 20%。尼日尔的 FDI 流入量 2005 年以来也一直处于增长趋势，这主要由于尼日尔的经济改革，20 世纪 90 年代就开始对电信、能源、水和燃料等领域的国营企业实行私有化。2011 年尼日尔的外国直接投资达到 1014 百万美元，占西非的 6%。

（3）南非地区 FDI 流量的国别差异。

南部非洲地区 2011 年 FDI 流量较多的国家有南非、安哥拉、莫桑比克和赞比亚。南非有着良好的基础设施，完善的工业体系，丰富的自然资源，一直是外国直接投资的最受欢迎的地方之一，但南非受国际初级产品价格的影响较大，所以 FDI 流量波动较大。2005 年南非 FDI 流量为 6647 百万美元，占南部非洲 FDI 总流量的 45.3%。2006 年，猛降至 527 百万美元，2007～2008 年呈现上升趋势，2008 年达到峰值 9006 百万美元，占南部非洲的 30.9%。2008～2010 年受到了金融危机的影响，2009 年下降率为 40.4%，2010 下降率为 77.1%。直到 2010 下半年开始，国际初级产品价格上涨，带动了南非 FDI 流量的上涨。2011 年的南非 FDI 流量猛增 5807 百万美元，占南部非洲的 40.4%。安哥拉具有丰富的石油资源，2002 年内战结束后，政府将工作重点转向经济恢复和社会发展。2005～2008 年安哥拉 FDI 流入量一直保持增长，2008 年达到峰值 16581 百万美元。2008 年以后，受国际金融危机和国际市场原油价格大幅下跌的影响，FDI 流入量一直处于下降的趋势。除了 2005～2010 年安哥拉一直是南部非洲吸收 FDI 最多的国家。莫桑比克有丰富的煤、铁、钛、铜等天然资源，再加上政府鼓励投资和兴办合资企业，所以莫桑比克的 FDI 流入量一直处于增长状态，外资在莫桑比克投资的主要领域包括：矿业、工业、农业、交通运输和旅游业等。

（4）东非地区 FDI 流量的国别差异。

在东非的国家中对外国投资较为具有吸引力的国家只有坦桑尼克和乌干达。坦桑尼亚政府进行经济改革，调整经济结构，推进经济自由化和国有企业私有化进，坚持适度从紧的财政、货币政策，成立"国家商业协会"和"投资指导委员会"，改善国内投资环境。积极与国际金融机构建立联系、减免外资企业税费和高科技产品进口税以谋求吸引外资。再加上坦桑尼亚矿产资源丰富，钻石、金矿、煤、铁、磷酸盐和天然气皆储量丰富，目前已有多家银行资助开发松戈气田、外国矿业开采公司从事黄金开发，澳大利亚、加拿大和爱尔兰等国公司在投资石油勘探。2011年坦桑尼克的FDI流量占东部非洲总FDI流量的36.7%。乌干达1986年以来一直实行务实和稳妥的经济发展政策，整顿国营企业，扶植私人经济。2011年乌干达占东部非洲总FDI流量的30%。

（5）北非地区FDI流量的国别差异。

埃及、阿尔及利亚、利比亚、摩洛哥、苏丹和突尼斯这些北非国家外国直接投资情况都较好。北非地区的外国直接投资在国家间分布的及其不平衡，埃及2005年FDI流量占北非地区总FDI流量比重为47%，2006年为46%，2007年为52%，2008年为37%，2009年为35%，2010年为19%，2011年为30%。埃及从2004年开始至2008年一直在致力于经济改革以吸引外商投资，2005~2008年FDI流入量呈增长状态，2006年增速为80%，2007年为20%但由于全球经济萎靡而暂时搁浅。2009年，全球经济不振导致埃及的FDI流量的持续下降，2010年跌至2189百万美元，2011年FDI流量回升。见表1.15。

表1.15　　　　　　　　2005~2011年非洲各国FDI流量　　　　单位：百万美元

所在地区	国家	2005年	2006年	2007年	2008年	2009年	2010年	2011年
中部非洲	刚果	1475	1925	2275	2526	1862	2209	2931
	乍得	−99	−279	−69	234	1105	1940	1855
	刚果（金）	0	256	1808	1727	664	2939	1687
	赤道几内亚	769	470	1243	−794	1636	1369	737
	加蓬	242	268	269	209	33	531	728
	喀麦隆	234	16	191	−24	668	354	360
	中非共和国	32	35	57	117	121	92	109
	圣多美和普林西比	16	38	36	79	16	25	18

续表

所在地区	国家	2005 年	2006 年	2007 年	2008 年	2009 年	2010 年	2011 年
西部非洲	尼日利亚	4978	4898	6087	8249	8650	6099	8915
	加纳	145	636	855	1220	1685	2527	3222
	尼日尔	30	51	129	340	791	940	1014
	几内亚	105	125	386	382	141	101	956
	马里	225	82	65	180	109	402	552
	利比里亚	83	108	132	284	218	450	508
	科特迪瓦	312	319	427	446	377	339	344
	塞内加尔	52	210	273	272	208	237	265
	贝宁	53	53	255	170	134	177	118
	佛得角	82	131	190	209	119	111	93
	多哥	77	77	49	24	49	86	54
	塞拉利昂	83	59	97	58	74	87	49
	毛里塔尼亚	814	155	139	343	-3	131	45
	冈比亚	45	71	76	70	40	37	36
	几内亚比绍	8	17	19	6	18	33	19
	布吉纳法索	34	34	344	238	101	35	7
南部非洲	南非	6647	-527	5695	9006	5365	1228	5807
	安哥拉	6794	9064	9796	16581	13101	4516	2153
	莫桑比克	108	113	399	509	867	1018	2593
	赞比亚	357	616	1324	939	695	1729	1109
	纳米比亚	348	387	733	720	552	712	900
	博茨瓦纳	225	439	444	617	124	-7	426
	津巴布韦	103	40	69	52	105	166	387
	马达加斯加	21	51	729	96	116	178	335
	毛里求斯	42	105	339	383	248	430	273
	马拉维	12	67	27	71	11	9	193
	斯威士兰	-46	121	37	106	66	136	95
	莱索托	57	89	97	56	48	55	52
	科摩罗	1	1	8	5	14	4	7

续表

所在地区	国家	2005 年	2006 年	2007 年	2008 年	2009 年	2010 年	2011 年
东部非洲	坦桑尼亚	936	403	582	1247	953	1023	1095
	乌干达	380	644	792	729	842	540	895
	肯尼亚	21	51	729	96	116	178	335
	埃塞俄比亚	265	545	222	109	221	288	206
	塞舌尔	86	146	239	130	118	160	144
	卢旺达	14	31	82	103	119	42	106
	索马里	24	96	141	87	108	112	102
	吉布提	22	108	195	229	100	27	78
	厄立特里亚	−1	—	—	—	—	56	19
	布隆迪	1	—	1	4	—	1	2
北部非洲	埃及	6111	11053	13237	8113	6758	2189	3982
	阿尔及利亚	1081	1795	1662	2594	2746	2264	2571
	利比亚	1038	2064	3850	3180	3310	1909	—
	摩洛哥	1654	2449	2805	2487	1952	1574	2519
	苏丹	2305	3541	2436	2601	3034	2064	2314
	突尼斯	783	3308	1616	2759	1688	1513	1143

三、非洲 FDI 的影响因素

1. 私有化改革程度。

自 20 世纪 90 年代以来，在国际经济大调整的气候下和西方社会和国际经济组织的诱导下，为了缓解国营经济存在的投资效益差、长期亏损的现象，非洲开始掀起了国有企业私有化改革的浪潮。1988 年就有尼日利亚、肯尼亚、安哥拉、刚果、多哥等 20 多个非洲国家先后实施了私有化改革，一部分国家还实现了私有化改革的法律化，为私有化改革提供了坚实的基础。私有化是对国营经济的一种调整和改革，主要包括式清理资产、国企股权转让、合作管理、租赁经营、特许权出让、清盘重组等形式。在上述非洲 FDI 国别分析中我们可以看出，吸引 FDI 较多的这些国家有个共同特征就是国有企业私有化开展的较好。国有企业私有化改革能够极大地改善投资环境，减轻政府的财政负担，缓解就业压力，增长外国直接投资。1988，尼日利亚就开始实施私有化计划并颁布了私有化法令，计划出售96家国营企业。现在，尼日利亚私有化程度很高，也使得尼日利亚成为FDI流入最多的国家之一。摩洛哥私有化改革以来，外国直接投资也增加了，摩洛哥自来水公司被法国里昂水处理公司所取代。科特迪瓦1980年以来也采取一系列措，减少国营企业在经济中的比重，允许出售或租赁国营企业的股份给外国公司，如今科特迪瓦的电信市场由法国电讯公司所掌握。莫桑比克也是因深入推行私有化改革，从而吸收了大量的外国直接投资，截至1998年，FDI所占私有化产权的比重高达50%。

2. 自然资源丰富程度。

目前，非洲的投资体系并不完善，对非洲的外国直接投资更加注重短期效应，FDI主要流向了自然资源丰富的国家，流向了高利润回报的能源矿产行业，特别是采掘业、石油和天然气提炼行业。1990~2008年，能源领域在非洲外国直接投资中的比重高达48.8%。而对如水和卫生系统等公共设施这些利润小、回报慢、风险大的行业投资较少，1990~2008年期间，水和卫生系统等公共设施投资仅占了非洲FDI流量的4.4%。2011年，吸收FDI最多的国家有尼日利亚、南非、埃及、加纳、刚果、阿尔及利亚和安哥拉。这些国家都是自然资源丰富的国家。尼日利亚、埃及和安哥拉石油资源丰富，2005年，埃及石油工业占FDI流入量的64%，尼日利亚石油工业占FDI流入量的90%，安哥拉更是高达93%。南非的金、钻石资源、刚果（金）的铜、钴和钻石等自然资源也都很丰富。综上所述，FDI流量吸引力与自然资源丰富程度息息相关。

3. 政局稳定程度。

近年来，吸收FDI较多的国家一般政局较稳定，制度环境较好。这是由于稳定的政治格局、透明的政治制度、自由的贸易市场能够减少跨国公司投资的风险，维护跨国公司的合法权益，是跨国公司对非投资的首要的考虑因素。种族冲突、贸易保护、利益纠纷、政府腐败、恐怖袭击、政策变动这些导致政局不稳定的问题都会制约当地社会经济发展，影响跨国公司在当地企业的正常经营，造成巨大的经济损失，减少FDI流入。如近年来，索马里法律体系不完善、政府部门腐败事件频发，找无理借口对中国企业进行频繁检查、罚款、严重影响其正常经营，使其蒙受极大的财产损失。与之相对的，稳定的政局、良好的制度环境，更容易吸引外国直接投资。1993年，韩国现代公司在战略上要进军南非市场时，将轿车组装厂设置在政局稳定、风险小、经济快速增长的博茨瓦纳。东道国的政局越稳定、法律法规越完善、政府行为越透明、市场环境就越规范就越容易吸引外国直接投资的流入。

4. 市场规模。

根据邓宁的国际生产折中理论，跨国企业的对外投资与市场规模呈正相关，市场规模越大，吸收的外国直接投资越多。市场规模某种程度上可以用国内生产总值体现。FDI 流量的增加和国内经济发展是一个良性的循环。一方面，FDI 流量的增加可以促进国内经济发展，这就可创造出新的市场机会，扩大市场规模；另一方面，市场规模的扩张又可以吸引更多的 FDI。由表 1.16 显示，在吸引 FDI 较多的十个非洲国家经济发展状况都较为良好国内生产总值都高于非洲平均水平的 86.18 亿美元。尼日利亚、南非、埃及、刚果、阿尔及利亚和安哥拉 6 个国家的人均 GDP 大于非洲平均水平。

表 1.16　　　　　　　FDI 排名前十国家的经济发展和基础设施状况

国家	2011 年 FDI（百万美元）	2012 年 GDP（亿美元）	2012 年人均 GDP（美元）	每千人铺装路里程（千米）	每千人有移动电话（部）
尼日利亚	8915	5167.29	2976.29	663.29	677
南非	5807	3136.92	5943.83	—	1306
埃及	3982	2441.56	2975.48	897.3	1153
加纳	3222	415.27	1603.05	144.08	1003
刚果	2931	137.94	3101.27	20.52	1012
莫桑比克	2593	130.53	517.92	167.87	333
阿尔及利亚	2571	1897.24	4930.47	1836.32	979
摩洛哥	2519	890.38	2737.88	312.59	1200
苏丹	2314	650.79	1714.22	1708.7	605
安哥拉	2153	1125.99	5407.97	—	471
平均值	1028	86.18	—	41.58	734

5. 基础设施完善程度。

众所周知，基础设施是经济发展的必备条件，基础设施建设状况直接影响到了经济发展的可行性和持续性。相关研究表明，基础设施的完善程度和该 FDI 的流入量呈正相关，有着良好基础设施的国家会吸引较多的外国直接投资，而基础设施较为落后的国家，就会阻碍社会经济发展和 FDI 的流入。近年来，非洲国家加强对基础设施的建设，在基础设施建设领域积极吸引外资，利用国外的资金、技术以及经验来加快建设进程，为经济发展提供基础保障。

在基础设施中交通与通信是最主要的组成部分，本书选取《非洲统计年鉴 2014》中的 2012 年非洲每千人铺装路里程和每千人有移动电话来表示交通与通信状况。根据统计数据显示，FDI 排名前十的国家 2012 年的每千人铺装路里程，除了南非、安哥拉的数据缺失外，只有刚果低于全非洲平均水平，另外 7 个国家尼日利亚、埃及、加纳、莫桑比克、阿尔及利亚、摩洛哥和苏丹的每千人铺装路里程数全部都高于非洲平均水平，表明交通状况良好，具有更高的可达性，能够吸收更多的外国直接投资。2012 年，FDI 排名前十的国家的每千人有移动电话中有 6 个国家超过了全非洲平均水平，这些国家分别是南非、埃及、加纳、刚果、阿尔及利亚和摩洛哥。

第八节　非洲区域合作和一体化发展

一、非洲区域合作和一体化进程

20 世纪 90 年代以来，区域经济一体化成为世界经济中最为重要的发展趋势之一，从全球经济范围看，欧洲、北美和亚太三大经济圈已经成了"三足鼎立"的格局。大多数非洲国家经济发展落后，在国际交往中缺乏竞争力，处于边缘化地带，单一的非洲国家很难从经济全球化中获得较大利益。近年来，为了促进社会的和谐发展和获得更大的经济利益，非洲国家逐渐走上了联合自强的道路，非洲的区域合作和经济一体化正在蓬勃发展。

1. 20 世纪 60 年代为初创阶段。

31 个独立非洲国家领导人在亚的斯亚贝巴举行首脑会议通过了《非洲统一组织宪章》，成立了非洲统一组织，标志着非洲国家开始走向联合。在非洲统一组织的领导下，一些区域经济组织相继产生。1960 年，区域性的咖啡商贸组织建立；1964 年 5 月，乍得湖盆地委员会建立；1964 年 12 月中非经济和关税同盟条约建立，但总体上非洲经济一体化进展十分缓慢。

2. 20 世纪 70 年代为发展阶段。

1974 年 1 月 1 日，西非经济共同体正式成立，该组织主要包括 6 个西非法语国家（象牙海岸—毛里塔尼亚、科特迪瓦、塞内加尔、马里、尼日尔和上沃尔特）以及贝宁、多哥这两个国家。1976 年 9 月，非洲中部的刚果、布隆迪和卢旺达成立了大湖国家经济共同体。1978 年 8 月，卢旺达、坦桑尼亚和布隆迪等国建立了卡格拉河盆地委员会，各地的区域组织纷纷建立，大大促进了这一时期非洲经济的发展。

3. 20 世纪 80 年代以来为加速阶段。

1980 年 4 月非统组织首脑会议通过了《拉各斯行动计划》，规定到 20 世纪末实现非洲经济一体化的宏伟目标。1980 年 4 月 1 日，赞比亚、坦桑尼亚、博茨瓦纳、莫桑比克、津巴布韦、安哥拉、马拉维、莱索托和斯威士兰 9 国南部非洲国家成立了南部非洲发展合作委员会（SADC）。1983 年 10 月，中非国家经济共同体，在北非，也成立了两个区域合作组织：埃及和苏丹经济合作组织和阿拉伯马格里布联盟。冷战结束使得世界政治格局改变，非洲动荡，为此，1991 年 6 月，参加第 27 届非统组织首脑会议的国家元首和政府首脑在尼日利亚首都阿布贾正式签署了《建立非洲经济共同体条约》。体现了非洲国家发扬集体自力更生实行南南合作的精神，是非洲国家在团结统一前进道路上的一个里程碑。1994 年 6 月在突尼斯首都举行的第 30 届非统组织首脑会议正式宣布，非统组织 53 个成员国已有 2/3 以上的国家批准了非洲经济共同体条约，它标志着该条约已正式生效。自 21 世纪以来，非洲的区域经济合作和一体化更是在深度和广度上有所发展，为促进非洲经济发展、资源利用、提高经济水平做出了重大贡献。2000 年 10 月，东南非共同市场开始运行非洲第一个自由贸易区。2004 年 7 月，刚果宣布，中部非洲国家经济共同体自由贸易区正式启动。2008 年 1 月 1 日，零关税的贸易政策的规划能付诸现实。虽然非洲的区域经济一体化得到了快速的发展，但相比欧盟、北美自由贸易区这些区域经济组织而言还有很多不完善的地方，还处于初期阶段。

为了通过经济一体化和贸易自由化实现非洲区域经济发展，多年来非洲建立了若干区域性经济组织，针对组织内成员实施一体化和自由化政策。世界经济论坛非洲峰会发布的《2013 非洲竞争力报告》指出，区域一体化能提升非洲竞争力。西非经货联盟的经济增速由 2011 年的 0.9% 增至 2012 年的 6.5%。

二、非洲区域合作和一体化现状

1. 主要区域经济合作组织。

目前，非洲国家成立了众多的区域经济合作组织，区域合作和一体化发展取得较大的进展。主要的区域合作组织如下：

阿拉伯马格里布联盟。阿拉伯马格里布联盟于 1989 年 2 月成立，其类型是一个自由贸易区，其宗旨是构建一完全的经济同盟。成员国分别为阿尔及利亚、利比亚、毛里塔尼亚、摩洛哥、突尼斯。主要从事货物和服务。

西非国家经济共同体。1975 年 5 月西非 15 国在尼日利亚签署《西非国家经济共同体条约》，正式成立西非国家经济共同体。1993 年正式实施，西非国家经济共同体的宗旨是建立完整的经济同盟。目前，西非国家经济共同体由贝宁、布吉纳法索、佛得角、科特迪瓦、冈比亚、加纳、几内亚、几内亚比绍、利比里亚、马里、尼日尔、尼日利亚、塞内加尔、塞拉利昂、多哥 15 个国家成立。已实现了人员自由流动，并建立了关税同盟。

西非经货联盟。西非经货联盟成立于 1994 年，并取代了原来的非洲货币联盟。西非经货联盟成员国共 8 个。西非经货联盟是一个关税同盟。致力于建立一个开放的市场，构建一个和谐的司法框架，以促进西非经济一体化。联盟成员国使用共同的货币西非法郎，成立了中央银行即西非国家中央银行。

东部和南部非洲共同市场。1994 年 12 月，东南非共同市场正式成立，具有科摩罗、刚果民主共和国、吉布提、埃及等 20 个成员国，是非洲地区最大的区域经济合作组织。2000 年 10 月 31 日，东南非共同市场正式启动非洲第一个自由贸易区，有 9 个成员国成为自由贸易区首批成员，2004 年建立关税联盟。2009 年 6 月东南非共同市场正式建立关税同盟。

中部非洲国家经货共同体。中部非洲国家经货共同体成立于 1994 年 3 月 16 日，并于 1996 年 7 月通过一项协定而成为一个真正意义上的机构，1998 年正式取代中部非洲经济与关税同盟。该共同体成员国之间建立了货币联盟，使用共同的货币中非法郎，成立了中央银行即中部非洲国家银行。中部非洲国家经货共同体成员国分别为喀麦隆、中非、刚果、加蓬、赤道几内亚、乍得。中部非洲经货共同体建立了单一货币、关税同盟、共同的预算制度，这些成为中部非洲经货共同体经济一体化最重要的支柱。但共同体内部成员经贸往来较少，内部贸易仅占其全部贸易的3%，导致中部非洲对外贸易一体化程度很低。

东非政府间发展组织。东非政府间发展组织于1986年成立，为一个区域经济共同体，成立之初名为"东非政府间干旱与发展组织"，其职责是推动地区合作和成员国经济一体化，目前已延伸至维和领域。东非政府间发展组织成员国分别为吉布提、厄立特里亚、埃塞俄比亚、肯尼亚、索马里、苏丹、乌干达。东非政府间发展组织的主要作用在于实现金融与货币一体化，实现东非和平、安全、稳定与良治的发展环境。

萨赫勒—撒哈拉国家共同体于1988年2月成立，其类型是一个自由贸易区。目前，由贝宁、布吉纳法索、中非共和国、乍得、科特迪瓦、吉布提、埃及、厄立特里亚、冈比亚、利比亚、马里、摩洛哥、尼日尔、尼日利亚、塞内加尔、索马里、苏丹、多哥、突尼斯19个非洲国家成。致力于建立整体经济联盟，来促进人员、资金、货物的流动。2013年2月该组织在恩贾梅纳召开了一次特别峰会，是"后卡扎菲时代"的第一次峰会。目前，该组织还在定位新的目标，但尚不明朗。

东非经济共同体最早成立于1967年。1999年11月，三国首脑签署《东非共同体条约》，东非共同体正式成立。2001年11月，东非共同体议会和法院成立。2004年，坦桑尼亚、肯尼亚、乌干达达成关税同盟。2007年6月，卢旺达与布隆迪两国成为东非共同体成员。2013年11月，东非经济共同体建立了货币同盟。

南部非洲发展共同体。南部非洲发展共同体（简称"南共体"）的前身是1980年成立的南部非洲发展协调会议。相对于非洲其他地区组织来说，南共体的发展堪称典范。1992年8月，南部非洲发展协调会议决定改"南部非洲发展协调会议"为"南部非洲发展共同体"。南部非洲发展共同体成员包括安哥拉、博茨瓦纳、津巴布韦等15个国家，面积约926万平方千米。南部非洲发展共同体自贸区于2008年启动，当年南共体内部贸易的85%已实现了零关税，随后剩余敏感商品的关税也已逐步降低。2012年1月，剩余关税减让工作大部分已完成。尽管自贸区取得里程碑式进展，但是还有一些成员国仍没有完全履行其关税减让承诺。自贸区建设的延误使原计划于 2010 年启动的关税联盟不得不延迟至 2012 年启动。南共体计划于 2015 年启动共同市场，2016 年启动货币联盟，2018 年实行单一货币。

南部非洲关税同盟正式实施时间为 2004 年 7 月 15 日，由博茨瓦纳、莱索托、纳米比亚、南非、斯威士兰 5 个国家组成，它主要从事投资和移民的工作。

中部非洲国家经济共同体。中部非洲国家经济共同体（简称"中非体"）正式成立于 1983 年。中非体共有 11 个成员国，分别为布加蓬、隆迪、刚果、喀麦隆、赤道几内亚、乍得、卢旺达、刚果（金）、中非、圣多美和普林西比、安哥拉等。中非共同体在 2004 年 6 月 1 日正式启动自贸区建设，采用优惠税率，计划逐步实施成员国关税减让，其中手工艺品和非矿产品外的粗制品自贸区启动时开始实行 100% 关税减让，矿产品和制造业产品由 2005 年 50% 的关税减让水平发展至 2007 年 7 月 1 日实现 100% 关税减让。

非盟的前身是成立于 1963 年 2 月 25 日的非洲统一组织（简称"非统"）。1999 年 9 月，非统组织第四届特别首脑会议通过《苏尔特宣言》，决定成立非盟。非洲联盟（简称"非盟"；英语：AU）是一个包涵了 54 个非洲会员国的联盟，是属于集政治、经济和军事于一体的全非洲性的政治实体。非洲联盟的主要使命是，保卫非洲地区的民主和人权，促进非洲经济的可持续发展，消除非洲内部的战乱，推动区域一体化以建立一个有效的非洲共同市场。非盟的成立促进了非洲资源的利用与开发，非洲国家间的互动与合作，大大地推动了经济一体化的发展。见表 1.17。

表 1.17 非洲主要经济合作组织

名称	类型	内容	实施时间	成员国	具体目标
阿拉伯马格里布联盟	自由贸易区	货物、服务	1989 年 2 月 17 日	阿尔及利亚、利比亚、毛里塔尼亚、摩洛哥、突尼斯	完全的经济联盟
西非国家经济共同体	自由贸易区	投资、移民	1993 年 7 月 24 日	贝宁、布吉纳法索、佛得角、科特迪瓦、冈比亚、加纳、几内亚、几内亚比绍、利比里亚、马里、尼日尔、尼日利亚、塞内加尔、塞拉利昂、多哥	完全的经济联盟

续表

名称	类型	内容	实施时间	成员国	具体目标
西非经济和货币联盟	关税同盟	货物、服务	1994 年 1 月 10 日	贝宁、布吉纳法索、科特迪瓦、几内亚比绍、马里、尼日尔、塞内加尔、多哥	完全的经济联盟
东南非共同市场	自由贸易区	投资、移民	1994 年 12 月 8 日	安哥拉、布隆迪、科摩罗、刚果民主共和国、吉布提、埃及、厄立特里亚、埃塞俄比亚、肯尼亚、马达加斯加、马拉维、毛里求斯、纳米比亚、卢旺达、塞舌尔、苏丹、斯威士兰、乌干达、赞比亚、津巴布韦	共同市场
中非经济和货币共同体	关税同盟	货物、服务	1999 年 6 月 24 日	喀麦隆、中非共和国、乍得、刚果、赤道几内亚、加蓬	完全的经济联盟
东非政府间发展组织	自由贸易区	投资、移民	1996 年 11 月 25 日	吉布提、厄立特里亚、埃塞俄比亚、肯尼亚、索马里、苏丹、乌干达	完全的经济联盟
萨赫勒撒哈拉国家共同体	自由贸易区	货物、服务	1998 年 2 月 4 日	贝宁、布吉纳法索、中非共和国、乍得、科特迪瓦、吉布提、埃及、厄立特里亚、冈比亚、利比亚、马里、摩洛哥、尼日尔、尼日利亚、塞内加尔、索马里、苏丹、多哥、突尼斯	自由贸易区
东非共同体	关税同盟	投资、移民	2000 年 7 月 7 日	肯尼亚、坦桑尼亚联合共和国、乌干达、卢旺达、布隆迪	完全的经济联盟
南部非洲发展共同体	自由贸易区	货物、服务	2000 年 9 月 1 日	安哥拉、博茨瓦纳、刚果民主共和国、莱索托、马拉维、毛里求斯、莫桑比克、纳米比亚、塞舌尔、南非、斯威士兰、坦桑尼亚联合共和国、赞比亚、津巴布韦	完全的经济联盟
南部非洲关税同盟	关税同盟	投资、移民	2004 年 7 月 15 日	博茨瓦纳、莱索托、纳米比亚、南非、斯威士兰	关税同盟
中非国家经济共同体	自由贸易区	货物、服务	2007 年 7 月 1 日	安哥拉、布隆迪、喀麦隆、中非共和国、乍得、刚果、刚果民主共和国、赤道几内亚、加蓬、圣多美和普林西比、卢旺达	完全的经济联盟

2. 区域合作组织之间的经济合作。

很多非洲国家经济规模小、居民收入水平低下、经济结构单一、国内市场狭窄,对外依赖性极强,易受到国际市场变动的冲击。为了在经济全球化背景下求发展,非洲大陆掀起了区域经济一体化的浪潮。促进非洲货物贸易的发展是非洲区域经济一体化福利效应之一。非洲区域经济一体化组织致力于逐步建立自由贸易区、共同市场和关税同盟、货币同盟、最终达到政治同盟。这样可以减少贸易壁垒和贸易摩擦,取消关税或减免税收,有利于降低贸易成本。非洲区域经济一体化成员国之间可以指定共同的贸易政策,稳定共同的税收率,这样有利于改善贸易环境。区域经济一体化组织也会积极推动非洲区域之间的共同合作,实现贸易创造和贸易转移。非洲区域经济一体化可以改变国内市场规模小、严重依赖国外市场、产品结构单一的现状,扩大区域内部市场、促进产品的多样化,有利于促进区域经济可持续发展。长期来看,区域经济一体化还可以促进劳务、人员、财产、资本等方面自由流动,提高资本回报率、促进技术外溢、产生规模效益,提升非洲对外贸易在全球的竞争力。

根据官方的海关统计,东南亚国家联盟(ASEAN)内部的贸易份额超过了 20%,北美自由贸易区(NAFTA)内部贸易份额超过了 35%,而欧盟(EU)内部贸易份额更是高达 63%,而非洲内部贸易占非洲总贸易中的份额仅占了 10% ~12%,尽管非洲国家区域内贸易远远低于世界其他地区,但是随着区域经济一体化的发展,非洲区域内贸易一直处于低增长态势。南部非洲发展共同体是非洲内部贸易最大的区域经济体。2000 年南部非洲发展共同体成员间出口量为 4461 百万美元,至 2008 年增长了 4 倍,高达 16687 百万美元。2000 年南部非洲发展共同体进口额为 4026 百万美元,截至 2009 年增长了 2.6 倍;2000 年东南非共同市场成员间出口额为 1443 百万美元,至 2009 年出口额的增长率高达 311%。2000 年东南非共同市场成员间进口额为 1395 百万美元,2009 年进口额增长到 6891 百万美元;东非共同体一直为实现逐步建立关税同盟、共同市场和货币联盟,并最终实现政治联盟的共同体目标而不懈努力,积极推动非洲区域之间的共同合作。2000 ~2008 年,东非共同体成员国间的净出口一直在缓慢增长;2000 年,中部非洲国家经济共同体成员国进口额为 207 百万美元,出口额为 182 百万美元,贸易额在整个非洲是最低的，但中部非洲国家经济共同体成员国贸易额一直在波动中增长，2009 年进口额达到 418 百万美元，出口额达到 378 百万美元；2000 年，西非国家经济共同体（ECOWAS）成员国进口额为 2574 百万美元，出口额为 2715 百万美元，在非洲区域经济体中排名第二，2009 年西部非洲国家经济共同体成员国进口额增长至 12089 百万美元，增长了 7312 百万美元。见图 1.24、图 1.25。

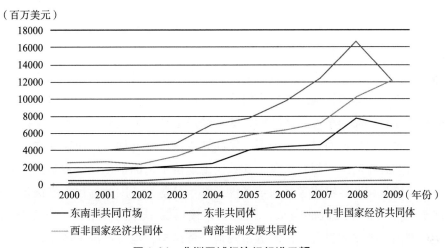

图 1.24　非洲区域经济组织进口额

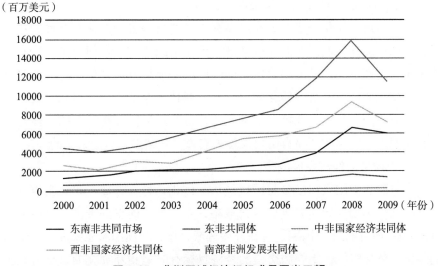

图 1.25　非洲区域经济组织成员国出口额

三、非洲区域一体化存在的问题

1. 殖民遗留问题。

近年来，非洲区域合作和经济一体化得到了快速的发展，但仍然停留在初级阶段。这是由于非洲大陆上依然存在许多西方殖民者的历史遗留问题，阻碍了非洲区域一体化的发展。例如，①对西方殖民者全然不顾非洲各族的历史发展沿革和各自的文化差别，人为分割殖民地，造成今天民族和边界等问题。由此引发的民族纠纷和边界冲突，造成政局动荡，严重牵制了经济一体化的进程。②殖民地经济结构使非洲国家形成了依靠生产和出口一两种农矿初级原料产品的单一经济结构，这种经济结构不但使非洲国家在经济发展中缺乏自主地位，而且使非洲国家之间缺少经济互补性，因而彼此之间的经济交流和合作的空间相对狭窄。③殖民地遗留下来的基础设施数量少、质量差。无论是交通运输或者是通信条件，都十分落后，因此远远不能满足非洲国家经济发展和交流的需求，并且也直接延缓了非洲经济一体化的进展。④非洲国家独立后没有尽快改造殖民地经济结构，也对经济一体化带来了不良影响。

2. 区域经济一体化的初始条件不成熟。

参与经济一体化的成员方在产品和生产要素等方面缺乏互补性，从而产生贸易的可能性降低。非洲区域经济一体化组织成员国之间经济发展水平很不平衡，生产不同产品的动力也不同。原因是成员方内部的经济没有私有部门的支持，使区域经济一体化的计划缺乏具体实施的机制，也就是说，私有部门没有广泛参与贸易或投资活动。这样，非洲地区几乎所有的一体化组织都在按照无法实施的贸易自由化议程去实施，其结果是显而易见的。

3. 内向型的经济发展战略。

一方面非洲国家积极参与区域经济一体化；另一方面，非洲实施的是基于保护国内市场为导向的进口替代战略，是一种内向型的经济发展战略。20世纪60～70年代非洲国家一直在开展区域合作，非洲国家还要参与一个以上的经济一体化组织，重叠和交错的经济目标有时是相互冲突的，有时是不清晰的，这就增加非洲国家实现区域经济一体化目标的难度。

目前，非洲的区域合作和一体化正如火如荼地进行着，不管是非洲联盟还是多数非洲国家本身都在努力探索，力图加速促进经济的发展，改变现状。然而，尤其是非洲一体化，在发展过程中必须要正视这些已经出现的问题，才能更好地认清现实和自身的真实状况，才能使前进的道路更加一帆风顺，也才能更好地迎接挑战、处理危机与风险，才能真正地通过一体化的发展让非洲人民受益，最终实现整个非洲大陆的统一和复兴。

第二章　非洲国家的社会发展

第一节　非洲的人口发展

人口问题和人类社会经济发展与进步密切相关，这是一个世界性的重大问题。联合国人口活动基金将每年的 7 月 11 日为"世界人口日"，旨在提醒人们关注人口问题，缓解人口迅速增长给地球带来的负担。非洲人口众多，其发展问题和发展机遇并存。

一、非洲人口发展现状

自非洲独立至今，人口的增长速度和规模远远超越了社会经济稳定发展的阈值，以致形成了严重的"人口包袱"。非洲大陆的经济之所以长期处于缓慢发展甚至停滞不前的状态，原因很多也很复杂，其中，人口增长过快是重要的原因之一。

1. 人口增长的速度与规模。

自 2005 年以来，非洲国家的人口增长速度一直居高不下，据《非洲统计年鉴（2014）》统计，2005 年非洲人口增长率为 2.43%，2006 年非洲人口增长率为 2.45%，2007 年非洲人口增长率为 2.47%，2008 年非洲人口增长率为 2.48%，2009 年非洲人口增长率为 2.49%，2010 年非洲人口增长率为 2.49%，2011 年非洲人口增长率为 2.5%，2012 年非洲人口增长率为 2.5%，2013 年非洲人口增长率为 2.48%。可以看出 2005～2012 年之间非洲的人口增长率一直在逐年上升，2013 年人口增长率略有下降，但总体来看非洲的人口增长率一直比世界平均人口增长率高。

随着非洲增长速度加快，非洲人口规模不断的膨胀。2005 年非洲人口总量为 859.67 百万人，2006 年为 880.74 百万人，2007 年为 902.46 百万人，2008 年为 924.81 百万人，2009 年为 971.45 百万人，2010 年为 995.69 百万人，2011 年为 995.69 百万人，2012 年为 1020.55 百万人，2013 年非洲总人口突破了 1045.91 百万人。非洲人口的增长趋势反映出非洲正由高出生率、高死亡率、低自然增长率的"高高低"人口模式向高出生率、低死亡率、高自然增长率的"高低高"人口模式过渡。

非洲国家人口增长速度存在较大差异。2013 年非洲人口增长速度很快，人口增长率高于 3% 的国家有 10 个，分别是：尼日尔、马里、乍得、冈比亚、乌干达、厄立特里亚、安哥拉、布吉纳法索、马拉维和赞比亚。其中尼日尔和马里的人口增长率高达 3.6%，乍得的人口增长率高达 3.5%；人口增长速度较快，人口增长率高于 2% 低于 3% 的有 23 个国家，由高到低分别是索马里、莫桑比克、布隆迪、科摩罗、坦桑尼亚、肯尼亚、苏丹、马达加斯加、塞内加尔、卢旺达、贝宁、尼日利亚、刚果（金）、多哥、埃及、加纳、几内亚、圣多美和普林西比、南苏丹、刚果、利比里亚、毛里塔尼亚、喀麦隆、科特迪瓦、几内亚比绍、赤道几内亚、埃塞俄比亚和中非共和国；人口增长速度较慢，人口增长率高于 1% 低于 2% 的国家依次是：阿尔及利亚、塞拉利昂、加蓬、津巴布韦、纳米比亚、摩洛哥、吉布提、佛得角、斯威士兰、突尼斯和莱索托；人口增长速度很慢，人口增长率低于 1% 只有 4 个国家，分别是：博茨瓦纳、利比亚、南非和毛里求斯。其中毛里求斯人口增长率仅为 0.3%，南非人口增长率仅为 0.7%，利比亚人口增长率仅为 0.8%，博茨瓦纳人口增长率仅为 0.9%。见表 2.1。

表 2.1　　　　　　　　　　　非洲国家的人口增长　　　　　　　　　　单位：百万人

国家	2005 年	2006 年	2007 年	2008 年	2009 年	2010 年	2011 年	2012 年	2013 年
阿尔及利亚	33.96	34.51	35.1	35.73	36.38	37.06	37.76	38.48	39.21
安哥拉	16.54	17.12	17.71	18.31	18.93	19.55	20.18	20.82	21.47
贝宁	8.18	8.44	8.71	8.97	9.24	9.51	9.78	10.05	10.32
博茨瓦纳	1.88	1.9	1.92	1.93	1.95	1.97	1.99	2	2.02
布吉纳法索	13.42	13.82	14.24	14.66	15.1	15.54	16	16.46	16.94
布隆迪	7.77	8.04	8.33	8.62	8.93	9.23	9.54	9.85	10.16
佛得角	0.48	0.48	0.48	0.49	0.49	0.49	0.49	0.49	0.5
喀麦隆	18.14	18.61	19.1	19.6	20.1	20.62	21.16	21.7	22.25
中非共和国	3.96	4.03	4.11	4.19	4.27	4.35	4.44	4.53	4.62
乍得	10.01	10.36	10.69	11.03	11.37	11.72	12.08	12.45	12.83
科摩罗	0.6	0.62	0.63	0.65	0.67	0.68	0.7	0.72	0.74
刚果（金）	3.54	3.65	3.76	3.88	4	4.11	4.23	4.34	4.45

续表

国家	2005 年	2006 年	2007 年	2008 年	2009 年	2010 年	2011 年	2012 年	2013 年
科特迪瓦	17.39	17.66	17.95	18.26	18.6	18.98	19.39	19.84	20.32
吉布提	0.78	0.79	0.8	0.81	0.82	0.83	0.85	0.86	0.87
埃及	71.78	72.99	74.23	75.49	76.78	78.08	79.39	80.72	82.06
赤道几内亚	0.6	0.62	0.64	0.66	0.68	0.7	0.72	0.74	0.76
厄立特里亚	4.85	5.04	5.21	5.38	5.56	5.74	5.93	6.13	6.33
埃塞俄比亚	76.17	78.29	80.44	82.62	84.84	87.1	89.39	91.73	94.1
加蓬	1.38	1.41	1.45	1.48	1.52	1.56	1.59	1.63	1.67
冈比亚	1.44	1.48	1.53	1.58	1.63	1.68	1.74	1.79	1.85
加纳	21.38	21.95	22.53	23.11	23.69	24.26	24.82	25.37	25.91
几内亚	9.58	9.8	10.05	10.32	10.59	10.88	11.16	11.45	11.75
几内亚比绍	1.42	1.45	1.48	1.52	1.55	1.59	1.62	1.66	1.7
肯尼亚	35.79	36.76	37.75	38.77	39.83	40.91	42.03	43.18	44.35
莱索托	1.93	1.94	1.96	1.97	1.99	2.01	2.03	2.05	2.07
利比里亚	3.27	3.39	3.52	3.67	3.82	3.96	4.08	4.19	4.29
利比亚	5.59	5.69	5.78	5.88	5.96	6.04	6.1	6.16	6.2
马达加斯加	18.29	18.83	19.37	19.93	20.5	21.08	21.68	22.29	22.93
马拉维	12.93	13.31	13.71	14.14	14.57	15.01	15.46	15.91	16.36
马里	11.94	12.33	12.73	13.14	13.56	13.99	14.42	14.85	15.3
毛里塔尼亚	3.15	3.24	3.33	3.42	3.52	3.61	3.7	3.8	3.89
毛里求斯	1.21	1.22	1.22	1.22	1.23	1.23	1.24	1.24	1.24
摩洛哥	30.13	30.4	30.67	30.96	31.28	31.64	32.06	32.52	33.01
莫桑比克	21.01	21.59	22.17	22.76	23.36	23.97	24.58	25.2	25.83
纳米比亚	2.03	2.05	2.08	2.11	2.14	2.18	2.22	2.26	2.3
尼日尔	13.18	13.68	14.2	14.74	15.3	15.89	16.51	17.16	17.83
尼日利亚	139.59	143.32	147.19	151.21	155.38	159.71	164.19	168.83	173.62
卢旺达	9.43	9.66	9.93	10.22	10.53	10.84	11.14	11.46	11.78
圣多美和普林西比	0.16	0.16	0.16	0.17	0.17	0.18	0.18	0.19	0.19
塞内加尔	11.27	11.58	11.91	12.24	12.59	12.95	13.33	13.73	14.13
塞舌尔	0.09	0.09	0.09	0.09	0.09	0.09	0.09	0.09	0.09
塞拉利昂	5.12	5.28	5.42	5.53	5.64	5.75	5.87	5.98	6.09
索马里	8.47	8.69	8.91	9.14	9.38	9.64	9.91	10.2	10.5
南非	48.24	48.92	49.6	50.27	50.89	51.45	51.95	52.39	52.78

续表

国家	2005 年	2006 年	2007 年	2008 年	2009 年	2010 年	2011 年	2012 年	2013 年
南苏丹	8.04	8.38	8.74	9.12	9.52	9.94	10.38	10.84	11.3
苏丹	31.59	32.4	33.22	34.04	34.85	35.65	36.43	37.2	37.96
斯威士兰	1.11	1.12	1.14	1.15	1.17	1.19	1.21	1.23	1.25
坦桑尼亚	38.82	39.94	41.12	42.35	43.64	44.97	46.36	47.78	49.25
多哥	5.54	5.69	5.84	5.99	6.14	6.31	6.47	6.64	6.82
突尼斯	10.05	10.16	10.27	10.39	10.51	10.63	10.75	10.88	11
乌干达	28.73	29.71	30.73	31.78	32.86	33.99	35.15	36.35	37.58
赞比亚	11.47	11.78	12.11	12.46	12.83	13.22	13.63	14.08	14.54
津巴布韦	12.71	12.72	12.74	12.78	12.89	13.08	13.36	13.72	14.15
非洲总人口	859.67	880.74	902.46	924.81	947.83	971.45	995.69	1020.55	1045.91
非洲人口增长率	2.43%	2.45%	2.47%	2.48%	2.49%	2.49%	2.50%	2.50%	2.48%

2. 非洲人口分布。

非洲人口的分布可以从种族之间、国家之间和地理位置从多个角度去分析。非洲当地居民主要属于两大种族，即撒哈拉沙漠以南的尼格罗种族（黑种人）和以北的欧罗巴种族（白种人）。其中，黑种人约占非洲人口的 2/3，约占世界黑种人总数的 3/4。

非洲内部的人口分布具有极大的地域差异性，绝大多数人口集中分布在占全洲面积很小的地域内，因而形成各国和各地区之间人口密度的巨大差别，非洲人口分布不平衡。非洲人口超过了 4000 万人的国家有 7 个，分别是尼日利亚、埃塞俄比亚、埃及、刚果（金）、南非、坦桑尼亚和肯尼亚。这 7 个国家的人口总和占非洲人口的 50.8%。其中，尼日利亚是非洲人口第一大国，人口高达 173.62 百万，占非洲总人口的 15.66%。埃塞俄比亚占非洲总人口的 8.49%。埃及占非洲总人口的 7.4%。刚果（金）占非洲总人口的 6.09%，南非占非洲总人口的 4.76%，坦桑尼亚占非洲人口的 4.44%，肯尼亚占非洲总人口的 4%，这些国家人口分布非常密集，非洲人口在 2000 万 ~ 4000 万人的国家包括：阿尔及利亚、苏丹、乌干达、摩洛哥、加纳、莫桑比克和马达加斯加等 10 个。这些国家人口较多，各自的人口占非洲总人口的比重在 1.8% ~ 4%。非洲人口在 1000 万 ~ 2000 万人的国家包括：安哥拉、科特迪瓦、尼日尔、布吉纳法索、马拉维和马里等 15 个国家，这些国家人口分布较少，各自的人口占非洲总人口的比重在 0.9% ~ 1.8% 之间。非洲人口在 1000 万人以下的包括多哥、厄立特里亚、利比亚和塞拉利昂等 22 个国家，占非洲国家总数的 40%，这些国家人口分布很少。其中，塞舌尔的总人口仅为 9 万人，圣多美和普林西比的总人口仅为 19 万人，佛得角的总人口仅为 50 万人。

3. 非洲人口结构。

近年来，非洲人口的出生率仍在迅速上升，而婴儿和儿童的死亡率有所下降。出生率和死亡率的这种变动，使人口的年龄构成呈现年轻化，并有进一步年轻化的趋势。现在全非总人口中，15 岁以下少年儿童占 45%，65 岁以上老年人口仅占 3%。其中肯尼亚、多哥和卢旺达等国家少年儿童比重达 50% 以上。人口构成的年轻化造成了劳动力数量偏少和抚养人口负担偏重等不良影响。现在全非总人口中，16 ~ 60 岁劳动适龄人口的比重只占 52%，15 岁以下和 65 岁以上的被抚养人口占 48%，再把失业者的人口因素考虑在内，则实际劳动人口负担就更加沉重了。在经济水平不高与人民生活困苦的条件下，如此沉重的人口负担，特别是少年儿童的抚养、教育和就业方面的负担，显然会阻碍人民生活水平的提高和社会经济的发展。

二、非洲的人口政策

人口的过快增长会产生一系列负面的影响，这一问题受到了国际和非洲各国的普遍关注和高度重视，他们开始思考对人口规模和增长速度的控制的方法。因为，人口政策与人口增长存在着相互渗透、相互联系和互为因果的紧密联系。所以，根据本国国情制订一套完备的人口政策和措施体系，是世界各国特别是非洲国家在社会与经济发展进程中必须要解决的问题。

1. 外部动力。

自 20 世纪 60 年代以来，世界人口出现了一个快速增长的态势，受到了联合国的高度重视。1974 年联合国召开了第一次世界人口大会，此次大会通过了《世界人口行动计划》，强调了人口政策和计划生育政策的重要性，但绝大多数非洲国家没有普及计划生育教育。20 世纪 70 年代，发展中国家普遍认为经济发展缓慢与人口快速增长没有必然联系。受此影响，非洲国家也采取了鼓励生育和放任自由的人口政策。1984年初，"非洲人口会议"在联合国经济委员会的帮助下举行。会议期间，各国代表共同探讨了非洲人口的急剧膨胀问题和共同商讨了补救措施。1984年末，第二届世界人口大会召开，会议期间，发展中国家纷纷由原来鼓励生育和放任自由的人口政策转换为限制生育和计划生育的人口政策。非洲国家受此影响也开始推广避孕手段，鼓励小规模家庭，实施计划生育政策。1994年，第三次国际人口与发展大会举行，本次大会是以"人口、持续的经济增长和可持续发展"为主题，是以探讨资源、人口和环境与发展的关系，呼吁男女平等为主要内容。会议通过了《关于国际人口与发展行动纲领》，该文件成为了全非乃至全世界解决人口问题的指导性文件。2004年，世界人口与发展论坛在中国举办，探讨了在过去十年里在计划生育和人口健康方面各国的经验，发表了《长江宣言》。

联合国还设立了专门的人口机构管理人口问题如人口委员会、人口司、联合国人口活动基金会和统计办公室等。还有一些专门的机构如世界银行、联合国教科文组织和世界卫生组织，分别对人口增长带来的经济、教育、卫生等关系进行管理。这些国际因素都影响着非洲人口政策的制定和实施。

2. 内部动力。

20世纪60年代以来，非洲国家相继独立，但许多非洲国家仍然没有制订明确的人口政策，或政策的不贯彻执行，还有人口普查机构对人口发展情况不明。

20世纪70年代之后，面对人口增长过快给社会、经济所带来的一系列问题，许多非洲国家除了加速发展经济和社会服务事业外，已开始调整人口政策，由原来对人口增长采取鼓励或自由放任的政策变为实行控制人口的政策，非洲各国都为此一直做出坚持不懈的努力。首先，非洲召开了全非人口大会，共同商讨对策，积极响应联合国号召。1986年春，第三次全非人口与发展会议在内罗毕举办，会议提议推广家庭生育计划，并成立一个控制人口发展的常设机构——全非人口与发展会议委员会。其次，非洲各国政府全部成立专门机构管理人口工作。如全国人口教育中心、全国人口委员会、国家生育间隔、全国计划生育委员会和计划生育委员等机构，各机构各尽其责，积极配合，组织开展人口发展战略研究，协调人口和计划生育工作重大问题的调查研究。最后，各国都积极得调整人口政策，采取了一系列措施，包括重视宣传教育工作、推行家庭生育计划、在法律上提高最低结婚年龄、鼓励延长生育间隔时间、关心妇女和儿童的卫生与健康等。有些国家新人口政策的实施方面成绩显著，如突尼斯政府通过大力推广家庭生育计划，规定男女结婚法定年龄，废除一夫多妻制等措施降低了突尼斯整体得人口增长率。埃及已把计划生育列为"最优先考虑的问题"，组织专门力量向人民广泛宣传避孕知识，提供避孕药具，在住房、升学和就业等方面对计划生育搞得好的家庭予以鼓励；毛里求斯和塞舌尔等海岛国家，人口控制工作也做得比较好。

三、非洲人口发展面临的挑战

非洲人口增长速度堪称"世界之最"，产生了一系列环境、粮食、教育、医疗卫生、就业、交通、社会治安等问题，使得非洲社会和经济的发展面临严峻的挑战，加重了许多非洲国家的负担。

1. 医疗卫生水平低，死亡率高。

非洲国家的医疗卫生在世界上一直处于低水平阶段，据世界卫生组织估计，将近50%的非洲人享受不到任何医疗服务，大约55%的人喝不到干净的饮用水，儿童普遍营养不良，5岁以下儿童中大约有1/4的人无法达到正常的体重标准。据资料统计，2013年，摩洛哥每万人医生数仅为5人，乍得为2.7人、几内亚比绍为2人、赞比亚为0.9人。毛里求斯每万人医生数仅为13人、尼日尔为0.6人、布隆迪为0.5人，皆低于世界平均水平。卫生保健的落后，又造成非洲国家的高发病率和高死亡率。非洲是世界人口死亡率最高的地区，2013年非洲国家的平均寿命为58.9岁，是世界上寿命最短的地区。在非洲54个国家中有30个国家低于该平均值，占到了非洲总数的56%。非洲也是世界人口死亡率最高的地区，2012~2013年婴儿的平均死亡率达到了64.1%，有26个国家高于这个平均值，占非洲国家总数的48%。婴儿死亡率高达90%以上的国家就有9个，60%~90%的国家有21个，30%~60%的国家有16个，婴儿死亡率在30%以下的国家有8个，分别是摩洛哥、阿尔及利亚、佛得角、突尼斯、埃及、利比亚、毛里求斯和塞舌尔，它们的出生预期寿命也在 70 岁以上，这些国家的医疗卫生状况相对较好。见表 2.2。

表 2.2   2013 年非洲国家的人口出生预期寿命和婴儿死亡率

国家	出生预期寿命（岁）	排名	婴儿死亡率（‰）	排名
赤道几内亚	51.4	45	152.3	1
乍得	49.9	48	124.9	2
塞拉利昂	45.6	53	115.7	3
刚果（金）	48.7	52	110.2	4
布隆迪	51.4	44	109	5
斯威士兰	45.5	54	99.7	6
安哥拉	51.9	43	95.2	7
马里	67	9	93.1	8
中非共和国	50.2	47	92.4	9
尼日利亚	52.3	42	88.3	10
马拉维	54.8	37	86.8	11
尼日尔	59.6	24	86.5	12
几内亚	54.5	38	85	13
赞比亚	49.4	50	82.6	14
莫桑比克	53.1	39	78.8	15
坦桑尼亚	58.9	26	78.6	16
索马里	55.1	35	78.6	17
贝宁	56.5	31	77.6	18
利比里亚	60.6	21	77.2	19
津巴布韦	52.7	41	73.8	20
布吉纳法索	55.9	34	71.8	21
毛里塔尼亚	61.6	19	71.4	22
冈比亚	66.3	10	69.7	23
科特迪瓦	56	33	69.7	24
刚果	57.8	27	67.4	25
多哥	56.5	32	65.8	26
科摩罗	61.5	20	64	27
埃塞俄比亚	59.7	23	63.6	28
喀麦隆	55	36	62	29
几内亚比绍	48.9	51	61	30

续表

国家	出生预期寿命（岁）	排名	婴儿死亡率（%）	排名
莱索托	49.4	49	59.3	31
南苏丹	59.8	22	58	32
苏丹	61.8	18	57.9	33
吉布提	61.8	17	54.7	34
厄立特里亚	62.9	15	54.3	35
乌干达	50.4	46	54	36
肯尼亚	57.7	28	52	37
马达加斯加	57.7	29	52	38
卢旺达	64.1	13	48.4	39
圣多美和普林西比	64.9	11	47.9	40
加蓬	63.1	14	44.5	41
加纳	64.6	12	44.1	42
塞内加尔	58.9	25	43	43
南非	56.9	30	38.1	44
博茨瓦纳	53	40	30.5	45
纳米比亚	62.6	16	30.4	46
摩洛哥	72.4	6	29	47
阿尔及利亚	71	7	26	48
佛得角	74.3	3	18.4	49
突尼斯	74.7	2	16.1	50
埃及	70.8	8	15.9	51
利比亚	75.3	1	13.5	52
毛里求斯	73.7	4	12.2	53
塞舌尔	72.6	5	9.8	54
平均值	58.9	—	64.1	—

2. 生态破坏严重。

非洲人口的过度增长会导致人们过度开垦、乱砍滥伐和过度放牧的恶性行为，会产生土壤贫瘠、水土流失、土地沙漠化、粮食减产等一系列问题，破坏了非洲的生态失衡。首先，非洲人口不断增长，对粮食需求也越来越大。为了获得更多的粮食，非洲国家不断了开垦土地，使得非洲耕地总面积不断增长。2010 年非洲耕地总面积为 2.23 亿公顷，2010 年为 2.27 亿公顷，2011

年为 2.28 亿公顷。但耕地总面积的增长速度远远小于人口的增长速度，非洲人均耕地面积却一直不断减少。2009 年非洲人均占有耕地面积为 0.260 公顷，2010 年为 0.256 公顷，2011 年为 0.251 公顷。非洲的过度开垦会导致地表植被遭破坏，水土流失加重。人均占有可耕地面积的减少又会促使人们不断缩短轮垦周期来获得更多的粮食，土壤肥力难以恢复，从而形成一个土地越来越贫瘠、粮食产量越来越少的恶性循环。其次，人口不断增长，对木料及燃料的需求也越来越大，非洲每年约有 380 万公顷森林被毁，是世界平均每年被毁森林面积的 2 倍。森林被伐后土壤中的腐殖质等有机养分减少、造成土壤板结及水土流失。再次，在人口猛增的压力下，迫使人们过度放牧，超过了草原的承载力。据资料记载，非洲每年失去热带草原 250 万公顷，导致了严重的草场退化。最后，上述原因造成的地表裸露，气候异常，又会导致非洲的沙漠化日趋严重。据估计，撒哈拉大沙漠每年以 6~7 公里的速度向南扩展。

3. 粮食供求不平衡。

目前全球因饥饿而死亡的人口中，非洲占了大约 3/4，很多非洲国家粮食产量严重不足，有"最饥饿的大陆"之称。《2012 年全球饥饿指数报告》中显示非洲国家的饥饿状况令人担忧，撒哈拉以南非洲地区的饥饿人数从 1990 年的 17000 万人上涨到 2010 年的 23400 万人；北非的饥饿人数由 1990 年的 2200 万人上涨到 2010 年的 4100 万人，饥饿人数比例从 6.8% 上涨到 8.5%。从粮食产量来看，2012 年非洲粮食总产量 1.72 亿吨，只占世界谷物总产量的 6.77%，但这对于占世界人口 14% 的非洲来说，其粮食产量是远远不够的。在有自然灾害的年份，粮食问题更加突出。如 2011 年的非洲之角遭遇 60 年一遇的特大干旱，受灾人口多达 1240 万人，五岁以下儿童的营养不良率达到 26.8%。为了缓解粮食严重短缺的局面，非洲许多国家就不得不花费大量外汇用作进口粮食，这就造成了许多非洲国家政府财政紧张、国际收支赤字扩大、粮食价格上涨、通货膨胀加剧、外债负担加重、经济发展缓慢。

4. 阻碍经济发展。

人口快速增长使人口规模与国民经济发展长期处于严重的失衡状态，极大地制约了非洲经济发展的速度。在非洲，除博茨瓦纳、埃及、突尼斯、塞舌尔等少数国家外，绝大多数非洲国家的人口增长率都高于经济增长率，致使人民的实际生活水平大幅度下降。目前，非洲大陆约有 1/3 的人生活在联合国划定的贫困线以下，28 个国家被列为世界最穷国家。如果人口增长过快，国家必须拿出一部分资金满足新增人口所形成的"人口包袱"，严重拖住了经济发展的后腿，导致人均 GDP 增长率持续下跌。从历史上看，1965 ~ 1973 年，非洲人口平均增长率为 2.8%，国内生产总值平均增长率为 3.9%，因此，这一时期人口增长与经济发展呈良性状态，人均 GDP 增长 1.2%。但是后来由于非洲人口的高速增长，二者的关系则向相反方向逆转，1973 ~ 1980 年，经济增长速度放慢为 2.7%，人口增长率却上升到 2.9%，并且在之后的 10 多年间，非洲人口增长与经济的发展一直处于失衡的状态，人口增长速度甚至超过国内生产总值的增长速度，人均实际 GDP 长期呈负增长，1980 ~ 1990 年，人均 GDP 的增长率为 - 0.9%，而到 1990 ~ 1995 年，更是跌到 - 1.3%，其中 1994 年，非洲人均 GDP 比 10 年前降低了 17%，人均收入低于人口的消费水平，从而影响生产积累和经济的发展以及人民生活。

5. 畸形城镇化和严重失业。

非洲是个以农村人口为主的大陆，由表 2.3 可以看出，2013 年城镇化率在 70% 的有 5 个国家、40% ~ 70% 的有 22 个国家、40% 以下的有 26 个国家。农业人口的比重比城市人口多，如布隆迪城镇化率仅为 13.6%，乌干达城镇化率仅为 18.1%，南苏丹城镇化率仅为 17%、埃塞俄比亚城镇化率仅为 18.2%，这些国家大部分都是农业人口。但从城镇化过程来看，非洲城市人口增长却惊人得快，在 20 世纪 50 年代，非洲城市人口年平均增长率为 4.4%，60 年代为 4.8%，70 年代后半期，又上升到 5.1%，1975 ~ 2000 年年均增长率为 6.2%。一些城市如亚斯亚贝巴、内罗比、蒙罗维亚、拉各斯的人口每 6 ~ 10 年就增加 1 倍，在过去的 20 年中，内罗毕、阿比让、达累斯萨拉姆等非洲城市的人口增长了 7 倍。尼日利亚首都拉各斯的人口比 1950 年增加了 16 倍，这种增长速度是惊人的。值得注意的是，非洲国家的城镇化，特别表现在大城市尤其是首都人口的急剧膨胀，非洲各国首都人口的年增长率高达 10%，为城市人口年平均增长率的 2 倍，绝大部分城市人口畸形地集中于首都，而其他城市人口差距很大，例如几内亚的首都科纳克里、塞拉利昂的首都非里敦，都集中了全国城市人口的 80%，阿尔及利亚城市人口占全国人口 61%。当然，随着国民经济的发展，也形成了其他一些大城市。现在全非人口在 100 万以上的大城市已有 19 座之多。

表 2.3   2013 年非洲国家人口结构

国家	总人口（百万人）	经济活动人口（百万人）	经济活动人口占总人口比例（%）	城市人口比例（%）
马达加斯加	22.93	15.34	70.76	32.3
加纳	25.91	15.21	62.7	50.9
博茨瓦纳	2.02	1.05	52.5	61.8
赤道几内亚	0.76	0.37	51.39	39.9
埃塞俄比亚	94.1	46.36	50.54	18.2
马拉维	16.36	7.96	50.31	20.3
布吉纳法索	16.94	8.51	50.24	26.1
坦桑尼亚	49.25	23.47	49.12	26.9
莫桑比克	25.83	12.62	48.86	31.4
尼日尔	17.83	8.31	48.43	21.7
津巴布韦	14.15	6.42	48.05	31.1
南苏丹	11.3	4.37	47.92	17
佛得角	0.5	0.23	46.94	61.8
几内亚	11.75	5.37	46.9	36.3
卢旺达	11.78	5.52	46.86	19.7
中非共和国	4.62	2.09	45.24	39.5
多哥	6.82	3.07	45.01	39
布隆迪	10.16	4.28	44.86	13.6
厄立特里亚	6.33	2.79	44.08	22.2
莱索托	2.07	0.9	43.48	71
纳米比亚	2.3	0.93	41.89	42
喀麦隆	22.25	8.43	39.84	59.1
赞比亚	14.54	5.42	39.77	41.2
几内亚比绍	1.7	0.67	39.41	30.2
刚果	4.45	1.66	39.24	62.5
刚果（金）	67.51	24.94	39.01	35.9
科特迪瓦	20.32	7.57	38.16	52.1
苏丹	37.96	14.44	38.04	34.8

续表

国家	总人口（百万人）	经济活动人口（百万人）	经济活动人口占总人口比例（％）	城市人口比例（％）
冈比亚	1.85	0.68	37.99	58.9
吉布提	0.87	0.32	36.78	77.2
贝宁	10.32	3.57	36.5	45.7
肯尼亚	44.35	15.34	36.5	32.3
加蓬	1.67	0.58	36.48	86.4
利比亚	6.2	2.28	36.29	78.1
突尼斯	11	3.92	36.03	66.5
南非	52.78	18.82	35.66	62.9
安哥拉	21.47	7.65	35.63	60.7
摩洛哥	33.01	11.71	35.47	58.9
科摩罗	0.74	0.24	34.29	35.5
圣多美和普林西比	0.19	0.07	34.21	63.1
利比里亚	4.29	1.46	34.03	51.1
埃及	82.06	27.25	33.76	43
斯威士兰	1.25	0.41	32.8	23
塞内加尔	14.13	4.54	32.13	47.8
马里	15.3	4.69	30.65	39.3
毛里塔尼亚	3.89	1.18	30.33	42
阿尔及利亚	39.21	11.88	30.31	74.7
尼日利亚	173.62	48.65	29.63	50.5
索马里	10.5	3.09	29.43	38.7
乌干达	37.58	10.34	28.45	18.1
乍得	12.83	3.19	28.06	23
塞拉利昂	6.09	0.39	6.4	40
毛里求斯	1.24	0.62	0.5	41.4
塞舌尔	0.09	—	—	—

移居者大量涌进城市的结果，造成了住宅、就业、医疗、交通以及教育等方面的紧张。非洲各国缺乏减轻城市贫困的资金，同时由于存在很多眼前的问题，在非洲大陆，失业或半失业已成为面广量大的社会现象，据国际劳工组织估计，非洲有将近一半的劳动力处于长期失业或不能充分就业的状态，

某些国家即使可以有限度地增加一些就业机会，但不能根本解决这个问题，因而直到21世纪末，失业将成为非洲的严重社会问题。非洲国家中经济活动人口占总人口比例在20%以下的国家的国家有2个、在20%～30%的有4个国家、在30%～40%的有26个国家、在40%～50%的有14个国家、在50%以上的仅仅有7个。

四、非洲人口发展面临的机遇

虽然非洲人口出现了医疗卫生水平低、死亡率高、生态严重的破坏、粮食生产远远满足不了需要、人口增长阻碍经济发展、畸形城镇化和失业严重等问题，但非洲人口高速增长也带来了丰富的人力资源，为经济的快速发展、城市建设加快等一系列潜在的发展带来了良机。

1. 丰富的人力资源。

非洲的人口年龄结构一直处于年轻型化的趋势。2013年，非洲15岁以下少年儿童人口所占总人口的比重高达45%，65岁以上人口占总人口的比重达到3%。一份研究报告显示，预计到2040年，非洲15～24岁的年轻人人数每十年将以15%～20%的速度增加，这必然会给非洲国家提供了大量的人力资源。如果通过采取各种措施实现充分就业和提高劳动人口质量才有可能实现巨大的人口红利。

2. 经济的快速发展。

近年来，非洲经济处于一直高速增长的趋势，成为了世界上发展最快的地区之一。2010年，撒哈拉以南非洲国家国内生产总值的增长率高达6.9%，2011年增长率为5.1%，2012年增长率为4.4%，2013年增长率为5.1%，2014年增长率为5.1%。非洲经济的增长速度已经远远的高于欧美地区，赶超亚洲和拉美，成为了全球的第三个经济"增长级"。近年来，随着非洲经济的快速发展和欧美等国经济结构的转型，非洲吸引越来越多的外国直接投资，非洲的丰富的人力资源有可能在将来得到充分利用，从而获得更多的发展机遇。

3. 城市建设加快。

非洲人口的快速增长使得非洲许多国家在城市化过程中出现了一系列如

交通拥挤、住房紧张、就业不充足、基础设施不完善等问题。这些问题得到了非洲各国的广泛关注，非洲各国正努力采取完善基础设施、加大住房建设、努力就业等一系列繁荣政策和措施。如2012年，非洲联盟通过了《非洲基础设施发展规划宣言》。该宣言要求非洲国家兴建水力发电站，完善铁路网，提升港口吞吐能力，加大基础设施的财政支出。因此，解决这些城市病，对于非洲国家的社会经济发展来说，既是一种挑战，也是一种机遇。

第二节　非洲的教育发展

一、非洲的基础教育

1. 非洲基础教育的发展历程。

历史上非洲是个多灾多难的大陆，由于帝国主义、殖民主义者的长期残酷压迫，造成了非洲教育极端落后的状况。欧洲人在非洲已持续办了几个世纪的教育，但根据联合国教科文组织1955年调查，非洲仍是世界上文盲最多的地区。1960年非洲有17个国家走上独立的道路，这一年被称为"非常年"。1960年，撒哈拉沙漠以南非洲小学就学率仅为63%，低于其他发展中地区的入学水平，如亚洲（67%）和拉美（73%）。文盲人数占总人口90%以上。1961年有学龄儿童2500万人，其中1700万人没有上学机会。其余的800万名儿童即使上了学，能读完小学的也只是少数。能上中学的人更少，中学生不到小学生的5%。更为可怕的是民族文化的中断，这也是迄今为止非洲的教育一直存在着严重的缺陷的原因。对此，爱德华·布莱顿早在19世纪60年代就已指出"非洲教育中的欧化影响扭曲了非洲人的思维"。

19世纪60年代初以后有许多国家陆续取得民族独立。由于基础教育作为人类应享有的基本权利和人类社会发展的基石，其所提供的基础知识和技能不仅是个人自我实现的前提，而且也是削减贫困、实现经济增长、健康生活和社会民主和谐的基础。很多独立后的非洲国家正因为看到了这一点，把发展基础教育、增进教育公平放在当时国家政策的一个制高点，因而20世纪六七十年代非洲初、中等教育以及成人识字教育都得到了很大发展。这种发展特别明显地表现在数量的扩充上。如几内亚共和国独立以来所建的学校超过了法国殖民主义者在 60 年代所建学校的总数。小学就学率由 1960 年的 36% 上升到 1983 年的 75%。

但就整体上看，非洲教育发展的这种令人乐观的形势并没有持续下来，进入 20 世纪 80 年代，首先是由于教育外部环境的恶化加上多年积累下来的问题，非洲初等教育出现了严重的困难，形势极为严峻，突出表现在就学人数徘徊和教育质量滑坡。直到 1990 年泰国全民教育大会的召开，非洲基础教育的发展问题也随之成为了全世界关注的焦点。在 90 年代后期，非洲各国在新政权和国际社会的共同努力之下，基础教育的发展也取得了一些显著的成果：失学儿童从 1990 年的 4300 万人减至 2005 年的 3000 万人，成人识字率也从 1985～1994 年的 64.08% 提高到 1995～2005 年的 72.5%。

2. 非洲基础教育总体状况。

非洲现有 54 个国家，除了吉布提和索马里没有资料以外，剩余的 52 个国家皆有数据，从中可以看出自 2007 年以来非洲教育得到了快速的发展。识字率在 90% 以上的国家有 5 个，分别是赤道几内亚、南非、津巴布韦、塞舌尔和刚果。其中南非地区有 2 个、东非有 1 个、中非有 2 个。识字率 80%～90% 的国家有 11 个，分别是利比亚、圣多美和普林西比、毛里求斯、加蓬、肯尼亚、马达加斯加、斯威士兰、佛得角、纳米比亚、博茨瓦纳和突尼斯。其中北非 2 个、南部非洲有 5 个、东非有 1 个、西非 1 个、中非有 2 个。识字率在 70%～80% 的国家有 12 个，分别是莱索托、喀麦隆、科摩罗、马拉维、加纳、坦桑尼亚、阿尔及利亚、埃及、赞比亚、苏丹、乌干达和安哥拉。其中北非 2 个、南非 5 个、东非 1 个、西非 1 个、中非 2 个。识字率在 60%～70% 的有 7 个国家，分别是厄立特里亚、布隆迪、刚果（金）、卢旺达、尼日利亚、利比里亚和多哥。其中东非 3 个、西非 3 个、中非 1 个。识字率在 50%～60% 的国家有 7 个，分别是毛里塔尼亚、中非共和国、科特迪瓦、摩洛哥、几内亚比绍、塞内加尔和莫桑比克。其中北非 1 个、南非 1 个、西非 4 个、中非 1 个。识字率在 50% 以下的国家有 10 个，分别是冈比亚、塞拉利昂、贝宁、几内亚、南苏丹、埃塞俄比亚、乍得、马里、布吉纳法索和尼日尔。其中北非 1 个、东非 1 个、西非 7 个、中非 1 个。见表 2.4。

表 2.4　　　　　　　　　　　非洲国家的总识字率　　　　　　　　单位：%

国别	年份	总识字率	国别	年份	总识字率
赤道几内亚	2010	93.9	乌干达	2012	71
南非	2012	93	安哥拉	2011	70.4
津巴布韦	2010	92.2	厄立特里亚	2012	68.9
塞舌尔	2010	91.8	布隆迪	2010	67.2
刚果	2011	90.7	刚果（金）	2010	66.8
利比亚	2011	89.5	卢旺达	2010	65.9
圣多美和普林西比	2010	89.2	尼日利亚	2010	61.3
毛里求斯	2010	88.5	利比里亚	2010	60.8
加蓬	2010	88.4	多哥	2012	60.4
肯尼亚	2010	87.4	毛里塔尼亚	2011	58.6
马达加斯加	2009	87.4	中非共和国	2011	56.6
斯威士兰	2010	87.4	科特迪瓦	2010	56.2
佛得角	2012	85.3	摩洛哥	2009	56.1
纳米比亚	2011	85.3	几内亚比绍	2010	54.2
博茨瓦纳	2010	84.5	塞内加尔	2011	52.1
突尼斯	2013	82	莫桑比克	2011	51.6
莱索托	2009	75.8	冈比亚	2013	49
喀麦隆	2011	75	塞拉利昂	2011	43.3
科摩罗	2010	74.9	贝宁	2010	42.4
马拉维	2010	74.8	几内亚	2010	41
加纳	2010	74.1	南苏丹	2009	40
坦桑尼亚	2012	73.2	埃塞俄比亚	2007	39
阿尔及利亚	2006	72.6	乍得	2010	33.6
埃及	2012	71.4	马里	2010	31.1
赞比亚	2010	71.2	布吉纳法索	2007	28.7
苏丹	2010	71.1	尼日尔	2012	28.7
索马里	—	—	吉布提	—	—

　　3. 非洲教育的地区差异。

　　非洲教育水平的地方差异主要体现在南部非洲的教育水平最好，识字率最高（见表2.5）。13 个南部非洲国家的识字率均在 50% 以上，其中 12 个国家的识字率是在 70% 以上，南非的识字率高达 93%，津巴布韦的识字率高达92.2%，这与其教育政策有很大关系。南部非洲主要包括安哥拉、赞比亚、博茨瓦纳、津巴布韦、南非、莱索托、斯威士、纳米比亚、莫桑比克以及马达加斯加等，这些国家自挣脱殖民枷锁、先后独立以来，都比较重视国家教育的发展，始终将教育的发展视为民族发展的关键因素。因此，近年来，南部非洲诸国的教育在实施初等义务教育、男女教育平等、种族平等、普及识字率、基础教育规模以及教师职前和在职进修培训等方面都取得了令人瞩目的成就。如津巴布韦自 2008 年 3 月发生选举争议后，经济持续下滑，财政状况不断恶化，人均 GDP 仅排名 51 位。但从 1990 年开始实行 7 年义务教育，已有小学 4734 所，中学由独立前 177 所增至 1570 所，高等学校 13 所。1996～2002 年，小学入学率年平均 80%，2010 年成人识字率为 92.2%。经济发展有利于教育水平的提高，可以从表 2.6 中看出，毛里求斯人均 GDP 排名第 5、博茨瓦纳排名第 6、南非排名第 7、纳米比亚排名第 9、斯威士兰排名 16、马达加斯加排名第 19。大部分南部非国家的经济发展较好，教育经费的增加，使得文盲率直线下降。

表 2.5　　　　　　　　　　非洲各区的识字率

识字率	国家个数	北非地区	南非地区	东非地区	西非地区	中非地区
90%～100%	5	0	2	1	0	2
80%～90%	11	2	5	1	1	2
70%～80%	12	3	5	2	1	1
60%～70%	7	0	0	3	3	1
50%～60%	7	1	1	0	4	1
50% 以下	10	1	0	1	7	1

表 2.6　　　　　　　　　　非洲国家人均 GDP

国家	人均 GDP	排名	国家	人均 GDP	排名
赤道几内亚	22273.23	1	安哥拉	5407.97	8
利比亚	15126.56	2	纳米比亚	5309.82	9
塞舌尔	10397.49	3	阿尔及利亚	4930.47	10
加蓬	10126.69	4	突尼斯	4015.01	11
毛里求斯	8566.57	5	佛得角	3112.04	12
博茨瓦纳	6683.51	6	刚果	3101.27	13
南非	5943.83	7	尼日利亚	2976.29	14

续表

国家	人均GDP	排名	国家	人均GDP	排名
埃及	2975.48	15	马里	645.52	34
斯威士兰	2754.36	16	几内亚比绍	612.88	35
摩洛哥	2737.88	17	布吉纳法索	611.92	36
苏丹	1714.22	18	卢旺达	594.26	37
马达加斯加	1614	19	多哥	559.82	38
加纳	1603.05	20	坦桑尼亚	537.94	39
赞比亚	1543.84	21	乌干达	537.19	40
科特迪瓦	1385.87	22	莫桑比克	517.92	41
圣多美和普林西比	1332.01	23	埃塞俄比亚	451.69	42
吉布提	1226.01	24	刚果（金）	451.58	43
喀麦隆	1221.17	25	冈比亚	446.94	44
毛里塔尼亚	1066.87	26	中非共和国	433.52	45
乍得	975.37	27	马拉维	430.02	46
莱索托	942.21	28	几内亚	415.23	47
塞内加尔	897.18	29	尼日尔	383.7	48
科摩罗	841.72	30	布隆迪	228.64	49
肯尼亚	833.36	31	厄立特里亚	211.22	50
贝宁	727.55	32	津巴布韦	16.89	51
塞拉利昂	726.01	33	利比里亚	5.49	52
南苏丹	—	—	索马里	—	—

西非国家近两年政局不稳，暴力事件频发，导致经济较为落后，教育水平差，总识字率80%～90%、70%～80%各有1个国家、50%～60%有4个国家、在50%以下的有7个国家。非洲大陆最西点的佛得角，扼欧洲与南美、南非间交通要冲，政治稳定，旅游业发达，人均GDP排名十二，生活质量位居非洲各国前列。教育是该国重点领域，所以佛得角是西非识字率最高的国家，达到了85.3%。加纳在独立初期，政府重视发展教育事业，实行免费教育等政策。1988年实行教育体制改革，缩短学制，加强基础教育。政府提出"普及义务基础教育计划"，到2005年使每个学龄儿童都享受义务基础教育，经费主要来自政府拨款和美国、加拿大等外国援助。全国现有小学12225所、初中6418所和高中474所。2010年加纳的识字率达到了74.1%。

科特迪瓦 1993 年就有小学 5923 所，在校生 120 万名，中学 461 所，在校生 37 万名。2010 年，科特迪瓦的识字率达 56.2%。尼日利亚不仅是非洲人口最多的国家，而且也是非洲民族最多的国家，有 250 多个部族。大大增加了教学难度。然而，受 20 世纪 70 年代石油危机和政局动荡，以及 20 世纪 80 年代的非洲结构调整计划的影响，尼日利亚政府对教育的投入长期处在一个低水平状态。90 年代以来尼日利亚进行一系列的教育改革，教育事业有所发展，2010 年识字率达了 61.3%。冈比亚贫困指数排名第十一、塞拉利昂贫困指数排名第六、贝宁排名第三十三、几内亚贫困指数排名第四、马里贫困指数排名第九、布吉纳法索贫困指数排名第二、尼日尔贫困指数排名第五，这些国家大多都是资源匮乏、政局不稳定、经济落后、公共教育投入不足，所以识字率均在 50% 以下。见表 2.7。

表 2.7　　　　　　　　　非洲国家的贫困指数

国家	贫困指数	排名	国家	贫困指数	排名
乍得	53.1	1	斯威士兰	35.1	21
布吉纳法索	51.8	2	几内亚比绍	34.9	22
埃塞俄比亚	50.9	3	莱索托	34.3	23
几内亚	50.5	4	苏丹	34	24
尼日尔	48.2	5	津巴布韦	34	25
塞拉利昂	47.7	6	厄立特里亚	33.7	26
莫桑比克	46.8	7	卢旺达	32.9	27
塞内加尔	46.7	8	赤道几内亚	31.9	28
马里	42.7	9	肯尼亚	31.4	29
中非共和国	42.4	10	马达加斯加	31.4	30
冈比亚	40.9	11	摩洛哥	31.1	31
刚果	38	12	喀麦隆	30.8	32
科特迪瓦	37.4	13	贝宁	30.2	33
安哥拉	37.2	14	坦桑尼亚	30	34
多哥	36.6	15	马拉维	28.2	35
布隆迪	36.4	16	加纳	28.1	36
毛里塔尼亚	36.2	17	吉布提	25.6	37
尼日利亚	36.2	18	南非	25.4	38
赞比亚	35.5	19	刚果（金）	24.3	39
利比里亚	35.2	20	埃及	23.4	40

续表

国家	贫困指数	排名	国家	贫困指数	排名
博茨瓦纳	22.9	41	突尼斯	15.6	46
科摩罗	20.4	42	佛得角	14.5	47
阿尔及利亚	17.5	43	利比亚	13.4	48
加蓬	17.5	44	圣多美和普林西比	12.6	49
纳米比亚	17.1	45	毛里求斯	9.5	50
索马里	—	—	南苏丹	—	—
塞舌尔	—	—	乌干达	—	—

中部非洲识字率在 90% ~ 100% 的有 2 个国家、80% ~ 90% 的有 2 个国家，70% ~ 80% 、60% ~ 70% 、50% ~ 60% 的各有 1 个国家。赤道几内亚识字率高达 93.9% ，是目前识字率最高的国家。赤道几内亚是人均 GDP 排名第一的国家。1998 年小学在校学生 8.17 万人，中学在校生 2 万人，大学在校生 750 人。教师与学生比例为 1:82。西班牙、法国在马拉博分别设有规模较大的文化中心和语言学校。为适应石油工业高速发展，政府于 2005 年在马拉博建立"石油技工培训中心"，提供职业教育。加蓬识字率达到 88.4% ，加蓬全国人口 1992 年时不到 130 万人，已有小学 1042 所，在校生 22.5 万人；中学超过 80 所，在校生超过 5 万人。识字率在 50% 以下只有乍得 1 个国家，乍得是贫困指数最高的国家，也是黑非洲文化教育水平较低的国家。2004 年乍得成人识字率为 38% ，低于撒哈拉以南非洲国家的平均指数。小学与中学入学率分别为 71% 和 15% 。2003 年，全国共有 3653 所小学，209 所初中和 36 所高中。

北部非洲识字率在 80% ~ 90% 的有 2 个国家，70% ~ 80% 的有 3 个国家，50% ~ 60% 、50% 的各有 1 个国家。利比亚人均 GDP 排名第二，利比亚是个石油资源丰富的国家，实行免费教育。15 岁以上接受过教育的人口约占人口总数的 89.5% ，利比亚现有小学 3451 所，并不断增加，各类职业中学 1150 所，总计在校学生为 145.555 万人，各级学校教师总数为 30.3146 万人。突尼斯人均 GDP 排名第十一、突尼斯识字率达到 82% 。埃及、阿尔及利亚、苏丹从 20 世纪 70 年代中期开始，一些非洲国家重视发展技术、职业教育，并取得了一定的成绩。南苏丹共和国于 2011 年 7 月 9 日宣布独立建国，成为非洲大陆第 54 个国家。在这之前一直内战频发，1955 年南、北苏丹冲突，第一次苏丹内战爆发；1983 年第二次苏丹内战爆发。战争不断导致南苏丹教育水平较低，2009 年南苏丹的识字率仅为 40%。

东部非洲的识字率在 90% ~ 100% 的有 1 个国家、80% ~ 90% 的有 1 个国家、70% ~ 80% 的有 2 个国家、60% ~ 70% 的有 3 个国家、50% 以下的只有 1 个国家。可以看出东非大部分国家识字率都在 60% 以上，教育水平较好。塞舌尔 2010 年识字率高达 91.8%。非洲国家人均 GDP 排名第三。塞舌尔是坐落在东部非洲印度洋上的一个群岛国家，享有"旅游者天堂"的美誉。政府重视发展教育事业。2003 年教育支出为 1.544 亿卢比，占总支出的 9.67%，在政府各部门预算中额度最高。实行免费义务教育至 17 岁（9 年义务教育）。肯尼亚 2010 年识字率高达 87.4%，这是由政府重视发展教育事业，教育经费一直占政府财政支出的 20% 左右。肯尼亚教育预算支出逐年上升，2007 年占预算支出总额的 1/3（GDP 的 7.4%）。2010 年财政教育投入 1933 亿肯先令。非洲的埃塞俄比亚是世界最贫困国家之一，人均 GDP 排名 42 位，贫困指数高达 50.9，排名第三。长期以来，埃塞俄比亚教育领域存在着投入不足、发展不平衡、师资短缺等严重困难。埃塞俄比亚小学教育有很高的辍学率和重复率，1999/2000 年度和 2000/2001 年度，1 ~ 8 年级总辍学率分别为 19% 和 18%，2002/2003 年度一年级复读率为 20.3%，小学毕业升学率为 46.7%。这些都是导致 2007 年的识字率仅为 39% 的原因。

二、非洲的高等教育

21 世纪之初的非洲高等教育面临着前所未有的挑战。传统上非洲中学后入学水平是比较低的，但新千年之际，非洲各国不仅入学要求势不可挡，而且高等教育作为社会现代化和发展的关键力量已经得到认同。如果非洲要在经济上、文化上和政治上取得成功，它必须拥有强大的高等教育系统，而且高等学校也是未来成功的关键。在被国家政府和国际机构忽视了将近 20 年之后，人们重新认识到，高等教育是非洲发展的关键。

1. 资源严重紧缺。

事实上，在所有的非洲国家，高等教育的入学需求都在增长，这使高等教育机构的资源严重紧缺。高校被迫扩大招生，学生宿舍过于拥挤，不得不扩建，然而财政资源的增长速度却跟不上，这就制约了高等教育系统的财政增长。据估计，现在非洲大陆大约有400万～500万名学生进入高等教育机构。但总的来看，只有不到3%的适龄人口进入高等教育学校，显然这一比例是世界上最低的。这就是为什么在提供高等教育入学机会方面，非洲面临着严峻的挑战。这些挑战不仅表现为达到其他发展中国家和中等收入国家高等教育的入学水平，而且在于满足那些渴求学习机会和已具备高等教育入学要求的人群的需求。

2. 高等教育的不平等。

（1）地区不平等。

拥有54个国家的非洲大陆，足以称得上大学的教育机构不超过300所。按照国际标准，就高等教育机构和招生数而言，非洲是世界上最不发达的地区。尽管少数几个非洲国家声称拥有综合性的高等教育系统，但大多数国家只有少量的高等学校，也没有建立起信息时代所要求的多样化的高等教育系统。尼日利亚、苏丹、南非和埃及分别拥有45所、26所、21所和17所大学，而且每个国家还有许多其他类型的高等教育机构。但在另外一些国家，包括佛得角、吉布提、冈比亚、几内亚比绍共和国、塞舌尔以及圣多美和普林西比却无一所大学。而索马里、安哥拉和刚果民主共和国等国家的大学曾因政治动乱而被迫关闭，现在正在努力重建其高等教育系统。

（2）性别不平等。

在教育领域，除了塞舌尔、博茨瓦纳、布隆迪、莱索托几个非洲国家存在着女性识字率高于男性的现象，剩下的非洲的国家普遍存在着性别不平等，男性入学机会多于女性，如非洲国家中性别非常不平等的有2个国家，分别是尼日尔和马里，尼日尔男性的识字率是女性识字率的2.39倍，马里性别比高达的2.14倍（见表2.8）。非洲国家中性别比在1.5～2的国家有15个，分别是南苏丹、乍得、贝宁、肯尼亚、几内亚、中非共和国、布吉纳法索、埃塞俄比亚、莫桑比克、几内亚比绍、塞拉利昂、塞内加尔、安哥拉、摩洛哥和多哥，这些国家性别不平等。非洲国家中性别比在1.2～1.5的有14个国家，这些国家性别较为不平等。非洲国家中性别比在1.0～1.2的有17个国家，分别是乌干达、坦桑尼亚、卢旺达、利比亚、利比里亚、毛里求斯、佛得角、圣多美和普林西比、马达加斯加、突尼斯、加蓬、赤道几内亚、津巴布韦、刚果、南非、斯威士兰和纳米比亚，这些国家的性别较平等。还可以看出性别较为平等国家一般识字率较高，性别不平等国家一般识字率较低。

表 2.8　　　　　　　　　　非洲国家识字率的性别差异　　　　　　单位：%

国别	男识字率	女识字率	男女识字率的比率
尼日尔	50.5	21.1	2.39
马里	43.4	20.3	2.14
南苏丹	55	28	1.96
乍得	45	24.2	1.86
贝宁	55.2	30.4	1.82
肯尼亚	84.2	46.8	1.80
几内亚	52	30	1.73
中非共和国	69.6	40.2	1.73
布吉纳法索	36.7	21.6	1.70
埃塞俄比亚	49	28.9	1.70
莫桑比克	67.8	40.2	1.69
几内亚比绍	68.2	40.6	1.68
塞拉利昂	54.7	32.6	1.68
塞内加尔	66.3	40.4	1.64
安哥拉	82.6	52.6	1.57
摩洛哥	68.9	43.9	1.57
多哥	74.1	48	1.54
冈比亚	58.8	39.7	1.48
科特迪瓦	65.2	45.5	1.43
尼日利亚	72.1	50.4	1.43
刚果（金）	76.9	57	1.35
厄立特里亚	79.5	59	1.35
马拉维	81.1	60.5	1.34
科摩罗	80.2	60.7	1.32
赞比亚	80.7	61.7	1.31
苏丹	80.1	62	1.29
阿尔及利亚	81.3	63.9	1.27
埃及	79.8	62.8	1.27

续表

国别	男识字率	女识字率	男女识字率的比率
毛里塔尼亚	65.3	52	1.26
加纳	80.2	64.5	1.24
喀麦隆	84.2	69.6	1.21
乌干达	77	65	1.18
坦桑尼亚	79	67.5	1.17
卢旺达	71.1	61.5	1.16
利比亚	95.8	83.1	1.15
利比里亚	64.8	56.8	1.14
毛里求斯	90.9	80.2	1.13
佛得角	90.5	80.5	1.12
圣多美和普林西比	93.9	84.7	1.11
马达加斯加	67.4	61.6	1.09
突尼斯	88.4	81	1.09
加蓬	91.9	84.9	1.08
赤道几内亚	97	90.5	1.07
津巴布韦	94.7	89.9	1.05
刚果	93	88.7	1.05
南非	93.9	92.2	1.02
斯威士兰	88.1	86.8	1.01
纳米比亚	85.4	85.1	1.00
塞舌尔	91.4	92.3	0.99
博茨瓦纳	84	84.9	0.99
布隆迪	72.9	81.8	0.89
莱索托	66.5	85	0.78
吉布提	—	—	—
索马里	—	—	—

在所有非洲国家的高等教育领域和大多数学科中，性别不平等也是一个现实的问题。为了增加高等学校的女生人数，人们进行了各种努力，采取了许多措施。自1992年以来，莫桑比克的女大学生比例逐年提高。1990~1996年，性别之比依然很高（在2.79和3.06之间），但到1998年和1999年这一比例分别降到2.45和2.59。女大学生比例的提高在一定程度上得益于私立高等学校的举办。1999年，私立高校女生的平均注册率为43%，而公立高校

的女生注册率仅占25%。在乌干达，大学给予了女生优先权。因为有了奖励分，注册女生的比例上升到了34%；在非洲公立高等教育中，自然科学领域的女生人数一直低于男生。比如在肯尼亚，女生占公立大学注册学生总数的30%，但在工程和技术性专业，女生所占的比例只有10%。不过，在一些非洲国家，确实也存在一些例外；在非洲大学中，女教师占教师总人数的比例比女生占学生总人数的比例更少。在几内亚，1000名教师中只有25名女教师，仅占4%。在埃塞俄比亚，2228名教师中有137人是女性，仅占6%。在刚果、尼日利亚和赞比亚，大学女教师都不超过教师总数的15%。

（3）社会阶层的不平。

在非洲，高等教育更为青睐富裕家庭的子女。农村及贫困家庭迫于生活艰难，更期望孩子早点工作赚钱糊口。因此，富裕家庭的孩子从小学开始便有了更多的进入大学的机会。非洲国家一般把大部分公共资金投入到高等教育上，并为学生提供高额福利待遇，使大学教育成为最便宜的教育，而读大学的主要是家境富裕的孩子，他们有可能获得最好和报酬最高的工作。但是从某种程度上说，这减少了经济背景差的儿童受教育的机会。

（4）私立高等教育。

非洲大部分私立大学建立于20世纪90年代，恰逢高等教育发生一系列变化，崭新的环境令人耳目一新。在许多发展中国家，公立大学远远不能满足人们对高等教育的需求，而正是这种需求促进了私立大学的发展。教育的营利性和文凭主义的泛滥使得私立高等教育成长和扩大。现在一些非洲国家的私立高校比公立高校还要多。肯尼亚有19所大学，其中13所为私立。1996年，刚果民主共和国有260多所私立学校，其中28.9%的得到了政府批准，32.3%的授权招生，38.8%的正考虑授权。但遗憾的是，其许多新建的大学由于组织和办学条件方面的原因没有达到高等教育的标准。在加纳、乌干达和多哥等国家，私立高校的数量都达到10所以上。正如在拉美和东欧所经历的那样，非洲许多私立大学面临的一个带有政治性的问题是它们倾向于发展费用不高但需求旺盛的学科。自然科学、物理学、工程学和技术方面的学科虽然对国家的发展举足轻重，但在私立大学中还处于边缘化的状态。假如私立大学想要获得大学应有的地位和名声，就需要提供多样化的学科。

（5）人才流失和智力建设问题。

许多非洲国家所面临的最严峻的挑战之一，就是最优秀的学者和科学家离开了大学。大学学者既有在国内流动的，也有向非洲其他国家和海外流动的。1990年有近7000名接受了高等教育的肯尼亚人移居美国。同一年，估计近120名博士移出加纳。仅在美国工作的加纳物理学家就有600～700名，很多尼日利亚的学者和其他专业人员移居国外，特别是美国、南非、博茨瓦纳、沙特阿拉伯和欧盟成员国。在许多非洲国家，大学的工资和福利比政府机构相应的职位更低。因此，学者们被较高的薪水和舒适的工作环境所吸引到各种政府机构就职。许多新兴私立机构的工资和福利比公立高等学校丰厚。在许多国家的重点公立大学中，大量的骨干教师流到了新兴的私立高等学校或其他商业机构。有报道指出，在埃塞俄比亚，私立院校教师的月工资是公立大学的3倍。

三、非洲的职业教育

1. 职业教育的历史发展。

非洲国家的职业教育历史悠久，早在殖民统治之前，非洲就有了工艺和手工训练为主的早期职业教育，但那时的教育具有职业教育规模小、类型和形式不丰富、层次不完善的问题。非洲国家独立后，非洲职业教育经历了20世纪60～70年代的快速发展、80～90年代的调整与局部发展、90年代中后期开始的改革深化等历程。近年来，许多非洲国家进一步将发展职业教育与培训作为解决贫困与失业、促进国家发展的基础战略，纷纷开展职业教育的管理体制、经费渠道、资格标准体系、课程开发以及重点领域的调整与改革。

2. 非洲职业教育的模式。

非洲国家教育模式主要分为全日制职业学校模式和学徒制职业教育模式两种。全日制职业学校主要有三种办学模式。一是职业预备学校。职业预备学校的学制是一年，属于义务教育的另一种形式。二是中等职业技术学校。中等职业技术学校不仅传授基础知识，同时也对专门行业提供职业培训实践机会，其学制1～4年不等。三是高级中等职业技术学院。高级中等职业技术学院学制为5年，与中等职业技术学校的主要区别在于：高级中等职业技术学院的学生，通过高中毕业考试后可以取得上大学的资格。非洲的学徒制职业教育模式既是对传统学徒的继承，也是对其批判的结果。非洲国家现行的学徒是职业教育和培训的一种重要教育模式。它同全日制职业学校模式处于同等地位，但却更强调实践培训。在非洲国家，职业教育发展迅速，与全日制职业学校模式和学徒制职业教育模式相互配合、互相补充是分不开的。大部分非洲国家在独立后均高度重视职业教育与培训事业，但由于非洲整体的经济社会发展水平以及国际大环境等因素的影响，非洲职业教育呈现出发展水平较低、发展不平衡、经费不足、受国际援助政策影响大、管理不善各培训市场秩序混乱的现象。

四、非洲教育未来发展趋势

1. 非洲教育一体化。

在经济全球化背景中，非洲一体化战略出台，非洲教育一体化进程也不断向前推进。2014 年，非盟《2014 ~ 2017 战略框架》的通过以及非洲一体化步伐的加快，非洲教育一体化也越来越被提上议事日程，再加上适逢 2016 年第一个非洲"十年教育行动计划"到期，非盟出台了《非洲教育"三·十"行动计划（2016 ~ 2025）》该计划主要目的在于开发各国教育管理信息系统，建构区域教育一体化的有效机制，使教育完全成为非盟和区域经济共同体的主要议题，大力提高教育绩效，充分实现两性平等。该计划是非洲教育一体化进程中的重要里程碑，推动了非洲各级各类教育后续行动计划的产生，体现了当今国际先进的教育理念和诉求，强调了非洲教育的本土化。

2. 加强国际合作。

除依靠自身努力，非洲国家还在努力加强国际交流合作，积极接纳国际援助，这也是推动非洲教育发展的另一股重要力量。比如到 2003 年，中国已同 50 个非洲国家建立了教育交流关系，双方的教育往来也从最初的互派留学生，发展到现在的多层次、多领域和多形式的教育交流与合作。截至 2005 年底，中国已经向非洲 50 个国家共提供政府奖学金 18919 人次。至 2007 年，中国一共在 25 个非洲国家开展了近 60 期援助项目，建立了较为先进的生物、化学实验室 23 个，共向 35 个非洲国家派遣了 530 名专业教师，帮助非洲国

家发展薄弱学科，培训科技人才，发展中学和大学教育，此外，中国同时在
6个非洲国家建立了6所孔子学院。美国1961年美国颁布了《对外援助法
案》，1961年11月3日成立美国国际开发署（USAID）。美国国会给予US-
AID基础教育援助项目的拨款逐年增加，从2001年的1.03亿美元增长到
2008年的6.94亿美元，其中每年大约有35%的经费投入到非洲国家。到
2009年6月，非洲共有安哥拉、贝宁、刚果民主共和国、吉布提、埃塞俄比
亚、加纳、几内亚和肯尼亚等21个国家接受USAID的基础教育援助。

3. 和谐教育。

在全球化趋势不断发展的形势下，任何一个国家都无法独立应对国际间
的竞争，非洲国家同样如此，而对于其教育，和谐教育理念应该是引领非洲
教育改革与发展进程的必然选择。在将来的非洲教育改革和发展中，应该表
现出足够的灵活性，使教育既能满足全球一体化的迫切需求，又能满足非洲
各国具有自己文化特定性的特殊需求。对文化差异持理解和宽容的态度，是
增强非洲国家凝聚力的原动力；通过协商解决教育改革与发展中的争端是实
现和平发展的先决条件，是和谐教育的基础，也是非洲教育改革与发展的立
足点。非洲教育要想长足发展，不应该仅仅依靠发达国家的援助，更要立足
于本国实际，学会整合而不是仅仅是从其他国家效仿或照搬一些理念。如何
消化吸收先进的西方教育模式，使之更为有效地融合于本土文化和教育传统，
已经受到越来越多非洲学者的关注。用和谐教育的思维处理好全球化与本土
化的关系，通过对话求同存异，在全球化与本土化之间达成微妙的协调，在
冲突和融合间达成平衡，在协调平衡中得到创新。

第三节　非洲的政治发展

非洲经济在21世纪后得到了突飞猛进的发展。近年来，经济增长的速度
甚至超过了很多发达国家和发展中国家，成为了世界上经济增长最快的地区
之一。非洲经济的快速发展离不开非洲的政治制度变革和民主化进程。1989
年以来，随着冷战结束和两极政治格局的终结，第三次民主化浪潮从拉美、
东亚、苏联和东欧蔓延到了非洲，非洲的政治形势发生了巨大的变化。非洲

国家由以往的一党制、军人政权和个人权力膨胀为特征的政治体制正在向更为多元的、开放的和制度化的政治体制过渡。

一、政党制度

1. 一元转多元。

当今全球化的时代，任何一个国家和地区经济政治发展都同其他国家和地区紧密的联合在一起，非洲由一党制向多党制的转变也是全球化时代强大压力下的产物。20 世纪 80 年代以来，非洲社会面临着不断加剧的政治腐败、社会动荡、经济危机等一系列的内部矛盾。90 年代初，美国、法国等西方大国的不断的施压等外部的影响，使得一党制走向了"死胡同"，而推动了多党民主化进程。

多党民主化进程具体分为起始、发展、巩固三个阶段。1989～1990 年是多党民主化的起始阶段，非洲许多国家还在探索未来的政治走向，多党制尚未形成共识。最先实现由一党制向多党制转变的是北非的阿尔及利亚和西非的贝宁。1991～1994 年是多党民主化的发展阶段，非洲大部分国家实现了政党体制的转变，多党制民主已成为非洲国家的政治主流意识形态。到 1994 年末，大约有 30 个非洲国家实行了多党民主的立法议会和总统大选。1995 年以来是多党民主化的巩固阶段，绝大部分非洲国家通过修改宪法、全民公决、多党总统和议会选举等方式巩固民主化成果，非洲政局趋于稳定。

2. 军政转民选。

军人统治和军事政变对非洲国家历史发展有着重大的影响，但随着多党民主化的推进，军人政治普遍遭到谴责，而民主政治、文官治国的政治理念日益深入人心。一股"军政转民选"风潮在非洲政坛刮起，很多军人政权（如布基纳法索、马里）纷纷通过民主选举将政权交给文人政府，也有军人政府通过举行多党参加的大选从而转变为文人政府的国家（如毛里塔尼亚）。很多军事统治的国家在周边国家的制裁和外交压力下迅速与民选政府达成和解，重新组成新的文官政府，这些都显示出民主化潮流的深刻影响。

3. 非洲政党制度特点。

非洲的多党政治制度既受到历史的内部因素的影响又受到西方的外部因

素的影响，因此存在自身独有的特点，有别于西方的多党制。首先，最为显著的特点是很多非洲国家将多党政治制度上升到了法律层次。在西方，只有法国、德国少数几个国家通过法律来确保多党制的合法性。然而，很多非洲国家都通过成立制宪或修宪委员会、起草或修改宪法、颁布新宪法、公民投票等方式确立了多党制的法律地位。其次，政党出现碎片化特征，非洲政党呈现数量多、规模小、成分杂和组合快等特点。正是由于经济结构单薄、社会差异较大、族群间冲突激烈和宗教文化多元等因素造成非洲国家的政治普遍特征。如埃及和利比亚等北非国家的多数民众仍以部落和社区为单位构成社会群体，难以在短时间构建全国性的政党，而撒哈拉以南非洲的全国性政党也因为部族和社区利益冲突存在分裂倾向。最后，民主选举逐渐完善，政党交替和平过渡。鉴于之前部分非洲国家选举流血事件的反思，非洲民主选举程序正在不断完善，政党交替引发的冲突日渐减少。2007 年，肯尼亚在大选后因为不满意选举结果而导致的暴力冲突，导致了 1300 余人丧生，60 多万人无家可归，在付出了生命、金钱、自由的代价之后，才懂得和平的重要。

二、政治变革

政府制度变革是撒哈拉以南非洲（又称"黑非洲"）国家政体变革的又一个重要内容。为适应建立多党制度的要求，黑非洲各国在政治体制，包括国家元首制度、国家结构等方面都作了相应的变革与调整。

1. 政治变革形式。

（1）国家元首制度的变革。

从国家元首的产生方式上看，一些国家已从通过立法机构或执政党间接选举产生国家元首改为通过公民投票直接选举产生国家元首。在刚果，过去党的主席就是当然的共和国总统、国家元首和政府首脑，而新宪法规定，共和国总统只能由公民直接选举产生。在佛得角，过去规定总统作为国家元首和人民武装部队最高统帅，只能由国民议会从议员中选举产生，新宪法则规定总统必须由公民直接选举产生。

（2）政府组织形式。

政权组织形式政权组织形式的变革，大致可以分为以下几种情况：一种情况是从"绝对"总统制转变为半总统制。过去不少非洲国家实行的是类似美国式的总统制，但实际上总统集行政、立法、司法、军事大权于一身，其权限远远超过了美国的总统，因而有人把这种政体称为"绝对"总统制。近年来，不少国家通过修改宪法，建立了类似法国第五共和国的"半总统制"。这种半总统制是集合了总统制和议会制特点的一种政体形式。在这种制度下，政府总理由总统任命，国民议会可以通过不信任案迫使总理辞职，对政府拥有弹劾权，但总统在行政、外交、军事等方面还拥有重要权力，甚至可以解散议会。不少"黑非洲"国家近几年都颁布了类似法国的宪法，建立了半总统制。

（3）国家结构形式的变革。

非洲国家独立以来，大多实行中央集权的单一制。实行联邦制的只有坦桑尼亚、尼日利亚等少数国家。进入 20 世纪 90 年代后，在民族和地区矛盾十分尖锐的少数国家，已宣布实行联邦制，试图以此缓解国内的各种矛盾。1991 年 6 月，执政仅 6 个月的埃塞俄比亚人民革命民主阵线正式宣布，将全国划分为 14 个自治地区，建立联邦制。根据颁布的有关法规，各自治地区有权建立自己的安全和警察部队，借款、征税、制定地方预算、管理境内自然资源的开发，各地区还可以制定地方法律，选择自己的首府，决定其工作语言，与邻邦谈判合作协议。

2. 政府制度变革的特点。

黑非洲国家政府制度的变革延续时间较长，变革的程度也不尽相同，在内容和实质上有其自身的特点。

首先，黑非洲国家政府制度的变革实际上是中央权力，特别是总统权力的一种分散或下移。不少国家修改宪法和法律，设置新机构，实际上是将过去原属总统的权力重新予以分割，对总统的权力作出新的规定和限制。1991 年 10 月，马达加斯加政府、反对派和军人举行协商会议，决定拉扎纳马西出任总理，拉齐拉卡虽仍然为军队司令，但任免部长和公职人员权力、保证国家安全的权力都由总理掌握。刚果政府在过渡时期，总理出任武装部队总司令和部长委员会主席，并由其组织内阁，总统成了一种荣誉职务。

其次，不少国家采用了分权制衡的巧妙组合。行政、立法和司法三权分立，互相制衡，成了不少非洲国家新宪法的重要内容。像刚果、毛里塔尼亚、马里、布吉纳法索、布隆迪和喀麦隆等国的新宪法都明确规定实行行政、立法和司法三权分立。各国的宪法尤其强调司法独立，并相应地建立了宪法法院等机构予以保证。有些国家还明确提出，如果国会议员被任命为部长，他就必须辞去议员席位。

最后，不少国家在新旧体制的转变过程中，都强调党政分离。许多国家，特别是那些过去把执政党作为国家最高权力机关的国家纷纷宣布，执政党已不再作为"社会中的领导力量"，它将同其他政党一样参政。还有不少国家的总统则辞去了原来单一政党主席的职位。尼日尔总统赛义布于 1991 年 7 月 12 日辞去了执政党的主席职位，并声称使自己"超脱于各政党"，完全献身于他"作为共和国总统的责任和义务"。

3. 政治体制改革趋势。

不过，20 世纪 90 年代非洲的政体变革必然会对非洲的政治发展产生深远的影响，从已展开政治体制改革的国家来看，有几种趋势应当引起注意。

第一，今后的非洲政党结构很有可能会发展为"一党多元制"。尽管已有一多半的黑非洲国走上了多党制道路，但没有几个国家会形成同西方发达国家一样的政党制度。将来最有可能的是，不少国家会形成以一个较强有力的政党为中心，一党执政、多党参政的局面。就像博茨瓦纳、塞内加尔等原实行多党制的国家一样，占主导地位的始终是一个政党。

第二，联合政府形式将会越来越多，政府更迭的速度会越来越快。这种集中在经过短暂的混乱之后必定会形成。不少国家新近实行多党制后，许多政党都进入了议会，一些国家进入议会的政党暂时还没有发展到在议会中占绝对多数的地位（如在贝宁新选的国会中，64 个席位被 21 个政党所瓜分）因此政府只能采取各党联合执政的形式。

第三，还存在出现军人政变上台，形成军人政权的可能。军人在非洲国家一直是一支独立的政治力量，近几年的政体变革对军队的涉及较少，如果未来军人的利益受到侵害，他们还会举行政变，推翻现行政权。

总之，世界格局变化后黑非洲国家的政体变革意义广泛，影响深远，但新的政治体制是否符合非洲各国的具体实际，是否有利于非洲各国的经济发展，是否有利于非洲未来的政治稳定，还需要进一步观察。

第四节　非洲的文化发展

　　文化是一个相对宽泛的概念，有广义和狭义之分。本章所述之非洲文化，是从相对狭义范畴上把握的，主要指精神或观念层面的非洲文化，诸如非洲的音乐、舞蹈、雕刻、宗教和习俗及这些文化形态背后所蕴藏着的非洲人民世代相传的观念情感与价值体系。非洲著名思想家、塞内加尔前总统桑戈尔认为"文化不仅是社会的核心，而且也是社会的细胞、躯壳和纽带，甚至是社会存在的理由"，因为"如果人们仔细思考一下就会发现，文化不仅是政治、经济发展的始与终，而且是人类一切活动的内涵与外延，是人类一切发展的始与终"，因此，只有文化发展了，才能带动其他一切方面的发展，即实现"真正的发展"。

一、非洲宗教

　　1. 非洲宗教的历史。

　　非洲历史相当于是一部处于动态变化中的宗教史，并最终演化为诸教并存，传统宗教、伊斯兰教和基督教（尤其天主教和新教）三足鼎立的格局。这 3 种宗教源于不同的社会文化历史背景，并代表着 3 种不同的政治文化。传统宗教是非洲人在阿拉伯人和欧洲人进入前固有的、具有广泛社会基础的宗教信仰；伊斯兰教和基督教均系外来宗教，但在它们传入后都程度不同地经历了一个非洲化或本地化的过程，这实际上也是一个与传统宗教相互磨合、相互渗透的过程。

　　在 7 世纪以前，传统宗教在非洲一直处于一统天下的至尊地位。进入 7 世纪中叶，伊斯兰教传入非洲后虽然对传统宗教造成了一定的冲击，但其主导地位未发生动摇。基督教在撒哈拉以南非洲的传播始于 15 世纪中叶"地理大发现"之后。1493 年 5 月，教皇亚历山大·博基亚六世发表通谕，赋予葡萄牙在非洲大陆传教的特权，由此揭开了基督教在非洲传播的帷幕。但由于受到诸多因素制约，截至 19 世纪上半叶，基督教在非洲传播福音活动的收效甚微。基督教在非洲大规模的传教活动是殖民主义的产物，19世纪末至20世纪中期是基督教在非洲传教事业的黄金时代，其间发生的殖民征服和殖民统治等历史事变对传统宗教在非洲的固有地位造成了严重冲击，并使非洲的宗教形势趋于复杂化。当然，基督教和伊斯兰教在传入非洲后都经历了一个本地化过程，其程度取决于当地社会的政治自主地位。

2. 传统宗教的内容。

非洲各族人民信仰的传统宗教是非洲黑人固有的、有着悠久历史和广泛社会基础的宗教。非洲传统宗教有自己的特点，它不同于拥有大量经典著作、众多庙宇和僧侣的世界性宗教，它没有书写的历史和经文，它通过口头方式，师生相承，使礼仪代代相传。非洲黑人传统宗教的基本内容有：自然崇拜、祖先崇拜、图腾崇拜和部落神崇拜。它的核心内容是尊天敬祖。所谓天就是自然，天就是祖先。

（1）自然崇拜。

自然崇拜是非洲传统宗教的最初形态。远古时代，非洲黑人把直接关系到自己生存的自然物和自然力进行神化，这样就产生了自然崇拜。由于非洲黑人各部落赖以生存的地理环境相差很大，所以自然崇拜的对象也不尽相同。日、月、雷和风往往成为共同的崇拜对象，但山地部落主要崇拜山神，沿海、沿河的部落则崇拜水神。非洲黑人对自然的崇拜，实际上是在生产力水平很低的情况下对自然界虚幻的认识。他们崇拜的对象都与其生产和生活息息相关。黑人各部族生存环境的差异决定其自然崇拜对象的不同，同时，自然崇拜的对象也会随着生产力的发展和生产方式的变迁而发生变化。自然崇拜是因为人们对自然物缺乏科学的认识和对某些自然现象感到恐惧所形成的，但在非洲黑人中也有保护自然和生态环境的积极因素。

（2）祖先崇拜。

祖先崇拜是非洲传统宗教的重要内容之一。祖先崇拜的基础是非洲黑人的灵魂观。非洲黑人认为人是有灵魂的，灵魂使躯体具有生气、充满活力。当巫术或死亡把灵魂从躯体中分离出来时，躯体也随之死亡。非洲人的这种灵魂观念导致祖先崇拜的产生，祖先崇拜就是指对祖先亡灵的崇拜。祖先崇拜是非洲黑人传统宗教中最典型的形态。非洲黑人的日常生活离不开祖先的影响，祖先崇拜有利于巩固家庭和部落的团结与和谐。酋长的祖先是整个部落的力量源泉，而酋长是祖先在人间的代表，所以全部落的人要接受酋长的领导。如伊格博人主要创作小雕像，有的雕像身材高大，胸部和腹部刻有文身花纹，双臂放在身躯两侧，手背朝上，手向前伸出，手腕和脚腕佩戴环状装饰品，屈膝直立，男性生殖器突出，是祖先崇拜的象征。

（3）图腾崇拜。

所谓图腾是指被同一氏族的人奉为保护神和象征的某种动植物或自然界的其他物体。图腾崇拜是在自然崇拜、祖先崇拜的基础上发展起来的宗教形式。图腾崇拜产生在氏族社会制度普遍建立之后。"图腾"是印第安语的意思是"他的亲族""他的标记"。非洲部族相信自己的祖先是某种动物，因此他们的氏族同盟以一种动物命名，对这种动物既不许杀也不许吃。由于非洲黑人的图腾崇拜，因此在非洲雕刻作品中，动物图腾形象是常见的主题，其中的面具艺术尤其具有代表性。在举行图腾崇拜仪式时，参加者要扮成自己的祖先——图腾动物的模样。面具上刻画的形象依各族的图腾而定，有狮、豹、猿、狼、羚羊和鸵鸟等。

3. 传统宗教面临的挑战。

在殖民背景下，即在非洲社会失去了政治自主地位后，随着资本主义因素的移植和发展，非洲一些沿海地区自然经济濒临解体，加之基督教的传播、西方教育的兴办、新兴社会阶层的出现，以及殖民当局对传统宗教的人为抑制，遂导致传统宗教逐步失去了原有的强势地位；不少非洲人皈依外来宗教，特别是基督教，尽管他们并不一定完全抛弃传统信仰。总之，伴随伊斯兰教和基督教的传播，不可避免地要对以传统信仰为内核的非洲价值观念构成冲击和影响。就宗教环境而言，传统宗教面临的挑战主要来自外来宗教。原因在于，一是非洲传统宗教是一种没有经书典籍的口头文化。另则，尽管传统宗教存在着某种一致性，正如一些主旨贯穿于所有的宗教传统中，这使得传统宗教很难抵御外来宗教在非洲大陆的扩张。当殖民秩序确立之时，非洲大陆的宗教格局便步入了传统宗教与基督教和伊斯兰教的三足鼎立时代，非洲大陆的宗教多元化趋势也影响到独立后非洲各国的宗教格局。

4. 传统宗教在信仰体系中的地位。

非洲传统文化内核的传统宗教毕竟是非洲土生土长的宗教，这种孕生于非洲自然、人文环境的宗教有悠久的历史和广泛的社会基础。传统宗教为当代非洲社会提供了哲学、宗教和道德伦理上的基础。在西方社会，宗教和人的日常生活相分离；但在非洲，两者是联系在一起的。非洲人笃信宗教，对自然和精神现象的解释亦往往源于宗教。非洲人对祖先的敬意，以及他们对神灵的态度，都表明宗教已渗透到非洲人的全部生活，并影响着非洲人的思维方式和行为规范。宗教虔诚与宗教意识的结合使其抱定人生即是宗教历程的信念；人间就是精神活动的场所，在这个场所充满了各种精神力及其相互作用。在传统社会的非洲人看来，正是这些神灵、精灵和神秘的力量帮助他们维系着同宇宙万物之间的关系。

二、非洲的伦理习俗

1. 生育习俗。

非洲人的伦理习俗包括他们的生育习俗、丧葬习俗和节日庆典等。生育既是两性结合的延续，又直接影响到种族的繁衍。在这方面，非洲黑人有一套独特的观念和习俗。非洲黑人的生育观念与他们的生存环境、婚姻制度、宗教观念和生产力发展水平都有非常密切的关系。如他们生产力水平低，每个劳动力的剩余劳动不多，这就要求增加劳动力。与此同时，由于缺乏必要的医疗保健，婴儿死亡率高，这就需要多生孩子，以增加更多的劳动力。在非洲，子女多，特别是儿子多，是富有和声望高的标志。由于非洲人的这种生育习俗观念，在很多以女性为题材的雕刻作品几乎无一例外有丰满的臀部和硕大的乳房，毫不掩饰地强调性感，象征着肥沃丰饶的土地。男性的雕像也同样是突出生理特征，以冀望本族繁殖力强盛和民族兴旺。

2. 丧葬习俗。

在非洲，丧葬仪式既复杂又浪费时间和钱财。这样做是基于非洲黑人的灵魂观，他们认为活人是由于灵魂寄寓在躯体之内所以才活着，灵魂一旦离开躯体人就会生病或死亡。繁杂的非洲黑人丧葬礼仪，目的是为了让死者的灵魂感到满意，不会成为失意鬼回家来作祟。他们相信，葬礼是把人送到阴魂世界的一项过渡礼仪。

非洲各族居民由于生活习惯不同，丧葬习俗也是多种多样、丰富多彩的。在丧葬仪式中，佩戴面具舞蹈往往就是哀悼仪式的最高峰。非洲民族的殡仪是分阶段进行的，要延续大约一个星期，甚至一个月的时间。在殡葬仪式中，作为死者形象的面具要涂成象征阴曹冥府的白色。如科塔族的"姆巴拉"盔形面具、布努族的"奥库里"面具都属于哀悼仪式用的面具。野兽面具也参加送殡仪式，一般是在哀悼仪式结尾时使用的。人们用它们驱逐死者的灵魂，使其不要停留在活人中间带来灾难。科特迪瓦的利格比族面具、尼日利亚的伊格博族面具都属于驱邪时使用的面具。雕像作品形式简练，充满活力。人像有立像、坐像、骑马像等，在送葬时把雕像放在带盖的祭皿上，有时把雕像装饰在椅子或乳油碟等日常生活用具上。

三、非洲音乐

非洲音乐发源于人类的摇篮——非洲大地，来自黑人的社会生活，历经千年，它不是作曲家的写就，而是参与者和表演者的加工和创造。非洲音乐表现出的强大生命活力和艺术感染力，让聆听者和欣赏者为之动容，为之震撼。非洲地大物博，民族多元，信仰各异，由于众多繁复的部族和各种外来的影响，非洲音乐文化千差万别，丰富多样，但非洲黑人音乐又有着明显的共同特点，它们之间相互联系。非洲音乐热情奔放，给人以很强的律动感，其音乐特色鲜明，听过非洲音乐的人绝对不会忘记。

1. 非洲音乐的功能。

黑人音乐几乎伴随着人们所有的活动，成为生活中不可缺少的有机组成部分，是一种社会性的活动。音乐的社会结合作用是非洲大陆文化生活最强烈的特征。非洲社会行为和生活方式的内容和范围影响着音乐交流的内容和范围，使音乐的组织在细节上存在一定的差别，也让非洲音乐的具体意义千姿百态。非洲的民间音乐具有很强的功能性，它既具有艺术性、社会性、政治性和宗教性，又可纯粹用于娱乐，还可以成为传递信息的手段，而且还是部落成员表达共同情感和意志的重要渠道。

2. 音乐的特点和表现形式。

（1）非洲音乐的节奏特点。

节奏在非洲音乐中有特殊的地位。高度发展的节奏是非洲音乐的最主要的特点。复杂多变、强烈奔放的节奏是非洲音乐的灵魂。非洲音乐的节奏是多线条和多层次的节奏。非洲音乐大致是以二拍子为基础，但同时是以好几种节奏同时重叠进行的混合节奏并不断的加入切分来进行演奏，产生出充满活力的律动感。非洲音乐的节奏一个重要特点就是复合的节奏，具有不同长度不同拍子的很多条节奏平行的奏出，或者具有相同长度的相同拍子的节奏错开奏出，这就会产生美妙的节奏和声。二拍子和三拍子不同节奏同时进行，形成多线条、多层次的节奏，这便是非洲音乐最具特色的地方。节奏在非洲有特殊的重要性，在非洲，特定的节奏会传达特定的含义，因此附有节奏感是非洲音乐最主要的特点。

（2）非洲音乐中的打击乐器。

非洲有各种各样的乐器，马林巴、节拍响板、直笛、牛号角和非洲旋律钢琴等，其中大多是打击乐器，打击乐器中最主要的是马林巴和鼓。可以说非洲人本身就偏爱敲击乐器，尤其是鼓。因为非洲常常会有祭典的仪式，巫师会特别重视节奏打击乐器，打击乐器又以鼓为重心，祭师有时也是鼓手。

（3）风格独具的非洲歌曲。

非洲歌曲一般都具有非洲音乐的典型特点，旋律结构常围绕一个或几个中心音，并运用重复的旋律型，音域较窄，乐句较短小，较少装饰音，常做反复，歌唱者用真声演唱。非洲音乐中最常见的歌唱形式就是呼应歌，即一人领唱、众人随和，或者轮唱或者重叠，多采用七声音阶，也有五声音阶。非洲人热爱节奏，也热爱歌唱，随处可见人们敲击着打击乐器，唱着歌，并扭动着身体，一领众合的呼应歌使更多人加入歌唱，也使歌唱更加有序地进行。

（4）非洲音乐与舞蹈的关系。

非洲音乐有一个重要的特点就是音乐与舞蹈相结合，音乐与舞蹈密不可分。至今还有很多种族部落的语言中"音乐"和"舞蹈"是同一个词，在大多数非洲人的概念里，音乐和舞蹈就是一个统一体，是可以等同的。在举行仪式或庆典的时候，在生活中，在劳动中，在田间，在屋子里，人们在各式各样的打击乐器的伴奏下，用一种非常协调的方式摇头、晃肩、扭屁股和拖着脚在地上移动，任何音乐都会让非洲人舞蹈起来。在非洲，音乐与舞蹈甚至可以等同，音乐就是舞蹈，舞蹈就是音乐。

3. 非洲音乐的影响。

非洲歌、舞和乐皆有其鲜明特色，节奏强烈极富动感，演唱风格又唱又喊又舞，情感表现具有即兴性、随意性和娱乐性。伴奏乐器强调打击乐器与鼓的主导伴奏作用。这些皆对西方流行音乐产生了深刻的影响。非洲黑人歌舞和特殊的音乐节奏，是现代西方大多数流行音乐舞蹈的来源，从爵士乐、摇滚乐、迪斯科音乐舞蹈的动作和节奏中，可明显看到非洲黑人舞蹈和音乐节奏的影响。而非洲音乐特殊的节奏，不仅是非洲黑人音乐中最重要的因素，也是非洲黑人对世界音乐文化的重大贡献。现代的西方通俗音乐和部分艺术音乐作品，都从非洲音乐的节奏中获得了启示。

四、非洲舞蹈

1. 非洲舞蹈的历史。

黑人舞蹈是非洲黑人最古老、最普遍，也是最主要的艺术形式。它是整个非洲大陆文明历史的丰富遗产，也是非洲人民生活的一部分。在赤道以南布须曼人居住区的岩洞上的壁画表明，早在 6000 多年以前，这里就有了舞蹈。然而，早期的黑人舞蹈并不为世人所知，一直到公元 3～13 世纪，由于西非加纳王国的兴起，随着大批阿拉伯商人和旅游者的进入，人们才开始对非洲的黑人舞蹈有所了解。在 9 世纪前后的阿拉伯古籍中，就有关于被俘的俾格米人在阿拉伯宫廷献舞的记载；10 世纪左右，阿尔—巴克利也曾记录了西非古加纳人在祭祀时用鼓伴奏的宗教舞蹈；14 世纪巴都塔在其著作中也记有马里皇室的音乐舞蹈场面；而在 16 世纪贝宁的青铜浮雕上，已可看到吹奏象牙号角、敲打金属锣和响铃为舞蹈伴奏的画面。15 世纪以后，由于白人殖民者的入侵和统治，非洲黑人的传统舞蹈曾被视为异端邪说，受到殖民者残酷镇压和破坏，直到 20 世纪 50 年代，随着非洲民族解放运动的兴起，许多非洲国家相继获得独立之后，非洲的黑人舞蹈才得到应有的恢复和发展。

2. 非洲舞蹈的形式。

黑人舞蹈形式多种多样，一般可分为两大类，即传统的礼仪性舞蹈和民间自娱性舞蹈。传统的礼仪性舞蹈，多起源于原始的宗教和迷信，指在一定的场合、一定的时间，按照一定的程式，并为某一具体宗教和祭祀目的而跳的舞蹈。这类舞蹈范围很广，如敬神舞、驱邪舞、生育舞、成年舞、葬礼舞、耕种舞、狩猎舞、求雨舞、丰收舞、战斗舞、庆贺舞等，起着维护宗教信仰、保持传统习俗、传递知识、团结人民等社会功能。

民间的自娱性舞蹈，也包括各种带有表演和竞赛性的技艺舞蹈。这类舞蹈，一般都没有固定的程式，也不受时间、场合和人数的限制，带有明显的娱乐性和即兴性。其中某些舞蹈经过不断的演变逐渐形成为一种传统的舞蹈，常在某种仪式或者集会上表演。与此同时，某些传统的礼仪性舞蹈，也逐渐演变为一种民间的表演性舞蹈。

3. 非洲舞蹈的特点。

强烈的节奏感是非洲黑人舞蹈音乐的突出特征之一。他们对节奏的敏感度是任何国家的舞蹈艺术所不能相比的，这种节奏可以说是舞蹈动作的声乐化，任何一个基本音乐的思想基础都是动作和声音动机的一致，首先是节拍、节奏动机的一致。最典型的节奏是高度发达的节拍交替和节奏交替形式。在非洲各个民族的舞蹈中，大家都可看到节奏与动作的紧密联系性。如加纳北部南多姆族的"塞克佩雷"舞中，音乐由木琴演奏，节奏部分用鼓、铃和铁制响板，并由舞者自己演奏。但各组舞蹈之间的过渡信号则由负责的节奏线结合起来。在伊卓人的"埃塞尼"舞中，动作按照一首歌曲的节奏线而定，而不按照打击乐器而定，并随歌曲的重复而重复。

五、非洲的雕刻艺术

非洲创造了震惊世界的非洲雕刻艺术。在欧洲文化中心论者的眼里，非洲雕刻艺术是粗俗的低级艺术，他们以一种居高临下的态势来审视非洲艺术，他们认为"文明在技术上的落后必然导致艺术的落后"。直至到了20世纪，这种思想才有所改变。在西方古典艺术的叙事性传统穷途末路的时候，一大批勇于开拓、锐意进取的艺术大师如毕加索、马蒂斯、布拉克、布朗库西等把目光投向了非洲雕刻艺术，他们从中汲取了丰富的创作灵感并激发了创作的热情。非洲雕刻艺术对20世纪的西方现代艺术运动起到了推动作用。因此，非洲雕刻艺术具有一定的美学价值，并且它的作用是不可估量的。

1. 非洲雕刻的内容美。

与西方艺术的传统审美法不同，非洲雕刻艺术品的社会功能是第一位的，审美功能则是第二位的。在漫长的历史长河中，每件物品都有其宗教实际的存在意义，同时又是给人带来审美愉悦的艺术品。而其审美功能必须要在特定时间和特定氛围中才能充分的体现出来。因此，我们在欣赏非洲雕刻时，不能脱离它们产生的背景和发挥社会功能的特定的环境，否则就不能真正认识它的美学意义。非洲雕刻艺术融入了创造者根深蒂固的宗教信仰，也融入了他们炙热的感情。

（1）非洲雕刻的民族性。

非洲艺术以木雕为主，而木雕之中又以神像和面具为最。非洲人认为，祖先像是祖先精神力量的象征，它可以保护他们人丁兴旺、生活富足。因此他们通过祖先形象与远古的祖先部落精神产生联系。非洲部族众多，每一个部族的雕刻都具有它区域性的特点，有的恐怖至极、有的优雅娴熟、有的神秘莫测等，而这些区域性的特点都统一于非洲雕刻的民族性特征里，即粗犷、淳朴、怪诞以及旺盛的生命力。非洲木雕艺术从能够保存下来的二三百年前的原始生存状态下的木雕，到今天非洲的现代民间木雕，即使生活方式、生存状态，甚至在思想上都有了极大的变化，但它内在的艺术结构和观念结构仍然没有变，这其中的原因在于它存在一种民族性的支撑。

（2）非洲雕刻的愉悦性。

在优秀的非洲雕刻艺术品中，都有一种直接性、呈现性，具有表达持续和稳定意味的纪念性，一种内蕴的灵魂的存在感或力量感；这些特征或者蕴含于具有冷淡的疏远感的艺术品中，或者在狂放的、大开大阖的艺术品中处处可见，有的给人的感觉是恐怖的、震撼的，而更有些作品会给人带来一种愉悦，一种痛快淋漓的快感。在非洲面具中，除了在宗教仪式（包括祈雨仪式、播种仪式、开镰收割仪式、成年仪式巫术仪式和埋葬仪式等等）中使用外，也有纯属娱乐功用的面具，是给那些表演舞蹈和滑稽戏的乐师、丑角、滑稽人专用的面具。

（3）非洲雕刻的威慑性。

非洲雕刻的许多作品有很强的威慑力，它会使人震惊，继而产生强烈的恐惧感，使人毛骨悚然、不寒而栗。这不仅缘于非洲雕刻夸张、怪诞的形式因素，也同非洲雕刻的威力内蕴的精神特质不无关系。非洲雕刻艺术是非洲各自分割的部落民族文化的表现形式之一。在非洲，每个地区都有自己的雕刻传统，每一种雕刻又有特别的用途，包含着深奥的观念，象征着雕刻者的心理，具有一定的美学价值。非洲雕刻艺术虽不可能写成系统的历史，它们千姿百态的形象却合成一股强烈的冲击力，使我们为之震撼，也使我们身心愉悦，铭刻于心。一个非洲雕刻包含着一段传统的故事，而非洲黑人的观念和历史又充斥于故事之中。

2. 非洲雕刻的形式美。

非洲雕刻艺术的形式也是一种"有意味的形式"，而这种"意味"更是一种宗教意味。非洲雕刻与非洲人的生活息息相关，非洲人根深蒂固的宗教信仰如祖先崇拜、图腾崇拜等左右着非洲雕刻艺术的形式。可以说，非洲雕刻融入在非洲人的生命里，它与非洲人是同呼吸，共命运的。正是这种紧密的联系使非洲雕刻的社会功能更多于它的审美功能，非洲雕刻艺术是非洲人精神寄托的载体，是他们与祖先心灵沟通的媒介。

3. 非洲雕刻的风格美。

非洲地区部族众多，在非洲部族雕刻中也随之表现出区域性特点，导致了非洲雕刻具有不同的地方风格特点，每一种风格特点又统一于非洲雕刻的稚拙、淳朴、怪诞以及节奏感和充分的表现力与生命活力的总体风格中。不同区域的非洲艺术品之间的区别是复杂和细微的。根据宽泛的风格类型种类分，非洲艺术大体上分为两种主要的风格类型：中非艺术和西非艺术。

（1）中非艺术的风格特征。

中非地区属于典型的赤道热带雨林气候区。这个地区原始森林密布，雷雨交加，自然环境十分恶劣。生活在那里的部族要与各种自然现象做斗争，以取得自身的生存条件，只能更多的求助于祖先和神灵，这样就产生了大量具有强烈表现力的雕刻作品来作为他们的崇拜物。总体来说，中非艺术的风格特征是神秘的、恐怖的，也有一些作品是迷人的、优雅的。

（2）西非艺术的风格特征。

西非地区是非洲文明的发源地，被称为"黑非洲文化的摇篮"。它的传统雕刻作品丰富多彩，风格独特，以其强烈的表现力享誉世界。西非国家属于热带雨林气候和热带稀树大草原气候，由于气候的原因导致了这个地区的雕刻作品具有独特的风格特征。西非的艺术分为两种风格类型：西非南部森林和海岸地区的艺术更趋写实化，尤其是历史人物或祖先的雕像，形象力求真实，惟妙惟肖；撒哈拉沙漠以南的西非北部干旱地区的艺术则更为类型化、几何线条化。生活在大草原的部族所创作的雕刻作品数量不是很多，大多很简洁，少细节刻画，呈几何形体，含有一些抽象成分。

非洲雕刻艺术在形式上、内容上、风格上所具有的美学价值在 20 世纪得以彰显，在现代派艺术家的艺术中，我们可以看到非洲雕刻艺术被不同程度地加以借用，非洲雕刻艺术以其纯粹性、抽象性、简约与生命灵动的美学价值促进了现代艺术的发展，具有一定的现实意义。

第五节 非洲的城镇化

城镇化是由传统的农业社会向现代城市社会发展的自然历史过程，是社会经济发展的必然产物，是人类社会进步的标志。2015 年，非洲经济在全球和区域经济动荡中展现出稳固的态势。非洲大陆的区域经济增速位居全球第二，仅次于东亚地区。2016 年 5 月 23 日，非洲开发银行第 51 次年度会议发布了《2016 年非洲经济展望》报告。报告提出，非洲城镇化进程对未来非洲经济发展至关重要，到 2050 年要让 2/3 的非洲居民居住在城市中。新的、广泛的城镇化政策将成为非洲大陆可持续发展的引擎，不但可推动经济发展、提高农业生产率，还能加速该地区的工业化步伐，刺激中产阶级消费水平以及吸引外国直接投资。同时，城镇化可使社会保障体系更加完善，进一步改善环境管理模式、缓解气候变化和自然资源短缺所带来的影响。

一、非洲城镇化发展历程

非洲各国城镇化发展的历史进程，大致可以分为三个阶段：西方殖民入侵以前时期、殖民主义时期和现代时期。

1. 西方殖民者入侵前非洲早期城镇的发展。

非洲大陆具有悠久的城市文明。早在近代殖民主义入侵以前，在北非的地中海沿岸和尼罗河流域、东非的沿海地区、热带非洲的萨瓦纳、萨赫勒带和森林带就出现了一些农业和手工业、商业较为繁荣的城镇。这些城镇是此后城市发展和布局的重要基础，被西方学者称为"本土城镇"。

在公元前 3000 多年，古埃及人在尼罗河流域修建了孟菲斯、底比斯等城镇。其中底比斯在公元前 1360 年成为世界上唯一超过 10 万人的城市。在公元前 9 ~ 10 世纪，腓尼基人在地中海沿岸建立了迦太基城（今突尼斯城）等殖民城邦。到了公元 1 ~ 5 世纪罗马帝国统治时期，城镇发展进入了繁荣的时期。突尼斯的杜加、阿尔及利亚的提姆加德、特贝萨和基尔利比里亚的阿波罗尼亚，大雷普提斯和塞卜拉泰、摩洛哥的丁吉斯等兴起城镇为数不下数百个。

随着东非与埃及频繁的文化、经济往来以及像埃塞俄比亚这样文明古国的建立，东非出现了一批像苏丹的麦罗埃城（公元前 3 ~ 公元 1 世纪）、阿克苏姆首都阿克苏姆城（3 ~ 4 世纪达到鼎盛）、拉普塔（3 ~ 4 世纪）这样的政治、商业、文化中心。

公元四五世纪至 15 世纪，随着阿拉伯帝国的壮大，一批伊斯兰城市在北非至热带非洲兴起。如：阿尔及利亚的特莱姆森、埃及的开罗、突尼斯的凯鲁万、摩洛哥的菲斯、马卡拉什等。西非古国迭起，经济文化迅速发展。在尼日尔河流域，西非最古老的国家——加纳于公元 3 世纪建成，其后马里（13 ~ 15 世纪）、桑海（15 ~ 16 世纪）、加涅姆、博尔努等许多王国相继兴起；达荷美、伊费、阿萨蒂、贝宁、奥约等古国也在西非沿海地带兴起。由于国家纷纷成立，经济文化快速发展，涌现了一大批的"本土城镇"。公元 12 世纪，阿拉伯人商队贸易穿越撒哈拉沙漠，沿线商业贸易城镇随之兴起。19 世纪末殖民主义者侵占时，仅尼日利亚就已有 5 万人的城市 10 个以上。

2. 殖民地时期非洲城市的发展。

15 世纪殖民主义开始对非洲进行渗透，西方殖民城市开始建立。16 ~ 19 世纪，随着葡萄牙人的到来以及多数其他西欧国家特别是法国和英国的接踵而至，出现了一串新的非洲的城市网。这种外生的城市网是在殖民剥削的掠夺体系基础上建立的，这类掠夺集中于黄金、象牙，特别是奴隶。殖民者先后涉足地中海沿岸和热带非洲以及南非沿海然后大举入侵非洲内陆，到了 19 世纪后半叶，非洲几乎都沦为了殖民地。1878 年柏林会议后，西方国家沿主要交通路线、工矿地区又建立大批城市,如雅温得、金沙萨、亚的斯亚贝巴、达喀尔、达累斯萨拉姆、内罗毕、哈拉雷、阿比让、姆班扎、约翰内斯堡等。这些城市后来多成为非洲国家首都、商业、工矿中心。殖民主义下的城镇数量、规模和分布格局不断发生变化,特别是沿海地带的城镇发展尤其迅速。在 19 世纪中叶,大西洋沿岸城市达喀尔、拉各斯人口达 25 万,阿克拉与罗安达各约 15 万人,金沙萨 20 万人,东部沿海地带的亚的斯贝巴的人口略少于伊巴丹,喀土穆、内罗毕则超过 10 万人。至 20 世纪中叶,尼日利亚西南部的伊巴丹虽仍为热带非洲最大城市,拥有 50 万人口(1950 年),但奥波莫绍、奥绍博、伊费、阿贝奥库塔和北部的卡诺、卡其纳、索科托、扎利亚人口都在 5 万~50 万。

二、非洲城镇化发展现状

1. 城镇化发展速度快。

非洲是世界上城镇化起步最晚的地区,其基础水平较低,至今城镇化程度仍居世界低水平之列。但近半个世纪以来,非洲的城镇化进展和城镇人口增长速度都属于世界之首。

1950 年非洲城镇人口占总人口的比例为 14.4%,是当时世界上城镇化水平最低的地区,仅相当于世界平均水平(28.4%)的一半。但随着独立后非洲国家经济的发展,非洲后来居上,城镇人口的比重大幅提高,自 20 世纪 70 年代起,非洲城镇化速度就始终位居世界前列。1970 年非洲城镇人口的比重为 23.18%,1970~2000 年,非洲城市新增人口占总新增人口的比例一直居世界首位,尤其是 1990~2000 年,非洲城市人口增幅高达 75%,是同期世界平均水平的 3.75 倍,发展中国家的 2.78 倍。据联合国统计,1960~1990 年撒哈拉以南非洲 10 万人以上城市数由 46 个增至 224 个,人口由 1203.9 万人增至 5204 万人,其中 50 万人以上的大城市由 7 个增加到 44 个。联合国非洲经济委员会预计,从 1990~2010 年的 20 年间,非洲城市人口将从 2.01 亿人增加到 4.68 亿人。非洲经济发展新闻中心预测,到 2020 年非洲将会出现 145 个 50 万人口以上的大城市,将有 65% 的人口生活在城市中。

2. 城镇化与经济发展不同步。

非洲近年来，城镇化速度很快，1980 年非洲的城镇化水平为 27.46%，到 2000 年增加了 12.44%，同期世界平均城镇化水平增长了 7.9%。一般来说，持续的经济增长和城镇化水平提高是同步的，但在非洲，快速的城镇化却并未带来相应的经济增长，人均收入增长微乎其微。1970~1995 年，非洲国家的城市人口年均增长 5.2%，但人均 GDP 却每年持续下降 0.66%。1980 年、1994 年和 2003 年的全非洲人均收入分别为 778 美元、662 美元和 714 美元。

非洲不仅人均农业产值几乎没有增长，而且基础设施、交通业、服务业、信息产业和卫生医疗等发展速度非常缓慢。在喀麦隆召开的第三届非洲城市峰会上，当阐述非洲城市危机的严重性时，蒂贝琼卡夫人曾指出，在撒哈拉沙漠以南的非洲地区，只有 48% 的城市家庭能够用上自来水，而在非正规住区，只有 19% 的家庭能够用上自来水；整个地区只有 31% 的家庭连接到了市政排水系统，而在非正规住区，这一比例只有 7%；整个地区只有 54% 的家庭用上了电，而在贫民区，这一比例只有 20%；整个地区只有 15.5% 的家庭安装了电话，而在贫民区，只有 3% 的家庭能够用上这种"奢侈品"。城市贫民窟大量涌现，2/3 的城市人口居住在条件恶劣的住宅里，城市无能力为其提供便利的交通、充足的水源和方便的基础设施以及基本的健康保障服务。城市中的住宅福利系统要么不存在，要么只为高收入阶层服务。非洲城市的高犯罪率已经成为一个主要的社会问题，而随着贫困现象的加剧和居住条件的恶化，这种现象将愈益严重。所有这些都说明，非洲的快速城镇化与经济发展并不同步。

3. 城镇化地区发展不平衡。

非洲内部的社会、经济发展基础不同，造成非洲各地区和各国之间城镇化发展水平以及城镇分布存在明显差异。从各区域来看，东非地区城镇化基础最为薄弱，1970 年的城镇化水平只有 10.38%，至 2003 年仅达到 25.96%，远远低于非洲的整体水平（38.68%）。而西非地区的城镇化发展则非常迅速，尤其是 1990~2000 年，城镇化率高达 63.4%，远远超过了 47.46% 的世界平均水平。就城市分布而言，非洲城镇化水平较高的地区主要集中于沿海地区、工矿地带和主要交通干道沿线。北非的地中海沿岸，埃及的尼罗河三角洲及河谷地带和苏伊运河沿岸，西非的几内亚湾，中非的铜带、赞比亚铜带和扎伊尔沙巴区，南非东部的沃特瓦特斯兰矿区和沿海地带，是非洲城镇化水平最高的地区，这些地区集中了非洲几乎全部 50 万人口以上的大城市和大部分 10 万人口以上的中等城市。其中非洲西北部大西洋沿岸起自塞内加尔河河口东南至几内亚湾的塞拉里昂至尼日利亚间的 11 个国家，共占热带非洲面积的 1/5，城镇人口的 38% 以上。在本格拉铁路东段、赞比亚铁路、津巴布韦铁路沿线、中非铜带以及南非沃特瓦特斯兰矿区交通沿线，城镇分布成串成组，形成城镇群。另外采矿业和种植业发达的国家城镇化水平也很高。黄金、镍和铁储量丰富的南非，石棉和金刚石产量丰富的博茨瓦纳，钴和铜储量丰富的赞比亚和刚果民主共和国等国都拥有较高的城镇化率。埃及约有 96% 的人口聚居在仅占全国面积 3.6% 的尼罗河谷地和三角洲地区。

三、非洲城镇化发展的问题

城镇化本来是一个国家或地区工业化和现代化的标志，经济发达的标志。但非洲城镇化的飞速发展却并非生产力发展的结果，而是在人口膨胀背景下大量农村人口盲目涌入城市的结果。畸形发展的城镇化并没有带动经济和社会的同步发展，反而带来了一系列城市问题，诸如住房短缺、失业与贫困和自然灾害频发。

1. 住房短缺和贫民窟蔓延。

大量的人口涌向城市，给城市的建筑业带来巨大的压力。阿尔及利亚和摩洛哥一套普通住房的市场售价已上升为一个中产阶级家庭年收入 8～9 倍，埃及和突尼斯为 5 倍。2005 年东非国家生活在贫民窟中的城市人口在 50% 以上。按照联合国人居署对贫民窟的界定，亚的斯亚贝巴 69% 的城市家庭生活在贫民窟，达累斯萨拉姆为 65%。尽管内罗毕由于政府多年来对贫民窟的治理，城市贫民窟人口已经少于 50%，但是内罗毕贫民窟的集中程度仍为整个非洲大陆最高水平。南部非洲住房危机严重。在罗安达平均每套住房里生活着 12～15 个人，平均每间住房居住着 3 人。在利隆瓦平均每套住房里的居住人口也多达 14 人。20 世纪 90 年代末期，津巴布韦每年仅建造 18000 套住房，而城市中实际住房需求量为 84000 套，同期津巴布韦城市人口年均增长高达

2.92%。1995～2005 年期间，南部非洲各国政府已经向月收入少于 580 美元的低收入家庭提供补贴累计达 290.5 亿美元，从而鼓励更多的民众向低收入家庭提供抵押贷款，遗憾的是这项补贴计划已经搁浅。

2. 失业与贫困。

非洲的城镇化快速发展使得乡村流向城市的居民人数大大超过了非洲城市能够提供的就业机会，失业成为城镇最突出的社会问题之一。2005 年非洲失业率保持在 10%，南部非洲达到 31.6%，东非为 11%，中部非洲为 9.4%，北非为 10.4%，西非最低为 6.7%。

严峻的城市就业形势，使非正规经济成为非洲城市劳动力生存的主要渠道。非正规经济的特点：规模小，技能含量低，游离于国家监管之外，业务绩效不在政府统计之中等等。在北非，低技能、非正规经济部门的产值占国民生产总值的 27%。1996 年喀土穆 74% 的劳动力受雇于非正规经济部门。在北非最大的港口亚历山大港，17400 个工厂中仅有 18% 的工厂拥有 10 人以上的雇工，可见大多数工厂都是规模较小，隐匿于政府监管之外的非正规经济。南部非洲非正规经济同样是当地年轻人的主要生计来源，哈拉雷正规经济部分的就业水平仍在缩减，失业比例已达 80%，而这些失业群体大多从事非正规经济。尽管非正规经济短期内给穷人提供了一条生路，但是也会给城市管理带来诸多问题。非洲大多数地区，找到生产性的、体面的工作对非洲年轻人来说一个重大挑战。撒哈拉以南非洲地区青年失业一般都超过失业者的一半。该地区的青年就业危机的严重之处在于劳动力市场上高比例的青年人（从 20% 到 40%）以及青年人与成年人的高失业率比。青年人在总人口中大约占 35%，但占城市地区失业人口的比重约为 70%。撒哈拉以南非洲地区的城市贫困问题严重。在 1997 年，43% 的城市居民生活在贫困线以下（每人每月约 47 美元）。贫困差距比率为 16%，平方差距比率为 8%。从一份 21 个撒哈拉以南非洲国家的调查结果来看，斯威士兰的城市贫困发生率最高，为 59%。埃塞俄比亚、几内亚比绍和赞比亚等国次之，为 53%，最低的毛里求斯和南非的城市贫困发生率也为 30%。

3. 城市交通混乱和事故频发。

非洲的城镇化并非是依靠自身实现工业化和经济发展来自发带动城镇化进程。这就导致了非洲许多城市的基础设施建设严重的滞后城镇化的发展，使其成为制约经济社会发展的主要"瓶颈"之一。大量农村人口涌入城市，加重城市交通基础设施的负担，出现了管理不科学、汽车增加快、污染严重、交通事故多等问题。

由于非洲很多城市是在殖民历史统治背景下建造的，城市规划管理部门没有主导权，城市交通规划缺乏整体发展战略，有些地方会出现城市交通规划不尽合理、道路容量严重不足等问题。很多非洲交通管理不科学，城市道路的交叉路口信号灯普及率低，很多城市尚未施行信号联动控制。除南非、埃及等少数非洲发达国家以外，信息化、智能化管理在很多国家城市还是一片空白。据非盟统计，交通运输成本占非洲内陆国家总生产成本的20% ~ 40%，远远高于发达国家平均10%的比例。

非洲私家车的兴起，也导致了交通的拥挤。在20世纪60年代，由于对商用车辆的需求非常大，导致非洲很多国家公路上奔驰着的商用车辆比大多数发达国家还要多。到了70年代，非洲中产阶级队伍逐渐扩大，掀起了"汽车抢购潮"。进入80年代，进口二手车市场开始泛滥。目前，非洲许多国家都鼓励汽车产业发展，并加大汽车业的招商引资力度。这一切都导致非洲的汽车增加过快。南非、埃及、阿尔及利亚和博茨瓦纳都是非洲汽车拥有量相对较多的国家。南非汽车拥有量为538万辆，占整个非洲的1/3，商用汽车数达到了63万辆，轿车拥有量为375万辆。

很多非洲城市交通服务水平低，除了目前在运营的开罗地铁、阿尔及尔地铁和突尼斯轻轨系统外，巴士是非洲最普及的城市公共交通方式，但公营大巴与私营车辆各张旗鼓，超载成为常态，零件维修不断且车辆严重不足。例如，肯尼亚的交通事故死亡率高居世界首位，而其中80%以上的死亡事故都与一种叫"马塔图"的私营车有关，为了争夺乘客，不顾一切的思想在道路上蔓延开来。又如，雅温得的街上被称为"蝗（黄）虫"的破旧不堪的出租车是普通市民出行的唯一代步工具。本来只能坐5个人的出租车有时候却挤着10来个人，超载十分严重。每当上下班高峰，整条街的两边都站满了男女老少，排队询问"蝗虫"路线和价格，堪称雅温得的一大街景。

四、非洲城镇化发展的机遇

城市的发展是人类进步的表现。城市一般比乡村更容易接受良好的教育，尤其是高等教育，城市有更多的就业机会和更完善的服务设施。此外，对大多数非洲人来说，进入城市后就远离了原先的村社，给他们带来了自由和希望。非洲城镇化既面临着严峻的挑战，又面临难得的机遇，同时还是深化中非合作的新机遇。

1. 城市发展的商机。

进入 21 世纪以来，在新兴大国与非洲合作的推动下，非洲经济好转，国际地位提升，在这样的背景下非洲城镇化提供了一个极大的商机。

首先，城镇化为非洲经济的进一步发展储备了大量的廉价劳动力。非洲大量人口因为种种原因迁徙到城市以后，实现了劳动力与土地的分离，为非洲第二产业和第三产业提供的非常丰富的劳动力，只是现在非洲经济的发展水平尚无法吸收如此大量的劳动力，造成就业不足。劳动力与土地的分离过程，在欧洲的历史上是充满暴力和血腥的，如英国历史上的圈地运动。当前，西方国家和有些新兴大国开始出现人口老龄化，非洲拥有如此丰富的劳动力资源，是非洲经济发展的潜在优势之一。

其次，城镇化推动地价快速上涨，加快财富积累。如今非洲人口超过100 万人的大城市有 30 多个，其中拉各斯的人口超过 1000 万人，内罗毕人口有 300 多万人。大量人口集聚到城市后，需要大量的住房。尽管许多人买不起住房，只能在城市周围搭个蓬屋，但是，城市中的中产阶级是购买住房的中坚力量，现今，非洲中产阶级的购买力已经超过印度。非洲城市的房价也不菲，在非洲一套住房的价格是他们年平均收入的 12.5 倍。高房价推动着城市地价的快速上升，促使非洲财富加快积累。

最后，城镇化为非洲的生产和消费提供巨大的商机。大量人口集聚城市之后，对粮食、蔬菜、肉类和服装等的需要上升，带动这些消费品价格上升，给非洲农牧渔业的发展带来更多的机会。与此同时，城镇化还需要提供医疗、教育、通信、电力和自来水等公共服务，也创造着巨大的商机。

2. 城市峰会和中非合作。

非洲有 10 亿人口，经济仍旧欠发达，单靠自身的力量难以解决城镇化过程中出现的问题，尚需要非洲国家和国际社会的共同努力。中国与非洲国家有着传统友谊，2000 年中非合作论坛成立以来，中非关系进入了全面、快速的发展阶段，当前中国与非洲正在建立新型战略伙伴关系。在中非关系大发展的背景下，非洲城镇化为中非深化合作提供了新的机遇。第一届中非合作论坛为非洲国家减债 100 亿元人民币，为缓解非洲沉重的债务负担做出了示范和贡献；第二届中非合作论坛最大的亮点是帮助非洲开发人力资源；第三届中非合作论坛的重点是扩大对非洲援助；第四届中非合作论坛的重点是与非洲合作抗击全球金融危机以及应对气候变化等全球性问题。中非关系和中非合作论坛都有一个可持续发展的问题，需要不断开辟新的合作领域。这种新的合作领域必须是非洲国家迫切需要的，同时也是中国有能力提供的，并且可以实现互利共赢。非洲城镇化需要解决粮食问题，需要提供医疗、教育、通信电力、自来水等公共服务，这为中非在农业、基础设施、教育和医疗等领域的合作开辟了广阔的前景。

事实上，中非合作为非洲国家的基础设施改善已经做出了很大贡献。中国在非洲修路、修机场、修港口，50 多年来，中国共为非洲援建基础设施项目 519 个，包括社会公共设施 375 个，经济基础设施 144 个。共建成铁路 2233 公里，公路 3391 公里，桥梁 10 座。中国在尼日利亚的阿布贾修建城市轻轨，缓解了当地城市交通压力；在约翰内斯堡修建机场快轨，为 2010 年南非世界杯服务。中资企业为非洲电信业的发展做出了巨大贡献。以中兴、华为为代表的中国通信设备制造企业的产品和服务已覆盖非洲 50 个国家，为超过 3 亿非洲用户提供了通信服务；在 30 多个非洲国家建设了超过 40 个 3G 网络；为 20 多个非洲国家建设了国家骨干光纤通信网络和电子政务网。

中国企业已经参与非洲的城市改造，并积累了一定的经验。中国武夷公司参与了肯尼亚保障性住房的建设。2009 年底，由中国国家开发银行提供贷款，中国武夷公司承建的肯尼亚首个中低收入住房试点项目长城小区在内罗毕竣工。该项目共为肯尼亚中低收入阶层提供 528 套住房，每套住房面积约为 75 平方米，售价约 350 万肯先令。除住房之外，开发商还为小区居民建设了配套的商业设施学校诊所以及污水处理管线。中国中信集团公司在安哥拉承建的安哥拉社会住房项目是目前中资企业在非洲承担的最大的住房项目，该项目凯兰巴凯亚西一期工程总承包合 EPC 同于 2007 年 11 月 14 日由中信集团与安哥拉重建委员会共同签署，合同总额约为 35.35 亿美元，合同总工期为 38 个月。该一期工程包括在 8.8 平方公里的范围里建造 710 栋公寓楼、24 所幼儿园、9 所小学、8 所中学、2 座变电站、13 座开闭站、77 座变电所和净水厂及污水处理厂等基础设施，以及区内大、小市政配套设施，包括主干路、次干路、支路约 400 公里及市政给水系统、污水系统、雨水系统、电力系统、电信系统、交通信号系统以及公园绿化工程等。总之，在解决非洲城镇化存在的问题方面，中国与非洲国家还有很大的合作空间。

第三章　非洲国家投资环境评价

第一节　投资环境评价理论

一、投资环境的概念与特征

1. 投资环境的概念。

现代宏观经济学认为，投资对一个国家和地区的经济总量的增长和经济结构的改善具有非常重要的作用，是经济增长的第一推动力，通过供给和需求双重效应作用于经济发展。从需求一方看，投资需要消耗各种投入要素，扩大了对资本品的需求，通过乘数效应大大增加国民收入。

从供给一方看，投资的结果是形成一定的生产力，增加产出并改变供给结构，从而推动经济发展。凯恩斯认为，投资是利率的函数，投资函数为 $I = I_0 - hr$，其中 I_0 自主投资，即不依赖于利率变化的投资量，r 为实际利率，$h > 0$，反映投资对利率变化的敏感程度。凯恩斯把 I_0 看作外生变量。其实，I_0 本身也可看作是一个由多种变量决定的函数，投资既然是一种社会经济活动，就不可能孤立的存在着，而必然受某些条件的制约，其中包括政治、经济、法律、文化、习俗等众多因素，这些因素相互交织、相互作用、相互影响、相互制约而形成一个有机整体，就构成了投资环境。事实证明，投资环境与投资之间存在着正相关关系，良好的投资环境能极大地增加系统的产出。

投资的一个重要特点是其连续性。投资一旦开始，就意味着在一定期限内一个持续的投入，它会持久地影响国民经济的各个方面。对投资环境进行研究，目的就是要寻求或塑造最佳的投资地点，促使投资的各个环节顺利进行，减少投资的盲目性和不确定性，以保证投资主体和国民经济的利益。

从字面上理解，投资是被动的一方，投资环境决定了投资的方向、数量和结构。其实，投资环境可以理解为投资与区域经济系统之间的中介。在投资行为中，外商直接投资与东道国地区有着不同的目的和动机。追求的是利润和市场。就东道国地区而言，需要的是促进社会、经济协调发展。尽管双方的期望与动机不同，甚至有着矛盾的一面，但是通过双方反复博弈，可以取得求同存异的"双赢"均衡解。而联系投资者与受资者双方利益的主要纽带，就是提供一个良好且理想的投资环境。

一般认为，最早提出投资环境概念的是两位美国学者利特法克和班廷，他们在1968年的《国际商业安排的概念框架》一文中，首先提出了"投资环境"这一概念，创立了评价一国投资环境的"冷热分析法"，从而揭开了投资环境研究的序幕。国外的文献中一般称为投资环境或商业环境，其讨论往往是和跨国直接投资所面临的环境相联系的。对我国来说，投资环境是随着改革开放的不断深入而出现的一个新的经济范畴。学术界并未形成统一的定义，现有概念往往是从不同角度给出的描述。

而目前国内外文献中关于什么是投资环境，分别从不同角度给出了定义，其中有代表性的有以下几种：

（1）世界银行前副总裁和首席经济学家斯特恩（Stern）认为，投资环境影响回报和风险，由政策、制度和具体执行行为组成的环境，包括现存环境和期望环境。从广义上来讲，投资环境包括三个范畴：首先是宏观的或国家层面的因素；其次是政府机构和制度层面的因素；最后是基础设施层面的因素。

（2）中国香港中文大学闵建蜀教授在其所著的《中国投资环境：一个概念性的探讨》一书中指出，"投资环境可分为硬环境与软环境，硬环境主要是指当地的基础设施，而软环境是指当地的行政管理效率、政策、法令、劳动生产率、资金市场、技术水平、外汇管理制度、原料、零件及元件市场等。"并认为软环境因素构成吸引外资的充分条件，硬环境因素构成吸引外资的必要条件。这种观点对投资环境的内涵作了更为严格和确切的规定。

（3）北京大学厉以宁教授认为：投资环境是指投资者进行投资活动所具备的外部条件，包括投资硬环境和投资软环境。

（4）中国人民大学张敦富教授认为：投资环境是指围绕投资主体存在和发展变化的并足以影响或制约投资活动及其结果的一切外部条件的总和，它包括与一定投资项目相关的政治、经济、自然、社会等诸方面的因素，是这些因素相互交织、相互作用、相互影响、相互制约而形成的有机整体。

（5）中国社会科学院研究生院戴园晨教授在《塑造国际化的投资环境及建立科学的投资环境评价体系》一文中指出，"投资环境的科学内涵是指资金得以有效运营的外部条件，它是一个系统，是一个复合的整体，它作为一个系统总是由作为部分的子系统所组成，具有一定的层次和结构。"这些观点从系统论的角度来认识投资环境，是较为科学的。

在实际是以活动中，一般认为投资环境的内容包括"三通一平"或"七通一平"，这种观点注重硬指标，而忽视了软指标，如政治、法律、体制、管理等因素，存在着明显的缺陷。随着理论研究的不断深入，这一观点已逐渐被人们所舍弃。

在比较各种定义之后，本书借鉴总结出下述定义：投资环境是一定时间和空间内，能够影响或制约投资活动及其结果的各种因素的有机结合，包括政治、经济、自然、社会等诸方面因素的复杂系统。投资环境的作用在于它规定了投资的发生、投向、效益、数量和结构。

本书所指的投资环境是直接投资环境。直接投资是指投资者掌握股权，能够控制投资项目的投资而间接投资则是指投资者仅仅获取股息或债息、利息而进行的不控制企业的投资。前者是为获取利润而进行的投资后者是为获取股票或利息而进行的投资。后者也讲"投资环境"，但此时投资环境仅指一国或一地区证券市场、金融市场的状况，与前者所考虑的投资环境不同。同时，投资环境的好坏，将直接影响到外商直接投资额的多少，这必将直接影响到引资地区技术水平的提高、经济结构的改善和经济的发展。而外商投资环境水平高低，也从一个侧面反映了这个地区总体投资环境情况。实际上，内资与外资所面临的同一地区的投资环境主体是相同的，只是其构成要素与侧重点存在差别，且外商直接投资环境具有更为深刻的内涵和宽泛的外延。

需要指出的是，本书所指的投资具有两点假设：一是指外商直接投资，即外商直接以一定数量的货币、资本以及实物的投入，带来新的实际生产要素的扩大和外来收益的增加。二是指营利性投资，而为获取某种社会效用的非营利性投资不在讨论之列。

2. 投资环境的特征。

（1）系统性。

投资环境作为反映区域发展内容的重要概念，它与区域概念一样，本身就是一个包含多种要素的复杂系统，这些组成投资环境的各个要素并非孤立存在而发挥作用，而是相互联系、相互依赖、相互作用。投资环境既然是一个复杂的、有机的系统，它就具有系统的一般特性，如层次性、结构性、功能性等。投资环境的系统性也决定了要素之间的互补性、转移性、替代性，包括两方面的含义：一是指一个地区投资环境与另一个地区相近投资环境之间可以互补，补偿功能之间的不足或缺陷。二是指一个地区环境内部构成要素之间的互补和替代作用，一些长项要素可以弥补某些短缺要素的不足，科技先进就可以抵消劳动力缺乏的问题，劳动力丰富就可以弥补资金不足的问题。

（2）指示性。

投资环境有一定的价值度量功能，如同物理上的温度、位势能一样，投资环境可以作为衡量地域空间的重要性、开放性的指标。通过对空间事物的对比、权衡，指示各种客体在空间中的相互作用及相互关系，反映空间集聚规模和集聚程度，可用于对比或指示空间事物。当谈到一个地区的投资环境具有优势时，往往表达的是地理位置优越、交通条件便捷、经济发展潜力较大等。很显然，在经济发展中投资环境优良的地区自然比投资环境不良的地区获得的发展机遇要多。

（3）划定性。

划定性是指投资环境有一定的地域范围，或特定的目的性的概念。前者如城市投资环境、开发区投资环境，后者有产业投资环境。说到环境，一般都有一定的地域范围，或特定的地理区域，或特定的目的性范畴。

（4）可改造性。

投资环境既然是变动的，说明一些条件是可改造的。那么，这就需要对各地投资环境、各种投资环境作深入具体的研究，有针对性地改善投资环境，增强引资功能。环境的价值高低，并不完全是与生俱来的，许多方面是可以通过人们有意识的经济活动加以改进完善。当然，也可能由于改造不当出现意料不到的负面效果。为了便于分析，可把影响投资环境的因素分为外部因素和内部因素，当一个地区投资环境衰退时，它的内部性主要指由于管理混乱、组织效率低、机制陈旧落后而引起功能退化其外部性主要指由于自然力作用而丧失功能耗损性和由于其他环境条件改善而造成功能衰退竞争性。

（5）垄断性。

投资环境往往是由特定的主体占有的，一般属于国家或政府控制，它是唯一的所有权使用权出让主体，可以出台政策调节、管理，可以通过提供有关要素条件来影响投资环境的价值。

（6）效益性。

效益性是指投资环境能够直接和间接地为投资环境的拥有者或使用者投资者带来效益，或节约费用，或降低成本和支出费用，而且是在较长时间内持续产生带来经济效益。投资环境的这种获利素质货币要素，既包括对现实运行状态的考察，也包括对未来潜能的预测和预期。

（7）外部性。

它主要指由于环境条件的变化而带来的影响，如外商投资企业的进入带来的环保、生态、旅游景观的价值增减。

（8）动态性。

环境是发展变化的，它随着经济、社会、科技等进步而变动。有的地区会因政策得当、制度改善、经济发展而投资环境地位上升，有的可能会因在改进投资环境的竞争中失利而地位下降。因此，在动态发展的过程中，投资环境的效用会随着发展而递增或递减。投资环境的优劣，取决于投资环境所能产生的预期作用和效益。投资环境也会由于本地区的开发或者相邻相关地区的开发而升值。

（9）不确定性。

投资环境的不确定性是指投资环境可以为其占有者和使用者带来的效益具有一定的不确定性，这与动态发展有关。这种不确定性与市场竞争强弱、国家政策、相邻相关环境变动有关。不同的投资环境，产生的效益不同；相同的投资环境在不同的时期，也会有不同的效益。

3. 投资环境的分类。

投资环境是一个动态的、多层次、多因素的大系统，各系统之间，各子系统中的因素之间，都是相互联系、相互制约的。本书从多个不同的角度对投资环境进行分类。

（1）按投资环境组成因素的性质分类。

投资环境按组成因素的性质可以分为经济环境、政治法律环境、社会文化环境以及自然环境等几个方面。进一步细分，经济环境还可分作财务环境、市场环境、基础设施、协作配套条件等。政治环境也可细分为政治制度、政策、法律等几方面。社会文化环境和自然环境同样也可分为几个构成因素环境进行逐级考察。

（2）按投资环境的层次性和范围尺度分类。

投资环境按照层次性和结构性可分为宏观投资环境、中观投资环境和微观投资环境。这三类投资环境不仅表示的空间尺度不同，而且包含的内容也有明显的不同。

宏观投资环境，通常是指一国或几类地区连片范围内的投资环境。也就是指国家或大区域层次上，能够影响全国或大区域范围投资活动运行的那些因素集合，既包括全社会经济因素也包括文化历史积淀，既有国家政治法律制度因素也有产业行业因素。这些因素往往不分空间地域差异，在一国内起着基本的、长期的、持续的、广泛的作用。因而，宏观投资环境对投资的流向、数量和结构有很强的规定性，它在整体上预示了投资活动的总体趋势。当然，这种整体的趋势性或方向性，并不排斥或否定"违反常规"特例的投资发生的可能。

中观投资环境，属于上述两者之间的一类，实际经济生活中有省级经济区，或流域经济区，或跨区域合作区、协作区等。

微观投资环境，是指某个具体地点的投资环境，一般是一个城市，或一个县城，或一个乡镇。也就是指企业或项目层次上，那些在较小范围内、较低层次上对单个投资或局部产生影响的条件因素的集合企业运行环境。这些因素往往仅限于作用某个项目或个别地区，不具通用性，它一般是指单个的投资项目的投资环境。这些因素涉及许多具体的内容，如厂址选择、土地使用、交通运输、劳动用工、水电供应、污染限制、当地市场、竞争对手等，也还有与项目相关的协作配套、当地习俗和地方政策等。

实际上，各级投资环境与各级区域经济实体相对应，各有其不同的内容、特征和利益。

（3）按软、硬环境分类。

投资环境组成因素按照物质性分成软环境和硬环境，两个概念的划分并不是绝对的。硬环境又称环境硬件或有形环境，是指投资环境中有形的要素的总和，例如基础设施、自然区位和经济基础等物质环境。而软环境或无形环境则指无形的投资环境要素，其内容比较广泛，包括政治、法律和经济，还包括社会观念、风俗、习惯以及政府的行政办事效率等。硬环境是投资环境的物质基础，而软环境可以提高或降低硬环境的吸引力。如果我们把一个地区的投资环境看作是硬环境与软环境的乘积，那么在一定时期内，硬环境是基本恒定的，所以软环境的改善能够提高硬环境的效用，弥补硬环境的缺陷，最终成倍提高整体投资环境的水平。

（4）按其他标准进行分类。

按优势分类。按照投资环境因素或条件所具备的优势高低可分为高势环境和低势环境。在未来的经济发展中，特别是在招商引资中有形环境和低势环境显然吸引力越来越小，而无形环境和高势环境拥有市场、技术、资金、人才等优势则吸引力越来越大。

按时期分类。投资环境有长期、短期投资环境。如有现实的"当期"投资环境，也有未来的投资环境和过去的投资环境。在我们的分析中，不仅重视短期投资环境，更重视长期投资环境。一个地区应该从长期投资环境角度来考察投资环境的优劣，着眼于区域经济水平和经济结构的长期变化和趋势，这样才能避免盲目性，才能获得持久稳定的长期利益。

按产业分类。投资环境有第一产业投资环境，第二产业投资环境，第三产业投资环境。其中第一产业投资环境可分种植业、畜牧业、水产业和林业等投资环境。第二产业投资环境也可分为工业、建筑业等投资环境。第三产业投资环境可以分为房地产业、金融业、交通运输业、商业物流业、旅游业投资环境。工业环境又可分为轻工业、重工业、能源、高新技术产业、冶金、纺织等投资环境等。农业环境又可分粮食、经济作物等投资环境。市场环境又可分消费品、生产资料、资本等投资环境。

按地区分类。从区域的角度出发，按照地域范围或管理权限的不同，可分为国家环境、地带性环境、地区环境、城市环境、开发区投资环境、特区投资环境、沿海城市投资环境、内地山区投资环境和西部投资环境等。我国是一个领土大国，投资环境按照地域划分层次，有利于国家和地方发挥各自的积极性，加快改善局部和整体环境。

二、投资环境的构成要素

一个地区区域投资环境的构成要素可以分为：自然因素、政治因素、法律因素、经济因素、基础设施因素、文化因素和社会服务因素七个方面。

（1）自然因素。

自然因素是指与投资有关的、由历史上长期形成的自然地理条件。它的状况如何，对投资活动起着非常重要的作用，不同性质的投资项目所要求自然条件也不同。投资者在其他投资条件较好的情况下，必然要选择与自己投资活动相适应的自然环境。它包括自然资源禀赋、区位条件、环境状况等方面。其中，区位条件主要是指区域的地理位置，主要考虑地区与外界联系的便利程度自然资源是指区域中自然存在的、由自然力作用而成的、能为人类利用的自然要素，对本地经济的发展提供一定程度的支持，通常包括存量指标和利用指标两种环境状况则主要指地区的环境污染程度，分为现状、治理和效果三种指标。

优越的自然地理环境，能够为投资者降低生产经营成本提供帮助，如资源供应充足为生产提供了便利，与目标市场的距离较短方便了产成品的运输等。在某些情况下，区域气候条件的优劣也将会直接影响到生产的顺利进行，特别是有些对特定气候有要求的特殊产品项目，这一点在农业中表现得尤为突出。

（2）政治因素。

政治因素指由投资东道国（地区）的政治体制、社会结构、证据稳定性、社会安定性、国家信誉度等内容构成的政治和社会条件的综合，可理解为一个国家或地区对投资起影响和制约作用的政治方面的状况。政治环境的优劣，和法律一样，政治环境直接关系到区域投资的资金安全性。它是投资环境中最敏感的因素。东道国的政局稳定与否、政策是否具有连续性、政府的对外关系、对投资活动的态度等直接关系到投资是否得到保障的问题。只有政局稳定，致力于和平建设的国家，才能确保投资的安全，为投资活动获利创造必要的前提。反之，如果政变迭起，社会动荡不安，就无法使投资活动得到起码的保证，有可能使投资者遇到政治风险所带来的巨大损失。

（3）法律因素。

法律因素是指为调整投资关系而制定并实施的各项与投资相关的法律法规、条例及相关的政策和措施，可理解为法律的完善性、法制的稳定性、执法机构的公正性以及各项法规实施具体情况等几个方面的总和。主要包括国内法制建设，也涉及一切有关的国际法规。健全的法律体系能够保证公平、合理、有序的市场竞争秩序，能为创造良好的市场环境提供保证，能促进资源合理地开发利用，较好地发挥市场机制的作用，因此，法律制度完善与否对投资者考虑是否投资同样起着基础性的作用。我们知道，构成综合复杂投资环境的政治、社会、经济、文化等各种因素都是以法律的形式加以表述和实施的。对投资者而言，法律是最大程度保证投资安全的基础，建立在法律体系和运行基础上的相互信任最为牢靠。因此，投资者对法律健全要素的要求，可理解为是投资对政治风险的考量。

对某特定区域而言，该区域对外来投资的政策法规是地方政府对待投资者的一个基本态度的直观体现。其对外来投资的鼓励或者限制性措施以及相应的执行力度、延续性，在很大程度上关系到投资者在一定时期内的盈利水平。在此我们把这一部分的因素并入到政治环境中的政策因素一并进行考虑。其中，由于经济政策通常能够主导和影响一个区域的经济，并直接影响外来投资，因此成为评价投资环境时必须关注的最主要因素。

考察法律环境状况要通过三个方面，即：法律的完整性、法制的稳定性和执法的公正性。法律的完整性主要看有关的法规是否健全，如不健全会给投资环境带来较高的风险。执法的公正与否对投资活动至关重要。如果法律完备却不能彻底执行，就会使从事投资活动所获得的合法权益无法得到保障，从而使投资者降低甚至丧失了投资的兴趣。

（4）经济因素。

经济因素是投资东道国（地区）的经济发展状况及趋势、经济体制及其运行、市场规模、产业结构、消费结构及水平、经济发展政策及措施、资源和原材料供应情况、工业基础、金融信贷和财政税收制度、物价水平、国际收支状况、信息和社会服务水平等。

经济环境是投资的载体，因而也是影响投资环境的包涵面最广、影响最直接、最基本的因素。它广泛涉及了投资环境中的各个因素，也直接决定了投资的经济效益。投资者对某一区域的投资环境进行考察，通常就是从经济环境开始的。

（5）基础设施因素。

基础设施因素是指从事基本建设、生产经营及投资活动所面临的基本物质条件。它包括两个方面：一是生产基础设施。如交通、通信、供电、给水排水、煤气、仓库、厂房等。二是生活基础设施。除生产基础设施可用于生活的部分外，还包括道路、住房、医疗卫生、文化教育、商业网点等。其完善与否在很大程度上影响着投资项目的运营效率。主要包括两个方面的内容一是生产基础设施，即工业基础设施的结构和状况；二是生活基础设施，即城市生活和服务设施的结构和状况。基础设施状况是物质文明和现代化程度的标志，又与生产和生活密切相关，因而是构成投资环境的必要因素，也是吸引外来资金的重要条件。在其他条件相当的情况下，质量有限的基础设施供应会极大地限制投资项目的建立和发展；相反，良好的基础设施能明显提高工作效率、降低生产与服务成本、增加项目的产出和盈利，所以基础设施的改善对于投资者有着巨大的吸引力。

（6）文化因素。

文化因素可理解为影响和制约投资经营活动的各种社会文化要素的总和。主要包括：民族语言、文字、宗教信仰、风俗习惯、文化传统、价值观念、道德准则、教育水平以及人口素质等。投资者主要关注社会状况和科技文化水平。其中语言和文化传统、社会心理、当地风俗习惯与价值观念是否与投资者相融合，以及当地对外来投资的态度等因素都会影响一个区域对外来投资的接纳程度、外来投资与本地资本合作以及与当地官方或非官方机构合作的顺利程度、外来投资效益和经营成果的分配等。而通常科技文化比较发达的地区对外来投资的接受度较高，且对投资者而言，合理地利用当地的科技文化条件，使之很好地融入投资项目中，则更能有效地开展投资项目，获取丰厚的利润，这一因素的考量，尤其对一些高新技术产业更为重要。

由于传统习惯的制约，社会文化和科技文化往往存在一定惯性，这两方面的条件在短时间内难以有大的改变，而一旦想要有所改善，也需要进行长时间和大量的投入。所以投资决策时正确分析和处理既有的社会文化要素，有助于减少投资的障碍和风险，尤其是在跨国投资的情况下，双方文化习惯差异越大，则对投资者越不利。

在具体评价时，选取社会稳定状况、社会生活质量以及社会服务水平作为社会状况的衡量标准而在科技文化的评价方面，选择文化教育、科技研发环境和科技力量储备三个方面的视角进行考察。这些对于投资活动行为和生产经济管理活动的顺利进行具有不可忽视的意义，是投资环境的重要组成部分，也是投资总体环境不可缺少的内容之一。

（7）社会服务因素。

社会服务因素是能否向投资活动主体提供最佳的服务，对投资决策具有重大影响。政府机构办事效率的高低和金融服务质量往往来源于传统的习惯而难以改变，要提高这两方面的服务质量需要花大力气、下大决心、进行较长时期的变革。

三、投资环境的理论基础

投资环境的研究，源于投资环境的理论在区域中的实证分析。早年的投资环境研究，多是在理想模型和严格假设下进行的。20 世纪 40 纪年代之后情况发生很大的变化，随着实证分析方法引入到理论，出现了对国家直接投资和国际贸易的实证分析。之后，大量的文献结合国家的实际情况，对国家的投资环境进行分析，如垄断优势理论、边际产业扩张理论、国际生产折中论等。随着国家内区域发展差异的形成，投资环境的研究对象从国家层面转向了地区层面。

以经济学理论体系而言，投资环境理论的研究虽然很多，但是未像国际直接投资或国际贸易那样形成专门的理论，并且未形成单独的理论体系，其理论往往融合在国际直接投资理论、国际贸易理论、区位论和区域经济理论之中。从另一个角度来看，投资环境理论也是一门涉及区域经济学、生产布局学、投资学、投资经济学和社会学、法学等多个研究领域的边缘科学。

本书从宏观、微观和中观三个角度梳理关于投资环境的理论，以便完整地确立本书的分析框架。

1. 资本流动的宏观视角——国际直接投资理论。

既然本书研究的对象是非洲国家投资环境，就必须从国际直接投资的理论入手。"二战"后，世界各国对外直接投资迅速增加，国际直接投资以跨国公司为核心经营目标，许多跨国公司也随之不断壮大发展起来。国际直接投资的迅速增加改变了传统的国际经济关系，逐渐形成了一种新的国际生产和国际交换体系，对各国经济发展产生了巨大的影响；同时国际直接投资也与国际贸易形成了相关性极强的替代或互补关系，以跨国公司为特征的国际直接投资推动着世界经济全球化进程迅速加快，推动着技术进步和产业转移。

与此同时，经济学界，尤其是西方学者对国际直接投资领域产生了极大的兴趣，国际直接投资理论也开始出现了。经济学家们进行了大量的探讨和研究，取得了许多理论成果。国际直接投资理论于 20 世纪 60 年代初期由海默提出，其后经过维农、巴克利、小岛清等人的发展，到 70 年代后期终于由邓宁完成了国际直接投资的一般理论。

概括地讲，现代国际直接投资理论主要研究以下几个基本问题：

①企业为什么要进行直接投资，而不选择其他间接投资方式？

②企业怎样进行投资，即选择何种外国市场进入方式？随着企业内外经营环境的变化，经营方式又是怎样演变的？

③什么条件决定了企业跨国经营的区位选择？

④流入对受资国经济发展有何种影响？

我们可以将相关理论归纳为三个方面的内容，第一个方面与跨国公司有关，因为跨国公司是大部分外国直接投资的载体，这方面的文献主要探讨跨国公司对外投资的动机，即跨国公司在直接投资、出口、技术转让三者之间的权衡。在解决了动机问题之后，第二个方面的探讨主要基于外商直接投资的区位选择之上。第三个方面则将外国直接投资作为资本在国家之间流动的一种形式，探讨它对东道国和母国的影响。

（1）区位理论。

传统区位理论主要是运用新古典经济学的抽象方法，分析影响微观区位或厂址选择的各种因素，其研究对象一般是以追求成本最小或利润最大为目的，处于完全竞争市场机制的抽象的、理想化的单个企业及其聚集地——城市。它经历古典区位理论和近代区位理论两个阶段。前者主要指杜能的农业区位论和韦伯体的工业区位论，后者影响较大的是克里斯塔勒的中心地理论和勒施创立的市场区位理论。

古典的区位论，立足于单一的企业或中心，着眼于生产成本和费用最低。成本极小化的思想无疑对跨国公司的区位选择产生了极为重要的影响。跨国公司无论是在全球不同国家的区位选择还是在同一个国家内部不同地区的区位选择，成本因素都是重要的考虑因素之一。邓宁 OLI 理论中"区位优势"

的概念，直接地受到区位理论的影响。

近代区位理论则考虑以服务于消费者作为目标函数。克里斯塔勒发现某一服务点的最优服务面是圆形，现实经济生活中竞争的作用会使圆形变成正六边形的市场区。他还提出了临界点人口的概念，即每一服务点必须有一个最低的服务人口，否则经营活动难以维持下去。勒施用数学方法严格证明了一个企业的市场区是一个六边形，这种市场区往往由于重叠和挤压最终会形成蜂窝状网络，不同产品网络的相互叠加形成了城市。

近代区位理论尽可能接近消费市场的思想和市场寻求型的跨国公司是十分相近的。市场学派在分析区位时所考虑的因子，如关税、商业风险、自然资源、较低的政府办事效率等，无疑也是跨国公司区位选择时所要考虑的重要因素之一。

（2）比较优势理论。

比较优势理论（又称边际产业扩张理论）是日本学者小岛清在20世纪70年代提出来的。比较优势理论的基本观点是对外直接投资应该以本国已经处于或即将处于比较优势的产业边际产业依次进行。同时这些产业又是东道国具有明显或潜在比较优势的部门。东道国的比较优势需要借助于投资国的资金、技术和管理经验。

小岛清认为，与国际货币资本流动相比，外商直接投资具有两个方面的特点：第一，外商直接投资是以两国存在不同的生产函数为前提，东道国因吸收外商直接投资而被投资国的生产函数所替代，并得到提高。第二，在东道国不同的产业部门中，由于新生产函数与原生产函数之间的差距，其普及也将有所不同。基于此，外商直接投资是以投资国的资本丰富为前提，东道国的商品越是劳动密集型的，就越具有比较优势投资国与东道国的技术差距越小，外商直接投资所导致的技术转移就越容易移植、普及和固定下来。

根据外商直接投资动机不同，小岛清将对外直接投资划分为四种类型自然资源导向型、市场导向型、生产要素导向型和生产与销售国际化导向型。

比较优势理论从国际分工出发来解释跨国公司对外直接投资的决定因素，将比较利益原则视为跨国公司从事对外直接投资的决定因素。该理论对于发展中国家之间的水平投资及发展中国家对发达国家的逆向投资缺乏解释能力。

（3）垄断优势理论。

海默和金德尔伯格以产业组织理论为基础，提出了企业垄断优势理论。他们的基本立论是，由于市场存在不完全性（产品市场不完全、生产要素市场不完全、政府政策类市场不完全等）给少数大企业带来了特定优势（垄断优势），这种垄断优势外商直接投资是发生的基本动因。此外，企业还可以通过一体化经营方式获取规模经济收益，而政府所造成的东道国市场的扭曲，也使企业获得了利用垄断优势进入的机会。

在 20 世纪 90 年代后的研究中将企业特定优势赋予更多内容。凯福斯强调的是产品差异是企业创造垄断优势的决定因素，约翰逊和马吉强调的是技术和知识的专有性。1991 年联合国对外直接投资报告认为，研究开发、管理技术、营销技巧、规模经济、市场控制能力等构成企业的特定优势。鲁格曼认为，特定优势可以表现为知识优势，也可以表现为拥有完善的销售网络或公司管理技术。胡德和扬认为，跨国公司垄断优势来自于技术优势、产业组织、管理和创业能力、资金和货币、获得材料的能力等几个方面。

综合各种观点，其在各种垄断优势的共识之处在于：

①技术优势——技术优势包括技术、信息等无形资产，技术和管理优势不仅是跨国公司保持优势的根源，也是东道国所缺乏和希望获得的东西。

②市场结构和市场规模优势——寡占市场结构既与跨国公司的技术优势有关，也与跨国公司投资方向有关，如果东道国法律环境对寡占市场结构不构成威胁，那么具有技术优势的国际直接投资将会将资本投往这一地区。具有较大的市场规模也是国际直接投资的垄断优势所在，规模经济效应是国际直接投资的利益所在。

③管理技术优势——在分工专业化极强的跨国公司内部，企业大规模的扩展，将促进管理优势的极大发挥。

④获得原材料的优势——对于获得东道国原料开采权，就容易形成开发、加工生产等一系列的垂直化生产优势。

国际直接投资所获得的这些优势，其前提条件仍然在于东道国的市场结构是不完善的基础上，建立在不完全竞争的市场结构的基础之上的。

垄断优势理论也存在着一定局限性：该理论主要是针对美国对外直接投资研究的成果，并且研究的对象是技术经济实力雄厚、独具对外扩张能力的大型跨国公司。垄断优势理论对于发展中国家的对外直接投资及中小企业的对外直接投资没有进行分析。

（4）内部化理论。

内部化理论又称市场内部化理论，由英国学者巴克莱、卡森，以及加拿大学者鲁格曼共同提出来的。与垄断优势理论相比，该理论从更一般的意义上说明了外商直接投资的经济合理性。

内部化理论的核心是建立在市场的不完全性和公司的性质之上的。该理论认为，由于外部市场存在缺陷和交易成本不断上升，企业完全依赖外部市场交易获利少，而通过跨国公司的外商直接投资行为在企业内部进行交易，可以克服上述风险和损失，即依据资产专用性原则，使投资双方有动力保持最低成本的管理以维持稳定的双方关系。但该理论中的市场不完全性是以科斯的信息经济学理论为基础从交易成本角度来进行阐释的，即指市场失灵和中间产品市场的不完全。

内部化理论指出有四种因素影响企业内部化。这四个因素是产业因素、地区因素、国家因素和公司因素。其中，地区因素主要指地理位置及区域环境的不同导致交易成本的变化国家因素主要包括东道国政治法律制度和财政金融制度等对外商直接投资行为的影响。内部优势理论从区位环境和国家金融制度角度考虑了金融对外商直接投资产生的影响。

内部化理论较好地解释了跨国公司在对外直接投资、出口贸易和许可证安排这三种参与国际经济方式选择的依据。跨国公司通过对外直接投资市场内部化，保持其在世界范围内的垄断优势，从而实现公司利润的最大化，因此在这三种方式中占主导地位。出口贸易由于受到进口国贸易保护主义的限制，许可证安排由于局限于技术进入产品周期的最后阶段，因而均属于次要地位。但是内部化理论也具有一定局限性。跨国公司实行内部化主要是对高技术含量的知识产品实行内部化，这就势必阻碍了新技术、新产品在全世界范围的迅速普及，从而在一定程度上阻碍了生产力的发展。内部化理论未能科学地解释跨国公司对外直接投资的区域分布。

（5）产品生命周期理论。

产品生命周期理论是美国学者维农在实证研究美国跨国公司对外直接投资行为的基础上提出的，这一理论既可以用来解释对外直接投资，也可以用来解释产品的国际贸易问题。

维农的产品生命周期理论从国际贸易理论和要素享赋原理出发，将产品的技术生命周期划分为创新阶段、成熟阶段和标准化阶段。外商直接投资遵循产品生命周期的过程，即产品的创新、生产、成熟和下降的一个必然过程。该理论将国家分为三类：一类是创新国，通常为发达国家；二类是生产普及国，通常为较发达国家；三类是大众化生产国，通常为发展中国家。新产品随其产生、成熟到下降将在这三类国家间进行转移。他的研究表明，美国外商直接投资发生的动机、流向和时间与产品在其寿命周期不同阶段的比较优势密切相关。该理论的贡献在于通过对生产区位决策的论证，说明了区位因素在外商直接投资中的重要性。

巴特利和高歇尔将理论中的合理内核进一步发展，将跨国公司模式扩展为：产品创新（包括产品开发、技术和核心能力在国际间的转移等）、接受市场（当地人战略、产品的差异化和当地改造等）、通过竞争降低成本（全球生产、标准化和合理化等）。这种扩展将国际产品生命周期理论中的技术优势和区位优势的成本因素独立出来，较好地将各种解释国际直接投资区位流向的因素结合起来，可以解释更为广泛的经济现象。

（6）投资诱发要素组合理论。

20世纪90年代，外商直接投资理论研究进入了一个注重外部因素分析的阶段，产生了投资诱发要素组合理论。该理论核心观点是，任何形式的外商直接投资都是在投资直接诱发要素和间接诱发要素的组合作用下而发生的。技术、资本、劳动力和管理等要素是诱发跨国公司直接投资行为的直接诱发要素。另外，东道国的投资环境及其优惠的政策等间接诱发要素也是直接投资行为发生的重要诱发要素。投资诱发要素组合理论克服了以往外商直接投资理论的片面性和局限性，试图从新的角度阐释外商直接投资的动因和条件。其创新之处在于强调了间接诱发要素对外商直接投资所起的重要作用。从这个意义上也为各级政府吸引外商直接投资提供了新的理论支持。

（7）国际生产折中理论。

邓宁在融合海默、巴克莱和卡森等前人的理论基础上，又引入了区位优势理论，从而创造了著名的国际生产折中理论。该理论将已有的各种理论相互补充，融合并纳入一个统一的分析框架，增加了其理论解释力和适用范围，成为当今最具影响力的理论。

国际生产折中理论的核心是由三个核心优势理论（OIL）组成，即源自垄断优势论的所有权优势、源自内部化理论的内部化优势源自较系统的区位经济学理论的区位优势。随后，他在1981年的两部作品《国际生产和跨国公司》及《对一些国家国际直接投资状况的癖释一种动态的或发展的方法》当中，对其理论又做出改进和发展，并将其动态化。

国际生产折中理论认为，这三类优势不能单独解释跨国公司的外商直接投资行为，只有在同时具备这三类优势时，才可能从事对外直接投资。并重新界定了所有权优势、内部化优势和区位优势的内涵及其在决定企业从事对外直接投资或国际生产中的作用。

①所有权优势，是指一国企业拥有或能够获得的、国外企业所没有或无法获得的资产及其所有权。其"资产"一词含义较广，泛指"任何能够不断带来未来收益的东西"。邓宁认为，所有权优势是跨国公司从事对外投资的基础。跨国公司所拥有的所有权优势有：控制产品质量和（或）按顾客需要供应定做产品的能力、企业规模和公认的地位所具有的优势如规模经济和专业化经济性和有从总公司以边际成本获得资源的机会等。

②内部化优势，是指跨国公司通过外商直接投资将其资产或所有权加以内部使用而带来的优势。跨国公司是否以外商直接投资的方式参与国际竞争，不仅决定于其拥有的各种所有权优势，也决定于其将所有权优势加以内部化的意愿和能力。内部化的动机在于避免外部市场的不完全对其产生的不利影响，实现资源的最优配置，继续保持和充分利用其所有权优势的垄断地位。跨国公司内部化优势有：避免寻找伙伴和与其谈判的成本、避免和利用政府干预所带来的经济效益如配额、关税、价格管制和差别税率等和避免寻找伙伴和与其谈判的成本等。

③区位优势，是指东道国固有的、不可移动的要素禀赋优势，如优良的地理位置、丰富的自然资源、潜在的市场容量等。区位是一定地域与跨国公司生产经营密切相关的各种要素的总和，这些要素有的直接进入生产过程，有的成为投资者生产经营必需的外部条件。东道国区位优势与投资环境优势在研究跨国公司国际直接投资时，具有基本相同的含义。两者的区别在于：第一，区位的外延比投资环境的外延要宽泛，它并不仅仅针对投资活动，而

且是针对所有经济活动投资环境则是指区位中对投资活动有较大影响的区位因素，所以，投资环境包含于区位之中；第二，区位更多地用于资源配置和国际贸易的理论研究和实际工作中，而投资环境概念则更多地用于投资理论研究和投资实务中。跨国公司的区位优势有：研究与开发、生产与营销的集中化经济性和信息收集和解释的集中化经济性等。

国际生产折中理论不仅可以解释一国企业的对外直接投资，还可以解释一国企业对参与国际经济方式的选择，亦即可以将对外直接投资、对外贸易和对外技术转让三者有机地结合起来。

折中理论不仅将企业的所有权优势细化到企业所拥有的多渠道低利率融通资本方面的金融优势，而且首次将区位变量纳入分析范式，从客观环境角度阐释外商直接投资的外在动因。邓宁将区位优势分解为自然禀赋优势和其他人为创造的区位资源优势，后者就是我们现在所说的投资软环境，该理论突破了以往外商直接投资理论从投资母国及其跨国公司角度出发的传统局限性，从东道国投资环境对外商直接投资区位选择影响的角度开拓了新的研究视角。其中，关于人造区位优势中提到的一国金融制度和金融状况是区位优势的一个重要组成部分的论述奠定了软环境与外商直接投资之间相互作用的研究基础。

2. 资本流动的中观视角——缺口理论。

研究某一个国家区域投资环境与之间的关系，首先从国家引进外商直接投资的规律开始，研究在一国引进外商直接投资的前提下，地区之间引资竞争对一国引资的影响。外商直接投资的现实发生是国际资本供给与国际资本需求共同作用的结果。因此，除研究国际资本的供给外，还应研究国际资本的需求，各种"缺口理论"是我们研究的理论基础。

（1）资本需求和"两缺口"模型。

外商直接投资满足的是一国的资本需求，特别是发展中国家，居民收入水平和储蓄水平都是较低的，国内资本积累不能满足工业发展对资本的需求，资本短缺成为制约一国经济发展的"瓶颈"。

"两缺口"模型由美国经济学家钱纳里和斯特劳在1966年发表的《对外援助与经济发展》一文中首先提出来的，又被称为钱纳里模型。钱纳里和斯特劳认为发展中国家资源供给对经济增长存在三个限制，即要素供给限制、储蓄限制、生产结构限制，为了打破这些限制，需要引入外部资源或外部援助。这里的外部援助既包括外商直接投资，也包括无偿的国际援助。同时，他们认为一国经济在走上持续的自我发展之前会受到两大条件的约束，首先是投资的约束，其次是贸易的约束。投资约束是指投资能力与储蓄能力之间存在一个资金缺口，贸易约束是指进口需求与出口需求之间存在一个外汇缺口。这两种约束在不同阶段对经济发展起着不同的制约作用。为了支撑国民经济达到一个可自我持续的增长率，就需要引进外部资源，主要是国外资本来填补资金缺口和外汇缺口。

（2）技术需求和"三缺口"模型。

"两缺口"模型对于国际无偿援助或国际信贷具有很强的解释力。但对于国际直接投资还存在欠缺，后来的发展经济学家从多方面加以补充，其中最具代表性的观点之一是"技术缺口论"，技术缺口加上前面所说的资金缺口和外汇缺口就构成了"三缺口"模型，其代表人物有索罗、托达罗、卢森堡等。发展经济学家所说的技术是广义的，它既包括软件技术，如专利技术、专有技术、图纸、配方等，也包括硬件技术，如机器、设备、零配件、原材料等，还包括组织、管理、企业家、熟练技工等。"技术缺口论"认为，发展中国家引进外国直接投资，不仅为了填补资金和外汇缺口，更重要的是填补技术缺口。跨国公司的国际直接投资不仅可以向发展中国家提供金融资源，而且可以提供生产技术、管理经验、劳动技术等。这种技术性的传递过程主要是通过与当地企业的合作、培训计划、"边干边学"等途径实现的。此外，跨国公司还可以教会当地企业如何与外国银行企业打交道，如何从事国际经济活动，如占领市场、开发资源等。正如西方学者姆切艾利所说，投资是一个"技术包"它们不仅包括金融资本，而且包括技术、秘诀和服务，并引致熟练技工和机器设备等资本晶的转移。同时，他认为要素的国际转移主要有六大原因，而不仅仅是资金的短缺：①技术差异；②要素享赋差异；③偏好差异；④经济规模差异；⑤产品市场的扭曲；⑥要素市场的扭曲与报酬差异。

对于发展中国家来说，技术落后是经济、政治和社会落后的根本原因。经济的增长和发展从某种意义上来说就是技术进步引起生产函数的变化和生产结构的变迁。因此，引进技术无疑是正确的选择。但是发展中国家为什么不自行研制技术呢？许多发展中国家在独立之初也确实曾经选择过这一道路，想走完全独立自主的技术发展模式，自行研制发达国家已经研究成功或没有研究成功的科学。但是结果是失败多于成功。主要的原因主要有三条：一是技术的研制具有一定的或然性，自行研制可能无法达到预期目标。与制造产品的重复性劳动不同，技术的发明是一种创造性的劳动。技术研制过程充满了不确定性。新技术能否创造出来，带有很大的随机性和或然性的因素。刻意的研究可能无功而返，而无意间可能有重大的发明和发现，这在现代科技史上屡见不鲜。二是自行研制耗时漫长。发展中国家总体科教水平较低，缺乏研究人才和研究条件，总体技术生产能力更低。即使自己可能研究成功，也需要比西方发达国家耗费更多的时间。有些技术甚至在研究成功之前就已经过时，从而丧失商业价值。三是自行研制的费用高。现代科技进步的形式与古代和近代已经大不相同。古代和近代的科技进步主要是依靠个人的爱好和兴趣，以家庭手工业的方式进行的，每个家庭的后院可能就是实验室，物质投入微不足道，唯一需要的是时间和耐心。而现代科技创新活动是一种目的性、功利性、商业性非常浓厚的经济过程，科技投入以几何级数在增长，而且规模效益、积聚效益等经济规律在科技研究领域同样起作用。发达国家科教发达，研究力量强大，学科门类齐全，资金雄厚，设备先进，形成强大的综合科学技术生产力，能够以较低的成本研制新产品、新材料、新工艺、新设备。发展中国家即使自己能够研究出来，成本也要高很多，从而丧失竞争力。因此，发展中国家要充分利用科学技术的创新成本高、在生产成本低的特点，尽可能多引进发达国家的技术资源，加快经济的发展。而引进外商直接投资是引进技术的便利途径之一。

（3）制度需求和"四缺口"模型。

企业的生产和运行不仅需要资本、劳动力、土地、技术等生产要素，还需要通过一定的方式方法将诸多生产要素组合起来，这就是制度。制度一词的含义是非常广泛的，从基本的经济制度到企业的管理制度，都属于经济学研究的制度范畴。对制度下一个普遍接受的定义是十分困难的。美国经济学家舒尔茨，将制度定义为"一种行为规则，这些规则涉及社会、政治及经济行为。"这是广义的制度定义。从经济学角度来说，制度可定义为经济交易的行为规则，这些行为规则包括：

①用于降低交易费用的制度如货币制度、信用制度。

②用于影响生产要素的所有者之间配置风险的制度如合同制、分成制、合作制、公司制度、保险制度。

③用于提供职能组织与个人收入流之间的联系制度如财产制度、遗产制度。

④用于确立公共品和服务生产与分配的框架制度如财政制度、公共设施等。

西方主流经济学在进行经济分析时假定制度是既定不变的，在这一前提下研究如何优化资源配置与收入分配，实现社会福利的最大化。但是在实际上，制度与技术一样，也是在不断变化发展的，这就是所谓的制度变迁。"如果预测的静收益超过预期的成本，一项制度安排就会被创新。"经济的发展不仅表现在产量的增长、人均收入水平的提高上，也表现在经济制度的进步和改善上。技术进步、潜在利润的形成、制度的扩散传播是制度变迁的主要动因。

①技术进步的拉动。技术进步是推动制度变迁的基本力量，由于生产技术的进步，要求企业、市场乃至国家制度也应随之变迁。这是因为：第一，技术进步改变了劳动方式；第二，技术进步大大加快了经济运行的速度，缩短了经济运行的过程，要求相应改变经济组织形式；第三，由于交通革命和信息革命，降低了人们的交往成本，扩大了人们的活动空间，要求社会的组织形式随之变迁。

②潜在利润的驱动。如果没有潜在利润，"现存制度安排的任何改变都不能给经济中任何个人或任何个人的团体带来额外的收入"，制度即处于一种均衡状态，而不存在变迁的动力。但是，如果由于某种外界条件与环境的变化，改变现有制度安排可以给全体或部分社会成员带来额外收入或潜在利润时，制度创新的动力随即产生。潜在利润的驱动机制作用形式如下：第一，潜在利润的发现。只要社会处于非帕累托状态，潜在利润就是广泛存在的。但是对潜在利润的搜寻和发现需要耗费一定的成本；同时，制度创新是一种社会行为而非个人行为，制度变迁要获得社会成员多数人的共识的支持。第二，制度成本的降低。制度创新过程也是一个成本与收益相比较的过程，如果一项制度的成本超过收益，则该制度没有潜在利润也不会被广泛接受。但

是，如果社会的经济、政治、法律环境发生变化，制度成本得以降低，潜在的利润就会产生并出现创新动力。

制度的传播扩散。以上两种制度创新方式都是内部创新，也就是由一个经济和社会体系内部的因素推动制度的创新和变迁。其实，制度创新与技术创新一样，也可以从外部引进。

国际直接投资不仅可以给东道国带来资本和技术，而且可以带来与市场经济相适应的产权制度、企业制度、市场制度、银行制度、信用制度、保险制度、国际经济活动制度等种种新的制度。

国际直接投资不仅仅是资本在国际间的转移，也不仅仅是技术、人才等生产要素在国际间的转移，而是先进的生产函数在国际间的转移。如果东道国同时存在资金、外汇、技术和制度方面的缺口，引进国际直接投资是最佳选择。国际直接投资带动先进的生产函数进入东道国，可以一揽子填补上述四大缺口，具有最高的综合收益。为此，东道国必须要创造良好的投资环境，发挥已有的区位优势，给予外资适度的激励待遇，才能吸引外商进行直接投资，但如果给予外资的激励过高，无疑会增大东道国利用外资的成本。所以，对于东道国来说，希望以最低的成本引进最多的外资，实现利用外资效益的最大化而对于外资来说，希望得到尽可能多的激励待遇，使其投资收益最大化。由此产生了国际直接投资过程中的种种博弈行为和博弈关系。

3. 资本流动的微观视角——企业理论。

从微观层面而言，资本流动首先是一个企业理论问题，企业的投资决策决定着资本的流动方向，经济学里面有着十分丰富的资本流动的微观理论，下文将对企业理论的研究进行系统的梳理、追踪和评述，以便为投资者提供一个在变动环境中进行自我调整的理论分析范式，也为更好地协调政府与企业之间的关系、营造区域投资环境等问题提供理论依据。

企业理论的发展已经有了很长的发展时期，整个理论发展史可以分为四个阶段：第一阶段是马歇尔以前的企业理论，又称为古典企业理论，代表人物是亚当·斯密、约翰·穆勒、坎替龙和马歇尔等，这一阶段基本上奠定了企业理论的基本分析框架。第二阶段是新古典企业理论，新古典企业理论主要讨论企业如何在约束条件下寻求利润最大化，以庇古、希克斯、萨缪尔森、肯尼斯，阿罗和德布鲁等人为代表。第三阶段是新制度经济学理论，新制度经济学从交易成本入手，解释企业的边界问题，讨论了企业的性质和规模，以科斯教授《企业的性质》一篇开创性的文章吸引了一大批包括奥尔森、布坎南、波斯纳、德姆塞茨等著名经济学家进入了这个领域。第四个阶段就是当前企业理论的最新进展，主要研究影响企业交易成本的各种因素。

（1）古典企业理论。

亚当·斯密的企业理论，主要在于分工理论和股份公司理论的论述。斯密总结分工的原因在于交换能力，即分工要受到市场广狭的限制，从这个角度而言，企业投资选择是要受到市场环境制约的，如果企业对投资地点交换需求产生悲观预期的话，投资可能就流向了市场更为广阔的地区。斯密对合股公司持悲观态度，认为合股公司没有专营权，很少能够取得成功如果有专营权，又经常失败。这一理论的实践意义，在于对于其针对某些政府垄断经营的无效率而言的，虽然这一观点是基于英国18世纪的现实，但是与中国的非市场化现实情形则极其相似。

穆勒的联合供给产品理论。穆勒的理论，已经进入了交通和公共效应领域的应用，这种理论涉及单一企业的生产和整个市场的有效需求以及产业集聚现象上。

（2）新古典企业理论。

马歇尔的企业理论。在马歇尔的理论中，对于企业投资而言，主要关注的是市场竞争的结构和企业的规模问题。马歇尔认为，区域化的产业成长首先自己营造了某种市场结构，这种市场结构是以产业为核心形成的，这种产业区域不仅能够为本产业的劳动技术提高做出贡献，也会相应地带动其他相关产业的劳动技术的向前推进。他还认为，某一地区如果相对落后的情况下，某些产业可以率先采取技术领先措施，形成某一产业的规模，之后能够带动整个区域经济的发展。

对于企业的规模而言，由于企业的平均收益是向右下方倾斜的，企业的规模也不是没有限度的，在企业的边际成本等于边际收益时，企业的规模达到最佳。因而，企业对于某一产业的投入是不可能无限扩张的，可以认为，当某一行业或者企业的规模足够大时，资本将停止进入这一产业或者这一地区，或者进入该行业的上游和下游行业，也有可能资本将流出这一地区。

马歇尔理论的核心问题即为讨论区域内投资容量问题，投资容量与区域内产业结构和特定行业企业的规模有关。

新古典经济学企业理论的分析范式。新古典企业理论的逻辑出发点是企业以营利为目的，追求利润最大化，即企业力求使销售的总收入与总成本之间的差额达到极大值。

在分析企业投资行为的时候，除了企业本身考虑的因素以外，企业的外部环境也是资本流向时所面临的问题。新古典经济学把企业的外部环境分为完全竞争、垄断竞争、寡头垄断和完全垄断四种形式。

（3）新制度经济学企业理论。

新制度经济学的研究内容主要包括三类：第一类是关于产权和习惯法，主要代表人物是德姆塞茨、阿尔奇安和波斯纳等；第二类是关于公共选择过程，包括寻租过程和分配合谋过程，代表人物是奥尔森等；第三类是关于组织，包括约翰逊和麦克林等。

新制度经济学继承了新古典经济学个体主义、均衡、效率、理性和边际主义等分析范式。

可以看出，新制度经济学的分析范式中，技术和偏好是作为经济系统的一部分出现的，对于社会经济系统而言，则强调经济与整个社会的社会制度和政治制度密不可分。那么，经济发展不仅是一个技术和需求的问题，而是与整个社会所提供的外部环境有着直接的关系，与政府所营造的投资环境有着本质的联系。

第二节　投资环境的评价指标和模型

一、评价指标体系的构建思路

本书从国内大量文献中选取若干个具有代表性的区域投资环境评价指标体系进行比较研究，总结归纳区域投资环境评价指标体系的共同特征，为构建区域投资环境评价指标体系提供参考。

（1）世界银行于 2002 年和 2003 年分别调查了我国 23 个有代表性的城

市，并发布两份调查报告，报告中从九个方面来考量中国投资环境：基础设施、国内市场的进入和退出壁垒、劳动力市场的灵活性、技能和技术享赋、国际一体化、私人部门的参与、政府效率、税收负担以及金融状况。世界银行的报告表明，对于欲对华进行投资的外商来说，成本是最先考虑的问题。包括生产成本、人力资源成本、融资成本、办事成本、生活成本等。

（2）国务院发展研究中心关于地区投资环境评价方法。该方法针对地区投资环境进行计量评价，选取的因素有：①对外资优惠政策；②社会政治环境；③经营环境；④自然地理环境；⑤社会服务环境。其特点是突出了投资软环境和经营硬环境对地区投资环境的影响。

（3）长江三角洲地区评价法。长江三角洲地区投资环境及其分级评价主要是从发展条件和发展水平两个方面进行评价，分别包括 3 个和 4 个大项，以及 18 个子目。该指标体系着眼于地理区位、自然资源和经济发展因素。

（4）大西南区域投资环境评价。大西南区域投资环境及其潜力的实证分析作为实证性的区域投资环境评价指标体系，从投资环境概况和投资开发潜力两个层次展开评估。

（5）江苏省投资环境评价法。江苏省城市投资环境评价方法的特点重点突出，评价方法包括 6 大项、19 个子目，主要从经济发展、科教水平、资源和环境等方面进行评估。

（6）国务院发展研究中心关于中国沿海开放城市投资环境综合评价方法。中国沿海开放城市投资环境综合评价系统的主要特点是评价标准具有创新性，该方法根据沿海城市不同性质的投资，提出了评价城市投资环境的 10 大标准参数。

（7）上海投资环境的评价法。该方法是上海市政府经济研究中心提出的研究成果。其特点是比较完备、科学。上海方法把投资环境划分为硬环境与软环境两大体系，进而又细化为交通通信、商业、医疗等 11 个因素，在此基础上，又进一步细化为国际通信服务、生活必需品的购置、合资双方的关系、社会治安状况等几十个可以量化的指标。同时，强调了人力资本对于投资的吸引力。

（8）北京市投资环境评价法。北京外经贸委通过问卷调查，得出了对北京市外商投资环境的整体评价。评价体系具有以下几个特点一是指标设计比较系统。北京方法借鉴国内外通用的一些评价法，采用定性分析与定量分析相结合，宏观因素分析与微观因素分析相结合的办法。二是指标设计重点突出。在评价投资软环境时，主要集中在行政环境（即政府机关办事效率、批准手续的繁简、工作人员素质、机关办事的透明度等）的评价上，在评价投资硬环境时，主要侧重土地价格、运输能力、信息资源等要素。

（9）南京市投资环境评价法。该方法由南京大学国际商学院提出，虽然简单，却涵盖了政治、经济、社会、文化、基础设施等各个方面，能够较为全面地反映投资环境的基本状况。

（10）重庆投资环境评价法。重庆市区投资环境评价由中国科学院、国家计划委员会、自然资源综合考察委员会提出。其主要特点是区域针对性较强，且易于获取可靠数据，该方法包括 8 个大项、26 个子目，主要着眼于区位条件、基础设施、经济发展等相对固定的限制因素的作用。

比较以上各类投资环境评价方法，我们发现，大多数学者认为投资环境最重要、最基本、考虑最多的影响因素，一是经济环境、基础设施环境与市场环境。但是社会环境、资源环境和其他环境是人们在某一特定区域进行投资无法回避的客观条件，也需要予以考虑。

通过对上述方法分析，可以得出，尽管各类区域投资环境评价有各自不同的方法与侧重，但是在指标设计上仍存在很大的相似性，即存在相对公认的评价指标要素。

二、投资环境评价指标体系建立的原则

投资环境是一个庞大的复杂动态系统，它涉及有形的自然资源与自然条件等，也包括无形的观念形态、民俗民风、情报信息等，既有与人类生产、生活有影响的硬投资环境要素，也有软投资环境要素。这些投资环境要素，不但自身都处在不断的运动变化之中，而且它们之间相互关联、相互作用、相互影响和相互制约，构成一个多维多元、多层次的动态综合体。同时，不同的投资者对投资环境的评价都有自己的标准，从而给建立投资环境评估指标体系带来了很多困难。

迄今为止，关于投资环境评价的方法与指标体系的建立，国内外已有相

关的研究，但指标体系由于评价方法、评价目标、评价深度等的不同而各有侧重，没有统一的标准。尽管不存在人人都认同的标准，但相对较优的选择总是有的，在一定时空范围内，投资者的评价标准具有相对稳定性。综合考虑投资者和受资者双方的目的和动机，本书在借鉴已有研究成果的基础上，构建投资环境评估指标体系应当依据以下原则：

（1）系统性原则。

从总体来看，投资环境并不是社会、政治、经济、法律、文化、基础设施等各种主客观要素的简单相加，而是一个由多个子系统构成的综合系统，各子系统之间以及子系统内部各因素之间相互联系，相互影响，相互制约的一个有机体。分层次看来，投资环境不仅仅是一个包括多种因素的大系统，还可以将各因素分为若干个低层次的小系统，并形成一个倒立的树形结构。与此相应的，评价投资环境的指标体系应当全面反映投资环境这一综合系统所包含的各因素，从横向和纵向两方面揭示各子系统之间以及子系统内部各因素之间的相互关系，既具备综合性，又具有层次性。只有这样，才能全面准确地进行评价工作，才能塑造出功能齐备的投资环境。

（2）全面性原则。

反映投资环境的指标体系表现为一系列数值，它们从不同侧面描述和说明了投资环境的优劣。因此，选取时应从多层次、多角度考虑。

（3）客观性原则。

投资环境评估指标要从实际出发，以事实为依据，既要能切实反映我国投资环境的现状，又能用其监测和预警投资环境的变化。当某一因素发生变化时，通过这一指标体系能确切地反映出其对投资环境整体的影响。

（4）可比性原则。

对投资环境进行评价，其目的在于帮助投资者在纷繁错杂的投资对象之间进行甄别，为其投资决策提供依据。因此，投资环境评价指标的设置，应该口径一致，以使投资者能够对不同投资对象进行横向、纵向的比较。这一比较性原则，不仅应该适用于不同国家或地区之间，也应该适用于同一国家或地区在不同时期或时段间的比较和选择。

评价指标的可比性包括纵向可比性和横向可比性两方面。纵向可比性主要是所选指标要能够反映出投资环境的时序演变过程，揭示出投资环境是进化还是退化，这是同一区域不同时间段上的比较，据此可找出其投资环境的演变规律；横向可比性是指评价指标的选择要能够反映出不同投资环境的差异。因而必须注意指标的历史延续性和各地区范围与口径的一致性。

（5）可操作性原则。

可操作性是从评估的实际工作出发，要求指标的选取满足理论与实践相结合、需求与可能相统一，具体又可分为可获得性和可度量性原则。定量化是投资环境评价准确性的保证，而指标的定量则是评价定量化的基础。其中可获得性原则是指所设置的指标所指示的含义应明确，有方便可靠的数据来源，尽量避免一些难以获取或者获取不可靠的指标。在特殊情况下，某些指标对投资环境影响较为显著，但相关资料获取难度大，则可考虑用相关指标替代。可度量性原则是指所设置的评价指标可以通过一定方法进行测量和计量，即强调尽量以定量指标为主，在一定范围和特定要素上考虑反映评估内容的定性指标。因而确定指标时要尽可能地选择量化指标和易量化指标，定性指标也要尽可能地用相关的量化指标来反映，无法定量的定性指标则要经过一定的量化处理（如采用专家系统、德尔菲咨询法等），以增加评价指标的可操作性。

（6）典型性原则。

投资环境评价指标要覆盖一个地区的各个领域，但绝非是指标越多越好。指标选得过多，一是增加了资料信息采集难度；二是加大了资料分析处理的工作、延长了工作时间；三是可能使两个或多个指标对同一要素重叠覆盖，形成不必要的重复。因此，评价指标要尽量简洁，具有典型性和代表性。

（7）时效性原则。

投资环境是个动态的具有较大弹性的运行系统，每时每刻都在发生着变化，各因素之间在不断地进行着分化和重组。一定时期内的积极因素可能变成另一时期内的消极因素，这种变化体现着一定的时效性。而且投资环境的整体功能是在各因素的相互运动中体现出来，而对投资环境进行的评估，通常采用的是某一时点或者时段的数据，其结果也就仅仅能够反映该时点或者时段的情况。因此，根据环境条件和投资要求的变化，对投资环境的评价指标进行相应调整是十分必要的。因此，评价中必须考虑时效性因素对投资环境的影响。

（8）显著性原则。

指标的选取应能最大限度地揭示样本间的差异，对于那些在各评价区域基本类似的指标应舍去，这样可减少指标的冗余。

（9）动态连续性原则。

投资环境是一个动态发展、不断提高的过程。因此，指标体系必须能够反映各地区产业投资环境的现状、潜力以及演变趋势，并能揭示其内在发展规律。指标选取时静态指标与动态指标相结合，利用静态指标反映待测地区产业投资环境的现状水平，利用动态指标预测产业投资环境的发展前景。

三、评价方法

投资环境评价研究是国际直接投资理论中派生出来的一个重要分支。投资环境评价研究一直在试图探求的区域投资的决定因素，并据此进一步判断某个国家或地区投资环境的优劣，为投资方对外投资选择投资区位提供决策参考。当然，投资环境评价研究也可以对东道国的投资环境进行系统研究，以便发现投资环境的优势和不足，进而找到改善投资环境的方法和途径，为东道国改善投资环境提供理论支持和实践指导。

投资环境评价的非常多，互有优劣，需待完善，本书在梳理前人研究的基础上，进行了归纳、汇总和评述，有助于在此基础上吸收它们的优势，克服其缺陷，建立更加完善的评价模型。目前，国内外有代表性的模型方法有以下几种，并将其分为定性分析法和定量分析法两大类。

1. 定性分析方法。

定性分析方法是一种以综合、分析、归纳、推理方式为主的描述方法。以自然语言描述为主，没有复杂的数学模型和繁琐的数学计算的分析模型。

（1）冷热国法。

冷热国法是文献中最早用于投资环境评价的分析方法，1968 年由美国学者伊西·特利法克和彼得·班廷提出。从投资者立场出发，将有利投资的因素称为"热"因素，不利投资的因素称为"冷"因素，根据冷热因素的多少做出投资环境优劣的判断。其考虑因素为政治稳定性、市场机会、经济发展与成就、文化一元化程度、法令阻碍、实质阻碍、地理及文化差异等七个方面。以上七个因素还可以分成更多的子因素，对每个子因素也可以进行冷热分析。该方法侧重国际宏观分析，缺少国内微观探讨，是一种粗线条的评价方法，可用于投资环境国别选择的前期分析。

（2）等级尺度法。

等级尺度法是国际上流行的一种目标市场分析法，1969 年由美国学者罗伯特·斯托鲍夫提出。该方法着眼于东道国政府对外商投资的限制与鼓励政策，将投资环境要素分为不同等级予以评分，最后汇总。考虑因素为抽回资本自由度、外商股权比例、对外商的管制制度、货币稳定性、政治稳定性、给予关税保护的态度、当地资金可供程度、近五年的通货膨胀率八个方面，并对其进行等级评分。该方法所需资料易于获取、便于比较、简便易行。各因素分值确定方面采取区别对待原则，但评分主观性较强，考虑因素不全，适用范围有限。对于评价法制健全、经济发达、基础设施完善的发达国家比较适合，而对发展中国家的投资环境评价有局限性。尽管如此，我们可以通过投资环境分数水平、分数结构，以及打分者的动机来分析把握不同区域投资环境的全面情况。

（3）道氏评估法。

道氏评估法于 1985 年美国道氏化学公司（T. S. 斯文蒂曼）根据本公司在国外投资的经验提出的方法。由于对一个跨国直接投资者来说，投资环境不仅仅因国别而异，即使在同一国家也会因不同时期而发生变化，所以在评价投资环境时，要看过去、现在和今后的变化。从动态的角度，道氏公司将国际直接投资面临的风险分为两类：一类是"正常企业风险"即"竞争风险"；一类是"环境风险"，即某些可以导致企业发生变化的政治、经济及社会因素。这些因素往往会改变企业经营方式，并可能给投资者带来有利或不利的后果，所以将这些因素按形成的原因和作用范围分为两部分企业从事生产经营的业务条件，有可能引起这些条件变化的主要压力。该方法根据现有投资环境基础，考虑可能变化因素，提出"最可能""乐观""悲观""遭难"四套预测方案，分析各方案概率，再作决策。该方法对跨国公司海外投资颇具代表性，尤其是个别企业进行国际直接投资的一个实用性很强的评价东道国投资环境的方法，为个别企业进行国际直接投资区域选择的投资环境评价有指导意义。但是，我们可以看到，这种方法是完全为跨国公司服务的，它在一定程度上保障了投资者的利益，而对于引资者的利益则关注不够。

（4）两因素分析法。

两因素分析法突破了以往投资环境因素分析主次不分、不抓重点的混乱局面，把所有的投资环境分为"硬环境"和"软环境"两大类。对"硬环境"的研究，早期较为重视，但近年来，随着生产力的高速发展，"硬件"不足的问题不像以前那样显得十分突出，而"软环境"不足的问题凸显出来，因此，对"软环境"的研究更为重视。

（5）多因素和关键因素评估法。

多因素和关键因素评估法 1987 年由中国的香港中文大学闵建蜀提出，是两个前后关联的评估方法。多因素评估法将影响投资环境的因素分为政治、经济、财务、市场、基础设施、技术、辅助工具、法律与法制、行政机构效率、文化、竞争等 11 类，每一类再细分，先对各子因素评分，再综合得出总分。关键因素评估法是从具体投资动机出发，找出影响具体投资动机的关键因素再给予评价。关键因素包括降低成本、发展当地市场、获取元件和原料的供应、风险分散、追随竞争者、获取当地的生产技术和管理技术六种。该方法优点在于不仅考虑了影响投资的所有重要因素，而且还根据投资者投资动机考虑了具体投资项目的关键因素。但是，并未考虑东道国吸引外资的目的。适用于对某地区投资环境作一般性评价；关键因素评价则对具体项目投资目标的实现有决策分析意义。

（6）准数分析法。

准数分析法由林应桐于 1993 年《国际资本投资动向和投资环境准数》一文中提出。将投资环境分为投资环境激励系数（K）、城市规划完善因子（P）、税利因子（S）、劳动生产率因子（L）、地区基础因子（B）、效率因子（T）、市场因子（M）、管理权因子（F）八类，每类再分解。根据公式 $N = K \cdot B/S \cdot T(P+L+M+F) + X_0$ 计算准数 N，并据以判断投资环境优劣（式中 X_0 表示其他机会因素）。该方法根据要素内在联系性，予以综合，克服了机械评分法的不足。但其公式中多因素间的关系在实践中缺乏足够的证据，值得商榷。对投资商筛选可选投资地和受资区、了解自身投资环境状况都有参考意义。

（7）投资环境地图法。

投资环境地图法由赵映冈于 1994 年提出。该方法利用地图来进行投资环境评价，实质是确定投资环境地图的属性、投资环境地图的内涵、选题和投资环境地图的表现形式。投资环境地图包括立足于投资环境评价因素的投资环境地图和立足于投资环境评价结果的投资环境地图两种形式。该方法是一种直观、科学的投资环境评价方法，是评价投资环境可视化表达的理论基础。适合于投资环境单要素及评价结果的直观表达。其缺点是依赖纸质地图，要把影响投资环境的众多因素及其相互作用、相互关系表现在方寸之地上绝非易事。

2. 定量分析方法。

定量方法侧重从量上揭示相互联系的事物之间数量关系及其相互影响的量变规律，从而深入、全面地研究投资环境。

（1）相似度评价模型。

相似度评价法又叫参数分析法、综合评价指标（参数）体系法、1987 年由郭文卿、郎一环、霍明远等提出。该方法是以若干特定的相对指标作为投资环境质量的统一衡量标准，运用模糊数学方法计算待评价的投资环境相对应参数指标与衡量标准的相似程度，并据此评判投资环境优劣的一种方法。根据该方法计算出的相似度值越高，投资环境越好，反之则越差。该方法适用一国内部的区际投资环境评价与比较，将数量经济学方法应用于投资环境评价，并试图以尽量少的相对指标为客观尺度来进行定量评价，是投资环境评价的一种方法创新。但在技术上，其最大的缺陷在于指标设置较少，过于笼统且存在结构性缺陷，未能反映投资环境的区域内部差异。

（2）投资环境评价聚类模型。

聚类分析是用多元统计分析的数学方法定量地确定样本的亲疏关系，从容客观地分型划类。其具体方法有系统聚类法、调优法、图论聚类、灰色聚类、模糊聚类等数种。由于投资环境在很多情况下都带有模糊性或受很多模糊性因素影响，用模糊数学方法来做聚类分析，能使分类更切合实际。该分析方法可为投资环境类型划分和有针对性地进行投资环境建设提供较科学的依据，但由于分析指标体系的建立不同和统计量方法计算方法选取的不同，可能导致不同的聚类结果，从而有可能引起投资环境划分的不确定性，造成误判。

（3）层次分析法。

层次分析法（AHP）是将与决策有关的元素分解成目标、准则、方案等层次，在此基础之上进行定性和定量分析的决策方法。该方法是美国运筹学家匹兹堡大学的教授萨蒂于 20 世纪 70 年代初运用网络系统理论和多目标综合评价方法，提出的一种层次权重决策分析方法。这种方法的特点是在对复杂的决策问题的本质、影响因素及其内在关系等进行深入分析的基础上，利用较少的定量信息使决策的思维过程数学化，从而为多目标、多准则或无结构特性的复杂决策问题提供简便的决策方法。用于系统工程中对定性事件作定量分析，是对人的主观判断做出客观描述的一种有效方法，可用于多因素分析中各因素的确定和分析。该方法可将投资环境评价中一些难以测量的指标进行量化，将复杂的评价问题分而治之，对于投资环境评价问题是有效的。但 AHP 法的最终结果是得到各待评价区域相对于评价目标的优先顺序权重，对于某些定量化要求高的评价问题不太适合。该方法主要适合于主观指标的定量化以及将它与其他决策方法结果作为目标加权方法。

（4）数据包络分析法。

数据包络分析是由著名的运筹学家查恩斯和库伯等（Charnes & Cooper, et al.）提出的以相对效率概念为基础，用于评价具有相同类型的多投入、多产出的决策单元（decision making unit, DMU）是否技术有效的一种非参数统计方法。该方法的特点是在输入和输出观察数据的基础上，采用相对效率来对决策单元进行评价。由于 DEA 方法不需要对参数进行预先估计，所以具有避免主观性、简化运算等优点。最常用的数据包络分析方法是 CCR 模型。从生产函数角度看，这一模型是用来研究具有多个输入、特别是具有多个输出的"生产部门"同时为"规模有效"与"技术有效"的十分理想且卓有成效的方法。但是，即使得出了研究结果，对于一些效率相对低下的决策单元，如何进行改进，通过技术进步还是通过改善管理，再进一步的建议往往难以给出。

（5）熵值法。

熵值法是一种客观赋权法，其根据各项指标观测值所提供的信息的大小来确定指标权重。设有 m 个待评价方案和 n 项评价指标，形成原始指标数据

矩阵 $X = (X_{ij})n * m$，对于某项指标 X_j，指标值 X_{ij} 的差距越大，则该指标在综合评价中所起的作用越大；如果某项指标的指标值全部相等，则该指标在综合评价中不起作用。在信息论中，熵是对不确定性的一种度量。信息量越大，不确定性就越小，熵也就越小；信息量越小，不确定性就越大，熵也越大。根据熵的特性，我们可以通过计算熵值来判断一个方案的随机性及无序程度，也可以用熵值来判断某个指标的离散程度，指标的离散程度越大，该指标对综合评价的影响越大。因此，可根据各项指标的变异程度，利用信息熵这个工具，计算出各个指标的权重，为多指标综合评价提供依据。熵值法可计算投资环境的优劣，对提出的优化对策有较强的逻辑。

(6) 地理信息系统研究方法。

地理信息系统是采集、存储、管理、分析和显示有关地理现象信息的综合系统。自 20 世纪 60 年代末加拿大建立起世界上第一个 GIS 以来，在最近的三四十年间取得了惊人的发展，并广泛地应用于资源调查、环境评估、区域发展规划、公共设施管理等多个领域，成为一个跨学科、多方向的研究领域。作为一种通用技术，按一种新的方式去组织和使用地理信息，以便更有效地分析和生产新的地理信息，提供了一种认识和理解地理信息的新方式，尤其是计算机技术的引入使得对于空间数据的分析更为方便快捷。而对于区域投资环境这样一个拥有大量空间数据的复杂而庞大的系统而言，需要基于这门新兴技术进行处理，因此，与区域投资环境评价空间模型的耦合便势在必行。

(7) 聚类分析模型。

聚类分析又称群分析，是运用多元统计分析的数学方法，对样本的亲疏关系进行定量确定，能比较客观地对群分型划类。聚类分析计算方法主要有如下几种：分裂法（partitioningmethods）、层次法（hierarchicalmethods）、基于密度的方法（density-basedmethods）、基于网格的方法（grid-basedmethods）、基于模型的方法（model-basedmethods）。在很多情况下，投资环境带有模糊性或受很多模糊性因素影响，用模糊数学方法来做聚类分析，能使分类更切合实际，但由于分析指标体系的建立不同和统计量方法计算方法选取的不同，可能导致不同的聚类结果，从而有可能引起投资环境划分的不确定性。

（8）主成分分析法。

主成分分析，也称主分量分析，旨在利用降维的思想，把多指标转化为少数几个综合指标。在实际问题研究中，我们必须考虑众多影响因素（一般称为指标或称为变量），这些所得的统计数据反映的信息在一定程度上有重叠。主成分分析法是一种简化数据集的技术，是一种数学变换的方法。它把给定的一组相关变量通过线性变换转成另一组不相关的变量，这些新的变量按照方差依次递减的顺序排列。在数学变换中保持变量的总方差不变，使第一变量具有最大的方差，称为第一主成分；第二变量的方差次大，并且和第一变量不相关，称为第二主成分。依次类推，i个变量就有i个主成分。通常是选出比原始变量个数少，能解释大部分资料中的变异的几个新变量，即所谓主成分，并用以解释资料的综合性指标。

（9）组合评价法。

组合评价法是建立在单一综合评价法的基础上的一种新型评价方法，可以集合单一评价法中主观评价法和客观评价法的优点，克服各自的缺点，得到更为全面合理的评价结论。目前国内外已经建立了数百种综合评价的方法，最常用的有两类：一是主观赋权，如综合指数法和专家评价法等。二是客观赋权确定权重，如主成分分析和因子分析等。不管选用哪种综合评价的方法，若只用一种方法进行评价，其结论难免引起质疑。所以，有必要选取多种评价方法独自进行分析，然后将所选取的各评价方法评价的结果进行组合，最终得到合理的评估结论。组合评价法一般先对被评对象分别进行主观和客观的单一评价，通过事前检验后进行组合，再进行事后检验，最后得出最佳组合结果。采用组合评价法，尽管还是一种尝试，但从案例研究结果来看，评价结果是比较精确的。

（10）模糊综合评价法。

模糊综合评价，就是运用模糊数学的基本理论，通过综合考虑影响某事物的各个因素，来对实际问题的优劣做出科学的、综合的评价的方法。具体地说，就是以模糊数学为基础，应用模糊关系合成的原理，将一些边界不清、不易定量的因素定量化，从多个因素对被评价事物隶属度等级状况，进行综合性评价的一种方法。模糊综合评价法，包括一级评价与多级评价。对整个区域投资的环境进行评估的过程中，有些风险因素的评价往往具有模糊性。

运用模糊综合评价方法会取得更好的实际效果。为了较好地区分各因素在总体评价中的地位和作用，较全面地吸收所有因素的信息。

（11）灰色关联分析法。

20世纪70年代末、80年代初，我国著名学者邓聚龙教授提出了灰色系统理论，这一系统是相对于黑色系统和白色系统而言的。黑、白、灰代表了三种深浅不同的颜色，在控制论中，它们代表着不同信息明确程度，正如色彩中的灰色介于黑色和白色之间一样，灰色系统指的是介于信息完全明确与信息完全未知的白色系统和黑色系统之间的一种系统，它主要是用来处理部分信息透明、部分信息未知的问题，其原理是运用白色透明信息去辅助确定黑色未知信息。灰色系统理论这一理论是针对既无经验又少数据的不确定性问题，即"少数据不确定性"问题提出的。该理论结合数学方法，实现少数据建模，主要可以用于解决"小样本""贫信息不确定"问题，对相关学科的研究具有重大意义。灰色关联分析法是这一理论的具体应用，它首先选定最佳的标准，再根据因素之间的相似程度来得出因素之间存在的关联度，并佐以一定的计算方法计算出关联度的具体数值，从而根据关联度去发现被评价对象与最佳标准接近的程度，确定评价对象的综合排名。关联分析是按发展态势进行，样本量大小对结果影响不大，且分析结果与其他定性方法评价结果一般相同，所以该方法具有广泛的适用性。

上述各种方法在划分影响投资环境的因素时，有的是依据各因素本身的特性来对其分类的，如将投资环境分为政治环境、经济环境、社会环境、自然环境等；有的驻足于投资者的经营活动，将投资环境分为企业从事生产经营的业务条件，有可能引起这些条件变化的主要压力；而有的是从东道国改善投资环境的作为出发点，将投资环境分为软环境、硬环境两个部分；还有的根据改善投资环境各因素的难易程度和所需时间的长短，将投资环境分为短期因素、中期因素、长期因素。

人们对一个地区投资环境的认识经历了从简单到复杂，从肤浅到深入的过程。伴随而来的投资环境评估方法，也从最初的简单因素评估法，到目前主流的具有系统思想的多因素评估法。但是应当注意到，实践证明，任何一种模型与方法，都不是尽善尽美的，都有其优点和缺点，也有其一定适用性和局限性。

　　从以上分析可以看出，上述国内外评价投资环境的方法尽管角度不同，侧重点及考虑的因素各异，但都具有一定的科学性，适用于一定的场合。然而，笔者认为，从建立区域投资环境指标体系这一角度来看，它们有共同的不足之处，主要表现在以下几个方面：

　　①从纵向角度看，现行的投资环境评价方法实际上都不约而同地挤在一个层次里，只分析目标国家的具体投资环境，不同程度地都忘记了东道国投资环境和更高层次投资环境因素之间的联系以及该国内部投资环境在地域空间上的差异。局限于国家层次上的现有的投资环境评价方法还有可能使投资者由于忽视了投资环境在一个国家内部不同地区之间的显著差别而不能抓住良好的投资机会。

　　②从横向角度看，投资环境是一个内部十分丰富，涉及面相当广的概念，它包括资源、经济、社会、文化、政治等环境因素。这些投资环境因素相对独立又彼此联系，是一个矛盾整体。在这个矛盾体中，各环境因素占据不同的地位，并对投资行为产生性质和程度较大差别的影响。然而，在现行的投资环境评价方法中，只有个别方法对不同的环境因素对总投资环境的作用，以及对投资活动的影响的差异予以区别对待。这种对各种环境因素一视同仁的做法，淡化了一些国家或地区在几个关键的投资环境上的优势，影响了最后的优胜劣汰。

　　③从量化角度来看，除了个别评价方法以外，现有的投资环境评价基本上都是一个定性分析过程或主观打分法。这种人为的主观因素的掺入不可避免地影响了投资环境评价的可靠性。非量化投资环境的评价将影响投资者在投资决策行为和有关的投资环境变量之间建立可靠的数学模型或函数关系。

　　根据以上分析，本书对完善现有投资环境评价方法有如下设想：

　　①不论是对投资环境的定性分析还是定量分析，都必须主要分析投资环境在一个国家不同地域空间上的差异性，把投资环境的评价进一步区域化。

　　②选择运用有效手段，认真搜集和大量占有区域投资环境的各种资料，以保证投资环境资料的完整性、准确性、可比性和及时性。还应该注意提高对投资环境变量统计测量的科学性，特别是合理地对投资环境的质量指标实行量化，为投资环境评价的数量化提供服务。另外，在对环境变量进行分类时，要尽量排除人为主观因素影响，更多地体现环境因素之间内在的数量联系。

第三节　非洲国家投资环境综合评价

一、指标体系的设计

投资环境评价指标既是构成投资环境系统的要素，又是指示投资环境质量、运行状态、演变趋势的信号。评价投资环境，第一步就是要确定评价目的、方法和选择指标体系。然而，投资环境要素的复杂性决定了指标体系的多样性、投资环境的对象性，针对不同的投资主体和区域差异性又产生了指标体系选择的多变性，不同的评价者在指标选择上往往差异较大。尽管目前对投资环境评价所建立的指标较多，但仍然没有一套可广泛适用又普遍接受的指标体系。而指标体系的选择又决定着投资环境评价结果的可信度和使用价值，是投资环境评价工作的重要环节，因此，指标体系的建立既困难又不容回避。本书在已有成果的基础上，试图对投资环境评价指标体系的建立作进一步的探索和完善。

1. 构建非洲国家投资环境评价指标的逻辑推理。

构建一个完整的评价投资环境的指标体系，应该多方面考虑，最重要的是：一要从投资者角度进行考虑，即区域投资环境评价主要是对一个地区吸引能力的评价或哪个地区对更有吸引力。二要从受资者角度进行考虑，因为评价的对象正是受资方自身区域投资环境，评价的结果对于如何改善和优化区域投资环境，促进本地区社会经济协调发展具有重要战略意义。据此，本书从非洲国家投资环境评价体系方面入手，力图找到投资环境评价因子，系统地构建评价体系。

在本书理论部分中，邓宁的国际生产折中理论对跨国直接投资的区位决定因素进行了深入系统地探讨。邓宁认为，跨国直接投资的动机可以分为四种，即寻求自然资源、寻求市场开拓、寻求生产效率、寻求战略资产。由此相应形成四种类型的跨国直接投资。跨国投资在选择区位时要综合考虑各种因素，但不同类型的投资所考察的因素重点不同。

在区域投资环境的外部作用机制分析中，通过经验资料对在非洲直接投资的动机和目标作了分析，得出结论是，对非洲直接投资的动机主要是开拓市场、寻求效率、利用生产要素优势等。非洲大陆 11.55 亿人口的巨大消费市场、快速的经济增长、丰富而又廉价的劳动力以及不断扩大的对外开放等日益成为吸引的最重要的环境诱发与拉动因素。区位理论分析结合外商对非洲投资动机的经验研究可以得出，外商对非洲直接投资，开拓和抢占非洲市场是第一位的动机，利用非洲低劳动力成本是第二位的动机，盈利机会多和经济前景良好是第三位的动机，知识产权保护或确保原材料供应是第四位的动机，通过直接投资输出成熟或过时的技术、机器设备是第五位的动机，减少风险是外商投资的第六位的动机，增加出口机会是第七位的动机。

不同类型的外商投资动机不同，但最终目的都是提高收益、降低成本、分散风险实现投资，收益的最大化。基于外商对非洲投资的动机的分类，并结合上述各类区域投资环境评价指标体系的归纳分析，本书认为影响外商在我国不同地区投资区位选择的因素主要包括四个方面的因素，即市场状况因素、综合成本因素、环境支持因素、投资风险因素。

市场状况因素主要包括市场容量、企业的市场化程度、经济开放度和市场分配经济资源的比重四个指标因素。一个地区的盈利机会首先取决于它的市场容量的大小，而市场容量一般而言与人口数量成正比，与人均收入也成正比，用公式表示为市场容量 = 人口数量 × 人均收入。市场规模取决于人口数量和人均收入的乘积，即国民收入的大小。国民收入总量决定着市场规模的大小。经济开放度可以看出一个地区市场融入国际市场的程度。企业的市场化程度和市场分配经济资源的比重可以衡量一个地区的市场发育程度。这四个因素分别从不同的侧面刻画了一个地区的市场状况。

外商投资选择区位时所考虑的成本不仅仅是狭义的生产成本或投资成本，而是广义的投资综合成本。在很大程度上，外商对投资场所的选择过程就是一个对投资综合成本的比较过程。投资综合成本首先包括地价、劳动力成本以及能源、原材料成本等生产要素成本、交通运输和通信成本等直接成本；其次包括采购成本、销售成本、配套成本等间接成本；最后是交易成本。直接成本是外商投资企业生产经营过程中必然要面对的成本，也是比较容易量化的。采购成本、销售成本、配套成本等间接成本则发生在外商投资企业与国内合作伙伴之间的商业联系过程中。交易成本，可以看作是一系列制度成本或社会成本，其中包括信息成本、谈判成本、起草和实施合约的成本、界定和实施产权的成本、组织活动的成本、监督管理的成本和改变制度安排的成本。简而言之，交易成本包括一切不直接发生在物质生产过程中的成本。一般来说，直接成本容易度量，而间接成本和交易成本很难度量。这没有关系，因为虽然间接成本和交易成本难以量化，但可以比较，只要投资环境评价的对象给定了，我们就可以对不同地区生产间接成本与交易成本进行比较，从而做出评价。交易成本的高低主要是由一个地区的制度或体制环境决定的，而政府办事的效率和政府运行的成本又对一个地区社会成本的大小具有决定性的影响。

除了市场和综合成本之外，外商投资还要考察一个地区在基础设施、产业技术、人力资源以及资金供应等方面的支持能力。技术支持实质上就是一个地区的产业配套能力和经济发展水平。随着全球经济一体化的发展，跨国公司的作用日益重要并越来越主宰着全球的经济。新世纪以来，跨国公司在国际直接投资过程中更是处于主导和支配的地位。同样，随着我国经济的快速增长以及投资环境的不断改善，欧美等发达国家的跨国公司不断增加对中国的投资，跨国公司在外商对华投资中的比重也不断上升。跨国公司一般有先进的技术、雄厚的资金、成熟的管理经验，特别注重研究和开发以提高企业的核心竞争力，而生产和加工一般都是外包。这就要求一个地区一方面要有足够的中高级管理和技术人才供跨国公司的研发和管理服务，另一方面产业结构要达到一定的水平以满足跨国公司生产配套或外包生产的需要。另外，一个地区的融资环境或者说资金支持能力对外资企业的发展也非常重要。资金是企业的血液，企业的发展离不开资金的支持。一个地区融资环境差、资金支持能力低常常成为外资企业发展的"瓶颈"。

投资风险是外商投资考虑的重要因素之一。跨国投资的风险主要包括政治风险、汇率风险以及信用风险等风险。

某个地区投资环境是否有竞争力，关键是该地区投资环境是否能够迎合的动机，使外商获得满意的投资效益。本书认为，哪个地区投资环境能更好地满足外商投资的动机，哪个地区的投资环境在吸引的过程中就更有竞争力。

构建非洲国家评价指标体系的逻辑推理是这样的，既然外商投资动机决定了区位选择的因素，那么，非洲区投资环境总体因素中的任何一个因素只要能对外商投资的动机产生影响，它就会对非洲地区诱发能力产生影响，进而影响非洲地区对外商的吸引力。

根据本书对非洲区域投资环境作用机制的分析，在建立评价指标体系之前应确定以下两点假设：

第一，假设外商是无行业或产业差别的。由于不同地区的社会资源享赋差异很大，有的地区适合农业或劳动密集型产业投资，有的地区适合资本密集型产业投资，而有的地区则适合技术或知识密集型产业投资。但我们只打算从宏观上对不同地区的投资环境进行总体的基本的评价与比较，并不细分到行业或产业评价，所以，我们假设投资不同行业或产业的外商是无差别的。外商在非洲的投资主要集中在第二产业，第三产业尤其是第一产业外商投资的比较少，因此，我们的这个假设从总体上说是可行的。

第二，假设不同地区的内部是均匀的、同质的。应该看到，不同地区的内部投资环境也有差异，但在对不同地区的投资环境进行评估时，我们旨在通过对不同地区投资环境基本的宏观的评价从而对不同地区投资环境的优劣做出总体的评定与排序，所以，可以假设不同地区的内部是均匀的、同质的。

2. 构建非洲国家投资环境评价指标的思路。

要做到从投资者对风险、机会、经营条件的具体要求和期望出发来评价投资环境，就必须认真研究投资者的决策过程。分析这一决策过程所考虑的影响投资的各种因素，力求使指标体系尽可能的客观、准确。见图3.1。

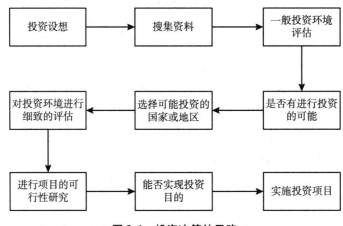

图 3.1　投资决策的思路

投资者在做出投资决策之前，需分三步对区域投资环境进行评价。第一步是根据投资设想，对有可能进行投资的非洲各个国家和地区的投资环境进行一般性评估，该评估所主要考虑的是影响投资实现的一般因素，如政治、经济的稳定性等。其目的是通过对比，选择一个或几个较为理想的投资地点。第二步是在前步评估的基础上，依据投资产业或项目的具体目标，对所选择的投资地点的投资环境进行具体、详细、深入的评估。该步评估所考虑的主要是一些影响投资目标实现的具体因素，如项目所需资源的供应等。其目的在于通过对比，选择出最佳的投资产业或项目。第三步进一步深入研究所投资产业产出的产品的市场环境，如产品营销渠道等。这三层指标体系既互相联系又互相区别。它们的区别主要是功能不同，即它们所反映的因素在投资者的投资决策中所起的作用不同。第一层的指标体系是把非洲各个国家和地区作为一个整体，从宏观角度考察非洲一个国家的一般投资环境，它是投资者选择投资地点的依据。第二层指标体系是根据投资者的具体投资动机，从中观上考察非洲某一国各有关地区的具体投资环境，它是投资者选择具体投资产业或项目的依据。第三层指标体系是从微观上具体考察产品所面临的市场环境。

这三层指标体系的联系主要表现在：

（1）这三层指标体系所反映的投资环境不是独立的，对投资者而言，它们是一个统一体，是构成非洲国家投资环境不可缺少的三个组成部分。投资者只有在对一般投资环境和产业投资环境均较为满意的情况下，才会做出投资决策。在选择投资地点和投资项目时，也是进行综合分析，比较多个地点的一般投资环境和产业投资环境后，择优而定。

（2）一般投资环境优越是投资者进一步评估地区产业投资环境的前提。投资者的决策程序是先对非洲某一个国家一般投资环境进行评估，对评估结果满意后，才对该国的地区产业环境进行评估。一般情况下，一般投资环境不理想，投资者就会做出不投资的决策，而不再进行地区产业环境评估。

（3）在三层指标体系中，有些因素在一般投资环境中考虑了，在地区产业投资环境中就不考虑。有些因素，在一般投资环境、产业投资环境和产品投资环境中都要考虑，但是考察的内容不同，一般投资环境考察的是主要和综合方面，产业投资环境和产品投资环境考虑的是具体和特殊方面。比如，地理位置这一因素，在一般投资环境中考察其是否靠近国际金融中心、国际商业航道，在产业投资环境和产品投资环境中要考察其是否靠近原料产地、产品市场等。

3. 非洲国家投资环境评价指标体系的构建。

造成投资环境区域差异的因素有许多，例如自然资源禀赋、港口条件、居民的技术熟练程度、基础设施的数量及质量等方面的差别，以及国家经济如何布局与政策如何制定等特殊因素。此外，初始的要素条件、政策的地区差异、税收安排以及其他许多因素的差别都能导致地区间投资环境的巨大差异。那么，如何来确定指标体系的构成要素呢？

为了科学客观地对非洲国家投资环境进行评价，必须建立衡量投资环境优劣的尺度——指标以及指标体系，它直接关系到研究结论的科学性、客观性、准确性、与可靠性，关系到能否为决策者提供一个可量化的并具有可操作性的依据。建立投资环境评价指标体系，一方面要以现有的各项统计制度和数据为基础；另一方面，投资环境评价指标并不是已有的统计指标的简单照搬、相加和堆积，而是已有统计指标的有机综合、提炼、升华和一定程度上创新。

需要指出的是，本书所构建的区域投资环境评价指标体系是结合非洲大陆所有国家的具体情况，考虑到指标系统内部各个指标之间的相互交叉、制约以及协调促进的辩证关系，经过反复筛选和相关研究后选择了与投资环境密切相关、代表性大的指标而建立起来的。指标类别主要为定量指标，如自然资源、经济实力、经济结构等，可以直接用数量表示出来，研究中本书采用总量指标和相对指标相结合的方法确定指标分级，因为总量指标虽然在反映问题上不如相对指标，但总量指标大小反映该地区实力强弱，而相对量大、总量小的指标在某些情况下，还没有总量指标更有代表性。这些指标与非洲地区投资环境密切相关，一些不容易量化的指标被剔除。由于投资者在选择区域进行投资时，有不同的出发点和侧重点。

因此，本书所列的指标均侧重从投资者的共性角度进行考虑，根据指标体系的确立原则，在参考一些研究经验与成果的基础上，经过权衡和修改，先确定42个基层指标，再按照各指标的属性逐级向上分类合并，从而构建出由5个一级指标、42个二级指标组成的分层次的投资环境综合评价指标体系（见表3.1）。

表 3.1   非洲国家投资环境综合评价指标体系

目标层	一级指标	二级指标
非洲国家投资环境综合评价指标体系	人口与就业	总人口（百万人）（正向指标）
		人口增长率（%）（正向指标）
		经济活动人口（百万人）（正向指标）
		非农从业人员比重（%）（正向指标）
		城市人口比例（%）（正向指标）
		就业率（%）（正向指标）
	经济发展	耕地面积（万公顷）（正向指标）
		GDP（亿美元）（正向指标）
		人均国民总收入（美元）（正向指标）
		GDP 增长率（%）（正向指标）
		制造业产值（亿美元）（正向指标）
		第二产业增加值占 GDP 比重（%）（正向指标）
		固定资产形成总值（亿美元）（正向指标）
		私人最终消费（亿美元）（正向指标）
		公共财政总收入（亿美元）（正向指标）
		货币供给（亿美元）（正向指标）
	基础设施	铁路总里程（千 km）（正向指标）
		铁路网密度（千米/千 km²）（正向指标）
		铺装道路比例（%）（正向指标）
		每千人铺装道路里程（km/千人）（正向指标）
		每千人拥有电话主线（条/千人）（正向指标）
		每千人蜂窝移动电话用户数（户/千人）（正向指标）
	社会发展	识字率（%）（正向指标）
		中等教育入学人数（千人）（正向指标）
		高等教育入学人数（千人）（正向指标）
		公共教育支出占预算比例（%）（正向指标）
		师生比率（%）（正向指标）
		公共卫生支出占预算比例（%）（正向指标）
		每万人医生数（人）（正向指标）
		每万人医院床位数（张）（正向指标）
		出生时预期寿命（年）（正向指标）
		婴儿死亡率（%）（负向指标）
		人类贫困指数（负向指标）
		人类发展指数（正向指标）

续表

目标层	一级指标	二级指标
非洲国家投资环境综合评价指标体系	对外开放	出口总额（亿美元）（正向指标）
		进口总额（亿美元）（正向指标）
		外商直接投资（百万美元）（正向指标）
		进出口总额占 GDP 比例（%）（正向指标）
		国际游客到达人数（千人）（正向指标）
		国际旅游收入（千美元）（正向指标）
		国际储备（亿美元）（正向指标）
		国外净资产（百万美元）（正向指标）

4. 非洲国家投资环境评价指标的解释。

本书选择的指标，是在前人的研究基础上，根据指标体系建立的系统性、层次性、可比性、可操作性、时效性等原则，并考虑到数据的可得性而制定的。本书认为，非洲国家的人口与就业、经济发展、基础设施、社会发展、对外开放这五大因素充分体现了非洲投资环境的各个方面。

（1）人口与就业。该一级指标由总人口、人口增长率、经济活动人口、非农从业人员比重、城市人口比例和就业率 6 个二级指标来反映。总人口反映地区目前的市场规模大小，人口增长率反映地区未来市场规模，经济活动人口、非农从业人员比重、就业率反映地区的劳动力供给，城市人口比例反映地区的城镇化程度。

（2）经济发展。该一级指标由耕地面积、GDP、人均国民总收入、GDP增长率、制造业产值、第二产业增加值占 GDP 比重、固定资产形成总值、私人最终消费、公共财政总收入和货币供给 9 个二级指标来反映。GDP 反映了经济的规模，人均国民总收入反映了经济的发展水平，GDP 增长率反映地区潜在的经济实力，公共财政总收入反映地区的税负水平。固定资产形成总值反映一定时期内建造和购置固定资产的工作量以及与此有关的费用的总称，私人最终消费反映地区的市场容量。制造业产值和第二产业增加值占 GDP 比重反映了经济的结构以及产业配套能力和服务水平。货币供给反映一个地区的金融活跃程度。

（3）基础设施。该一级指标由铁路总里程、铁路网密度、铺装道路比例、每千人铺装道路里程、每千人拥有电话主线和每千人蜂窝移动电话用户数6个二级指标来反映。基础设施反映了经济发展与社会、环境的协调程度，是构成投资环境不可或缺的物质硬件。铁路总里程、铁路网密度、铺装道路比例、每千人铺装道路里程反映地区的交通运输能力，每千人拥有电话主线、每千人蜂窝移动电话用户数反映地区的信息化水平。

（4）社会发展。该一级指标由识字率、中等教育入学人数、高等教育入学人数、公共教育支出占预算比例、师生比率、公共卫生支出占预算比例、每万人医生数、每万人医院床位数、出生时预期寿命、婴儿死亡率、人类贫困指数和人类发展指数12个二级指标来反映。识字率、中等教育入学人数、高等教育入学人数反映地区人口的文化素质，公共教育支出占预算比例、师生比率反映地区的教育投入。公共卫生支出占预算比例、每万人医生数、每万人医院床位数、出生时预期寿命、婴儿死亡率反映地区卫生发展水平。人类贫困指数、人类发展指数综合反映地区的发展水平。

（5）对外开放。该一级指标由出口总额、进口总额、外商直接投资、进出口总额占GDP比例、国际游客到达人数、国际旅游收入、国际储备和国外净资产8个二级指标来反映。出口总额、进口总额、进出口总额占GDP比例反映地区对进出口的依赖程度。外商直接投资、国际游客到达人数、国际旅游收入反映对外资的吸引程度。国际储备、国外净资产地区国际清偿能力的强弱。

本书所建立的投资环境评价的指标体系，实质上是一个解释性的指标体系。也就是说，我们可以用这个指标体系对地区投资环境优劣做出评价和解释，而且还可以对投资环境的内部结构做出分析。

二、评价模型的选择

1. 思路。

本书利用熵权法确定指标权重。熵权法是一种客观的赋权方法，它是利用各指标的熵值所提供的信息量的大小来决定指标权重的方法。熵权法的作用如下：①用熵权法给指标赋权可以避免各评价指标权重的人为因素干扰，使评价结果更符合实际。克服了现阶段的评价方法存在指标的赋权过程受人为因素影响较大的问题。②通过对各指标熵值的计算，可以衡量出指标信息量的大小，从而确保所建立的指标能反映绝大部分的原始信息。

2. 规范化处理。

（1）正向指标的规范化。

正向指标数值越大表明国家投资环境况越好。例如，总人口、GDP 等指标，具体的正向指标如表3.1 第 3 列所示。

设：Y_{ij} 为第 i 个国家第 j 个指标规范化处理后的值，x_{ij} 为第 i 个国家第 j 个指标的原始值，$(x_j)_{max}$ 和 $(x_j)_{min}$ 分别表示所有被评价的国家中第 j 个指标相对应的原始数据中的最大值和最小值，m 表示被评价的国家数量，n 表示指标的个数。根据正向指标的规范化公式，则指标经过规范化处理后的值

$$Y_{ij} = \frac{x_{ij} - (x_j)_{min}}{(x_j)_{max} - (x_j)_{min}} \quad (i = 1, 2, \cdots, m; j = 1, 2, \cdots, n) \quad (1)$$

式（1）的经济学含义为第 j 个指标值与最小值的偏差相对于最大值与最小值偏差的相对距离。偏差越大距离越大，规范化处理后值越高。

（2）负向指标的规范化。

负向指标指数值越小表明国家投资环境况越好。例如：婴儿死亡率等指标，具体的负向指标如表3.5 第 3 列所示。

设各符号含义与式（1）中一致，根据负向指标的规范化公式，则指标经过规范化处理后的值

$$Y_{ij} = \frac{(x_j)_{max} - x_{ij}}{(x_j)_{max} - (x_j)_{min}} \quad (i = 1, 2, \cdots, m; j = 1, 2, \cdots, n) \quad (2)$$

式（2）与式（1）有相同的经济学含义。

3. 权重确定。

设 $Y_{ij}(i = 1, 2, \cdots, m; j = 1, 2, \cdots, n)$ 为第 i 个国家的第 j 项指标的规范化值，对于给定的 j，Y_{ij} 的差异越大，该项指标对系统的比较作用就越大，亦即该项指标包含和传输的信息越多。用熵值法确定指标权重的步骤如下：

（1）计算各指标熵值。

根据信息论中信息熵的定义，设 E_j 为第 j 个评价指标的熵值，则熵值 E_j 的计算过程如下：

$$P_{ij} = Y_{ij} / \sum_{i=1}^{m} Y_{ij} \quad (i=1, 2, \cdots, m; j=1, 2, \cdots, n) \quad (3)$$

$$E_j = -t \sum_{i=1}^{m} P_{ij} * \ln(P_{ij}) \quad (i=1, 2, \cdots, m; j=1, 2, \cdots, n) \quad (4)$$

设各符号含义与式（1）中相同，$t = 1/\ln(m)$，如果 $P_{ij} = 0$，则定义 $\lim_{P_{ij} \to 0} P_{ij} * \ln(P_{ij}) = 0$。

（2）计算各指标的熵权。

设 W_j 为第 j 个评价指标的熵权，则指标的熵权：

$$W_j = \frac{1 - E_j}{n - \sum_{j=1}^{n} E_j} \quad (i=1, 2, \cdots, m; j=1, 2, \cdots, n) \quad (5)$$

式中，E_j 为第 j 个指标的熵值。熵权法赋权的特点是在所评价的样本中同一指标之间的数值差别越大则权重越大。

4. 综合评价模型。

设 T_i 为第 i 个待评价国家投资环境综合评价得分，根据线性加权综合评价公式，则最终得分

$$T_i = \sum_{j=1}^{n} P_{ij} * W_j \quad (6)$$

式中，P_{ij} 为评价指标规范化得分，W_j 为第 j 个评价指标的权重，式（6）即为本书采用进行非洲国家投资环境综合评价的最终模型。

5. 模型亮点。

本书所以选用熵权法，是因为此方法不仅可保证所确定的权重不受主观因素影响，有较好的客观性，同时也可使得本书的研究具有统一性、整体性和可比性。

三、数据来源与处理方法

本书研究的空间范围是非洲大陆上所有的国家，非洲大陆总面积为 3020 万平方千米，约占世界陆地总面积的 20.4%，为世界第二大洲，2014 年总人口为 11.55 亿，GDP 为 24989.62 亿美元，包含阿尔及利亚、安哥拉、贝宁、博茨瓦纳、布吉纳法索、布隆迪、佛得角、喀麦隆、中非共和国、乍得、科摩罗、刚果、刚果（金）、科特迪瓦、吉布提、埃及、赤道几内亚、厄立特里亚、埃塞俄比亚、加蓬、冈比亚、加纳、几内亚、几内亚比绍、肯尼亚、

莱索托、利比里亚、利比亚、马达加斯加、马拉维、马里、毛里塔尼亚、毛里求斯、摩洛哥、莫桑比克、纳米比亚、尼日尔、尼日利亚、卢旺达、圣多美和普林西比、塞内加尔、塞舌尔、塞拉利昂、索马里、南非、南苏丹、苏丹、斯威士兰、坦桑尼亚、多哥、突尼斯、乌干达、赞比亚、津巴布韦，共54个国家。

本书一共选取了非洲52个国家的5个一级指标42个二级指标进行分析，如表3.5所示。数据来源于《非洲统计年鉴（2014）》、《非洲地区发展报告（2013～2014）》和《非洲经济发展报告（2013～2014）》。其中，索马里和南苏丹两个国家的统计数据严重缺失，因此予以剔除，其他国家数据有少量缺失，运用缺失值分析法进行处理，并且为了克服经济周期波动和衡量偏误的影响，采用2005～2013年所有年份统计数据的平均值进行计算。

四、评价结果

将所有数据按步骤代入评价模型，经过运算，得到非洲国家投资环境综合评价得分（表3.2）。

表3.2　　　　　　　　非洲国家投资环境综合评价得分

国家	得分	排名	国家	得分	排名
尼日利亚	0.2581	1	佛得角	0.0556	27
埃及	0.2454	2	马达加斯加	0.0546	28
阿尔及利亚	0.2421	3	刚果	0.0531	29
南非	0.2209	4	圣多美和普林西比	0.0511	30
加纳	0.2164	5	冈比亚	0.0509	31
赞比亚	0.2068	6	塞拉利昂	0.0507	32
安哥拉	0.1695	7	莫桑比克	0.0467	33
利比亚	0.1551	8	津巴布韦	0.0464	34
摩洛哥	0.1408	9	斯威士兰	0.0416	35
博茨瓦纳	0.1272	10	贝宁	0.0379	36
布隆迪	0.1128	11	马里	0.0377	37
突尼斯	0.1042	12	塞内加尔	0.0377	38
毛里求斯	0.1027	13	多哥	0.0376	39
苏丹	0.0924	14	乍得	0.0374	40

国家	得分	排名	国家	得分	排名
坦桑尼亚	0.0891	15	莱索托	0.0373	41
塞舌尔	0.0888	16	毛里塔尼亚	0.0370	42
刚果（金）	0.0819	17	卢旺达	0.0367	43
喀麦隆	0.0815	18	布吉纳法索	0.0360	44
利比里亚	0.0779	19	尼日尔	0.0358	45
赤道几内亚	0.0780	20	吉布提	0.0347	46
埃塞俄比亚	0.0754	21	厄立特里亚	0.0339	47
科特迪瓦	0.0640	22	马拉维	0.0318	48
乌干达	0.0634	23	几内亚比绍	0.0293	49
加蓬	0.0633	24	科摩罗	0.0286	50
纳米比亚	0.0590	25	几内亚	0.0260	51
肯尼亚	0.0570	26	中非共和国	0.0244	52

第四节 非洲国家投资环境的空间差异分析

一、总体差异特征

非洲国家投资环境的综合评价是基于每个国家在所评价目标上相对总体水平的差异程度来进行测度，它是一个相对概念。投资环境综合评价结果是由所有指标的单项评价结果加权汇总而来，因此不再具有具体的含义，而是以分值相对的表示非洲各国家投资环境现在的状况。每个国家投资环境的综合评价的结果不仅取决于国家本身的情况，同时还依赖于其他国家的相对情况。从投资环境综合评价的得分来看，分值越大，表明投资环境越好；分值越小，表明投资环境越差。

首先从非洲国家投资环境的综合评价得分的分布特征来看（见表3.3、表3.4和图3.2），所有国家投资环境综合评价得分的平均值为0.0828，得分最高的尼日利亚为0.2581，最低的中非共和国为0.0244，尼日利亚的投资环境得分是中非共和国投资环境得分的10倍，这反映非洲不同国家的投资环境差异非常明显。进一步看，非洲国家投资环境的综合评价得分频数分布偏度值为1.4958较正态分布的数值大，呈现正偏态分布，数据偏离中心，右偏态分布明显，峰度值为4.1244比正态分布的坡度要陡峭，呈现尖峰分布，并且标准差为0.0638，数值较小，皆说明非洲各国家投资环境综合评价得分分布较为集中，即得分较低的国家占有较大比重；全距为0.2337，数值较大，说明非洲各国家的投资环境差距较大。

表 3.3　　　　　　　　　非洲国家投资环境评价得分统计特征

指标	最大值	最小值	平均值	标准差	全距	偏度	峰度
数值	0.2581	0.0244	0.0828	0.0638	0.2337	1.4958	4.1244

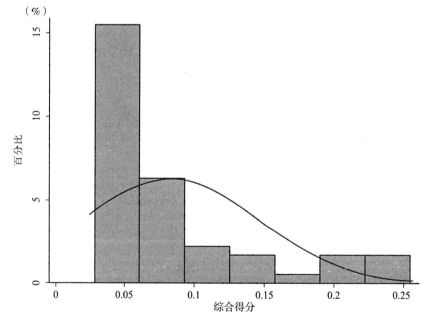

图 3.2　非洲国家投资环境评价得分分布

再从东、南、西、北、中五大地区来看，投资环境综合得分分别为0.0658、0.0902、0.0680、0.1633、0.0588，表明北部地区投资环境较好，南部地区次之，西部地区、东部地区和中部地区较差，并且北部地区投资环境明显比其他地区好。

最后，从非洲各国家的投资环境综合评价得分排名来看，排名前十位的国家分别是尼日利亚、埃及、阿尔及利亚、南非、加纳、赞比亚、安哥拉、利比亚、摩洛哥、博茨瓦纳，其中位于北部非洲地区的国家 4 个，南部非洲地区 4 个，西部非洲地区 2 个；排名后十位的国家分别是卢旺达、布吉纳法索、尼日尔、吉布提、厄立特里亚、马拉维、几内亚比绍、科摩罗、几内亚、中非共和国，其中位于西部非洲地区的国家 4 个，东部非洲地区 3 个，南部非洲地区 2 个，中部非洲地区 1 个。

综上所述，非洲投资环境较好的国家主要集中在北部、南部和中部非洲地区，投资环境较差的则集中在西部和东部非洲地区。

二、聚类分析

将所有国家投资环境综合得分作为变量导入 SPSS19.0 软件，运用 K 均值聚类法对 52 个国家进行聚类分析，可将其分成以下四类地区。

第 I 类（T > 0.15），投资环境为好的区域，综合评价得分的均值为 0.2143，包括尼日利亚、埃及、阿尔及利、南非、加纳、赞比亚、安哥拉和利比亚 8 个国家，其中 3 个国家位于南部非洲地区，3 个国家位于北部非洲地区，2 个国家位于西部非洲地区。2013 年该类地区人均 GDP 为 5063.44 美元，其中最高的利比亚已达 15126.56 美元，处于非洲国家经济发展水平的上游水平。城市人口比例为 57.75%，识字率为 75.44%，该类地区的城镇化水平和人力资源水平均处于非洲国家前列。

第 II 类（0.08 < T < 0.15），投资环境为较好的区域，综合评价得分的均值为 0.1021，包括摩洛哥、博茨瓦纳、布隆迪、突尼斯、毛里求斯、苏丹、坦桑尼亚、塞舌尔、刚果（金）和喀麦隆 10 个国家，其中 3 个国家位于北部非洲地区，3 个国家位于东部非洲地区，2 个国家位于南部非洲地区，2 个国家位于中部非洲地区。2013 年该类地区人均 GDP 为 3655.40 美元，处于非洲国家经济发展水平的中上游水平。城市人口比例为 44.22%，识字率为 69.12%，该类地区的城镇化水平和人力资源水平都处于非洲国家中上游水平。许多国家属于非洲资源丰富型的国家。

第 III 类（0.04 < T < 0.08），投资环境为较差的区域，综合评价得分的均

值为 0.0582，包括利比里亚、赤道几内亚、埃塞俄比亚、科特迪瓦、乌干达、加蓬、纳米比亚、肯尼亚、佛得角、马达加斯加、刚果、圣多美和普林西比、冈比亚、塞拉利昂、莫桑比克、津巴布韦和斯威士兰 17 个国家，其中 5 个国家位于南部非洲地区，5 个国家位于西部非洲地区，4 个国家位于中部非洲地区，3 个国家位于东部非洲地区。2013 年该类地区人均 GDP 为 3208.52 美元，处于非洲国家经济发展水平的中下游水平。城市人口比例为 36.17%，识字率为 58.12%，该类地区的城镇化水平和人力资源水平处于非洲国家中下游水平，并且许多国家属于世界最不发达的国家之一。

第Ⅳ类（T < 0.04），投资环境为差的区域，综合评价得分的均值为 0.0341，包括贝宁、马里、塞内加尔、多哥、乍得、莱索托、毛里塔尼亚、卢旺达、布吉纳法索、尼日尔、吉布提、厄立特里亚、马拉维、几内亚比绍、科摩罗、几内亚和中非共和国 17 个国家，其中 9 个国家位于西部非洲地区，3 个国家位于东部非洲地区，3 个国家位于南部非洲地区，2 个国家位于中部非洲地区。2013 年该类地区人均 GDP 仅为 680.88 美元，处于非洲国家经济发展水平的下游水平。城市人口比例为 31.80%，识字率为 53.74%，该类地区的城镇化水平和人力资源水平也都处于非洲国家下游水平，所有国家都属于世界最不发达的国家之一。以中非共和国为例，该国人均 GDP 仅为 433.52 美元，资源稀缺，国内经常发生各种武装冲突使该国经济遭受严重的影响，并且失业率高达 54.76%，是世界上最不发达的国家之一。

三、空间自相关分析

为进一步了解非洲国家投资环境的空间关联情况，本书运用空间自相关模型进行分析，以 Rook 原则来构建空间权重矩阵，通过 Geoda 软件来计算非洲 52 个国家投资环境的 Global Moran's Ⅰ（衡量非洲国家投资环境的整体关联度）和 Local Moran's Ⅰ指数（衡量非洲各国家与其周边国家的空间关联度），并绘制 Moran 散点图（见图 3.3），图 3.3 显示非洲国家投资环境 Global Moran's Ⅰ指数为 0.02670，表明非洲国家投资环境在空间上呈现空间正相关，即投资环境在空间上表现为同类集聚倾向，投资环境好的国家周围往往是投资环境好的国家，而投资环境差的国家周围往往也是投资环境差的国家，呈现出明显的"马太效应"。

图 3.3 同时表明非洲大多数国家均处于第 1、3 象限，非洲各国家投资环境具有空间关联性：投资环境较好的国家出现"强强集聚"效应，投资环境较差的国家则出现"弱弱集聚"效应，在空间上表现为组团式的环状分布。

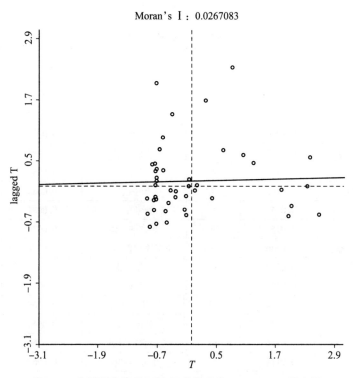

图 3.3　非洲国家投资环境评价得分的 Moran's Ⅰ 散点图

第五节　非洲国家投资环境的单项评价

一、人口与就业评价

1. 评价过程与结果。

在非洲国家投资环境综合评价指标体系中，包括人口与就业、经济发展、基础设施、社会发展和对外开放五个子系统，其中人口与就业子系统中选择了总人口、人口增长率、经济活动人口、非农从业人员比重、城市人口比例和就业率6个指标。下面同样采用熵权法，对非洲国家人口与就业进行评价。

　　数据来源和处理方法与非洲国家投资环境综合评价相同，将所有数据按步骤代入评价模型，经过运算，得到人口与就业评价得分（见表3.4）。

表3.4　　　　　　　　　　　　人口与就业评价得分

国家	得分	排名	国家	得分	排名
尼日利亚	0.0408	1	博茨瓦纳	0.0088	27
埃塞俄比亚	0.0271	2	马里	0.0087	28
埃及	0.0250	3	多哥	0.0087	29
南非	0.0209	4	莱索托	0.0087	30
刚果（金）	0.0203	5	塞内加尔	0.0084	31
阿尔及利亚	0.0173	6	尼日尔	0.0084	32
坦桑尼亚	0.0163	7	马拉维	0.0083	33
摩洛哥	0.0157	8	纳米比亚	0.0081	34
加纳	0.0155	9	布吉纳法索	0.0078	35
苏丹	0.0146	10	圣多美和普林西比	0.0076	36
肯尼亚	0.0130	11	毛里求斯	0.0076	37
喀麦隆	0.0128	12	乍得	0.0071	38
科特迪瓦	0.0124	13	赤道几内亚	0.0069	39
利比亚	0.0121	14	利比里亚	0.0069	40
马达加斯加	0.0115	15	厄立特里亚	0.0069	41
突尼斯	0.0114	16	中非共和国	0.0067	42
莫桑比克	0.0109	17	冈比亚	0.0066	43
安哥拉	0.0105	18	几内亚	0.0064	44
加蓬	0.0105	19	卢旺达	0.0062	45
乌干达	0.0101	20	毛里塔尼亚	0.0061	46
刚果	0.0101	21	斯威士兰	0.0061	47
佛得角	0.0099	22	塞拉利昂	0.0059	48
贝宁	0.0095	23	吉布提	0.0055	49
赞比亚	0.0094	24	布隆迪	0.0052	50
津巴布韦	0.0092	25	几内亚比绍	0.0049	51
塞舌尔	0.0089	26	科摩罗	0.0038	52

2. 评价结果分析。

非洲国家的人口与就业评价是基于每个国家在所评价目标上相对总体水平的差异程度来进行测度，它是一个相对概念。人口与就业评价结果是由所有指标的单项评价结果加权汇总而来，因此不再具有具体的含意，而是以分值相对的表示非洲各国家人口与就业现在的状况。每个国家的人口与就业评价的结果不仅取决于国家本身的情况，同时还依赖于其他国家的相对情况。从人口与就业评价的得分来看，分值越大，表明投资环境越好；分值越小，表明投资环境越差。

首先从人口与就业评价得分的分布特征来看（见表 3.4），所有国家评价得分的平均值为 0.0109，得分最高的尼日利亚为 0.0408，最低的科摩罗为0.0038，尼日利亚的人口与就业评价得分是科摩罗人口与就业评价得分的 10倍，这反映非洲不同国家的人口与就业差异非常明显。

其次从东、南、西、北、中五大地区来看，人口与就业评价得分分别为0.0110、0.0095、0.0104、0.0160、0.0103，表明北部地区人口与就业较好，东部地区次之，西部地区、中部地区和南部地区较差。

最后，从非洲各国家的人口与就业评价得分排名来看，排名前 10 位的国家分别是尼日利亚、埃塞俄比亚、埃及、南非、刚果（金）、阿尔及利亚、坦桑尼亚、摩洛哥、加纳、苏丹，其中位于北部非洲地区的国家 4 个，西部非洲和东部非洲地区各 2 个，南部非洲和中部非洲地区各 1 个；排名后 10 位的国家分别是冈比亚、几内亚、卢旺达、毛里塔尼亚、斯威士兰、塞拉利昂、吉布提、布隆迪、几内亚比绍、科摩罗，其中位于西部非洲地区的国家 5 个，东部非洲地区 3 个，南部非洲地区 2 个。

综上所述，非洲国家人口与就业较好的国家主要集中在北部非洲地区，东部和西部非洲地区内部差异较大，人口与就业较差的则集中在中部和南部非洲地区。

3. 聚类分析。

将所有非洲国家人口与就业评价得分作为变量导入 SPSS19.0 软件，运用K 均值聚类法对 52 个国家进行聚类分析，可将其分成以下四类地区。

第 I 类（T > 0.02），人口与就业为好的区域，综合评价得分的均值为0.0268，包括尼日利亚、埃塞俄比亚、埃及、南非和刚果（金）5 个国家，东部、南部、西部、北部和中部非洲地区各 1 个国家。

第Ⅱ类（0.01＜T＜0.02），人口与就业为较好的区域，综合评价得分的均值为 0.0128，包括阿尔及利亚、坦桑尼亚、摩洛哥、加纳、苏丹、肯尼亚、喀麦隆、科特迪瓦、利比亚、马达加斯加、突尼斯、莫桑比克、安哥拉、加蓬、乌干达和刚果 16 个国家，其中 5 个国家位于北部非洲地区，东部、南部和中部非洲地区各 3 个国家，2 个国家位于西部非洲地区。

第Ⅲ类（0.008＜T＜0.01），人口与就业为较差的区域，综合评价得分的均值为 0.0089，包括佛得角、贝宁、赞比亚、津巴布韦、塞舌尔、博茨瓦纳、马里、多哥、莱索托、塞内加尔、尼日尔、马拉维和纳米比亚 13 个国家，其中 6 个国家位于西部非洲地区，6 个国家位于南部非洲地区，1 个国家位于东部非洲地区。

第Ⅳ类（T＜0.008），人口与就业为差的区域，综合评价得分的均值为 0.0063，包括布基纳法索、圣多美和普林西比、毛里求斯、乍得、赤道几内亚、利比里亚、厄立特里亚、中非共和国、冈比亚、几内亚、卢旺达、毛里塔尼亚、斯威士兰、塞拉利昂、吉布提、布隆迪、几内亚比绍和科摩罗 18 个国家，其中 7 个国家位于西部非洲地区，4 个国家位于中部非洲地区，4 个国家位于东部非洲地区，3 个国家位于南部非洲地区。

4. 空间自相关分析。

为进一步了解非洲国家人口与就业的空间关联情况，本书运用空间自相关模型进行分析，以 Rook 原则来构建空间权重矩阵，通过 Geoda 软件来计算非洲 52 个国家人口与就业的 Global Moran's Ⅰ（衡量非洲国家人口与就业的整体关联度）和 Local Moran's Ⅰ指数（衡量非洲各国家人口与就业与其周边国家的空间关联度），并绘制 Moran 散点图（见图 3.4），图 3.4 显示非洲国家人口与就业 Global Moran's Ⅰ指数为 −0.0594，表明非洲国家人口与就业在空间上呈现空间负相关，即人口与就业在空间上不表现为同类集聚。

二、经济发展评价

1. 评价过程与结果。

在非洲国家投资环境综合评价指标体系中，包括人口与就业、经济发展、基础设施、社会发展和对外开放五个子系统，其中经济发展子系统中选择了

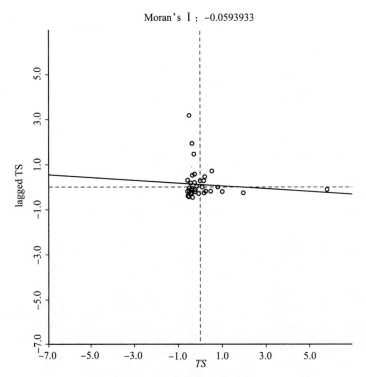

Moran's Ⅰ：−0.0593933

图 3.4　非洲国家人口与就业得分的 Moran's I 散点图

耕地面积、GDP、人均国民总收入、GDP 增长率、制造业产值、第二产业增
加值占 GDP 比重、固定资产形成总值、私人最终消费、公共财政总收入和货
币供给 10 个指标。下面同样采用熵权法，对非洲国家经济发展进行评价。

　　数据来源和处理方法与非洲国家投资环境综合评价相同，将所有数据按步
骤代入评价模型，经过运算，得到非洲国家经济发展评价得分（见表 3.5）。

表 3.5　　　　　　　　　　　非洲国家经济发展评价得分

国家	得分	排名	国家	得分	排名
赞比亚	0.1581	1	阿尔及利亚	0.0667	6
尼日利亚	0.1082	2	利比亚	0.0497	7
南非	0.1061	3	赤道几内亚	0.0355	8
安哥拉	0.1033	4	摩洛哥	0.0342	9
埃及	0.0704	5	苏丹	0.0300	10

续表

国家	得分	排名	国家	得分	排名
突尼斯	0.0201	11	塞内加尔	0.0077	32
加蓬	0.0195	12	布吉纳法索	0.0074	33
埃塞俄比亚	0.0164	13	津巴布韦	0.0073	34
刚果	0.0152	14	几内亚	0.0069	35
加纳	0.0147	15	利比里亚	0.0067	36
刚果（金）	0.0142	16	毛里塔尼亚	0.0064	37
坦桑尼亚	0.0141	17	马拉维	0.0054	38
喀麦隆	0.0137	18	莱索托	0.0051	39
博茨瓦纳	0.0134	19	佛得角	0.0050	40
肯尼亚	0.0130	20	贝宁	0.0047	41
马达加斯加	0.0126	21	卢旺达	0.0046	42
毛里求斯	0.0115	22	厄立特里亚	0.0045	43
乍得	0.0115	23	多哥	0.0042	44
乌干达	0.0114	24	塞拉利昂	0.0033	45
科特迪瓦	0.0111	25	吉布提	0.0032	46
塞舌尔	0.0109	26	圣多美和普林西比	0.0031	47
尼日尔	0.0106	27	布隆迪	0.0027	48
纳米比亚	0.0104	28	中非共和国	0.0023	49
莫桑比克	0.0087	29	冈比亚	0.0020	50
斯威士兰	0.0078	30	几内亚比绍	0.0019	51
马里	0.0077	31	科摩罗	0.0013	52

2. 评价结果分析。

非洲国家的经济发展评价是基于每个国家在所评价目标上相对总体水平的差异程度来进行测度，它是一个相对概念。经济发展评价结果是由所有指标的单项评价结果加权汇总而来，因此不再具有具体的含意，而是以分值相对地表示非洲各国经济发展现在的状况。每个国家的经济发展评价的结果不仅取决于国家本身的情况，同时还依赖于其他国家的相对情况。从经济发展评价的得分来看，分值越大，表明投资环境越好；分值越小，表明投资环境越差。

首先从非洲国家投资环境的经济发展评价得分的分布特征来看（见表3.5），所有国家经济发展评价得分的平均值为0.0217，得分最高的赞比亚为0.1581，最低的科摩罗为0.0013，赞比亚的经济发展评价得分是科摩罗经济发展评价得分的 120 倍，这反映非洲不同国家的经济发展差异非常明显。

其次从东、南、西、北、中五大地区来看，经济发展评价得分分别为 0.0090、0.0347、0.0130、0.0452、0.0144，表明北部地区经济发展实力较好，南部地区次之，中部地区、西部地区和东部地区较差。

最后，从非洲各国家的经济发展得分排名来看，排名前 10 位的国家分别是赞比亚、尼日利亚、南非、安哥拉、埃及、阿尔及利亚、利比亚、赤道几内亚、摩洛哥、苏丹，其中位于北部非洲地区的国家 5 个，南部非洲地区 3 个，西部非洲和中部非洲地区各 1 个；排名后 10 位的国家分别是厄立特里亚、多哥、塞拉利昂、吉布提、圣多美和普林西比、布隆迪、中非共和国、冈比亚、几内亚比绍、科摩罗，其中位于西部非洲地区的国家 4 个，东部非洲地区 3 个，中部非洲地区 2 个，南部非洲地区 1 个。

综上所述，非洲国家经济发展较好的国家主要集中在北部非洲地区，南部和中部非洲地区次之，经济发展较差的则集中在西部和东部非洲地区。

3. 聚类分析。

将所有国家经济发展评价得分作为变量导入 SPSS19.0 软件，运用 K 均值聚类法对 52 个国家进行聚类分析，可将其分成以下四类地区。

第 I 类（T>0.1），经济发展评价为好的区域，综合评价得分的均值为 0.1189，包括赞比亚、尼日利亚、南非和安哥拉 4 个国家，3 个国家位于南部非洲地区，西部非洲地区各 1 个国家。

第 II 类（0.02＜T＜0.1），经济发展为较好的区域，综合评价得分的均值为 0.0438，包括埃及、阿尔及利亚、利比亚、赤道几内亚、摩洛哥、苏丹和突尼斯 7 个国家，其中 6 个国家位于北部非洲地区，1 个国家位于中部非洲地区。

第 III 类（0.01＜T＜0.02），经济发展为较差的区域，综合评价得分的均值为 0.0132，包括加蓬、埃塞俄比亚、刚果、加纳、刚果（金）、坦桑尼亚、喀麦隆、博茨瓦纳、肯尼亚、马达加斯加、毛里求斯、乍得、乌干达、科特迪瓦、塞舌尔、尼日尔和纳米比亚 17 个国家，其中 5 个国家位于中部非洲地区，5 个国家位于东部非洲地区，4 个国家位于南部非洲地区，3 个国家位于西部非洲地区。

第 IV 类（T＜0.01），经济发展为差的区域，综合评价得分的均值为 0.0050，包括莫桑比克、斯威士兰、马里、塞内加尔、布吉纳法索、津巴布韦、几内亚、利比里亚、毛里塔尼亚、马拉维、莱索托、佛得角、贝宁、卢旺达、厄立特里亚、多哥、塞拉利昂、吉布提、圣多美和普林西比、布隆迪、中非共和国、冈比亚、几内亚比绍和科摩罗24个国家，其中12个国家位于西部非洲地区，6个国家位于南部非洲地区，4个国家位于东部非洲地区，2个国家位于中部非洲地区。

4. 空间自相关分析。

为进一步了解非洲国家经济发展的空间关联情况，本书运用空间自相关模型进行分析，以 Rook 原则来构建空间权重矩阵，通过 Geoda 软件来计算非洲52个国家经济发展的 Global Moran's Ⅰ（衡量非洲国家经济发展的整体关联度）和 Local Moran's Ⅰ指数（衡量非洲各国家经济发展实力与其周边国家的空间关联度），并绘制 Moran 散点图（见图3.5），图3.5显示非洲国家经济发展 Global Moran's Ⅰ指数为 -0.0073，表明非洲国家经济发展在空间上呈现空间负相关，即经济发展在空间上不表现为同类集聚。

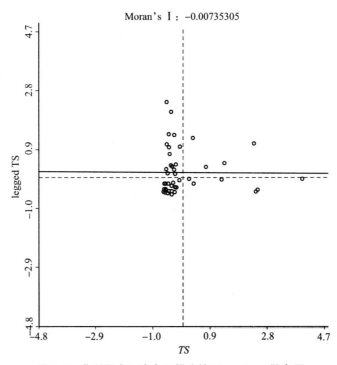

图3.5 非洲国家经济发展得分的 Moran's Ⅰ 散点图

三、基础设施评价

1. 评价过程与结果。

在非洲国家投资环境综合评价指标体系中，包括人口与就业、经济发展、基础设施、社会发展和对外开放五个子系统，其中基础设施子系统中选择了铁路总里程、铁路网密度、铺装道路比例、每千人铺装道路里程、每千人拥有电话主线和每千人蜂窝移动电话用户数 6 个指标。下面同样采用熵权法，对非洲国家基础设施进行评价。

数据来源和处理方法与非洲国家投资环境综合评价相同，将所有数据按步骤代入评价模型，经过运算，得到非洲国家基础设施评价得分（见表 3.6）。

表 3.6 非洲国家基础设施评价得分

国家	得分	排名	国家	得分	排名
毛里求斯	0.0513	1	苏丹	0.0119	18
阿尔及利亚	0.0496	2	纳米比亚	0.0112	19
坦桑尼亚	0.0331	3	科摩罗	0.0103	20
埃及	0.0249	4	津巴布韦	0.0101	21
刚果（金）	0.0241	5	多哥	0.0099	22
科特迪瓦	0.0239	6	赤道几内亚	0.0094	23
圣多美和普林西比	0.0213	7	吉布提	0.0091	24
利比亚	0.0209	8	冈比亚	0.0089	25
乌干达	0.0188	9	安哥拉	0.0089	26
博茨瓦纳	0.0163	10	莱索托	0.0088	27
佛得角	0.0161	11	毛里塔尼亚	0.0087	28
突尼斯	0.0153	12	塞拉利昂	0.0083	29
赞比亚	0.0153	13	厄立特里亚	0.0082	30
南非	0.0152	14	卢旺达	0.0081	31
摩洛哥	0.0141	15	利比里亚	0.0081	32
塞舌尔	0.0132	16	乍得	0.0081	33
尼日利亚	0.0126	17	尼日尔	0.0081	34

国家	得分	排名	国家	得分	排名
贝宁	0.0076	35	几内亚比绍	0.0053	44
加蓬	0.0073	36	埃塞俄比亚	0.0047	45
斯威士兰	0.0063	37	塞内加尔	0.0040	46
刚果	0.0062	38	莫桑比克	0.0038	47
布吉纳法索	0.0059	39	马达加斯加	0.0035	48
喀麦隆	0.0059	40	肯尼亚	0.0035	49
马里	0.0058	41	马拉维	0.0026	50
中非共和国	0.0056	42	几内亚	0.0013	51
加纳	0.0054	43	布隆迪	0.0012	52

2. 评价结果分析。

非洲国家基础设施评价是基于每个国家在所评价目标上相对总体水平的差异程度来进行测度，它是一个相对概念。基础设施评价结果是由所有指标的单项评价结果加权汇总而来，因此不再具有具体的含意，而是以分值相对的表示非洲各国投资环境基础设施现在的状况。每个国家投资环境的基础设施评价的结果不仅取决于国家本身的情况，同时还依赖于其他国家的相对情况。从基础设施评价的得分来看，分值越大，表明投资环境越好；分值越小，表明投资环境越差。

首先从非洲国家的基础设施评价得分的分布特征来看（见表 3.6），所有国家基础设施评价得分的平均值为 0.0121，得分最高的毛里求斯为 0.0513，最低的布隆迪为 0.0021，毛里求斯的基础设施评价得分是布隆迪基础设施评价得分的 20 倍，这反映非洲不同国家的基础设施差异非常明显。

其次从东、南、西、北、中五大地区来看，基础设施得分分别为 0.0111、0.0126、0.0088、0.0228、0.0110，表明北部地区基础设施较好，南部地区次之，东部、中部和西部非洲地区较差。

最后，从非洲各国的基础设施评价得分排名来看，排名前十位的国家分别是毛里求斯、阿尔及利亚、坦桑尼亚、埃及、刚果（金）、科特迪瓦、圣多美和普林西比、利比亚、乌干达、博茨瓦纳，其中位于北部非洲地区的国家 3 个，南部、东部和中部非洲地区各 2 个，西部非洲地区各 1 个；排名后十位的国家分别是加纳、几内亚比绍、埃塞俄比亚、塞内加尔、莫桑比克、马达加斯加、肯尼亚、马拉维、几内亚、布隆迪,其中位于西部非洲地区的国家4个,东部非洲地区3个,南部非洲地区3个。

综上所述,非洲国家基础设施较好的国家主要集中在北部非洲地区,南部和东部非洲地区次之,基础设施差的则集中在中部和西部非洲地区。

3. 聚类分析。

将所有国家基础设施评价得分作为变量导入 SPSS19.0 软件,运用 K 均值聚类法对52个国家进行聚类分析,可将其分成以下四类地区。

第 I 类（T > 0.02）,基础设施评价为好的区域,综合评价得分的均值为0.0311,包括毛里求斯、阿尔及利亚、坦桑尼亚、埃及、刚果（金）、科特迪瓦、圣多美和普林西比和利比亚8个国家,3个国家位于北部非洲地区,2个国家位于中部非洲地区,西部非洲和中部非洲地区各1个国家。

第 II 类（0.01 < T < 0.02）,基础设施为较好的区域,综合评价得分的均值为0.0139,包括乌干达、博茨瓦纳、佛得角、突尼斯、赞比亚、南非、摩洛哥、塞舌尔、尼日利亚、苏丹、纳米比亚、科摩罗和津巴布韦13个国家,其中6个国家位于南部非洲地区,3个国家位于北部非洲地区,东部非洲和西部非洲地区各2个国家。

第 III 类（0.005 < T < 0.01）,基础设施为较差的区域,综合评价得分的均值为0.0076,包括多哥、赤道几内亚、吉布提、冈比亚、安哥拉、莱索托、毛里塔尼亚、塞拉利昂、厄立特里亚、卢旺达、利比里亚、乍得、尼日尔、贝宁、加蓬、斯威士兰、刚果、布吉纳法索、喀麦隆、马里、中非共和国、加纳和几内亚比绍23个国家,其中11个国家位于西部非洲地区,6个国家位于中部非洲地区,东部和南部非洲地区各3个国家。

第 IV 类（T < 0.005）,基础设施为差的区域,综合评价得分的均值为0.0031,包括埃塞俄比亚、塞内加尔、莫桑比克、马达加斯加、肯尼亚、马拉维、几内亚和布隆迪8个国家,其中东部非洲和南部非洲地区各3个国家,2个国家位于西部非洲地区。

4. 空间自相关分析。

为进一步了解非洲国家基础设施的空间关联情况,本书运用空间自相关模型进行分析,以 Rook 原则来构建空间权重矩阵,通过 Geoda 软件来计算非洲 52 个国家基础设施的 Global Moran's Ⅰ（衡量非洲国家基础设施的整体关联度）和 Local Moran's Ⅰ指数（衡量非洲各国家基础设施与其周边国家的空间关联度），并绘制 Moran 散点图（见图 3.6），图 3.6 显示非洲国家基础设施 Global Moran's Ⅰ指数为 − 0.0023，表明非洲国家经济发展在空间上呈现空间负相关，即基础设施在空间上不表现为同类集聚。

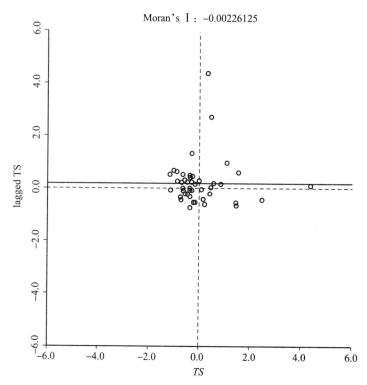

Moran's Ⅰ：−0.00226125

图 3.6　非洲国家基础设施得分的 Moran's Ⅰ散点图

四、社会发展评价

1. 评价过程与结果。

在非洲国家投资环境综合评价指标体系中，包括人口与就业、经济发展、基础设施、社会发展和对外开放五个子系统，其中社会发展子系统中选择了识字率、中等教育入学人数、高等教育入学人数、公共教育支出占预算比例、师生比率、公共卫生支出占预算比例、每万人医生数、每万人医院床位数、出生时预期寿命、婴儿死亡率、人类贫困指数和人类发展指数12个指标。下面同样采用熵权法，对非洲国家社会发展进行评价。

数据来源和处理方法与非洲国家投资环境综合评价相同，将所有数据按步骤代入评价模型，经过运算，得到非洲国家社会发展评价得分（见表3.7）。

表 3.7 非洲国家社会发展评价得分

国家	得分	排名	国家	得分	排名
塞舌尔	0.0546	1	加纳	0.0194	22
尼日利亚	0.0483	2	刚果（金）	0.0186	23
阿尔及利亚	0.0475	3	乌干达	0.0185	24
喀麦隆	0.0460	4	圣多美和普林西比	0.0174	25
埃及	0.0456	5	赤道几内亚	0.0170	26
利比里亚	0.0388	6	卢旺达	0.0158	27
利比亚	0.0325	7	几内亚比绍	0.0143	28
冈比亚	0.0302	8	赞比亚	0.0142	29
南非	0.0296	9	斯威士兰	0.0141	30
突尼斯	0.0278	10	刚果	0.0140	31
苏丹	0.0276	11	布吉纳法索	0.0137	32
摩洛哥	0.0251	12	吉布提	0.0136	33
埃塞俄比亚	0.0246	13	安哥拉	0.0134	34
纳米比亚	0.0245	14	塞内加尔	0.0133	35
毛里求斯	0.0241	15	马拉维	0.0131	36
加蓬	0.0226	16	莫桑比克	0.0131	37
佛得角	0.0224	17	科摩罗	0.0128	38
肯尼亚	0.0218	18	贝宁	0.0127	39
马达加斯加	0.0214	19	科特迪瓦	0.0126	40
博茨瓦纳	0.0200	20	莱索托	0.0120	41
坦桑尼亚	0.0200	21	多哥	0.0119	42

国家	得分	排名	国家	得分	排名
津巴布韦	0.0113	43	厄立特里亚	0.0089	48
布隆迪	0.0109	44	乍得	0.0081	49
马里	0.0099	45	几内亚	0.0075	50
毛里塔尼亚	0.0095	46	塞拉利昂	0.0064	51
中非共和国	0.0091	47	尼日尔	0.0057	52

2. 评价结果分析。

非洲国家投资环境的社会发展评价是基于每个国家在所评价目标上相对总体水平的差异程度来进行测度，它是一个相对概念。社会发展评价结果是由所有指标的单项评价结果加权汇总而来，因此不再具有具体的含义，而是以分值相对的表示非洲各国投资环境社会发展现在的状况。每个国家投资环境的社会发展评价的结果不仅取决于国家本身的情况，同时还依赖于其他国家的相对情况。从社会发展评价的得分来看，分值越大，表明投资环境越好；分值越小，表明投资环境越差。

首先从非洲国家的社会发展评价得分的分布特征来看（见表3.7），所有国家的社会发展评价得分的平均值为0.0201，得分最高的塞舌尔为0.0546，最低的尼日尔为0.0057，塞舌尔的社会发展评价得分是尼日尔社会发展评价得分的10倍，这反映非洲不同国家的人口与就业差异非常明显。

其次从东、南、西、北、中五大地区来看，社会发展得分分别为0.0210、0.0172、0.0173、0.0343、0.0191，表明北部地区社会发展实力较好，东部地区次之，中部、西部和南部非洲地区较差。

最后，从非洲各国家的社会发展得分排名来看，排名前十位的国家分别是塞舌尔、尼日利亚、阿尔及利亚、喀麦隆、埃及、利比里亚、利比亚、冈比亚、南非、突尼斯，其中位于北部非洲地区的国家4个，西部非洲3个，东部非洲、中部非洲和南部非洲地区各1个；排名后十位的国家分别是津巴布韦、布隆迪、马里、毛里塔尼亚、中非共和国、厄立特里亚、乍得、几内亚、塞拉利昂、尼日尔，其中位于西部非洲地区的国家5个，东部非洲和中部非洲地区各 2 个，南部非洲地区 1 个。

综上所述，非洲社会发展较好的国家主要集中在北部非洲地区，东部和中部非洲地区内部差异较大，社会发展差的则集中在西部和南部非洲地区。

3. 聚类分析。

将所有国家社会发展评价得分作为变量导入 SPSS19.0 软件，运用 K 均值聚类法对 52 个国家进行聚类分析，可将其分成以下四类地区。

第 I 类（T > 0.03），社会发展评价为好的区域，综合评价得分的均值为 0.0429，包括塞舌尔、尼日利亚、阿尔及利亚、喀麦隆、埃及、利比里亚、利比亚和冈比亚 8 个国家，西部非洲地区和北部非洲地区各 3 个国家，东部非洲地区和中部非洲地区各 1 个国家。

第 II 类（0.02 < T < 0.03），社会发展为较好的区域，综合评价得分的均值为 0.0240，包括利南非、突尼斯、苏丹、摩洛哥、埃塞俄比亚、纳米比亚、毛里求斯、加蓬、佛得角、肯尼亚、马达加斯加、博茨瓦纳和坦桑尼亚 13 个国家，其中 5 个国家位于南部非洲地区，3 个国家位于北部非洲地区，3 个国家位于东部非洲地区，西部和中部非洲地区各 1 个国家。

第 III 类（0.01 < T < 0.02），社会发展为较差的区域，综合评价得分的均值为 0.0142，包括加纳、刚果（金）、乌干达、圣多美和普林西比、赤道几内亚、卢旺达、几内亚比绍、赞比亚、斯威士兰、刚果、布吉纳法索、吉布提、安哥拉、塞内加尔、马拉维、莫桑比克、科摩罗、贝宁、科特迪瓦、莱索托、多哥、津巴布韦和布隆迪 23 个国家，其中 8 个国家位于南部非洲地区，7 个国家位于西部非洲地区，中部非洲地区和东部非洲地区各 4 个国家。

第 IV 类（T < 0.01），社会发展为差的区域，综合评价得分的均值为 0.0081，包括马里、毛里塔尼亚、中非共和国、厄立特里亚、乍得、几内亚、塞拉利昂和尼日尔 8 个国家，其中 5 个国家位于西部非洲地区，2 个国家位于中部非洲地区，1 个国家位于东部非洲地区。

4. 空间自相关分析。

为进一步了解非洲国家社会发展的空间关联情况，本书运用空间自相关模型进行分析，以 Rook 原则来构建空间权重矩阵，通过 Geoda 软件来计算非洲 52 个国家社会发展的 Global Moran's Ⅰ（衡量非洲国家社会发展的整体关联度）和 Local Moran's Ⅰ指数（衡量非洲各国家社会发展实力与其周边国家的空间关联度），并绘制 Moran 散点图（见图 3.7），图 3.7 显示非洲国家社会发展 Global Moran's Ⅰ指数为 0.0066，表明非洲国家社会发展在空间上呈现空间正相关，即社会发展在空间上表现为同类集聚倾向，社会发展好的国家周围往往是社会发展好的国家，而社会发展差的国家周围往往也是社会发展差的国家，呈现出明显的"马太效应"。

图 3.7 同时表明非洲大多数国家均处于第 1、3 象限，非洲各国家社会发展具有空间关联性：社会发展较好的国家出现"强强集聚"效应，社会发展较差的国家则出现"弱弱集聚"效应，在空间上表现为组团式的环状分布。

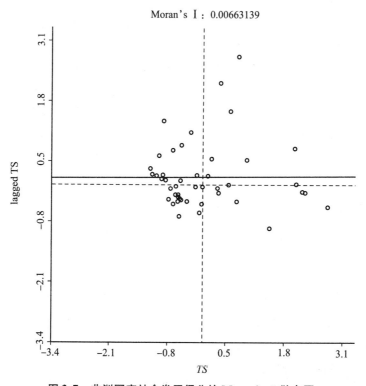

图 3.7　非洲国家社会发展得分的 Moran's Ⅰ 散点图

五、对外开放评价

1. 评价过程与结果。

在非洲国家投资环境综合评价指标体系中，包括人口与就业、经济发展、基础设施、社会发展和对外开放五个子系统，其中对外开放子系统中选择了出口总额、进口总额、外商直接投资、进出口总额占 GDP 比例、国际游客到达人数、国际旅游收入、国际储备、国外净资产 8 个指标。下面同样采用熵权法，对非洲国家对外开放进行评价。

数据来源和处理方法与非洲国家投资环境综合评价相同，将所有数据按步骤代入评价模型，经过运算，得到非洲国家对外开放评价得分（见表 3.8）。

表 3.8　　　　　　　　　非洲国家对外开放评价得分

国家	得分	排名	国家	得分	排名
加纳	0.1613	1	赤道几内亚	0.0092	16
布隆迪	0.0929	2	津巴布韦	0.0085	17
埃及	0.0796	3	毛里求斯	0.0082	18
博茨瓦纳	0.0686	4	苏丹	0.0082	19
阿尔及利亚	0.0610	5	刚果	0.0076	20
摩洛哥	0.0517	6	斯威士兰	0.0073	21
南非	0.0491	7	毛里塔尼亚	0.0063	22
尼日利亚	0.0482	8	肯尼亚	0.0056	23
利比亚	0.0400	9	马达加斯加	0.0056	24
安哥拉	0.0333	10	坦桑尼亚	0.0056	25
突尼斯	0.0295	11	马里	0.0055	26
塞拉利昂	0.0268	12	厄立特里亚	0.0055	27
利比里亚	0.0175	13	纳米比亚	0.0048	28
莫桑比克	0.0102	14	乌干达	0.0046	29
赞比亚	0.0097	15	刚果（金）	0.0046	30

国家	得分	排名	国家	得分	排名
塞内加尔	0.0042	31	埃塞俄比亚	0.0026	42
科特迪瓦	0.0039	32	乍得	0.0025	43
几内亚	0.0038	33	莱索托	0.0025	44
贝宁	0.0034	34	马拉维	0.0024	45
加蓬	0.0033	35	佛得角	0.0022	46
吉布提	0.0033	36	卢旺达	0.0019	47
冈比亚	0.0032	37	圣多美和普林西比	0.0017	48
尼日尔	0.0031	38	塞舌尔	0.0012	49
喀麦隆	0.0031	39	布吉纳法索	0.0011	50
多哥	0.0029	40	中非共和国	0.0006	51
几内亚比绍	0.0029	41	科摩罗	0.0004	52

2. 评价结果分析。

非洲国家的对外开放评价是基于每个国家在所评价目标上相对总体水平的差异程度来进行测度，它是一个相对概念。对外开放评价结果是由所有指标的单项评价结果加权汇总而来，因此不再具有具体的含意，而是以分值相对的表示非洲各国家投资环境对外开放现在的状况。每个国家投资环境的对外开放评价的结果不仅取决于国家本身的情况，同时还依赖于其他国家的相对情况。从对外开放评价的得分来看，分值越大，表明投资环境越好；分值越小，表明投资环境越差。

首先从非洲国家的对外开放评价得分的分布特征来看（见表3.8），所有国家对外开放评价得分的平均值为0.0179，得分最高的加纳为0.1613，最低的科摩罗为0.0004，加纳的对外开放评价得分是科摩罗对外开放评价得分的400倍，这反映非洲不同国家的对外开放差异非常明显。

其次从东、南、西、北、中五大地区来看，对外开放评价得分分别为0.0137、0.0162、0.0185、0.0450、0.0041，表明北部地区对外开放较好，西部地区次之，南部、东部和中部非洲地区较差。

最后，从非洲国家的对外开放评价得分排名来看，排名前十位的国家分别是加纳、布隆迪、埃及、博茨瓦纳、阿尔及利亚、摩洛哥、南非、尼日利亚、利比亚、安哥拉，其中位于北部非洲地区的国家4个，南部非洲地区3个，西部非洲地区2个，东部非洲地区1个；排名后十位的国家分别是乍得、莱索托、马拉维、佛得角、卢旺达、圣多美和普林西比、塞舌尔、布吉纳法索、中非共和国、科摩罗，其中位于中部非洲地区和南部非洲地区的国家各3个，西部非洲地区和东部非洲地区各2个。

综上所述，非洲对外开放较好的国家主要集中在北部非洲地区，东部和西部非洲地区内部差异较大，对外开放差的则集中在中部和南部非洲地区。

3. 聚类分析。

将所有国家对外开放评价得分作为变量导入SPSS19.0软件，运用K均值聚类法对52个国家进行聚类分析，可将其分成以下四类地区。

第 I 类（T > 0.05），对外开放评价为好的区域，综合评价得分的均值为0.0859，包括加纳、布隆迪、埃及、博茨瓦纳、阿尔及利亚和摩洛哥6个国家，3个国家位于北部非洲地区，西部、东部和南部非洲地区各1个国家。

第 II 类（0.006 < T < 0.05），对外开放为较好的区域，综合评价得分的均值为0.0200，包括南非、尼日利亚、利比亚、安哥拉、突尼斯、塞拉利昂、利比里亚、莫桑比克、赞比亚、赤道几内亚、津巴布韦、毛里求斯、苏丹、刚果、斯威士兰和毛里塔尼亚16个国家，其中7个国家位于南部非洲地区，4个国家位于西部非洲地区，3个国家位于北部非洲地区，2个国家位于中部非洲地区。

第 III 类（0.003 < T < 0.006），对外开放为较差的区域，综合评价得分的均值为0.0043，包括肯尼亚、马达加斯加、坦桑尼亚、马里、厄立特里亚、纳米比亚、乌干达、刚果（金）、塞内加尔、科特迪瓦、几内亚、贝宁、加蓬、吉布提、冈比亚、尼日尔和喀麦隆17个国家，其中7个国家位于西部非洲地区，5个国家位于东部非洲地区，3个国家位于中部非洲地区，2个国家位于南部非洲地区。

第 IV 类（T < 0.003），对外开放为差的区域，综合评价得分的均值为0.0019，包括多哥、几内亚比绍、埃塞俄比亚、乍得、莱索托、马拉维、佛

得角、卢旺达、圣多美和普林西比、塞舌尔、布吉纳法索、中非共和国和科摩罗13个国家，其中4个国家位于西部非洲地区，东部、中部和南部非洲地区各3个国家。

4. 空间自相关分析。

为进一步了解非洲国家对外开放的空间关联情况，本书运用空间自相关模型进行分析，以 Rook 原则来构建空间权重矩阵，通过 Geoda 软件来计算非洲52个国家对外开放的 Global Moran's Ⅰ（衡量非洲国家对外开放的整体关联度）和 Local Moran's Ⅰ指数（衡量非洲各国家对外开放与其周边国家的空间关联度），并绘制 Moran 散点图（见图3.8），图3.8显示非洲国家对外开放 Global Moran's Ⅰ指数为 −0.0152，表明非洲国家对外开放在空间上呈现空间负相关，即对外开放在空间上不表现为同类集聚。

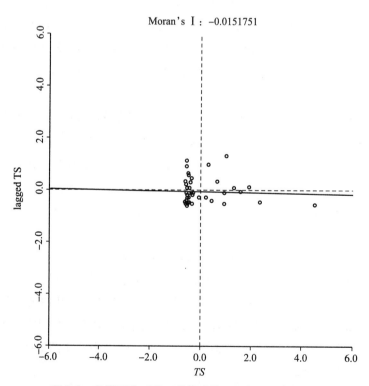

图3.8　非洲国家对外开放得分的 Moran's Ⅰ散点图

第六节　非洲国家投资环境评价分类

　　根据非洲国家投资环境的综合评价得分、人口与就业评价得分、经济发展评价得分、基础设施评价得分、社会发展评价得分和对外开放评价得分的SPSS聚类分析结果，把非洲国家的投资环境进行分类，第Ⅰ类记为A，第Ⅱ类记为B，第Ⅲ类记为C，第Ⅳ类记为D。最后，将六个系列的分类合并，得到所有非洲国家的最终评价类型（见表3.9，表中按照非洲国家英文首字母进行顺序）。例如，某国家评价类型为AABABA，表明该国家投资环境综合评价为A类，人口与就业评价为A类，经济发展评价为B类，基础设施评价为A类，社会发展评价为B类，对外开放评价为A类。

表 3.9 　　　　　　　　　　　　非洲国家投资环境评价分类

国家	综合评价排名	人口与就业评价排名	经济发展评价排名	基础设施评价排名	社会发展评价排名	对外开放评价排名	评价类型
阿尔及利亚	3	6	6	2	3	5	ABBAAA
安哥拉	7	18	4	26	34	10	ABACCB
贝宁	36	23	41	35	39	34	DCDCCC
博茨瓦纳	10	27	19	10	20	4	BCCBBA
布吉纳法索	44	35	33	39	32	50	DDDCCD
布隆迪	11	50	48	52	44	2	BDDDCA
佛得角	27	22	40	11	17	46	CCDBBD
喀麦隆	18	12	18	40	4	39	BBCCAC
中非共和国	52	42	49	42	47	51	DDDCDD
乍得	40	38	23	33	49	43	DDCCDD
科摩罗	50	52	52	20	38	52	DDDBCD
刚果	29	21	14	38	31	20	CBCCCB
刚果（金）	17	5	16	5	23	30	BACACC
科特迪瓦	22	13	25	6	40	32	CBCACC
吉布提	46	49	46	24	33	36	DDDCCC
埃及	2	3	5	4	5	3	AABAAA
赤道几内亚	20	39	8	23	26	16	CDBCCB

续表

国家	综合评价排名	人口与就业评价排名	经济发展评价排名	基础设施评价排名	社会发展评价排名	对外开放评价排名	评价类型
厄立特里亚	47	41	43	30	48	27	DDDCDC
埃塞俄比亚	21	2	13	45	13	42	CACDBD
加蓬	24	19	12	36	16	35	CBCCBC
冈比亚	31	43	50	25	8	37	CDDCBC
加纳	5	9	15	43	22	1	ABCCCA
几内亚	51	44	35	51	50	33	DDDDDC
几内亚比绍	49	51	51	44	28	41	DDDCCD
肯尼亚	26	11	20	49	18	23	CBCDBC
莱索托	41	30	39	27	41	44	DCDCCD
利比里亚	19	40	36	32	6	13	CDDCAB
利比亚	8	14	7	8	7	9	ABBAAB
马达加斯加	28	15	21	48	19	24	CBCDBC
马拉维	48	33	38	50	36	45	DCDDCD
马里	37	28	31	41	45	26	DCDCDC
毛里塔尼亚	42	46	37	28	46	22	DDDCDB
毛里求斯	13	37	22	1	15	18	BDCABB
摩洛哥	9	8	9	15	12	6	BBBBBA
莫桑比克	33	17	29	47	37	14	CBDDCB
纳米比亚	25	34	28	19	14	28	CCCBBC
尼日尔	45	32	27	34	52	38	DCCCDC
尼日利亚	1	1	2	17	2	8	AAABAB
卢旺达	43	45	42	31	27	47	DDDCCD
圣多美和普林西比	30	36	47	7	25	48	CDCBCD
塞内加尔	38	31	32	46	35	31	DCDDCC
塞舌尔	16	26	26	16	1	49	BCCBAD
塞拉利昂	32	48	45	29	51	12	CDDCDB
南非	4	4	3	14	9	7	AAABBB
苏丹	14	10	10	18	11	19	BBBBBB
斯威士兰	35	47	30	37	30	21	CDDCCB

国家	综合评价排名	人口与就业评价排名	经济发展评价排名	基础设施评价排名	社会发展评价排名	对外开放评价排名	评价类型
坦桑尼亚	15	7	17	3	21	25	BBCABC
多哥	39	29	44	22	42	40	DCDCCD
突尼斯	12	16	11	12	10	11	BBBBBB
乌干达	23	20	24	9	24	29	CBCBCC
赞比亚	6	24	1	13	29	15	ACABCB
津巴布韦	34	25	34	21	43	17	CCDBCB

通过以上分析，本节得出以下结论。

第一，根据非洲国家投资环境综合评价得分的高低，可以将非洲各国家分为以下四种类型：投资环境为好的国家，包括尼日利亚、埃及、阿尔及利、南非、加纳、赞比亚、安哥拉和利比亚；投资环境为较好的国家，包括摩洛哥、博茨瓦纳、布隆迪、突尼斯、毛里求斯、苏丹、坦桑尼亚、塞舌尔、刚果（金）和喀麦隆；投资环境为较差的国家，包括利比里亚、赤道几内亚、埃塞俄比亚、科特迪瓦、乌干达、加蓬、纳米比亚、肯尼亚、佛得角、马达加斯加、刚果、圣多美和普林西比、冈比亚、塞拉利昂、莫桑比克、津巴布韦和斯威士兰；投资环境为差的国家，包括贝宁、马里、塞内加尔、多哥、乍得、莱索托、毛里塔尼亚、卢旺达、布吉纳法索、尼日尔、吉布提、厄立特里亚、马拉维、几内亚比绍、科摩罗、几内亚和中非共和国。

第二，非洲各国家的投资环境差异非常大，并且分布很不平衡，北部地区投资环境较好，南部地区次之，西部地区、东部地区和北部地区较差，并且北部地区投资环境明显比其他地区好。

第三，非洲各国家的投资环境存在着空间自相关特征，即投资环境在空间上表现为同类集聚倾向，投资环境好的国家周围往往是投资环境好的国家，而投资环境差的国家周围往往也是投资环境差的国家。

投资环境是一个错综复杂的系统性问题，是由自然资源、人口、政治、经济、文化等诸多因素共同作用的结果。然而，学者们在投资环境内涵的界定以及评价指标体系构建上目前尚未达成统一标准，考虑到数据的可获得性，本书仅从人口与就业、经济发展、基础设施、社会发展、对外开放五个维度选取了 42 个指标来构建非洲国家投资环境评价指标体系，该指标体系仍有待进一步丰富和完善。由于非洲地域辽阔，各国家的自然环境、经济基础和历史文化传统差异非常大，投资环境的具体表现特征不尽相同，因此，投资者在对非洲投资决策的过程中，必须深入调研、因地制宜、分类指导、循序渐进，针对自身的实际情况进行国别选择。

第四章　重点国家投资环境评析

我国从区位条件、资源禀赋、政局、投资环境、与中国关系等角度，确立了"东三（坦桑尼亚、肯尼亚、埃塞俄比亚）、西三（利比里亚、几内亚、塞拉利昂）、南三（南非、莫桑比克、安哥拉）、北三（埃及、阿尔及利亚、苏丹）"的中非产能合作布局，既是帮非洲实现工业化和农业现代化，也是服务我国经济发展，体现中非全面战略合作伙伴关系的重要举措，本章结合上一章非洲国家投资环境综合评价得分排名，将重点评析上述 12 个国家的投资环境。

第一节　坦桑尼亚投资环境评析

一、基本国情

坦桑尼亚联合共和国（The United Republic of Tanzania），简称坦桑尼亚。位于非洲东部、赤道以南，英联邦成员国之一。北与肯尼亚和乌干达交界，南与赞比亚、马拉维、莫桑比克接壤，西与卢旺达、布隆迪和刚果（金）为邻，东临印度洋。国土面积 945087 平方公里，截至 2013 年全国总人口 4925 万人。

坦桑尼亚全境地形西北高，东南低，呈阶梯状。东部沿海为低地，西部内陆高原面积占内陆总面积一半以上，东北部的乞力马扎罗山的基博峰海拔 5895 米，是非洲的最高峰。

坦桑尼亚东部沿海地区和内陆的部分低地属热带草原气候，西部内陆高原属热带山地气候，大部分地区平均气温 21～25 摄氏度。

坦桑尼亚是联合国宣布的世界最不发达国家之一。经济以农业为主，粮食基本自给。工业生产技术低下，日常消费品需进口。

坦桑尼亚政府把改善对外关系、扩大出口、争取更多外援作为施政重点，与西方捐助国和国际金融机构的密切联系，从而吸引外资、减免外债和获得更多援助。

二、总体评价

在非洲国家中，坦桑尼亚投资环境综合评价得分为 0.0891，排名第 15，是第 Ⅱ 类（0.08 < T < 0.15），投资环境为良的国家。从分项指标看，坦桑尼亚人口与就业评价的得分 0.0163，排名第 7；经济发展评价得分 0.0141，排名第 17；基础设施评价得分 0.0331，排名第 3；社会发展评价得分 0.0200，排名第 21；对外开放评价得分 0.0056，排名第 25；评价类型为 BBCABC 型（见图 4.1）。

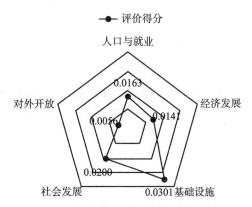

图 4.1 坦桑尼亚投资环境评价雷达图

三、分项评价

1. 人口与就业。

首先，一个国家市场规模决定投资的盈利水平和前景，市场规模和市场前景与国家人口数量休戚相关。其次，劳动力市场也是优良投资环境的一个重要组成部分，一个健全的劳动力市场能够让工人和雇主实现有效的匹配，投资者倾向于工人技术水平较高的国家。总人口反映地区的市场规模，经济活动人口、经济活动人口占总人口比例反映地区的劳动力供给，识字率反映地区人口的文化素质。2005 ~ 2013 年，坦桑尼亚的总人口呈现出逐年的上升趋势，在 2013 年达到最大值 49.25 百万人，2012 年经济活动人口为 23.47 百

万人，经济活动人口占总人口比例为 49.12%，劳动力充沛，2010 年识字率
为 73.2%。

2. 经济发展。

坦桑尼亚是联合国宣布的世界最不发达国家之一。经济以农业为主，每
年粮食勉强自给。工业生产技术低下，日常消费品需进口。近年，坦桑尼亚
政府将脱贫作为政府工作重点，执行以经济结构调整为中心的经济改革政策，
推进经济自由化和国有企业私有化进程，坚持适度从紧的财政、货币政策，
使国民经济得到缓慢回升。同时，密切与西方捐助国和国际金融机构的关系，
谋求吸引外资、减免外债和获得更多援助。

首先，宏观经济指总量经济活动，即国民经济的总体活动。是指整个国
民经济或国民经济总体及其经济活动和运行状态，从宏观上反映一个国家的
经济运行情况。其次，产业结构，亦称国民经济的部门结构，指的是国民经
济各产业部门之间以及各产业部门内部的构成，反映一个国家各种资源在不
同产业间的配置。最后，金融是人们在不确定环境中进行资源跨期的最优配
置决策的行为，一个国家的金融发展水平反映一个国家金融的发展情况、效
率等。

（1）宏观经济。

2005~2013 年，坦桑尼亚的 GDP 和人均 GDP 均呈现稳步上升的态势。
从 GDP 增长率上也可以看到，坦桑尼亚的 GDP 增长率都是正值。但是，坦
桑尼亚的经济增长速度在逐渐放缓。

（2）产业结构。

2005~2012 年，坦桑尼亚的第二产业增加值和占 GDP 比例均呈现稳步上
升的态势，第二产业增加值占 GDP 比例始终在20%~30%波动，第二产业发
展较差。从产业结构看，第二产业在 GDP 中的占比相对稳定，农业是坦桑尼
亚的经济支柱，但工业基础比较薄弱。

（3）金融发展。

坦桑尼亚银行业发达，坦桑尼亚银行是坦桑尼亚的中央银行，总部位于
达累斯萨拉姆，它负责发行国家货币坦桑尼亚先令。坦桑尼亚境内共有 53 家
金融机构，而 NMB 银行、CRDB 银行、国家商业银行和进出口行等四大银行
占据了该领域绝大多数利润。以 2013 年为例，坦桑尼亚银行业 2013 年全年

的净利润总额为 3050 亿先令，其中 NMB 银行净利润为 1320 亿先令、CRDB 银行为 844 亿先令、进出口银行为 200 亿先令、国家商业银行为 98 亿先令。四大银行占据银行业总利润近 80%，其他 49 家金融机构则不得不争夺剩余仅约 23% 的净利润额。

2005~2013 年，坦桑尼亚的货币供给呈现出逐年递增的趋势。2005~2010 年，坦桑尼亚的国外净资产呈现出逐年递增的趋势，2011 年有所下降，之后又呈现出逐年上升的趋势。

3. 基础设施。

基础设施是指为社会生产和居民生活提供公共服务的物质工程设施，是用于保证国家或地区社会经济活动正常进行的公共服务系统。它是社会赖以生存发展的一般物质条件，它涉及的领域多，是投资环境的重要组成部分，尤其对国外投资者更是如此。基础设施包括交通运输、邮电通信、供水供电、商业服务、科研与技术服务、园林绿化、环境保护、文化教育、卫生事业等市政公用工程设施和公共生活服务设施等。它们是国民经济各项事业发展的基础。在现代社会中，经济越发展，对基础设施的要求越高；完善的基础设施对加速社会经济活动，促进其空间分布形态演变起着巨大的推动作用。一个国家和地区要吸引外商投资，良好的基础设施是非常必要的。下面从交通运输设施和邮电通信与供电设施两个方面分析坦桑尼亚的基础设施情况。

（1）交通运输设施。

交通运输设施主要由两个部分组成：交通建筑设施（包括公路、铁路、码头、机场等）和运输设备（包括车、船、飞机、管道等）。

①铁路方面。坦桑尼亚铁路总长 3667 公里。中国援建的坦赞铁路东起坦桑尼亚首都达累斯萨拉姆，西至赞比亚的新卡比里姆博希，全长 1860.5 公里，年运输能力为 200 万吨，是坦桑尼亚由首都到西南边境的运输大动脉。

②公路方面。坦桑尼亚交通运输以公路运输为主。截至 2014 年，全国分级公路总长 91928 公里，其中公路局管理 33891 公里，由总理府省级行政单位和地方政府事务部负责管理。

③空运方面。坦桑尼亚有 46 个机场，其中达累斯萨拉姆、乞力马扎罗和桑给巴尔为国际机场。1977 年建立坦桑尼亚航空公司，以国内航线为主，国际航线主要飞往印度、欧洲、东南非和中东地区。

④水运方面。坦桑尼亚沿海有达累斯萨拉姆、姆特瓦拉、坦噶和桑给巴尔四大港口。达累斯萨拉姆为主要天然深水港，年吞吐量 1010 万吨。

（2）邮电通信。

邮电通信设施是一项影响投资环境的重要因素。现代经济活动存在大量的信息流，准确、迅速传递各种信息的邮电通信状况是投资者极为关切的问题。

坦桑尼亚电信和信息技术产业发展较快，截至 2015 年 6 月，坦桑尼亚移动电话使用者达到 3425 万人，使用人口比例达 71%，而在 2005 年，此数量仅为 312 万人。随着移动电话使用者的增加，移动网络用户也大幅上升，已达到 1600 万，成为国家经济中增长最快的行业之一。

（3）电力供应。

坦桑尼亚水力资源丰富，发电潜力超过 4.7 亿千瓦时，但电力工业发展严重滞后，目前仅有 375 万千瓦的水力资源得到利用，大部分水力资源尚待开发。目前仅有 10% 的国民能用上电，工业用电价格较高（每度电 12 美分），为肯尼亚、乌干达等周边邻国的 2～3 倍。全国断、限电现象经常发生。电力工业发展严重滞后正成为制约坦桑尼亚经济发展的主要"瓶颈"之一。

4. 社会发展。

一个国家的社会发展是指构成社会的各种要素前进的、上升的变迁过程，包含文化、政治、教育、卫生等一系列的社会存在的总体发展。良好的投资环境必须有较高的社会发展水平支持。识字率和中等教育入学人数能够反映地区教育发展水平，每万人医生数、每万人医院床位数和出生时预期寿命能够反映地区卫生发展水平，本书以这五个指标来衡量坦桑尼亚的社会发展的主要指标。坦桑尼亚 2010 年的识字率为 73.2%，2012 年中等教育入学人数为 1884 千人，教育水平低；2007 年每万人医生数为 4.8 名，2011 年婴儿死亡率为 78.6%，出生时预期寿命 58.9 年，卫生水平低。

5. 对外开放。

对国际市场越开放越能促进经济增长，这已经成为一个广泛的共识。这不仅被宏观证据所证明，而且也被微观证据所证实。许多企业层次的研究表明：有国外合作者的企业、参与国际市场的企业和那些面临更大进口竞争的企业具有更高的效率——特别对发展中国家更是如此。国外厂商的进入促进了技术知识和管理诀窍的转移，并能帮助国内市场与国际市场的对接。进口商品所占的市场份额越高，就能给国内生产者越多的压力使得它们提高生产效率并寻求更广泛的可获得的原料用于国内生产。所以，良好的投资环境必须鼓励外商进入并加大对外国产品的开放力度。

2005~2008年，坦桑尼亚的进出口总额占 GDP 比例呈现明显的上升趋势，2009年受金融危机影响有所下降，2010年触底反弹呈现迅速增长趋势，2012年达到92.86%，整体上坦桑尼亚对外开放程度较高。进一步看，坦桑尼亚的国际旅游收入大体上呈现出逐年上升趋势，整体上国际游客对坦桑尼亚认可度一般。2005~2013年，坦桑尼亚的国际储备大体上呈现出逐年上升，一直到2013年到达了45.32亿美元，在弥补逆差和支持汇率上能起一定的作用。

四、投资机会

坦桑尼亚吸引外资的优势主要有：①政治社会稳定。近年来，坦桑尼亚国内政局稳定，大力发展睦邻友好关系，是非洲国家少有的内政稳定的国家之一。②自然资源丰富。坦桑尼亚有着丰富的农业、矿业以及旅游业资源。

世界经济论坛《2015~2016年全球竞争力报告》显示，坦桑尼亚在全球最具竞争力的140个国家和地区中，排第120位。世界银行《2016年营商环境报告》显示，坦桑尼亚营商环境在全球189个经济体中排名第139位。

坦桑尼亚政府先后制订和颁布了一系列法规、政策和措施，例如，出台微型信贷政策，扶持中小企业发展；减免外资企业部分税费，免去高科技技术产品附加税等政策。通过对坦桑尼亚的投资环境进行重点评述，同时结合坦桑尼亚经济发展的实际情况，发现下面三大行业未来发展潜力大，适合投资。

（1）基建与建材业。

坦桑尼亚基础设施的发展及整个非洲城镇化进程的深入，都为基建、建筑、建材行业带来投资机会。

（2）农业与食品加工业。

坦桑尼亚农产品出口占外汇收入80%，其中棉花、剑麻、腰果、咖啡、烟草、茶叶、丁香等产品享誉海外。农产品加工业具有良好的投资市场。

（3）制造业。

坦桑尼亚的金属制造、机械、纺织等制造业对经济贡献较大；通信业蓬勃发展，电脑、手机具有较大市场潜力，但坦桑尼亚制造业运营、人力和物流成本较高。

第二节　肯尼亚投资环境评析

一、基本国情

肯尼亚共和国（The Republic of Kenya），简称肯尼亚，首都内罗毕位于东 3 时区，比北京时间晚 5 个小时。肯尼亚位于非洲东部，赤道横贯中部，东非大裂谷纵贯南北。东邻索马里，南接坦桑尼亚，西连乌干达，北与埃塞俄比亚、南苏丹交界，东南濒临印度洋，海岸线长 536 公里。国土面积的 18% 为可耕地，其余主要适于畜牧业。不实行夏令时。肯尼亚河流、湖泊众多，最大的河流为塔纳河、加拉纳河。肯尼亚是撒哈拉以南非洲经济基础较好的国家之一，是东非地区工业最发达的国家，国民经济支柱产业以旅游业为主。肯尼亚是人类发源地之一，境内曾出土约 250 万年前的人类头骨化石，公元 7 世纪，非洲东南沿海地带形成一些商业城市，阿拉伯人开始到此经商和定居。

1. 行政区划。

2013 年 3 月大选结束后，肯尼亚全国撤销省级建制，划分为 47 个郡进行治理。首都内罗毕，面积 648 平方公里，海拔 1680 米，人口约 400 万，是全国政治、经济、文化、工业和交通中心。

其他主要经济中心城市有蒙巴萨、基苏木和纳库鲁等，其中蒙巴萨是肯第二大城市，东非最大的港口；基苏木是肯第三大城市，西部经济和交通中心，拥有维多利亚湖港口；纳库鲁，中部工农业中心；埃尔多雷特，农业和畜牧业发达，是肯尼亚的"粮仓"。

2. 气候条件。

肯尼亚全境位于热带季风区，大部分地区属热带草原气候，沿海地区湿热，高原气候温和，3～6月和10～12月为雨季，其余为旱季。年降雨量自西南向东北由1500毫米递减至200毫米。全年最高气温为22～26摄氏度，最低为10～14摄氏度。

二、总体评价

在非洲国家中，肯尼亚投资环境综合评价得分为0.0570，排名第26，是第Ⅲ类（0.04＜T＜0.08），投资环境为差的国家。从分项指标看，肯尼亚人口与就业评价得分0.0130，排名第11；经济发展评价得分0.0130，排名第20；基础设施评价得分0.0035，排名第49；社会发展评价得分0.0218，排名第18；对外开放评价得分0.056，排名第23，评价类型为CBCDBC型（见图4.2）。

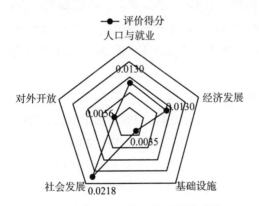

图4.2 肯尼亚投资环境评价雷达图

三、分项评价

1. 人口与就业。

2005～2013年，肯尼亚的总人口呈现出逐年的上升趋势，在2013年达到最大值44.35百万人，2011年经济活动人口为15.34百万人，经济活动占总人口比例为 36.50%，劳动力较少，2010 年识字率为 87.4%，劳动力素质一般。肯尼亚虽然人口逐年增长，但是市场规模较小，未来市场潜力一般，而且劳动力供给不足，素质一般。

2. 经济发展。

肯尼亚是撒哈拉以南非洲经济基础较好的国家之一。实行以私营经济为主、多种经济形式并存的"混合经济"体制，私营经济约占整体经济的 70%。农业、服务业和工业是国民经济三大支柱，茶叶、咖啡和花卉是农业三大创汇项目。肯尼亚的旅游业为国民经济支柱产业，是主要创汇行业之一，年收入均在 3 亿美元左右，占国内生产总值的 20%。主要旅游点有内罗毕、察沃、安博塞利、纳库鲁、马赛马拉等地的国家公园、湖泊风景区及东非大裂谷、肯尼亚山和蒙巴萨海滨等。工业在东非地区相对发达，日用品基本自给。肯尼亚将支持农业和旅游业作为重点，努力改善投资环境。

（1）宏观经济。

2005～2013 年，肯尼亚的 GDP 呈现稳步上升的态势，人均 GDP 上也呈现出稳步上升的态势。从 GDP 增长率上也可以看到，肯尼亚的 GDP 增长率均是正值，在 2005～2007 年这个时间段呈逐年递增态势，2008 年受政治危机和经济危机影响骤然下跌至 1.5%，在 2009～2010 年触底迅速反弹，2011 年之后增长速度放缓。

（2）产业结构。

2005～2008 年，肯尼亚的第二产业增加值和占 GDP 比例均呈现稳步上升的态势，2009 年受金融危机影响有所下降，2010 年后第二产业增加值继续呈现稳步上升的态势，第二产业增加值占 GDP 比例开始逐年下降。

（3）金融发展。

肯尼亚银行业较发达，共有 44 家商业银行、5 家外资银行代表处、8 家金融机构、112 家外汇交易所及 2 家信用调查机构。肯尼亚银行业业务扩张迅速，目前，肯尼亚银行在坦桑尼亚、乌干达、南苏丹、卢旺达和布隆迪已开设 223 家分支机构。肯尼亚总体宏观经济运行一般，产业结构一般，金融发展水平较低，对国际投资有较大的负面作用。

3. 基础设施。

下面对交通运输设施和邮电通信与供电设施等方面进行分析。

（1）交通运输设施。

交通运输设施主要由两个部分组成：交通建筑设施（包括公路、铁路、码头、机场等）和运输设备（包括车、船、飞机、管道等）。

①铁路方面。肯尼亚拥有2.706万公里的铁路，铁路总里程世界排名第61位，占非洲铁路里程总量的15%。铁路年客运量479.4万人次，年货运量222.7万吨。

②公路方面。肯尼亚的公路总长15万公里，但是大多路况较差。年运输业产值占肯尼亚国内生产总值的6.3%。

③空运方面。肯尼亚拥有3个国际机场，4个国内机场和300多个小型或简易机场。平均年客运量达394.8万人次，货运总量17.2万吨。

④水运方面。肯尼亚的蒙巴萨港是东中非最大的港口，有21个深水泊位、2个大型输油码头，可停泊2万吨级货轮，总吞吐量可达2200万吨。

（2）邮电通信。

邮电通信设施是一项影响投资环境的重要因素。现代经济活动存在大量的信息流，准确、迅速传递各种信息的邮电通信状况是投资者极为关切的问题。肯尼亚电信和信息技术产业发展较快。肯尼亚通信委员会负责对电信市场和邮政市场的管理。截至2011年年底，肯尼亚电话用户总数达到2836万，普及率为72%。与此同时，由于基础设施比较落后和内容的缺乏，肯尼亚的互联网发展比较缓慢，处于较低水平状态。

（3）电力供应。

肯尼亚主要依赖水力发电、地热发电等可再生能源发电技术。肯尼亚有67.5%的电力来自于可再生能源，其中水电是肯尼亚国内最主要的电力来源，占到47.8%；地热发电和风能发电分别占到12.4%和0.3%，化石能源发电占到32.5%。肯尼亚至今尚未发现石油，因此油气在电力资源总量中的比重较低。肯尼亚政府正在加大电力基础设施建设步伐，以最低的成本扩大供电能力，让更多的民众享受到电力服务。随着季节性降雨越来越不稳定，长期干旱司空见惯，肯尼亚水电水库水位下降严重，从而增加对柴油发电机的依赖。

4. 社会发展。

肯尼亚2010年的识字率为87.4%，2012年中等教育入学人数为1915千人，教育水平较低；2012 年每万人医生数为 2.0，2012 年婴儿死亡率为 52.0%，出生时预期寿命 56.9 年，卫生水平较低。总之，教育发展水平不高，卫生发展水平也较低，总体上看，肯尼亚的社会发展水平较低，对国际投资有负面影响。

5. 对外开放。

2005～2007 年，肯尼亚的进出口总额占 GDP 比例在 50%～60% 这个区间内波动，2008 年上升至 60.3%，2009 年受金融危机影响，随后下跌至 54.19%，2010 年以后在 60%～70% 这个区间内波动，整体上肯尼亚对外开放程度一般。进一步看，2005～2007 年，肯尼亚的国际旅游收入呈现出逐年上升趋势，2009 年受金融危机影响之后开始下降，到 2011 年触底反弹，呈现出迅速增长的趋势，整体上国际游客对肯尼亚认可度较低。2005～2013 年，肯尼亚的国际储备整体上呈现明显的逐年上升，一直到 2013 年达到了 63.49 亿美元，在弥补逆差和支持汇率上能起一定的作用。肯尼亚对外开放程度一般，缺少相对稳定的外贸进出口，外商直接投资不便。

四、投资机会

肯尼亚将在全国多个地区设立一批经济特区，吸引跨国投资，以推动当地经济发展，为了让肯尼亚成为具有全球竞争力的、人民安居乐业的、繁荣昌盛的国家，实现在 2030 年将肯尼亚建设成为中等收入国家的目标。

肯尼亚政府早已规划了 2030 年宏伟蓝图，发展经济特区的目标和方向是使肯尼亚成为区域贸易和服务的中心、创造一体化的基础建设和树立信息通信技术发展的重要地位。目前，已经选择六大部门作为发展重点，它们是：农业和农用工业、商业加工外贸、零售、金融、旅游休闲及制造业。

肯尼亚经济发展较平稳，中产阶级人口增长较快，国内市场不断扩大。但肯尼亚外商直接投资便利化程度较低，基础设施落后，办事花费时间较长。肯尼亚法律规定外商直接投资最低限额为 50 万美元，门槛设置过高，对外资进入造成障碍。在税收、经营范围、企业所有权和土地等方面，对外资也规定了不同于内资的待遇标准，给外资设置了不少经营限制。税务、移民和海关等部门办事花费时间较长，权力寻租普遍；中央和地方之间分权不清，存在掣肘现象；港口、公路和铁路等基础设施不能满足实际需求，运力不足，且运费昂贵，物流成本占总成本40%以上。

据世界银行发布的《2015年全球营商环境报告》，肯尼亚在全球189个经济体中排名136位。世界经济论坛《2014～2015年全球竞争力报告》显示，肯尼亚在全球最具竞争力的144个国家和地区中排第90位。

肯尼亚下面两大行业未来发展潜力大，较适合投资。

（1）电力与新能源业。

肯尼亚电力缺口急需基建投资。为化解电力供应紧张这一难题，肯尼亚鼓励通过绿色能源提高发电能力。地热、风能、洁净煤等绿色能源发电项目存在投资机会。

（2）通信业。

肯尼亚移动通信业务发展比较迅速，互联网普及率相对较高。电脑、手机具有较大市场潜力，作为肯尼亚政府2030年宏伟蓝图的重要行业，电信投资空间加大将给电信设备制造商带来更多商机。

第三节　埃塞俄比亚投资环境评析

一、基本国情

埃塞俄比亚联邦民主共和国，简称埃塞俄比亚（旧称"阿比西尼亚"，Abyssinia）。埃塞俄比亚位于红海西南的东非高原上，东与吉布提、索马里接壤，西与苏丹交界，南邻肯尼亚，北接厄立特里亚，领土面积1103600平方公里。境内以山地高原为主，大部属埃塞俄比亚高原，中西部是高原的主体，占全境的2/3，东非大裂谷纵贯全境，平均海拔近3000米，素有"非洲屋脊"之称。埃塞俄比亚是世界最不发达国家之一，以农牧业为主，工业基础薄弱。

1. 行政区划。

埃塞俄比亚全国分为包括首都亚的斯亚贝巴市和商业城市迪雷达瓦在内

的 2 个自治行政区，9 个民族州。9 个州分别为：奥罗米亚州、阿姆哈拉州、阿法尔州、本尚古勒—古木兹州、甘贝拉州、哈勒尔州、索马里州、南方民族州和提格雷州。

埃塞俄比亚首都亚的斯亚贝巴是特别行政市和全国政治、经济和文化中心，位于国土中心，面积 540 平方公里，平均海拔高度 2450 米，最高点海拔高度 3000 米，终年气候凉爽，平均气温 16 摄氏度，人口约 400 万。亚的斯亚贝巴是埃塞俄比亚第一大城市，联合国非洲经济委员会和非洲联盟总部的所在地，有"非洲政治首都"之称。

埃塞俄比亚其他主要城市有阿瓦萨、迪雷达瓦、纳兹雷特（或称阿达玛）、贡德尔、德谢、季马、哈拉尔、巴赫达尔、默克莱、德卜勒马科斯和内格默特等。

2. 人口分布。

埃塞俄比亚是非洲人口第二大国。2013 年，埃塞俄比亚人口约为 9410 万。其中，城市人口占 19.5%，其余为农村人口。总人口中，工作年龄人口约 5040 万，劳动力丰富。首都亚的斯亚贝巴为人口最密集城市。

目前埃塞俄比亚约有 4 万名华人，主要是工程承包项目的管理和技术人员，以及在当地开展投资合作的中国企业家和工人。华人主要集中在首都亚的斯亚贝巴、奥罗莫州及全国大城市。

3. 自然资源。

埃塞俄比亚资源较丰富，但勘探开发滞后。可耕地面积占国土面积的45%，森林覆盖率约为 9%。水资源丰富，清洁水源覆盖率超过 60%，素有"东非水塔"的美誉。江河湖泊众多，青尼罗河发源于此，但水资源利用率仅为 5%，渔业资源迄今未得到有效商业开发。已探明的矿藏有黄金、铂、镍、铜、铁、煤、钽、硅、钾盐、磷酸盐、大理石、石灰石、石油和天然气。矿业开发尚待起步，加拿大、马来西亚、沙特阿拉伯、英国、苏丹、约旦等国公司在埃塞俄比亚进行矿产开发。全国境内古迹众多，旅游业发展潜力巨大，但基础设施不发达。

二、总体评价

在非洲国家中，埃塞俄比亚投资环境综合评价得分为 0.0754，排名第

21，是第Ⅲ类（0.04 < T < 0.08），投资环境为差的国家。从分项指标看，埃塞俄比亚人口与就业评价得分 0.0271，排名第 2；经济发展评价得分 0.0164，排名第 13；基础设施评价得分 0.0047，排名第 45；社会发展评价得分 0.0246，排名第 13；对外开放评价得分 0.0026，排名第 42；评价类型为 CACDBD 型（见图 4.3）。

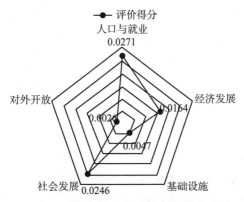

图 4.3　埃塞俄比亚投资环境评价雷达图

三、分项评价

1. 人口与就业。

2005～2013 年，埃塞俄比亚的总人口呈现出逐年的上升趋势，在 2013 年达到最大值 94.1 百万人，2012 年经济活动人口为 46.36 百万人，经济活动人口占总人口比例为 50.54%。2007 年识字率为 39%，反映出埃塞俄比亚文化教育普及的程度低，劳动力素质低下。

埃塞俄比亚人口规模较大，而且稳步增长，市场规模和未来市场潜力较大，劳动力素质低下，难以满足经济发展的需要，并非一个比较理想的投资首选地。

2. 经济发展。

埃塞俄比亚是世界最不发达国家之一。以农牧业为主，工业基础薄弱。埃塞俄比亚农牧民占总人口 85% 以上，主要从事种植和畜牧业，另有少量渔业和林业。埃塞俄比亚是畜牧业大国，适牧地占国土一半多。以家庭放牧为主，抗灾力低。埃塞俄比亚旅游资源丰富，文物古迹及野生动物公园较多，有 7 处遗迹被联合国教科文组织列入《世界遗产名录》。政府已采取扩建机场、简化签证手续等措施促进旅游业发展，计划使埃塞到 2020 年成为非洲 10 大旅游国之一。根据埃塞俄比亚宪法，土地归国家所有，并向租户提供长期的租赁；该制度不断阻止工业行业的增长，企业家无法用土地作为贷款抵押品。埃塞俄比亚工业门类不齐全，结构不合理，零部件、原材料依靠进口，2013 年工业产值占国内生产总值的 9% 。近年来，埃塞俄比亚积极争取国际援助，吸引投资，促进出口，努力克服外汇短缺等经济发展"瓶颈"问题，坚决推行税制改革，打击偷税漏税，总体经济发展态势良好，通货膨胀问题有所缓解，成为撒哈拉以南非洲石油和矿产经济体中过去 6 年经济增长最快的国家。

（1）宏观经济。

2005 ~ 2009 年，埃塞俄比亚的 GDP 和人均 GDP 均呈现稳步上升的态势，2010 年受经济危机影响，埃塞俄比亚的 GDP 和人均 GDP 均有所下降。2011 ~ 2013 年，埃塞俄比亚的 GDP 和人均 GDP 又继续呈现稳步上升的态势。从 GDP 增长率上也可以看到，埃塞俄比亚的 GDP 增长率均是正值，但波动较大，经济增长速度起伏不定。

（2）产业结构。

2005 ~ 2009 年，埃塞俄比亚的第二产业增加值呈现稳步上升的态势，2010 年有所下降，2011 年触底反弹，呈现出迅速增长的趋势。2005 ~ 2012 年，第二产业增加值占 GDP 比例大体上呈现出一个逐年递减的趋势，2013 年有所回升。

（3）金融发展。

埃塞俄比亚有商业银行、开发银行、商业建设银行等 3 家国有银行和 1 家国有保险公司。另有 12 家私营银行，8 家私营保险公司。其中私营银行在全国共设有 363 家分支机构，总资产达 423 亿比尔。埃塞俄比亚属重债穷国减债倡议和多边债务减免倡议受益国。

2005 ~ 2008 年，埃塞俄比亚的货币供给呈现出一个稳步增长的态势，2009 年由于受到金融危机的影响，货币供给有所下降，2010 年触底反弹，而后呈现出迅速增长的趋势。2005 ~ 2008 年埃塞俄比亚的国外净资产呈现出波动，2013 年国外净资产达到最高值 65292.86 百万美元。

埃塞俄比亚属外汇管制国家，外资企业（或项目组）可在当地银行开立外币账户，汇入自由但不能提现，作为资本投入的外汇汇入可到国家银行备案，企业利润及分成可在履行相应报批审查手续后汇出。近年来，政府通过立法，努力实行积极的货币政策，逐步放宽外汇管制。1998 年 7 月起实行"外汇批发拍卖制度"，一次性申购外汇金额高于 50 万美元者，需要通过参加拍卖获得；低于 50 万美元者，则无须参加外汇拍卖，可直接到各有关商业银行自由申购；凡因出国求学、旅游、治病等需要用汇者，可直接在银行自由兑换。目前实行浮动汇率制。

外国投资者可按当日银行汇价将利润和红利、偿付外部贷款的本金与利息、与技术转让协议有关的付款、企业出售、清盘或向当地投资者转让股份或所有权所得进项等兑成外汇自由、免税汇出埃塞俄比亚。

埃塞俄比亚对携带外汇现金入境没有数量限制，但须在入境时填写外汇申报表进行申报，申报表 3 个月有效。外汇兑换比尔必须在授权的银行和酒店进行。出境旅客可于离境前在机场将所剩比尔兑换成相应外汇携带出境，但必须在出境时向海关出示入境外汇申报表和相关的外汇交易记录凭证。

如果入境时没有申报，出境时最多每人只能携带 3000 美元。如携带超过 3000 美元的限额出境，以及出境时不申报，埃塞俄比亚海关查出后将会给予没收甚至暂扣人员。

总之，埃塞俄比亚总体宏观经济运行一般，产业结构一般，金融发展水平较低，需要进一步完善和发展。

3. 基础设施。

下面对交通运输设施和邮电通信与供电设施等方面分别进行分析。

（1）交通运输设施。

交通运输设施主要由两个部分组成：交通建筑设施（包括公路、铁路、轻轨、码头、机场等）和运输设备（包括车、船、飞机、管道等）。

①铁路方面。埃塞俄比亚仅有一条铁路，从亚的斯亚贝巴到吉布提铁路，全长 850 公里，其中在埃境内 681 公里。现有机车 19 台，年客运量 70 万 ~ 80 万人次，货运量 20 万 ~25 万吨，分别占全国总运量的 2.6% 和 3.8%。因为设备老化，管理不善，运力不足，21 世纪初亏损严重，2014 年已经停运。

②公路方面。埃塞俄比亚公路运输占全国总运量的90%。全国公路总长33856公里（2004年），其中柏油路4362公里，其余为沙砾路。全国登记卡车14万辆，仅9.7万辆可使用。21世纪初，政府正施公路部门发展计划，对公路系统进行扩建改造。

③空运方面。埃塞俄比亚共有40多个机场，其中亚的斯亚贝巴、迪雷达瓦和巴赫达尔为国际机场。埃塞俄比亚航空公司有近50架飞机，国际航线49条，国内航线30多条，安全系数、管理水平和经济效益均佳。

④水运方面。埃塞俄比亚海运公司（ESLSC）有15艘船，总吨位38.58万吨。曾以厄立特里亚的阿萨布、马萨瓦港为主要港口。

（2）邮电通信。

邮电通信设施是一项影响投资环境的重要因素。现代经济活动存在大量的信息流，准确、迅速传递各种信息的邮电通信状况是投资者极为关切的问题。

埃塞俄比亚电信业总体上比较落后，全国网络不完备，电信基础设施陈旧，老化现象严重。埃塞俄比亚电信公司是一家快速增长的国有运营商，在过去的几年里，现代电信设施的发展是显著的。2013年该国已安装18000千米长的光纤缆。非洲安装的光纤缆的总长为60000千米，埃塞俄比亚的光纤缆安装占到非洲光纤缆的最大份额，为总长的30%。安装在该国广大地区大量的微波和GPRS天线为埃塞俄比亚人民提供了移动电信渠道，同时亚的斯亚贝巴方圆500公里范围内也可通过3G移动设备享用移动服务。

（3）在电力供应。

埃塞俄比亚尚未开发的能源发电潜力资源包括：地热能产生的5000兆瓦电力，风能转换来的100千兆，还有没提到的3亿吨煤炭，太阳能和生物能源产生的潜在电能。以"非洲水塔"文明的埃塞俄比亚拥有可开发45000兆瓦容量的水力发电资源，该容量在非洲仅次于扎伊尔，居第二位。在过去的几年里，建造了几座巨大的水力发电站，还有更多在规划中。除用以满足国内电力需求外，埃塞俄比亚还将电力出口到一些邻国，如肯尼亚，吉布提和苏丹，还有距离较远的其他国家，如埃及和非洲南部的一些国家。近几年来，城镇、乡村电气化的一个巨大项目正在进行中。与15年前只有50所城镇实现电气化相比，如今平均每年实现电气化的城镇数目已超过了1000座。其目标是使埃塞俄比亚能达到发达国家的电力发展水平，也就是到 2025 年，全国一半的人口能用得上电。

4. 社会发展。

埃塞俄比亚 2007 年的识字率为 39%，2012 年中等教育入学人数为 2269 千人，教育水平较低。2011 年每万人医生数为 0.2 名，2012 年婴儿死亡率为 63.6%，出生时预期寿命 59.7 年，卫生水平较低。

5. 对外开放。

2005～2008 年，埃塞俄比亚的进出口总额占 GDP 比例大体上呈现上升趋势，2009 年受金融危机影响骤然下降，到 2010 年触底反弹，而后继续呈现出逐年递减的趋势，整体上埃塞俄比亚对外开放程度较低。进一步看，2005～2009 年，埃塞俄比亚的国际旅游收入呈现出逐年递减趋势，2010 年触底反弹，呈现出迅速增长的趋势，整体上国际游客对埃塞俄比亚认可度一般。2005～2009 年，埃塞俄比亚的国际储备呈现明显波动，起伏较大。

四、投资机会

埃塞俄比亚作为东非地区大国，在投资环境方面拥有诸多得天独厚的优势。因其地处东非高原，水利资源丰富，被誉为"东非水塔"；境内海拔从 -148 米到 4620 米，拥有 18 个生态区，生物多样性特征明显；作为非洲人口第二大国，劳动力资源丰富，国内市场潜力巨大；首都亚的斯亚贝巴等地由于海拔原因，常年平均气温为 16 摄氏度，气候宜人。

此外，埃塞俄比亚还是东南非共同市场、非洲、加勒比海和太平洋地区等区域组织成员，作为最不发达国家，还享受美国《非洲增长与机遇》和欧盟"武器除外的全面优惠安排"等关于非洲产品免关税、免配额的政策，对周边及美欧国家出口具有一定的便利。

埃塞俄比亚现政府自 1991 年执掌政权以来，政局较为稳定。埃塞俄比亚实行对外开放政策，推行经济市场化和私有化改革，4 次修改投资法律法规，通过增加投资优惠政策、降低投资门槛、扩大投资领域、实行减免税优惠等措施和为外国投资者提供保护和服务等，鼓励外商投资。

2012 年 6 月，非盟宣布埃塞俄比亚首都亚的斯亚贝巴是非洲对外国直接投资最富吸引力的城市之一，亚的斯亚贝巴市为吸引外资制定了特别优惠政策和战略规划。

世界经济论坛《2015~2016年全球竞争力报告》显示，埃塞俄比亚在全球最具竞争力的140个国家和地区中，排第109位。世界银行发布的《2016年经商环境报告》中，埃塞俄比亚在189个经济体中全球营商环境排名第146位。

通过对埃塞俄比亚的投资环境进行重点评述，同时结合埃塞俄比亚经济发展的实际情况，发现下面两大行业未来发展潜力大，适合投资。

（1）交通运输业。

埃塞俄比亚铁路运输能力有限，现有唯一铁路已濒临瘫痪，政府将执行一项建设全新铁路运输系统的计划，将铺设长达5000公里的、覆盖范围更广泛的标准铁轨和电气化铁路网，目前，埃塞政府正在为这一计划寻找合作伙伴。同时，政府正实施公路部门发展计划，对公路系统进行扩建改造。交通运输业存在较大商机。

（2）电力发展业。

埃塞俄比亚水资源丰富，号称"东非水塔"，可开发的水电装机容量达4.5万兆瓦，但已开发的仅占3%。水电项目存在投资机会。

第四节　利比里亚投资环境评析

一、基本国情

利比里亚共和国（Republic of Liberia）别称"非洲的天然橡胶王国"、"非洲大门"和"商船王国"。处于非洲西部，北接几内亚，西北接塞拉利昂，东邻科特迪瓦，西南濒大西洋。面积为11.1万多平方公里。利比里亚首都是蒙罗维亚，是西非重要的出海门户，素有"非洲雨都"之称。

利比里亚是联合国公布的世界最不发达国家之一。利比里亚是农业国，工业基础薄弱，经济结构单一。但是，利比里亚矿产资源、森林资源、土地和水利等资源十分丰富，铁矿砂、天然橡胶和木材的生产是国民经济的主要支柱。

1. 行政区划。

利比里亚全国共设 15 个州。首都蒙罗维亚，位于非洲西部大西洋沿岸梅苏拉多角和布什罗德岛上，据守圣保罗河入海口，是西非重要的出海门户，非洲距南美大陆最近的港口城市，是全国的政治、经济和文化中心。其他主要的经济中心城市包括布坎南、邦加等。

2. 自然资源。

利比里亚矿产、森林、土地和水利等自然资源十分丰富。主要矿产资源有铁矿砂，还有丰富的钻石、黄金、铝矾土、铜、铅、锰、锌、镍、金红石和蓝晶石等矿藏。森林覆盖率约59%，占西非地区上几内亚森林带总面积的42%，盛产紫檀木、红木、桃花心木等；土地资源丰富，不仅适合发展优质橡胶，而且适合种植稻米、木薯、玉米、豆类、蔬菜、棕榈和椰树等。另外，境内河流水电储能潜力巨大。

3. 气候条件。

利比里亚属热带季风气候，分旱季和雨季，一般 12 月至次年 4 月为旱季，5～11 月为雨季。2 月和 3 月气温最高，室外温度可达 40 摄氏度以上，最低温度出现在 8 月和 9 月，白天温度仅为 18 摄氏度，年均气温 25 摄氏度左右。年平均降雨量 2500～4000 毫米，首都地区年降雨量达 5000 多毫米，为世界之最。

二、总体评价

在非洲国家中，利比里亚投资环境综合评价得分为 0.0779，排名第 19，是第Ⅲ类（0.04＜T＜0.08），是一投资环境较差的国家。从分项指标看，利比里亚人口与就业评价得分 0.0069，排名第 40；经济发展评价得分 0.0067，排名第 36；基础设施评价得分 0.0081，排名第 32；社会发展评价得分 0.0388，排名第 6；对外开放评价得分 0.0175，排名第 13；评价类型为 CD-DCAB 型（见图 4.4）。

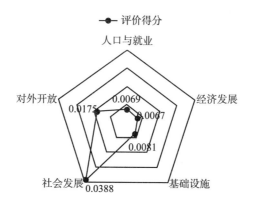

图 4.4　利比里亚投资环境评价雷达图

三、分项评价

1. 人口与就业。

2005～2013年，利比里亚的总人口呈现出逐年的上升趋势，在2013年达到最大值4.29百万人，同年经济活动人口为1.46百万人，经济活动占总人口比例为34.03%，劳动力比较匮乏，2010年识字率为60.8%，反映出利比里亚教育普及的程度还很低，劳动力素质较差。利比里亚就业情况不容乐观，反映出来本地区的劳动力供给不足。

总而言之，利比里亚人口虽逐年增长，但是增长的幅度不大，人口总量少，市场容量有限，素质较差，从总体上讲，利比里亚的人口与就业情况尚未能够满足经济发展的需要，因此利比里亚属于投资环境差的国家。

2. 经济发展。

利比利亚是联合国公布的最不发达国家，人类发展指数在188个国家中排名第177位。天然橡胶、木材和铁矿砂的生产为其国民经济的主要支柱，均供出口，是外汇收入的主要来源。工业不发达，仅有少数企业生产日用消费品。利比里亚自然资源丰富，矿产资源、森林资源、土地和水利等资源十分丰富。利比里亚还是全球第二大方便旗船籍国，船籍注册收入一直是利比里亚重要的财政来源之一。

（1）宏观经济。

虽然利比里亚的GDP总值处于很低水平，但2005～2013年，利比里亚的 GDP 与人均 GDP 都呈现稳步上升的态势，而且处于高速增长阶段，由 GDP 增长率可以看出，利比里亚的 GDP 增速逐年加快。

（2）产业结构。

2005～2011 年，利比里亚的第二产业增加值和占 GDP 比例都比较低，均呈现稳步上升的态势，2013 年开始逐年下降。

（3）金融发展。

利比里亚金融发展水平较低，目前，在利比里亚经营的银行类金融机构共 9 家，包括中央银行和 8 家商业银行，共有 55 家分支机构分布在 9 个州。在商业银行中，只有利比里亚投资发展银行是利比里亚本国银行，由政府控股。另外，利比里亚企业发展融资公司是利比里亚唯一一家注册的非银行金融机构，主要业务是向利比里亚人经营的中小企业提供中长期贷款。

2005～2013 年，利比里亚的货币供给逐年平稳增加；利比里亚 2005～2008 年的国外净资产呈现出波动的趋势，由于受到金融危机的影响，2010 年以后国外净资产大幅下降。

利比里亚对外汇实行宽松管理政策，在利比里亚注册的外国企业可以在当地商业银行开设外汇账户，外汇汇出自由。政府对外国企业利润和分配的外汇收入汇出海外无限制和税费规定。银行根据单笔汇出额（最高 1000 万美元）征收 100～300 美元手续费。外国人入境携带超过 10000 美元需向海关申报，否则将面临 25% 的罚款；出境每人可携带不超过 5000 美元现金或等值货币。

利比里亚总体宏观经济环境不稳定，产业结构单一，金融发展水平较滞后，发展潜力较大。

3. 基础设施。

下面对交通运输设施和邮电通信与供电设施等方面分别进行分析。

（1）交通运输设施。

交通运输设施主要由两个部分组成：交通建筑设施（包括公路、铁路、码头、机场等）和运输设备（包括车、船、飞机、管道等）。

①铁路方面。内战前全国只有 3 条铁路，总长 500 公里，主要用于运输铁矿砂，内战期间遭到严重破坏。从宁巴州的铁矿区至布坎南港铁路目前已由阿赛洛—米塔尔钢铁公司修复并使用；从邦矿至蒙罗维亚自由港的铁路正由中利联投资有限公司进行修复和延长，已可以初步使用。

②公路方面。截至 2014 年利比里亚全国公路总长 11000 公里，其中全天候公路 2036 公里，柏油路 739 公里。利比里亚首都蒙罗维亚有干线公路连接全国各大行政区，内战期间受损较严重。在国际援助下，已经开始修复工作。

③水运方面。利比里亚的海运业享誉世界，首都有 20 多条国际海运定期航线与外界相通，有蒙罗维亚、格林维尔、哈珀、布坎南和罗伯茨港等五个港口，年货运量为 20 万吨。蒙罗维亚港是西非地区最大的现代化港口之一，港区水域面积 300 公顷，但年久失修，仅部分泊位可用。2009 年前 3 季度，共装卸货物 100 万吨。布坎南港内战前主要用于运输铁矿砂和木材，现港口本身仍可使用，但装卸和仓储设施已基本不复存在。

④空运方面。内战前，全国共有 47 个机场，其中大型机场 2 个，内战后，大多数机场设施被毁坏。位于首都的罗伯茨国际机场是利比里亚当前最主要民用机场，目前正在逐步修复和扩建。利比里亚现尚未有自己的商业航空公司，国际航空业务主要由达美航空公司、法航、尼日利亚航空、摩洛哥航空公司、布鲁塞尔航空公司、肯尼亚航空公司和埃塞俄比亚航空公司经营。2012 年，冈比亚、英国航空公司相继在利比里亚开通航线。

（2）邮电通信。

邮电通信设施是一项影响投资环境的重要因素。现代经济活动存在大量的信息流，准确、迅速传递各种信息的邮电通信状况是投资者极为关切的问题。

利比里亚是非洲第一批引进电话和无线电通信系统的国家，现在所有主要的大城镇均有电话线路连接。利比里亚电信公司是利比里亚唯一的固定电话运营商。利比里亚目前没有固定电话网络，通信主要靠移动通信，手机普及率较高，手机普及率达到 68.4%，全国移动用户共计 239 万。利比里亚互联网缺乏宽带接入能力，用户只能以卫星连接方式高价获得互联网服务。2012 年，随着引入 3G 服务，互联网普及率有所上升，已达到 4.6%，用户数达到 16 万。

（3）电力供应。

多年战乱使利比里亚供电系统遭到严重破坏，目前生产、生活用电主要依靠自备的燃油发电机来解决。国家电力公司使用重油发电，仅可供应首都及周边部分地区，每度电售价高达 54 美分，高额的电价极大地制约了利比里亚经济发展。2012 年利比里亚电力公司仅仅能提供 16 兆瓦（相当于月发电量 1154 万度）的电力，服务 5800 个客户（占利比里亚人口的 1%）。为解决严重缺电问题，利比里亚与欧盟签订了援助协议，同时也启动了其他国家的援助电力重建以及修复项目。显然，利比里亚的水、电、道路、通信等基础设施严重滞后，不能满足当地经济发展的需要，存在投资空间与潜力。但是，由于投资环境较差，投资所遇到的挑战也很大。

4. 社会发展。

利比里亚2010年的识字率为60.8%，2013年中等教育入学人数为522千人，教育水平较低；2011年每万人医生数为128名，2012年婴儿死亡率为77.2%，2013年出生时预期寿命60.6年，截至2014年全国有约469家诊所和34所医院，其中80%依靠国际援助维持。医务人员奇缺，全国合格医生不足200人，一般是外国医生。2014年大规模爆发的埃博拉疫情使利公共卫生系统遭到沉重打击。由此可见利比里亚的医疗卫生条件差。

利比里亚的教育程度与教育水平都比较低下，而且卫生发展水平很低，总体上利比里亚的社会发展水平有限，存在投资空间与潜力。

5. 对外开放。

2005～2008年，利比里亚的国际储备呈现出上下波动的趋势，2009年受金融危机影响之后一直下降，整体上利比里亚对外开放程度一般。利比里亚对外开放程度一般，国际储备中等，存在投资空间与潜力，但是由于投资环境较差，进行国际投资所将会遇到比较大的挑战。

四、投资机会

2012年1月16日，瑟利夫总统蝉联利比里亚总统，开启第二届任期。新政府继续奉行市场经济政策，采取了鼓励投资、改善基础设施、打击腐败等措施。利比里亚在吸引外国投资方面具有以下优势和吸引力：①得益于联利团和美欧等国际社会的大力支持，政治和安全局势脆弱但稳定。②人口较少，自然资源、土地和矿产资源丰富。天然橡胶、木材和铁矿砂生产曾是利比里亚经济的支柱产业，此外利比里亚还蕴藏钻石、黄金等矿藏。③地理位置优越，濒临大西洋，辐射欧美及西非地区。④对外贸易和金融管制宽松，国内实行利比里亚元和美元双币制，美元流通、汇出自由。⑤实行开放经济政策，鼓励外国投资。

根据世界银行发布的《2016 年全球营商环境报告》，利比里亚在全球 189 个经济体中营商环境便利度排名第 179 位。世界经济论坛《2015 ~ 2016 年全球竞争力报告》显示，利比里亚在全球最具竞争力的 140 个国家和地区中，排第 129 位。

通过对利比里亚的投资环境进行评述，同时结合利比里亚经济发展的实际情况，发现利比里亚社会经济发展水平比较低，投资较为困难，但是部分行业具有投资潜力与空间。

（1）钢铁工业。

利比里亚铁矿砂储量丰富，分布广泛，铁矿石储量为 40 亿 ~ 65 亿吨（含铁量 30% ~ 67%），与南非并列非洲最大的铁矿资源国，钢铁工业存在很大的投资空间。

（2）矿业。

目前，利比里亚已探明的其他矿藏包括金刚石、金、镍、钴、重晶石、蓝晶石、硅砂、陶瓷黏土、铝土矿、重矿砂、铂矿化、铌钽矿化、锰矿化、铬、铀、铅和石墨矿化。钻石资源丰富，2013 年钻石产量约 4.4 万克拉，钻石出口价值 1700 万美元。利比里亚资源条件得天独厚，而且资源开发合作项目属于利比里亚发展经济的重点领域，为矿产资源开发带来投资机会。

（3）粮食合作。

随着利比里亚经济的发展，粮食自给和保障国家粮食安全重新进入政府的议事日程。各级官员在对中国的访问中曾表示了对中国粮食技术的浓厚兴趣，中方最近也明确表示对利比里亚进行技术援助和专业人员培训，帮助其实现粮食自给。双方的共同意愿将为中国的良种、农肥农药、农具农机企业在利比里亚的发展提供良好条件。

第五节　几内亚投资环境评析

一、基本国情

几内亚共和国（The Republic of Guinea），简称几内亚，首都科纳克里，来源于柏柏尔语，意为"黑人的国家"，面积约 24.6 万平方公里，位于西非西岸，北邻几内亚比绍、塞内加尔和马里，东与科特迪瓦、南与塞拉利昂和利比里亚接壤，西濒大西洋。

几内亚是联合国公布的最不发达国家之一。经济以农业、矿业为主，工业基础薄弱。粮食不能自给。铝矾土、咖啡、可可和橡胶是几内亚经济的主要支柱，但经济作物开发规模不大，难以同西非其他农业强国竞争。

几内亚出口品种有限，国际收支失衡，绝大多数消费品完全依赖进口，主要进口商品为燃料、采矿和建筑设备、大米、水泥、化工产品和电气设备等。

1. 行政区划。

全国划分为首都科纳克里专区和 7 个行政大区。行政大区以下为省，共 33 个省，省下分为县。

首都科纳克里是全国政治、经济、文化、教育和交通中心，全国第一大城市，位于几内亚西部，大西洋沿岸，面积 230 平方公里，人口 220 万。科纳克里交通便利，有国际航空港和海港与世界相通，有国家级公路与各大区相连。科纳克里在几内亚经济生活中占有特殊地位，其生产总值占比超过全国的 90%，全国 95% 以上的进出口贸易在该市成交。其他主要城市还有博凯、金迪亚、康康、拉贝和恩泽勒克勒等。

2. 气候条件。

几内亚沿海地区为热带季风气候，终年高温多雨；内地为热带草原气候，纬度较高，温度适中。5 ~ 10 月为雨季，11 月至次年 4 月为旱季。雨量充沛，全国年均降水量为 3000 毫米，年平均气温为 24 摄氏度到 32 摄氏度。

二、总体评价

在非洲国家中，几内亚投资环境综合评价得分为 0.0260，排名第 51，第 Ⅳ 类（T < 0.04），投资环境为极差的国家。从分项指标看，几内亚人口与就业评价得分 0.0064，排名第 44；经济发展评价得分 0.0069，排名第 35；基础设施评价得分 0.0013，排名第 51；社会发展评价得分 0.0075，排名第 50；对外开放评价得分 0.0038，排名第 33；评价类型为 DDDDDC 型（见图 4.5）。

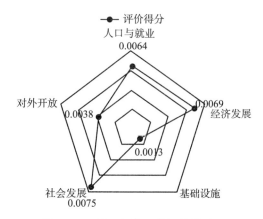

图 4.5　几内亚投资环境评价雷达图

三、分项评价

1. 人口与就业。

2005～2013 年，几内亚的总人口呈现出逐年的上升趋势，在 2013 年达到最大值 11.75 百万人，2012 年经济活动人口为 5.37 百万人，经济活动占总人口比例为 46.9%，虽然人口总量不大，但是劳动力比较充沛，2010 年识字率为 41%。几内亚市场规模逐渐扩大，未来市场潜力逐渐增加。教育普及的程度很低，劳动力素质低，尚未能满足其经济发展的需要，投资环境较差，需要进一步发展。

2. 经济发展。

几内亚是最不发达国家，是国际货币基金组织和世界银行发布的世界重债穷国之一。几内亚属于农业国，农业人口占总人口的 80%，但是粮食不能自给。农业和矿业是国民经济的支柱，矿业是几内亚财政和外汇收入的最主要来源。旅游资源较丰富，全国共有旅游景点 201 个。近年受国内局势动荡影响，几内亚经济形势持续恶化。2014 年，几内亚受埃博拉疫情影响，经济增长减缓，旅游、酒店业、交通运输业遭受严峻打击。几内亚新政府重视发展经济，重点保障主要城市的水、电供应，大力发展农业，加强基础设施建设，推进财税金融改革，加强对资源开发的管理与控制。

（1）宏观经济。

2005～2007年，几内亚的GDP与人均GDP呈现稳步上升的态势，因金融危机的影响，2008年几内亚的GDP与人均GDP有所下降，然后又快速上升。从GDP增长率上也可以看到，几内亚的GDP增长率除了2009年受金融危机与国内社会政治危机影响为负值外，其余都是正值。但是，几内亚的经济增长速度在放缓。

（2）产业结构。

2005～2011年，几内亚的第二产业增加值呈现稳步上升的态势，因受到整体宏观经济的波动影响，第二产业增加值占GDP比例呈现波动态势。

（3）金融发展。

几内亚中央银行首要职能是负责国内货币的发行、流通和保值，具体包含：发行和管理货币，控制货币流动性；监管银行和金融机构；执行国家金融政策，控制通货膨胀；管理外汇市场，实现汇率自由化，管理国家外汇和黄金储备等。几内亚除中央银行外，现有11家商业银行，分别是几内亚国际工商银行、几内亚经济银行、几内亚国际联合银行、法国兴业银行几内亚分行、几内亚伊斯兰银行、摩洛哥-几内亚人民银行、国际商业银行、非洲联合银行几内亚分行、非洲农业和矿业开发银行等。现时当地没有中资银行，也没有与中资银行有紧密合作关系的当地商业金融机构。当地银行多倾向于发放商业贷款（年利率一般为16%），不愿发放投资贷款，因为商业贷款多为短期贷款，资金周转较快，主要满足企业的进口融资需要。几内亚目前尚未建立证券市场。

2005～2010年，几内亚的货币供给上升，2010年以来受国内局势动荡影响，经济形势持续恶化，货币供给随之降低。国外净资产变动幅度较大，总量较不稳定。

总而言之，几内亚总体宏观经济运行较不稳定，产业结构不合理，金融发展水平较低，需要进一步的发展，潜力较大。

3. 基础设施。

下面对交通运输设施和邮电通信与供电设施等方面分别进行分析。

（1）交通运输设施。

交通运输设施主要由两个部分组成：交通建筑设施（包括公路、铁路、码头、机场等）和运输设备（包括车、船、飞机、管道等）。几内亚内陆交通不发达，以公路运输为主。近年来交通运输情况如下：

①铁路方面。几内亚有 4 条铁路干线，总长 1046 公里，其中 3 条为通往矿区的专用线，目前运营良好，1 条为长 661 公里民用运输线，目前已无法运营。现在，几内亚铁路还未与周边国家实现互联互通，主要城市未建地铁或城铁。

②公路方面。国内公路总长 4.3 万公里，其中国道 7000 公里（其中沥青路面 2400 公里），省道 1.55 万公里，县乡道路 2.1 万公里。

③水运方面。几内亚对外贸易约 95% 货物通过海运运输。科纳克里港是西非重要的海港，2010 年货物吞吐量为 700 万吨。卡姆萨港是铝矾土专用港，现时主要由几内亚铝矾土公司管理和使用。年吞吐铝矾土能力约 1200 万吨。

④空运方面。几内亚共有 16 个机场，其中民用机场 11 个，矿业企业自有机场 5 个。科纳克里格贝西亚国际机场是几内亚唯一的国际机场。内地城市拉贝、康康和博凯等 10 个机场是民用机场。2014 年，几内亚国际机场出入境旅客 27.4 万人次，同比降低 16.7%。

（2）邮电通信。

邮电通信设施是一项影响投资环境的重要因素。现代经济活动存在大量的信息流，准确、迅速传递各种信息的邮电通信状况是投资者极为关切的问题。

几内亚电信业近年来发展迅速，电话普及率不断上升。截至 2014 年 6 月，几内亚移动电话普及率达 77%，高于非洲 76% 的平均水平。几内亚电话通信业务中，99.8% 为预付费客户，99.24% 为移动客户。截至 2014 年 1 月，电信业收入年均增长约 16%，2013 年 9 月至 2014 年 1 月三个月中电信营业收入即达 9192 万美元。近年来，几内亚互联网发展迅速，资费也大大降低。几内亚邮电局为自主经营的国企，全国邮局和邮电所总数 205 个，主要通过法国邮政，与世界各地通联。

（3）电力供应。

几内亚电力供应非常紧张，尤其是旱季枯水季节，水电站不能充分发电。已开发水电装机总量为 12 万千瓦。卡拉菲里水电站是几内亚最大的水电站，装机容量 7.5 万千瓦，1998 年正式并网发电。全国除首都中心区外，其他地方均需自备发电机发电。火电厂主要有科纳克里东博热电厂（装机容量 5.1 万千瓦）及外省 14 个小型火电厂（总装机只有 1.55 万千瓦）。2014 年全国总发电量 7.0351 亿度，供电严峻不足。现在，几内亚电网尚未与周边国家电网实现互联。

几内亚水、电、公路、铁路、港口、电力等基础设施不发达，不利于投资，但是几内亚通信领域的消费市场逐步扩大，有一定的投资潜力。

4. 社会发展。

几内亚 2010 年的识字率为 41%，2012 年中等教育入学人数为 636 千人，教育水平比较低；2012 年每万人医生数为 0.8，2012 年婴儿死亡率为 85%，出生时预期寿命 54.5 年，卫生水平非常差。

5. 对外开放。

几内亚的进出口总额占 GDP 比例在 60% ~ 80% 内波动，2009 年金融危机之后一直呈现逐年上升的态势，整体上几内亚对外开放程度高。进一步看，2005 ~ 2008 年，几内亚的国际旅游收入呈现出逐年上升的趋势，2009 年在金融危机国内社会政治危机双重夹击下下降至谷底，到 2010 年呈现出迅速增长的趋势，整体上国际游客对几内亚认可度高。2005 年国际储备仅为 0.95 亿美元，说明几内亚调节国际收支的能力比较差，会影响其国际贸易的发展。

四、投资机会

从投资环境和吸引力角度看，几内亚的竞争优势有：地理位置和自然条件优越，地处几内亚湾腹地，是非洲西海岸中心及西部非洲地区主要交通枢纽，也是马里、尼日尔、布基纳法索等内陆国家的主要出海口；矿产、森林、农渔业等资源丰富。

几内亚贸易主管部门是贸易部，负责制定贸易和投资法规及管理。其主要职责为：鼓励通过发展生产，带动出口，巩固传统外贸市场，开发新市场，推动具有比较优势的非矿产品出口；积极参与西非经济共同体、马诺河联盟等区域组织，促进外贸市场多元化。

从 1986 年开始，几内亚实行经济体制改革，制定并颁布了《新贸易法》。据此，国家退出生产经营活动，完全放开价格限制，从而促进了对外贸易的迅速发展。外贸总量翻了100多倍，出口品种也增加到65种。

几内亚实行自由贸易政策，所有企业均可从事内外贸易活动，国家只对战略、危险、违禁、有损健康和社会道德的商品进行经营范围的限制。在进出口贸易中，除与邻国有双边或多边协定外，没有国别政策限制。出口方面，取消农产品出口税（2%）和包装税（5%），实行来料加工的保税制度，创立了出口报关中心，并与一些国家签订了最惠国协定。

通过对几内亚的投资环境进行重点评述，同时结合几内亚经济发展的实际情况，发现下面两大行业未来有发展潜力，适合投资。

（1）矿业。

几内亚素有"地质奇迹"之称，矿产资源品种多、储量大、分布广、开采价值高、开发潜力大。主要矿产有铝矾土、铁、黄金、金刚石，还有镍、铜、钴、石油等。铝矾土储量410亿吨。截至2011年底，几内亚政府仅颁发采矿证9个，勘探许可证159个，已投产企业3家。截至2014年底，铝矾土产量增长1.3%，年产1743.8万吨。铁矿储藏量90多亿吨，可露天开采。黄金储量约1000吨，分布广泛。目前，几内亚政府鼓励矿业国际投资，持续为各国投资者提供矿业许可权，并鼓励高附加值产业的发展以增加国家收入。

（2）制造业。

几内亚的农副产品加工、纺织、家具等制造业对经济贡献较大，并且几内亚地区正在鼓励林业深加工发展。通信业发展迅速，电脑、手机具有较大市场潜力。

第六节　塞拉利昂投资环境评析

一、基本国情

塞拉利昂共和国（The Republic of Sierra Leone），简称塞拉利昂，首都弗里敦。面积7.2万平方公里，位于非洲西部，西濒大西洋，北、东与几内亚接壤，南同利比里亚交界。地形呈东高西低的特征，从沿海约 70 公里宽的平原逐步过渡到东部边境的高原。

塞拉利昂系联合国公布的世界最不发达国家之一，曾经是欧洲奴隶的供应来源地，现在是全世界最贫穷的国家，经济以农业和矿业为主。连年战乱给塞拉利昂经济造成巨大的破坏，国民经济濒于崩溃。随着内战结束，政局趋稳，塞拉利昂政府集中精力重建经济，优先发展农业、基础设施建设和矿业开发，大力争取外援和吸引外资，近几年经济形势明显好转。

1. 行政区划。

塞拉利昂全国分为 3 个省和 1 个区，即东方省、北方省、南方省和西区。3 个省之下设 12 个行政区，行政区以下设 149 个酋长领地。首都弗里敦位于西区，是全国的政治、经济和文化中心。其他主要的经济中心城市包括博城、马克尼、凯内玛、科诺和坡特洛克。

2. 自然资源。

塞拉利昂矿产资源较丰富，主要有钻石、黄金、铝矾土、金红石、铁矿石等。铁矿石储量尤其巨大，唐克里里铁矿探明储量约 128 亿吨，是目前世界上最大的单体磁铁矿。钻石储量 2300 多万克拉。已探明黄金矿砂 5 处，其中仅南方省包马洪地区储量即达 2000 万吨，每吨矿砂含金 0.2 盎司。铝矾土、金红石、铁矿砂储量丰富。渔业资源丰富，主要有邦加鱼、金枪鱼、黄花鱼、青鱼和大虾等，水产储量约 100 万吨。全国森林面积约 32 万公顷，占土地总面积的 6%，盛产红木、红铁木等，木材储量 300 万立方米。

3. 气候条件。

塞拉利昂属热带季风气候，高温多雨，分旱雨两季，5～10 月为雨季，11 月至次年 4 月为旱季。全年平均气温约 26.5 摄氏度，2～5 月气温最高，室外最高温度可达 40 摄氏度以上，8～9 月气候最为凉爽，最低温度可达 15 摄氏度左右。年平均降水量 2000～5000 毫米，是西非降雨量最多的国家之一。

二、总体评价

塞拉利昂投资环境综合评价得分为 0.0507，排名第 32，第Ⅲ类（0.04 < T < 0.08），投资环境为差的国家。

从分项指标看，在非洲国家中，塞拉利昂人口与就业评价得分 0.0059，排名第 48；经济发展评价得分 0.0033，排名第 45；基础设施评价得分 0.0083，排名第 29；社会发展评价得分 0.0064，排名第 51；对外开放评价得分 0.0268，排名第 12；评价类型为 CDDCDB 型（见图 4.6）。

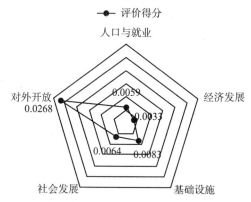

图 4.6　塞拉利昂投资环境评价雷达图

三、分项评价

1. 人口与就业。

2005～2013 年，塞拉利昂的总人口呈现出逐年的上升趋势，在 2013 年达到最高点 6.09 百万人，同年经济活动人口为 0.39 百万人，经济活动人口占总人口比例为 6.4%，劳动力十分匮乏，2011 年识字率为 43.3%，反映出塞拉利昂教育普及的程度很低，劳动力素质特别低。塞拉利昂的人口与就业情况尚未能够满足经济发展的需要。

2. 经济发展。

塞拉利昂是联合国公布的世界最不发达国家，截至 2013 年，人类发展指数已连续 4 年排名居世界末位。经济以农业和矿业为主，农业是塞拉利昂的支柱产业，农业产值占国内生产总值的 44%，农业人口占全国人口的 65%，塞拉利昂主要农产品有稻米、花生、棕榈仁、棕榈油、咖啡和可可，大多以家庭为单位采用传统耕作方式，粮食不能自给。矿藏丰富，主要有钻石、黄金、金红石等。塞拉利昂全国森林面积约 32 万公顷，盛产红木、红铁木等，木材储量达 300 万立方米。该国制造业主要由小型的食品加工、炼油、建筑、制鞋、制漆和水泥等企业构成。由于毗邻大西洋，塞拉利昂渔业资源丰富，主要出产邦加鱼、金枪鱼、黄花鱼、青鱼和大虾等，年捕捞量可达 30 万吨。对外贸易在塞拉利昂经济中占有重要地位。塞拉利昂主要出口金红石、铝土矿、钻石、铁矿砂、咖啡和可可，主要进口工业制品、机械、运输设备、石油和粮食等。

（1）宏观经济。

塞拉利昂的 GDP 与人均 GDP 除了 2009 年受金融危机影响呈下降态势外，整体上塞拉利昂的 GDP 大致呈现稳步上升的态势。从 GDP 增长率上也可以看到，塞拉利昂的 GDP 增长率一直为正值，2009 年因受金融危机影响增长率降低，明显的是，2009 年以来塞拉利昂的经济增长速度在增快。

（2）产业结构。

2005 ~ 2013 年，塞拉利昂的第二产业增加值和占 GDP 比例均呈现一个先下降后回升的趋势。因金融危机影响，第二产业增加值和占 GDP 比例在 2009 年达到最低。

（3）金融发展。

塞拉利昂的金融现状不容乐观，塞拉利昂银行是塞拉利昂的中央银行，负责制定规章制度和监督金融运作，另有 5 家商业银行和政府开办的 2 家开发银行。塞拉利昂的金融体系面临着严重的制约与挑战。塞拉利昂的股市交易设施尚未投入运作，资本市场处于萌芽状态，保险业也处于初级阶段，其他金融机构也存在法规监管不足的问题。

2005 ~ 2013 年，塞拉利昂的货币供给逐年增加，2005 ~ 2009 年的国外净资产呈现出逐年递增的趋势，之后趋于下降，2010 年国外净资产达到最低值 211.03 百万美元，之后又呈现出逐年上升的趋势。

塞拉利昂总体宏观经济运行一般，产业结构单一，金融发展水平很低。

3. 基础设施。

下面对交通运输设施和邮电通信与供电设施等方面分别进行分析。

（1）交通运输设施。

交通运输设施主要由两个部分组成：交通建筑设施（包括公路、铁路、码头、机场等）和运输设备（包括车、船、飞机、管道等）。

①铁路方面。塞拉利昂现有新建单线窄轨铁路一条，全长 205 公里，目前已全线通车运行，主要功能为运输唐克里里铁矿的铁矿石和矿区物资。

②公路方面。塞拉利昂公路总长约 11420 公里，其中一级路、二级路和乡间小路，共计 8300 公里，其中，沥青路面占全国公路总长的 10%，沙砾路面公路占 50%，其他林业、矿区和农场自行修筑养护的专用直线红土路占40%。全国主要干线公路网络基本形成，但全国农村人口 80% 在主要公路沿线 2 公里范围外，各省区地方公路状况较差。

③水运方面。塞拉利昂有 33 个大小不等的港口和码头，多由外国公司经营。主要港口弗里敦为深水良港，可停泊万吨轮船，年吞吐量 125 万吨。佩佩尔、邦特、尼蒂为矿产品和农副产品出口港。内河航线 750 公里，全年可通航的有 600 公里，部分河流每年仅 3 个月可通航。

④空运方面。塞拉利昂隆吉机场是唯一的国际机场，年客运量 10.8 万人次，货运量 0.6 万吨。另外有国内机场 12 个，可停降小型飞机。2014 年，塞拉利昂国际航班均由外国航空公司运营。

（2）邮电通信。

邮电通信设施是一项影响投资环境的重要因素。现代经济活动存在大量的信息流，准确、迅速传递各种信息的邮电通信状况是投资者极为关切的问题。

塞拉利昂固定电话业务由塞拉利昂电信公司独家垄断经营，业务主要包括提供国内和国际电话、电传服务，但是服务范围仅限首都弗里敦。2014 年塞拉电信拥有固定电话线路总量仅 3000 多户，网络基本覆盖塞全国，主要提供国内和国际电话、于机上网和无线上网服务。移动通信已成为塞拉利昂最主要的通信方式，截至 2014 年 12 月，塞拉利昂国内移动用户总数约 251 万，塞拉利昂数据通信业务目前只有互联网服务，服务范围仅限首都弗里敦。目前，网络公司正在不断改进技术，加快向其他省区扩展业务。塞拉利昂邮政服务公司是塞拉利昂唯一的一家邮政服务公司。全国拥有邮局 15 个，其中首都 8 个，外省 7 个。此外，DHL 和 FedExpress 在塞拉利昂设有办事处，可提供国际快递服务。

（3）电力供应。

塞拉利昂电力供需矛盾非常突出且分布不均，全国 80% 的电力供应集中在首都所在西区，剩余20%的电力又优先输送到各省会和重要城市，广大农村电力供应基本为零。电力的70%用于工业、商业、政府和医疗机构，30%用于居民。十年内战期间，塞拉利昂电力输配电网络遭到严重破坏，导致电力供应瘫痪。截至2013年，塞拉利昂全国总装机容量为100兆瓦，水力发电占56%，火力发电占44%。塞拉利昂电力基础设施严重不足，电力供应紧张，尤其农村的电力需求缺口大，不能满足其经济发展的需要。

塞拉利昂的基础设施急需重建以满足经济发展需要，需要进一步发展、完善，因此在基础设施方面塞拉利昂有一定的投资空间。

4. 社会发展。

塞拉利昂2011年的识字率为43.3%，2005年中等教育入学人数为156千人，教育水平很低；2010年每万人医生数为0.2，2013年婴儿死亡率为115.7%，出生时预期寿命45.6年，卫生水平很低。

5. 对外开放。

塞拉利昂的进出口总额占GDP比例呈现上升趋势，由于成功的经济改革，塞拉利昂的对外贸易发展迅速，金融危机之后进出口总额占GDP比例迅速上升。进一步看，从2005年至2007年，塞拉利昂的国际旅游收入呈现出逐年上升趋势，受金融危机影响2009年国际旅游收入下降较多，之后缓慢上升。2005~2013年，塞拉利昂的国际储备逐年上升，一直到2013年达到了4.78亿美元，有利于调控资本市场的流动性。塞拉利昂对外开放程度比较高，对外贸易在塞拉利昂的经济中占有比较重要的地位，便于外商直接投资。

四、投资机会

塞拉利昂在吸引外国投资方面具有以下优势：政局基本稳定，社会治安较好；自然资源丰富；地理位置优越，天然港口辐射欧美及西部非洲各国；经济落后，市场开发潜力较大，农业、工业和第三产业亟待发展；劳动力成本相对较低。

世界经济论坛《2015~2016年全球竞争力报告》显示，塞拉利昂在全球最具竞争力的140个国家和地区中，排第137位。世界银行发布的《2016年营商环境报告》，塞拉利昂在189个经济体中营商环境排名第147位，电力供应不足仍是影响该国营商环境的最不利因素。

通过对塞拉利昂的投资环境进行重点评述，同时结合塞拉利昂经济发展的实际情况，发现下面四大行业未来发展潜力大，适合投资。

（1）渔业。

塞拉利昂毗邻大西洋，渔业资源非常丰富，其地理、水文、气候条件都使得该国成为理想的西非渔场，渔业成为塞拉利昂的经济支柱。但是，捕捞业饱受外国非法捕捞之苦，目前，政府正努力立法保护和开发渔业资源，进入塞拉利昂渔业市场，需取得渔船进入许可证、入籍许可证。

（2）基础设施建设和工程承包。

内战结束后，萨拉里昂国家重建工作全面展开，国际社会开始兑现承诺，加大对其基础设施建设的援助。目前，塞拉利昂在公路、铁路、机场、水利等基础设施以及房屋建设和市政工程等多个领域有着广泛的需求，内容不仅包括建筑，也包括设计和维修。

（3）旅游业。

塞拉利昂海滨地区风光秀丽，非常适合发展旅游业。但由于缺乏资金，交通不便，加上多年政局不稳，旅游资源得不到有效开发。目前，随着政治和经济状况的好转，塞拉利昂政府开始着手发展旅游业，重点吸引对探险游感兴趣的游客。投资该国旅游业，重点应放在保证良好的物流和组织管理，尽可能为游客提供舒适、安全，以及个性化的服务。

第七节　南非投资环境评析

一、基本国情

南非共和国（The Republic of South Africa），简称南非。地处南半球，有"彩虹之国"的美誉，位于非洲大陆的最南端，陆地面积为1219090平方公里，其东、南、西三面被印度洋和大西洋环抱，陆地上与纳米比亚、博茨瓦纳、莱索托、津巴布韦、莫桑比克和斯威士兰接壤。东面隔印度洋和澳大利亚相望，西面隔大西洋和巴西、阿根廷相望。全国共划分为9个省，设有284个地方政府，包括6个大都市、47个地区委员会和231个地方委员会。

南非是非洲第二大经济体，国民拥有较高的生活水平，经济相比其他非洲国家相对稳定。南非近10年经济持续稳定较快发展，财经、法律、通信、能源、交通业发达，拥有完备的硬件基础设施和股票交易市场，黄金、钻石生产量均为世界首位。在国际事务中南非已被确定为一个中等强国，并保持显著的地区影响力，其国际竞争力、营商环境和国家信用评级得分较高。

二、总体评价

在非洲国家中，南非投资环境综合评价得分为0.2209，排名第4，是第Ⅰ类（T>0.15），投资环境为好的国家。从分项指标看，南非人口与就业评价得分0.0209，排名第4；经济发展评价得分0.1061，排名第3；基础设施评价得分0.0152，排名第14；社会发展评价得分0.0296，排名第9；对外开放评价得分0.0491，排名第7；评价类型为AAABBB型（见图4.7）。

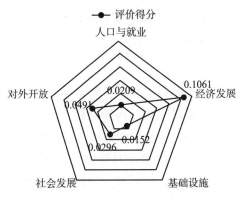

图4.7　南非投资环境评价雷达图

三、分项评价

1. 人口与就业。

2005～2013年，南非的总人口呈现出逐年的上升趋势，在2013年达到最高点 52.78 百万人，同年经济活动人口为 18.82 百万人，经济活动占总人口比例为 35.66%，劳动力比较充沛，2011 年识字率为 93.0%，南非人口逐年增长，市场规模较大，未来市场潜力大，并且教育普及程度较高，劳动力素质较高。

2. 经济发展。

南非属于中等收入的发展中国家，是非洲第二大经济体，人均生活水平在非洲名列前茅，工业体系是非洲最完善的，深井采矿技术位居世界前列，矿产是南非经济主要来源。金融、法律体系完善，通信、交通、能源等基础设施完备。矿业、制造业、农业和服务业是经济四大支柱。但国民经济各部门、地区发展不平衡，城乡、黑白二元经济特征明显。

（1）宏观经济。

2005～2011 年，南非的 GDP 呈现稳步上升的态势，2011 年开始缓慢下降，人均 GDP 与 GDP 的变化趋势相同，从 GDP 增长率上也可以看到，南非的 GDP 增长率除了 2009 年受金融危机影响为负值外，其余都是正值。但是，南非的经济增长速度在放缓。

（2）产业结构。

2005～2011 年，南非的第二产业增加值和占 GDP 比例均呈现稳步上升的态势，2012 年开始逐年下降。

（3）金融发展。

南非银行业发达，南非储备银行是中央银行，负责制定和执行货币政策，调节货币供应，监管其他金融机构，维持金融市场的稳定。在南非储备银行登记的商业银行，包括 11 家外国银行的分行，10 家本地控股银行，6 家外资控股银行和 2 家互助银行。另有 43 家外国银行在南非设有代表处。南非银行业主要由联合银行、标准银行、第一国民银行和莱利银行这 4 家商业银行控制，分支机构遍布全国 9 个省，占南非私营银行总资产的 84.6%。此外，还有 3 万家小型贷款机构。

2005～2013 年，南非的货币供给呈现出波动的状况，2005～2008 年的国外净资产呈现出逐年递增的趋势，2009 年由于受到金融危机的影响，国外净资产达到最低值 39375.44 百万美元，之后又呈现出逐年上升的趋势。

总之，南非总体宏观经济运行较好，产业结构合理，金融发展水平较高。

3. 基础设施。

下面对交通运输设施和邮电通信与供电设施等方面分别进行分析。

（1）交通运输设施。

交通运输设施主要由两个部分组成：交通建筑设施（包括公路、铁路、码头、机场等）和运输设备（包括车、船、飞机、管道等）。

①铁路方面。南非拥有 3.41 万公里的铁路，居世界排名第 11 位，占非洲铁路总里程的 35%。其中，1.82 万公里是电气化铁路，有电气机车 2000 多辆。国内仅有一条高速客运铁路，全场 80 公里。铁路 95% 用于货运，年货运量约 1.75 亿吨。

②公路方面。目前，南非已经拥有 75.4 万公里的公路里程，是非洲最长的公路网络，不仅覆盖全国，也与邻国相通，往来十分方便。

③空运方面。南非现约有 27 个民航机场，其中 11 个是国际机场，平均年客运量达 1200 万人次，最大可达 1800 万人次，运输量非洲第一位。

④水运方面。南非拥有非洲最大、设施最完备、最高效的海运网络，其出口 96% 通过海运。南非主要的港口有 8 个，其中，德班港是非洲最繁忙、集装箱吞吐量最大的港口，理查德湾港是世界上最大的煤炭出口港。

（2）邮电通信。

邮电通信设施是一项影响投资环境的重要因素。现代经济活动存在大量的信息流，准确、迅速传递各种信息的邮电通信状况是投资者极为关切的问题。

南非电信和信息技术产业发展较快，电信发展水平目前列世界第 20 位。南非是国际电信联盟和非洲电信联盟的成员。截至 2013 年，南非全国的固定电话用户数约 500 万户，移动电话用户数约 2900 万户。此外，南非因特网的使用率也很高，互联网用户普及率已经达到 48.9%。

（3）电力供应。

南非的电力供应占非洲电力的 40%。以煤为燃料的火力发电为主，有 13 座火电厂，发电量占总量的 88%。此外，还有 1 座核电站、2 座抽水蓄能电站、6 座水电站、2 座燃油电站。南非 95% 以上的电力供应来自南非电力公司，其发电能力名列世界前 10 位，电力销售名列世界前 11 位，拥有世界最大的干冷凝电站。此外，南非目前约 6% 的电力供应来自核电。由于近年来南非政府疏忽电力维护和发展，爆发了大规模电力危机，加上金融危机等因素的影响，本国电力公司资金短缺，外国公司也在投资方面持观望态度，导致一时无法完全恢复。南非的基础设施已基本能满足经济发展的需要。

4. 社会发展。

南非 2011 年的识字率为 93.0%，2012 年中等教育入学人数为 4844 千人，教育水平较高；2011 年每万人医生数为 7.6，2013 年婴儿死亡率为 38.1%，出生时预期寿命 56.9 年，卫生水平较高。南非不仅教育发展水平高，而且卫生发展水平也非常高，总体上看，南非的社会发展水平高，对国际投资有正向的促进作用。

5. 对外开放。

2005~2008 年，南非的进出口总额占 GDP 比例呈现明显的上升趋势，2009 年受金融危机影响之后，一直保持在 50%~60% 这个区间内波动，整体上南非对外开放程度高。进一步看，2005~2008 年，南非的国际旅游收入呈现出逐年上升趋势，2009 年受金融危机影响之后开始下降，到 2010 年触底反弹，呈现出迅速增长的趋势，整体上国际游客对南非认可度高。2005~2013 年，南非的国际储备呈现明显的逐年上升，一直到 2013 年达到了 450.80 亿美元，在弥补逆差和支持汇率上能起非常大的作用。南非对外开放程度高，有相对稳定的外贸进出口，外商直接投资非常方便。

6. 外国投资法律法规。

目前，在南非投资主要接触的政府管理部门包括南非贸易工业部（简称"贸工部"）、国际贸易管理委员会（简称"贸管委"）等。贸工部负责对外经贸谈判，签订双边和多边贸易协定，联络各省的经济发展机构，协调各省之间的贸易和投资关系等事务。贸管委负责处理南部非洲关税同盟地区的反倾销和反补贴案件，负责进出口管理、许可证管理、关税体制改革、产业优惠政策的管理和监督，并有权要求当地进出口商提供其商业活动的信息。其他与贸易投资相关的政府管理部门还有：南非税务总署、南非国家经济发展和劳工委员会，地区工业发展委员会等。

南非外汇管理的主管机关是隶属于南非银行的外汇管制部。南非的外汇管制比较松，目前对经常项目下交易的限制基本上都已取消，外汇管理制度规定对进入南非的所有资金都要进行记录。对于购买的外汇，无论其数额大小都应该有授权的交易所将南非居民获得的境外合作伙伴付款的详细信息申报给南非储备银行。对任何汇出的外汇，无论其数额大小，授权交易机构都要向南非储备银行报告南非居民向外方所支付款项的详细信息。

另外，南非居民如果要偿还外国贷款，必须先征求有关机关同意。若外籍人士以合资的方式投资南非，则股票经纪商应该在股份所有权证后面证明此为"外籍人士"的股份，以便将来能够把实际收益或股息汇回原居住国。

四、投资机会

通过对南非的投资环境进行重点评述，同时结合南非经济发展的实际情况，发现下面三大行业未来发展潜力大，适合投资。

（1）金融业。

南非服务业较为发达，金融、法律体系健全，金融业贡献了 GDP 的 10%以上。银行业"四大行"联合银行、第一国民银行、莱利银行和标准银行占私营银行总资产的 85%。南非 JSE 证券交易所为非洲最大，截至 2013 年末，市值超过 1 万亿美元，排名世界前 20 位。南非的治安问题也催生了较为发达的人寿保险市场。

（2）矿业。

南非自然资源总价值约 20.3 万亿兰特，国内已发现矿产 60 多种，铂族金属、金、萤石、红柱石储量世界第一；锰、铬、锆、蛭石储量世界第二；钒和磷酸盐储量世界第三；金刚石、钛储量和钻石工业居世界第四，另有大量煤、铁、铅、铀、锑、镍矿资源。

目前，南非政府的战略是鼓励外商在矿产出口前对原材料进行加工，从而提升产品附加值和国家收入。

（3）电力与新能源业。

南非平均年日照 2500 小时，是全球太阳能资源最丰富的国家之一。为实现在 2025 年前将煤电占比 90% 的能源结构调整为清洁能源占比 30%，太阳能、风能、核电等存在较大投资机会。

第八节　莫桑比克投资环境评析

一、基本国情

莫桑比克共和国（The Republic of Mozambique）是非洲南部国家，以葡萄牙语作为官方语言，1975 年脱离葡萄牙殖民地而独立。位于非洲东南部，南邻南非、斯威士兰，西部与津巴布韦、赞比亚、马拉维接壤，北接坦桑尼亚，东濒印度洋，隔莫桑比克海峡与马达加斯加相望，莫桑比克与马达加斯加之间的莫桑比克海峡是世界上最长的海峡，全长 1670 公里。

莫桑比克政府通过加大基础设施投入，大力发展旅游业，改善投资环境，鼓励开发矿产、能源、农林渔业等资源，保持了经济平稳增长。

1. 行政区划。

莫桑比克全国行政区划为省、市和地区。现有 10 个省，128 个地区，53 个市（含 1 个直辖市）。10 个省为尼亚萨省、德尔加杜角省、楠普拉省、赞比西亚省、太特省、马尼卡省、索法拉省、伊尼扬巴内省、加扎省、马普托省。首都马普托是直辖市，是全国政治、经济、文化中心和交通枢纽中心，是非洲最繁忙的港口之一。主要的经济中心城市是马普托、贝拉、楠普拉等。

2. 气候条件。

莫桑比克属热带草原气候，全年分为两季，5～9 月为旱季（凉干季），南部平均气温 18.3 摄氏度，北部平均气温 20.0 摄氏度。10～4 月为雨季（暖湿季），南、北平均气温分别为 26.7 摄氏度和 29.4 摄氏度。由于莫桑比克地势西北高，东南低，多条河流从东南部入海。东南部大片平原地势平坦，海拔较低。河道上缺少水利控制设施，雨季时雨水多则引发洪涝灾害、少则发生旱灾。此外，受亚热带及热带季风气候影响，雨季时易发生飓风及暴风雨等自然灾害。

二、总体评价

在非洲国家中，莫桑比克投资环境综合评价得分为0.0467，排名第33，是第Ⅲ类（0.04＜T＜0.08），投资环境为较差的国家。从分项指标看，莫桑比克人口与就业评价得分0.0109，排名第17；经济发展评价得分0.01087，排名第29；基础设施评价得分0.0038，排名第47；社会发展评价得分0.0131，排名第37；对外开放评价得分0.0102，排名第14；评价类型为CB-DDCB型（见图4.8）。

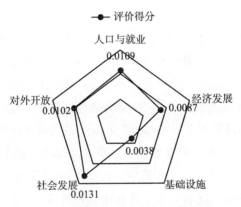

图4.8　莫桑比克投资环境评价雷达图

三、分项评价

1. 人口与就业。

2005～2013年，莫桑比克的总人口呈现逐年的上升趋势，在2013年达到最高峰25.83百万人，同年经济活动人口为12.62百万人，经济活动占总人口比例为48.86%，劳动力比较充沛，2011年识字率为51.6%，反映出莫桑比克教育普及的程度比较差，劳动力素质较低。莫桑比克人口逐年增长，市场规模较大，未来市场潜力大。但是，劳动力素质比较低，从总体上讲，莫桑比克的人口与就业情况较难满足经济发展的需要。

2. 经济发展。

莫桑比克为农业国，是联合国宣布的世界最不发达的国家和重债穷国。

独立后因受连年内战、自然灾害等因素的影响，经济长期困难。

莫桑比克 76% 的人口从事农业生产，国家可耕地面积为 3500 万公顷，已开发 600 万公顷，畜牧面积为 1200 万公顷。农业产值占整个国内生产总值的 30% 左右。腰果、棉花、糖、剑麻是传统出口农产品。主要粮食作物有玉米、稻谷、大豆、木薯等。近几年，玉米年产量为 200.67 万吨，高粱年产量为 38.86 万吨，大米年产量为 25.75 万吨，小麦年产量为 1.84 万吨，木薯产量年为 960.8 万吨。莫桑比克渔业资源丰富，盛产对虾及贝类等水产品。2013 年全国渔业和水产养殖生产总值超过 4.5 亿美元，较 2012 年增长 7%，其中，水产养殖总额为 511.2 万美元，增长 69%。

（1）宏观经济。

2005～2008 年，莫桑比克的 GDP 呈现稳步上升的态势，2009 年受金融危机影响之后开始下降，但是从 2010 年开始又开始逐年增长，在 2012 年达到最大值 130.53 亿美元，进一步，从人均 GDP 上看到，莫桑比克的人均 GDP 呈现稳步上升的态势，2009 年受金融危机影响之后开始下降，从 2010 年触底反弹，开始逐年增长，在 2012 年达到最大值 517.92 美元，莫桑比克的 GDP 增长率均为正值，围绕着 7%～8% 上下波动，增长平稳。促成莫桑比克经济发展较快的原因，一方面是由于该国实现了外贸出口的多元化，出口产品增加，收入提高，近十年来，莫桑比克外贸收入增长了 3 倍。另一方面，由于大量的外国援助和投资的涌入，促进了莫桑比克经济的快速发展。

（2）产业结构。

2005～2012 年，莫桑比克的第二产业增加值呈现出一个稳步上升的态势，在 2012 年达到最大值 28.18 亿美元，进一步看，第二产业增加值占 GDP 比例保持在 20%～30%，说明莫桑比克工业化水平较低。

（3）金融发展。

莫桑比克银行业较为落后。莫桑比克中央银行是莫桑比克银行，负责制定和执行货币政策，调节货币供应，监管其他金融机构，维持金融市场的稳定。国内银行覆盖率仍低于 50%。2016 年 8 月，莫桑比克国内 90% 的人尚未在正规银行机构拥有账户，国内年满 18 岁的人口仅有 3% 有资格申请正规信贷，"莫桑比克 1/3 的人平均要花上 3 个小时甚至一整天才能找到一家银行。"

2005～2013 年，莫桑比克的货币供给呈现出逐年递增的趋势，进一步看，莫桑比克2005~2008年的国外净资产呈现出逐年递增的趋势，2009年由于受到金融危机的影响，国外净资产达到最低值14872.47百万美元，之后又呈现出逐年上升的趋势。

莫桑比克总体宏观经济运行较差，产业单一，主要是农业，金融发展水平较低。

3. 基础设施。

莫桑比克铁路、港口主要为内陆邻国服务，国际货运曾是主要外汇来源之一。下面对交通运输等方面分别进行分析。

①铁路方面。截至2014年，莫桑比克铁路总长3372公里，主要是由三条东西走向，互不连接的铁路系统组成。

②公路方面。截至2014年，莫桑比克公路总长约3.03万公里，其中柏油公路6303公里，南北公路干线（国家公路1号线）正在分段修复中。1990~2012年莫桑比克等级汽车数量增长832%，约有48.7万辆。

③水运方面。莫桑比克内河航线1500公里，海岸线2600多公里，有马普托、贝拉和纳卡拉等港口15个。其中，马普托是莫桑比克最大港口，也是非洲著名的现代化港口之一。有25个泊位，年吞吐能力为1200万吨。港内有铁路通向南非、津巴布韦和斯威士兰。马普托港2012年货物吞吐量1500万吨，同比增长300万吨。贝拉港为莫第二大港，有10个泊位，水深8~10米，年吞吐能力为500万吨，可容纳5万吨级货轮。港内铁路通往津巴布韦和马拉维。纳卡拉港为莫第三大港，有6个泊位，年吞吐能力80万吨。

④空运方面。截至2014年莫桑比克航空公司拥有大小飞机近14架。首都与各省均有航线，国际航线通往葡萄牙、津巴布韦、南非、肯尼亚等国。有大小机场10余个，其中国际机场有5个。

莫桑比克的基础设施已基本能满足经济发展的需要，给跨国投资带来有利的影响。

4. 社会发展。

莫桑比克2011年的识字率为51.6%，2013年中等教育入学人数为630千人，教育水平较差；2010年每万人医生数为3.9，2012年婴儿死亡率为78.8%，出生时预期寿命53.1年，卫生水平较差。总体上看，莫桑比克的社会发展水平较差，需要进一步发展，因此潜力较大。

5. 对外开放。

2005～2013年，莫桑比克的进出口总额占GDP比例呈现上下波动，但是一直保持在60%以上，整体上莫桑比克对外开放程度高。进一步看，2005～2013年，莫桑比克的国际旅游收入呈现出上下波动。2005～2013年，莫桑比克的国际储备呈现明显的逐年上升趋势，一直到2013年到达了31.03亿美元，在弥补逆差和支持汇率上能起非常大的作用。莫桑比克对外开放程度较低，外贸进出口波动较大，外商直接投资不是非常方便。

四、投资机会

2011年莫桑比克境内发现储量巨大的天然气资源，此后莫桑比克外国投资迅速增长，直接投资额从每年的几亿美元增长到2014年最高的70亿美元，投资来源国数量从十几个增加到2015年的60多个。近年来，莫桑比克政府大力调整经济结构，改善投资环境，引进外资，加大对农业和农村的投入，加快基础设施建设，倡导增收节支，政府还对海关进行了改革，大幅降低关税，加强海关能力建设和管理。

莫桑比克自然资源丰富、区位优势明显、经济发展潜力巨大，但当前投资环境仍需改善。世界经济论坛《2015～2016年全球竞争力报告》显示，莫桑比克在全球最具竞争力的140个国家和地区中，排第133位。此外，世界银行发布的《2016年营商环境报告》显示，莫桑比克的营商便利程度在189个经济体中列第133位。

通过对莫桑比克的投资环境进行重点评述，同时结合莫桑比克经济发展的实际情况，发现下面三大行业未来发展潜力大，适合投资。

（1）基础设施建设业。

在基础设施建设方面，莫桑比克一直致力于基础设施建设。最近5年，外国企业在莫桑比克参与了92个项目，总投资额达8.32亿美元，创造了1.4万个就业岗位。基础设施建设是外国企业在莫投资可以重点考虑的领域，莫桑比克计划修建更多的道路、铁路、桥梁、机场、港口、水坝，以提高交通和运输能力。莫桑比克政府制订的《2015～2020年经济社会发展规划》显示，要优先推进工业化、基础设施建设。

（2）天然气业。

近年来，天然气一直是莫桑比克吸引外资的重点行业。凭借 200 万亿立方英尺的已探明储量，莫桑比克有望成为世界第四大或第五大天然气生产国。未来几年，油气领域将存在很大的发展空间，莫桑比克政府计划建立工业区，发展化肥、火电、石油化工、天然气液化等产业。

（3）电信业。

莫桑比克是世界上最贫困的国家之一，经济不发达，人均收入低，基础设施薄弱。这些因素使得当前莫桑比克电信市场处于较低的发展水平，电信网络覆盖严重不足，市场规模小，用户数量少，渗透率低，公司盈利水平不高。然而，随着未来莫桑比克国内经济的发展，该国电信市场将呈现出广阔的发展空间。

第九节　安哥拉投资环境评析

一、基本国情

安哥拉（The Republic of Angola）位于非洲西南部，首都罗安达，西滨大西洋，北邻刚果民主共和国，南邻纳米比亚，东南邻赞比亚，另有一块外飞地卡宾达省与刚果共和国、刚果民主共和国相邻。

1. 行政区划。

安哥拉全国法划分为 18 个省，设有 164 个市，市下设区、乡、村。18 个省分别是：卡宾达、扎伊尔和罗安达等。罗安达省则集中了安哥拉 60% ~ 80% 的经济活动，是全国政治、经济、文化和交通中心。

2. 自然资源。

安哥拉自然资源丰富。2013 年已经探明石油可采储量超过 131 亿桶，是撒哈拉以南第二大产油国，也是目前中国石油进口第二大来源国。2014 年原油日产量为 180 万桶。安哥拉主要矿产有钻石、铁、磷酸盐、铜、铅、黄金、石英、大理石和花岗石等。

3. 气候条件。

安哥拉北部大部分地区属热带草原气候，南部属亚热带气候，高海拔地区属温带气候。全国从北到南，气候温差较大，不同海拔高度，气温变化明显。每年 10 月至次年 4 月为雨季，平均气温 33 摄氏度；5～9 月为旱季，平均气温 24 摄氏度。年降水量由东北高原地区最高 1500 毫米逐渐向西南沙漠地区 50 毫米递减。

4. 经济活动。

安哥拉经济以农业为主，产木薯、谷类、香蕉、大蕉、棉花、木材、玉蜀黍、棕榈油、蔬菜、麻、咖啡及烟草。矿产则有钻石、铁、石膏、沥青、盐、石灰石、磷酸盐及锰。有炼油工业，主要分部于卡宾达的滨海地带，产品占近年出口收益的 75% 以上。亦有食品加工、造纸、纸浆、水泥及纺织工业。

二、总体评价

安哥拉投资环境综合评价得分为 0.1695，排名第 7，是第 I 类（T > 0.15），投资环境为好的国家。从分项指标看，安哥拉人口与就业评价得分 0.0105，排名第 18，经济发展评价得分 0.01033，排名第 4；基础设施评价得分 0.0089，排名第 26；社会发展评价得分 0.0134，排名第 34；对外开放评价得分 0.0333，排名第 10；评价类型为 ABACCB 型（见图 4.9）。

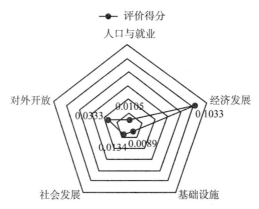

图 4.9　安哥拉投资环境评价雷达图

三、分项评价

1. 经济发展。

安哥拉曾经属最不发达国家，实行市场经济，有一定的工农业基础，但连年战乱使基础设施遭到严重毁坏，经济发展受到较大影响。安哥拉目前是撒哈拉以南非洲第三大经济体和最大引资国之一。石油是国民经济的支柱产业，2006年12月，安哥拉加入石油输出国组织。随着国际市场原油价格的攀升，安哥拉石油出口收入大幅增加。根据国际货币基金组织统计，2001~2010年，安哥拉经济年均增长率为11.1%，居全球第一。通胀由2003年的76.6%降至2012年的11.4%。安哥拉政府将继续把国家重建、经济增长和改善民生作为主要任务。

（1）宏观经济。

2005~2008年，安哥拉的GDP呈现稳步上升的态势，2009年受金融危机影响之后开始下降，但是从2010年开始又开始逐年增长，在2012年达到最大值1125.99亿美元，进一步从人均GDP上看到，安哥拉的人均GDP与GDP走势一致，在2012年达到最大值5407.97美元，安哥拉的GDP增长率均为正值，但是，安哥拉的经济增长速度在放缓。

（2）产业结构。

2005~2012年，安哥拉的第二产业增加值呈现出稳步上升的态势，在2012年达到最大值697.35亿美元，进一步看，第二产业增加值占GDP比例始终保持在60%以上，说明安哥拉工业化水平较高。

（3）金融发展。

安哥拉银行业发达，安哥拉国家银行是中央银行，负责制定和执行货币政策，调节货币供应，监管其他金融机构，维持金融市场的稳定。截至2013年底，安哥拉22家银行共开设了1155家分支机构，主要有：储蓄和信贷银行、国际信贷银行、安哥拉发展银行、安哥拉投资银行、太阳银行和千禧银行等。

2005~2013年，安哥拉的货币供给呈现出逐年递增的趋势，2005~2008年的国外净资产呈现出逐年递增的趋势，2009年由于受到金融危机的影响，国外净资产达到最低值 14872.47 百万美元，之后又呈现出逐年上升的趋势。

安哥拉总体宏观经济运行较好，产业结构合理，金融发展水平较高，能够满足跨国投资的需求。

2. 人口与就业。

2005～2013 年，安哥拉的总人口呈现出逐年的上升趋势，在 2013 年达到最大值 21.47 百万人，同年经济活动人口为 7.65 百万人，经济活动占总人口比例为 35.63%，劳动力比较充沛，2011 年识字率为 70.4%，反映出安哥拉教育普及的程度很高，劳动力素质较高。安哥拉人口逐年增长，市场规模较大，未来市场潜力大，并且劳动力供给充裕，素质高，从总体上讲，安哥拉的人口与就业情况已经能够满足经济发展的需要。

3. 基础设施。

安哥拉基础设施发展较好，下面对交通运输设施和邮电通信与供电设施等方面分别进行分析。

（1）交通运输设施。

交通运输设施主要由两个部分组成：交通建筑设施（包括公路、铁路、码头、机场等）和运输设备（包括车、船、飞机、管道等）。

①铁路方面。安哥拉铁路里程共 2800 公里，有 3 条主干线，其中，最长的本格拉铁路全长 1350 公里，曾经是南部非洲铁路运输干线之一。但是，由于多年战乱，截至 2013 年只有部分路段维持运转。

②公路方面。安哥拉总里程 7.5 万公里，仅为南非的 1/10，其中 1.9 万公里为柏油路面，其余为沙石土路面，干线总长 2.5 万公里。西部沿海各省干线公里路况较好，内陆和东部路况较差。

③空运方面。安哥拉航空公司是国际民航组织成员，航空客货运输量居非洲第五位。全国共有 32 个机场，5 个国际机场。

④水运方面。安哥拉主要港口有 4 个，均可停靠万吨级货船，海运船队总吨位 10 万多吨。2013 年吞吐量为 800 万吨。

（2）邮电通信与供电设施。

邮电通信设施是一项影响投资环境的重要因素。现代经济活动存在大量的信息流，准确、迅速传递各种信息的邮电通信状况是投资者极为关切的问题。

安哥拉则相对比较落后。截至 2012 年 9 月，安哥拉全国的固定电话用户数为 14.44 万户，移动电话用户数为 1370.56 万户。截至 2013 年，安哥拉的互联网普及率为 19.1%。

（3）电力供应。

安哥拉水资源丰富，水能潜力大，而且开发程度少。目前安哥拉政府在发电领域进行了大量的投资，并进行水电、风电、太阳能等清洁能源开发。

安哥拉的基础设施已基本能满足经济发展的需要，是一个基础设施比较的国家。

4. 社会发展。

安哥拉 2011 年的识字率为 70.4%，同年中等教育入学人数为 885 千人，教育水平较高；2009 年每万人医生数为 1.7 名，2013 年婴儿死亡率为 95.2%，出生时预期寿命 51.9 年，卫生水平较高。总体上看，安哥拉的社会发展水平高，能够满足国际投资的需求。

5. 对外开放。

2005～2008 年，安哥拉的进出口总额占 GDP 比例呈现上下波动，2009 年受金融危机影响之后，虽然一直下降，但是一直保持在 80% 以上，整体上安哥拉对外开放程度高。进一步看，2005～2010 年，安哥拉的国际旅游收入呈现出逐年上升趋势，在 2010 年达到最大值 703936 千美元，整体上国际游客对安哥拉认可度高。2005～2013 年，安哥拉的国际储备呈现明显的逐年上升趋势，一直到 2013 年达到了 347.54 亿美元，在弥补逆差和支持汇率上能起非常大的作用。

安哥拉对外开放程度高，有相对稳定的外贸进出口，外商直接投资非常方便。

安哥拉现行的法定货币名称为 Kwanza，译为宽扎。安哥拉新版货币，已于 2013 年发行，纸币的面额有 5、10、50、100、200、500、1000 和 2000 八种。硬币面额有 10 宽扎，5 宽扎、1 宽扎和 50 分四种。安哥拉实行外汇管制，美元可以兑换成当地货币，但当地货币不可以自由兑换成美元。在当地注册的外资企业，经批准可开设银行账户，外汇进入不受限制，外汇汇出需提交相关的文件，利润汇出控制较严，除需缴纳 35% 的营业税外，还有配额限制。

外国企业在当地银行融资不受限制，与安哥拉企业同等待遇，条件是需要企业的资产（动产或不动产）作为信用担保。根据世界银行最新统计，2014 年安哥拉平均贷款利率为 16.4%。目前，安哥拉证券市场仍在筹备中。

安哥拉国家私人投资局为该国主管国内外私人投资的政府主管部门。该机构的主要职能是：根据议会通过的《私人投资基本法》负责全国私人投资领域的政策执行，负责对私人投资的促进协调，指导和监督。

安哥拉贸易部是对外贸易主管部门，主要负责对外贸易政策制定和行使行政管理职能。《安哥拉共和国贸易法》是其对外贸易的基本法。据此，安哥拉贸易部颁布了 2000 第 75 号《进出口商品管理法》和安哥拉贸易部第 76 号《对外贸易管理条例》。

四、投资机会

安哥拉自然条件优越，政局稳定，经济政策稳健，具有较强的投资合作吸引力。一是资源优势突出，二是农业综合开发空间广阔，三是制造业和加工业机遇较多，四是基础设施仍有合作潜力。

世界经济论坛《2014~2015 年全球竞争力报告》显示，安哥拉在全球最具竞争力的 144 个国家和地区中，排第 140 位。

世界银行《2015 年营商环境报告》显示，安哥拉在全球营商环境排名名列第 181 名。

联合国贸发会议发布的 2015 年《世界投资报告》显示，2014 年安哥吸收外资流量为 -38.8 亿美元。

通过对安哥拉的投资环境进行重点评述，同时结合安哥拉经济发展的实际情况，发现下面两大行业未来发展潜力大，适合投资。

（1）渔业。

安哥拉海岸是非洲最富有的海岸线之一，尤其在南部地区，环境非常适合鱼类的生长，主要有沙丁鱼、金枪鱼以及贝壳类动物。安哥拉政府的目标是发展渔业生产，增加渔业产量，加强捕鱼能力，同时增加冷藏能力，使现有冷藏能力合理化。因此，需要技术帮助和管理培训，投资潜力巨大。

（2）矿业和能源。

安哥拉的钻石、铁、黄金、磷、锰、铜、铝、锌和花岗石等矿产品的储存量很大，是世界上最大的钻石生产国之一。安哥拉有丰富的能源资源，储藏着大量的石油，还有充分的水电资源，安哥拉是非洲撒哈拉南部仅次于尼日利亚的第二大产油国。

安哥拉独立以后，政府采取了许多措施，成立了石油部，通过了石油行业的有关条例，并成立了安哥拉全国石油燃料公司，制定了国家石油政策，同时允许它同外国进行合作，以取得需要的财政和技术资源。

第十节　埃及投资环境评析

一、基本国情

阿拉伯埃及共和国（The Arab Republic of Egypt），简称"埃及"，位于北非东部，领土还包括苏伊士运河以东、亚洲西南端的西奈半岛。埃及是亚洲和非洲之间的陆地交通要冲，战略位置十分重要。埃及是中东人口最多的国家，也是非洲人口第二大国，在经济、科技领域方面长期处于非洲领先态势。

埃及经济的多元化程度在中东地区名列前茅。各项重要产业，例如，旅游业、农业、工业和服务业有着几乎同等的发展比重。近年来，埃及发展情况良好，GDP 保持高速增长，在抑制通货膨胀、增加就业机会、吸引外国投资等方面都取得了重大进步。埃及是一个非洲强国，是非洲大陆第三大经济体，在地中海、中东和伊斯兰信仰地区有广泛的影响力。

二、总体评价

埃及投资环境综合评价得分为 0.2454，排名第 2，是第 I 类（T > 0.15），投资环境为好的国家。从分项指标看，埃及人口与就业评价得分 0.0250，排名第 3；经济发展评价得分 0.0704，排名第 5；基础设施评价得分 0.0249，排名第4；社会发展评价得分0.0456，排名第5；对外开放评价得分0.0796，排名第3；评价类型为AABAAA型（见图4.10）。

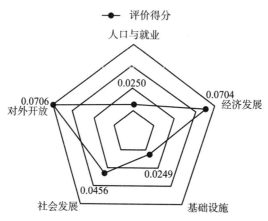

图4.10　埃及投资环境评价雷达图

三、分项评价

1. 人口与就业。

2005～2013年，埃及的总人口呈现出逐年的上升趋势，在2013年达到峰值82.06百万人，2012年经济活动人口为27.25百万人，经济活动占总人口比例为33.76%，劳动力比较充沛，2011年识字率为71.4%，反映出埃及教育普及的程度比较好，劳动力素质较高。

埃及人口逐年增长，市场规模较大，未来市场潜力大。劳动力供给充裕，并且劳动力素质比较高，从总体上讲，埃及的人口与就业情况非常能够满足经济发展的需要。

2. 经济发展。

埃及是非洲第三大经济体，属开放型市场经济，拥有比较完整的工业、农业和服务业体系，服务业约占国内生产总值的50%。农村人口占总人口的55%，农业占国内生产总值的14%。石油天然气、旅游、侨汇和苏伊士运河是四大外汇收入来源。2011年初以来的埃及动荡局势对国民经济造成严重冲击。埃政府采取措施恢复生产，增收节支，吸引外资，改善民生，多方寻求国际支持与援助，以度过当前经济困难。

埃及工业以纺织和食品加工等轻工业为主，重工业以石油化工业、机械制造业及汽车工业为主。工业约占国内生产总值的16%，工业产品出口约占商品出口总额的60%，工业从业人员274万人，占全国劳动力总数的14%。埃及工业企业过去一直以国营企业为主体，自20世纪90年代初开始，埃及开始积极推行私有化改革。

（1）宏观经济。

2005~2013年，埃及的GDP和人均GDP均呈现稳步上升的态势，在2012年达到最大值，分别是2489.32亿美元和3083.82美元，进一步看，GDP增长率上看均为正值，波动较大，整体上增长是平稳的，并且2008年的增长率达7.2%，是近年来最高增速。这主要得益于埃及国内需求的不断扩大和非石油产品出口的增加以及税收体制改革的成功，上述因素同时还为埃及创造了积极良好的投资环境。

（2）产业结构。

2005~2012年，埃及的第二产业增加值呈现出一个稳步上升的态势，在2012年达到最大值952.49亿美元，进一步看，第二产业增加值占GDP比例保持在30%~40%，说明埃及工业化水平较一般。

（3）金融发展。

埃及金融业比较发达，埃及中央银行负责制定和执行货币政策，调节货币供应，监管其他金融机构，维持金融市场的稳定。埃及各类证券经纪公司和证券投资基金管理公司的数量达169家，总资本达5636亿埃镑。其中，经纪公司116家、资产管理公司28家、投资基金13家和2家股份制投资基金。各类基金的资本达28亿埃镑。埃及证券市场正以稳健的姿态步入世界新兴资本市场的行列。埃及银行业目前已基本实现对外开放，外资可享有独资经营的许可。埃及镑在资本项目和经常项目下可自由兑换。各银行的业务范围、服务收费、存贷款利率完全自定，中央银行不再干预。

2005~2013年，埃及货币供给呈现出逐年递增的趋势，进一步看，2005~2010年的国外净资产呈现出逐年递增的趋势，并且在2010年国外净资产达到最高值54307.65百万美元，2011年由于受到多个城市发生民众大规模集会，政权更替导致国外净资产开始连续下降。

埃及总体宏观经济运行较好，产业结构合理，金融发展水平较高，能够适应国际投资的需求。

3. 基础设施。

下面对交通运输设施和邮电通信与供电设施等方面进行分析。

①铁路方面。埃及的铁路由 28 条线路组成，总长 10008 公里，共有 796 个客运站，日客运量 200 万人次。截至 2014 年 9 月，开罗共有两条地铁线路，总长 64 公里，共耗资 120 亿埃镑。

②公路方面。埃及的公路网络在非洲国家中相对比较发达，截至 2015 年底，埃及公路基本连接全国大部分城镇乡村，已建成 6.4 万公里初级和二级公路，还有近 5 万公里公路在建，承担 95% 的货物运输。但是埃及交通秩序比较混乱，道路管理不善，事故频发，每年大约因车祸死亡 6000 人，受伤 3 万人，居阿拉伯国家之首。

③水运方面。埃及共有 7 条国际海运航线，内河航线总长约 3500 公里。现有亚历山大、塞得港、杜米亚特、苏伊士等 62 个港口，年吞吐总量为 800 万集装箱，海港贸易量为 1.01 亿吨。苏伊士运河是沟通亚洲、非洲和欧洲的主要国际航道。运河进行了大规模扩建，可容纳第四代集装箱船通过，2013 年运河收入 51.3 亿美元。

④空运方面。埃及有民航飞机 55 架，全国共有机场 30 个，其中国际机场 11 个，开罗机场是重要国际航空站。2008 年，埃及航空公司正式加入星空联盟。

埃及的基础设施已基本能满足经济发展的需要，是一个基础设施比较好的国家。

4. 社会发展。

埃及 2011 年的识字率为 71.4%，2013 年中等教育入学人数为 3077 千人，教育水平较高；2011 年每万人医生数为 112 名，2012 年婴儿死亡率为 15.9%，出生时预期寿命 70.8 年，卫生水平较差。总体上看，埃及的社会发展水平较好，能够满足跨国投资的需求。

5. 对外开放。

2005～2013 年，埃及的进出口总额占 GDP 比例呈现上下波动，一直保持在 30%～60%，整体上埃及对外开放程度高。进一步看，2005～2010 年，埃及的国际旅游收入和国际储备呈现明显的逐年上升趋势，但是，从2011年开始，埃及的国际旅游收入和国际储备呈现明显的逐年下降趋势。

埃及对外开放程度较高，外贸进出口波动较稳定，外商直接投资非常方便，对外资吸引力大。

四、投资机会

2011年埃及政局持续动荡，经济陷入困境，外国投资下滑超过70%，投资环境恶化。2014年6月塞西当选总统，结束了埃及的政治动荡，政局趋于稳定，在经济上推出了雄心勃勃的发展蓝图，并得到海湾阿拉伯国家大量财政支持，经济状况明显好转。

2015年3月埃及政府出台《新投资法》，推出"一站式服务"等多项措施，努力改善投资环境，吸引更多外国投资。3月埃及政府在西奈半岛南部城市沙姆沙伊赫举办埃及经济发展大会，旨在吸引外资、助力经济复苏。大会吸引了来自50多个国家和地区的2000多人参与，共签订总额约360亿美元的直接投资协议及186亿美元的工程、采购和建设等项目协议，此外，埃及还获得52亿美元的金融机构贷款。众多投资者认为埃及政局走向稳定、市场经济环境逐步改善，对埃及市场抱有期待。埃及以其特殊的投资环境吸引越来越多的外国企业选择埃及成为其产业转移的承接地。①独一无二的区位优势。埃及地跨亚非两大洲，北边隔地中海与欧洲相望，西南部直通非洲大陆腹地。苏伊士运河是联通欧亚的航运生命线，战略地位极其重要。埃及拥有与欧、亚、非各国相连的海运、空运及同非洲相连的陆路交通网，交通便利，地理位置优越。②丰富的人力资源和充满潜力的国内市场。埃及是中东地区的人口大国，劳动力资源十分充裕。在中东和地中海沿岸地区，埃及的劳动力工资水平有一定竞争力，且拥有相当数量受过教育的技术人才和高等教育人口。埃及居民消费结构正逐步由基本生活消费阶段向方便生活消费阶段发展，部分已经达到了享受生活消费阶段。③较丰富的自然资源。埃及拥有大量未开发荒地，价格低廉。埃及拥有石油天然气资源。此外，还拥有磷酸盐、铁矿、大理石、石灰石等矿产资源。④便利的国际贸易条件。埃及于1995年加入世界贸易组织，并积极参与各种多边和双边贸易协定，目前埃及加入的区域贸易协定有埃及一欧盟伙伴关系协议、大阿拉伯自由贸易区协定、合格工业区协定、东南非共同市场、埃及一土耳其自由贸易区协定。⑤较为完善的基础设施。尽管埃及基础设施面临老旧的问题，但就整个非洲而言，仍然相对较为完善。埃及拥有 6.4 万公里公路，基本连接全国大部分城镇乡村。埃及拥有 10 个国际机场，开罗机场是非洲第二大空港。埃及是国际商业和海运中心，拥有 15 个商业港口，年货物处理能力 23445 万吨。此外，埃及有超过 3 万兆瓦的发电装机容量，其发电能力在非洲及中东地区居首位。

世界经济论坛《2015~2016 年全球竞争力报告》显示，埃及在全球最具竞争力的 140 个国家和地区中排名第 116 位，其中在基础设施方面排名第 91 位，但在宏观经济环境方面仅排名第 137 位。南非兰德商业银行 2015 年评出对外资最具吸引力的非洲国家中埃及排名第 6 位。世界银行 2015 年 6 月发布的《营商环境报告 2016》显示埃及营商环境在全球 189 个经济体中排名第 131 位，在非洲排名第 13 位。

通过对埃及的投资环境进行重点评述，同时结合埃及经济发展的实际情况，发现旅游业未来发展潜力大，适合投资。

埃及位于"一带一路"西端交汇地带，拥有独特的区位优势和枢纽地位，而埃及也是最早支持"一带一路"倡议的国家之一。

埃及有着丰富的旅游资源，拥有着厚重历史的文明古国遍地散落着古文明的遗迹。规模宏大的金字塔，广阔无垠的撒哈拉沙漠，充满神秘色彩的各种神庙，庄严而肃穆的人面狮身像，绵延陡峭的帝王谷，最美的清真寺——圣索菲亚大教堂，在电影中出现过的耶莱巴坦地下水宫，这些极负盛名的景点为埃及吸引了一批又一批的观光客。

第十一节　阿尔及利亚投资环境评析

一、基本国情

阿尔及利亚民主人民共和国（People's Democratic Republic of Algeria），

简称阿尔及利亚，是非洲北部马格里布的一个国家，阿尔及利亚的陆地面积位居非洲国家之首，排全球第 10 位。国土濒临地中海，东邻利比亚、突尼斯，东南和南部分别与尼日尔、马里和毛里塔尼亚接壤，西部和摩洛哥相连。

阿尔及利亚经济规模在非洲居第四位，仅次于南非、尼日利亚和埃及。石油与天然气是国民经济的支柱。阿尔及利亚天然气储量为全世界第五，是全世界第二大天然气出口国，石油储量为全世界第十四。

1. 行政区划。

阿尔及利亚地方行政机构划分为省和市镇两级，全国共 48 个省、1541 个市镇。各省省长由内政部提名，总统任命，省里设有省议会；市镇由市议会管理，市长由市议会选举产生。另外，省与市镇中间设有区，但仅为省的派遣机构，不是一级行政单位，全国共设 227 个区，区长由总统任命。

阿尔及尔是阿尔及利亚政治、经济、文化中心。阿尔及尔是坐落于地中海沿岸的山城，连同郊区面积共 273 平方公里，人口 376 万，有高速公路通往东西部大城市。阿尔及利亚所有大公司总部几乎均设于此。布迈丁机场是阿尔及利亚最大的国际机场，阿尔及尔港是全国最大的港口，年吞吐量约 700 万吨。老城卡斯巴区被联合国教科文组织列为世界文化遗产。

奥兰是阿尔及利亚第二大城市，位于阿尔及利亚西北部，濒临地中海，人口约 160 万。作为阿尔及利亚西部最大的城市和工业、商业中心，奥兰被誉为阿尔及利亚"西部首都"。位于城南的艾赛尼亚机场为国际空港，年运送旅客能力 300 万人次。奥兰港为第二大港，港宽水深，年货物吞吐量 280 万吨。其他主要经济城市还有君士坦丁、安纳巴、特雷姆森等。

2. 气候条件。

阿尔及利亚北部沿海地区属地中海气候，年平均温度约为 17 摄氏度，阿尔及利亚高原地区属大陆性气候，干燥少雨，冬冷夏热，1 月最低温度在 0 摄氏度以下，山区降雪；撒哈拉地区为热带沙漠气候，5～9 月最高温度可达 55 摄氏度，昼夜温差大；沙漠绿洲、高原和沙漠中的盐湖地带自成小气候。每年 11 月至次年 3 月为雨季，6～9 月为旱季。沿海地区年降雨量为 400～1000 毫米。

二、总体评价

阿尔及利亚投资环境综合评价得分为 0.2421，排名第 3，是第 I 类（T >

0.15），投资环境为好的国家。从分项指标看，阿尔及利亚人口与就业评价得分 0.0173，排名第 6；经济发展评价得分 0.0667，排名第 6；基础设施评价得分 0.0496，排名第 2；社会发展评价得分 0.0475，排名第 3；对外开放评价得分 0.0610，排名第 5；评价类型为 ABBAAA 型。

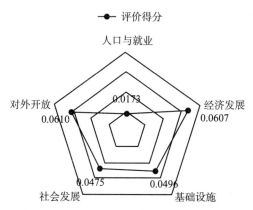

图 4.11　阿尔及利亚投资环境评价雷达图

三、分项评价

1. 人口与就业。

从附录中的数据可以发现，2005～2013 年，阿尔及利亚的总人口呈现出逐年的上升趋势，在 2013 年达到最大值 39.21 百万人，同年经济活动人口为 11.88 百万人，经济活动占总人口比例为 30.31%，劳动力比较充沛，2006 年识字率已经高达 72.6%，反映出阿尔及利亚教育普及的程度比较好，劳动力素质较高。

阿尔及利亚人口逐年增长，市场规模较大，未来市场潜力大。劳动力供给充裕，并且劳动力素质比较高，从总体上讲，阿尔及利亚的人口与就业情况非常能够满足经济发展的需要，是一个理想的投资国家。

2. 经济发展。

阿尔及利亚经济规模在非洲居第四位，仅次于南非、尼日利亚和埃及。碳化氢产业是阿尔及利亚国民经济的支柱，2013 年其产值占 GDP 的 45%，占出口总额的 98%。粮食与日用品主要依赖进口。

21世纪初，阿尔及利亚正在执行2015～2019年"五年经济社会振兴规划"及南部、高原省份经济发展计划，政府将斥资近1440亿美元用于国企改造和基础设施建设。阿尔及利亚政府一方面继续实施财政扩张政策，加快大型基础设施建设，推动国有企业和金融体系改革，加大对中小企业的扶持；另一方面扩大经济开放，出台"新碳化氢法"鼓励外企参与阿油气开发，密切与欧、美的经贸合作，加紧开展"入世"谈判。

（1）宏观经济。

2005～2013年，阿尔及利亚的GDP和人均GDP均呈现稳步上升的态势，进一步从GDP增长率上看，均为正值，波动较大，整体上增长是平稳的。

（2）产业结构。

2005～2012年，阿尔及利亚的第二产业增加值呈现出一个稳步上升的态势，在2008年达到最大值1002.46亿美元，2009年由于受到金融危机的影响开始下降，2010年开始又呈现出一个稳步上升的态势，进一步看，第二产业增加值占GDP比例保持在50%～60%，说明阿尔及利亚工业化水平较高。

（3）金融发展。

阿尔及利亚银行业比较发达，阿尔及利亚银行负责制定和执行货币政策，调节货币供应，监管其他金融机构，维持金融市场的稳定。阿尔及利亚现有11家国有银行、16家私营银行，银行网点约有1289个，遍布全国。国有银行国际市场化程度较低，不按商业银行模式运作。阿尔及利亚当地可以使用信用卡，但信用卡普及率和使用率极低，一般仅五星级酒店结账时可使用。

2005～2013年，阿尔及利亚的货币供给呈现出逐年递增的趋势，进一步看，2005～2013年的国外净资产呈现出逐年递增的趋势，2009年由于受到金融危机的影响，有所下降，但是2010年开始又逐步增加，均在2013年达到最大值，分别是1540.71亿美元和196496.10百万美元。

阿尔及利亚总体宏观经济运行较好，产业结构合理，金融发展水平较高。

3. 基础设施。

阿尔及利亚陆地运输以公路为主，公路运载量占83%，铁路占17%，下面对交通运输设施和邮电通信与供电设施等方面分别进行分析。

①铁路方面。主要集中在北部地区，总长 4219 公里，其中标准轨 3138 公里，复线 345 公里，电气化铁路 300 公里，窄轨 1081 公里。铁路全线有 214 个车站，日客运能力约 3.2 万人次。

②公路方面。总长约 10.7 万公里，其中高速公路 350 公里，国家级公路 2.9 万公里，省级公路 2.4 万公里，村镇级公路 5.4 万公里。

③水运方面。共有 36 个港口，其中渔港 22 座，油港 4 座，其余为休闲港或多功能港。最大的港口是阿尔及尔港，有大小泊位 37 个。共有 77 艘客轮和货轮，总吨位 100 万吨，除 30% 的货物外，其余 70% 的集装箱通过阿尔及尔港装载。

④空运方面。全国有 53 个机场，其中 29 个投入商业运营，包括阿尔及尔、奥兰、安纳巴和君士坦丁等 13 个国际机场，每年起降飞机 10 万架次。现有 2 家国营航空公司和 6 家私营航空公司，共有飞机 60 余架，其中大、中型飞机 30 余架。21 世纪初已开通 20 个国家的 50 多条国际航线。

⑤管道运输方面。全国有 9 条输气管道，总长 4699 公里，年输送能力 820 亿立方米；8 条输油管道，总长 3604 公里，年输送能力 6390 万吨；3 条凝析油管道，总长 1330 公里，年输送能力 2100 万吨；2 条液化石油气管道，总长 1331 公里，年输送能力 986 万吨。另有 3 条通往欧洲的输气管。其中两条名为"穿越地中海输气管"的管线经突尼斯穿越地中海向意大利和斯洛文尼亚送气，分别于 1983 年和 1987 年投入运营，全长 2509 公里（在阿境内 549 公里），总输气能力为 240 亿立方米/年。另一条名为"马格里布－欧洲输气管"的管线，经摩洛哥穿越地中海通往葡萄牙和西班牙，1996 年 11 月投入运营，全长 1370 公里（在阿境内 530 公里），输气能力为 80 亿立方米/年。

阿尔及利亚的基础设施已基本能满足经济发展的需要，能满足跨国投资的需求。

4. 社会发展。

阿尔及利亚 2006 年的识字率为 72.6%，2011 年中等教育入学人数为 4573 千人，教育水平较高；2007 年每万人医生数为 12.1 名，2012 年婴儿死亡率为 26.0%，出生时预期寿命 71.0 年，卫生水平较高。总体上看，阿尔及利亚的社会发展水平较好。

5. 对外开放。

阿尔及利亚自 2005～2013 年，进出口总额占 GDP 比例呈现上下波动，一直保持在 60%～70%，整体上阿尔及利亚对外开放程度高。进一步看，2005～2008 年，阿尔及利亚的国际旅游收入呈现明显的逐年上升趋势，2009年受到金融危机的影响开始下降，2010 年触底反弹，之后又开始逐年增长，阿尔及利亚的国际储备呈现的逐年上升趋势，在 2013 年达到最大值 1928.47亿美元。

阿尔及利亚对外开放程度较高，外贸进出口波动较稳定，外商直接投资非常方便，对外资吸引力大。

四、投资机会

2009～2014 年，得益于国际油价的飙升，阿尔及利亚经济发展保持较快增长，国家财力日益雄厚。一方面政府大力投资基础设施建设，创造了大量的市场机会；另一方面也通过各种途径改善投资环境，在贸易、投资和工程领域采取了一系列优惠措施以鼓励外来资本参与本国经济建设。阿尔及利亚内乱时期撤出市场的法国、意大利、西班牙、美国等欧美国家公司在近几年重新回到阿尔及利亚并迅速抢滩阿尔及利亚各重要经济建设领域。但 2014 年下半年至今，油价下跌对阿尔及利亚经济影响较大，政府由于预算紧张逐渐减少公共领域投资，外来资本撤出阿尔及利亚市场的趋势也逐渐凸显。

投资环境的有利方面包括：①政策支持，修订投资法，给予投资项目不同等级的税收优惠，对于国家投资委员会批准的重要项目优惠年限可达 10年，同时制定投资用地政策，鼓励投资者常年租用；②市场化改革，推行国有企业私有化，改革银行金融体系使其与国际接轨，在能源、电信、工业等重要行业引入竞争机制等；③促进对外开放，与欧盟签署联系国协议，预计至 2017 年双方逐渐建立自贸区，积极入世等。

世界银行《2016 年全球营商环境报告》显示，阿尔及利亚在全球 189 个经济体中，排第 163 位。经济自由度自 2005 年至今呈倒退势态。美国传统基金会和《华尔街日报》发布的 2016 经济自由度指数，对全球 178 个经济体的经济自由度进行排名，阿尔及利亚排名 157 位。在加拿大、德国和阿曼的国

际研究机构联合发布的《阿拉伯世界经济自由度报告》中，阿尔及利亚在 20
个阿拉伯国家中排名最末。世界经济论坛《2015～2016 年全球竞争力报告》
显示，阿尔及利亚在全球最具竞争力的 140 个国家和地区中，排第 87 位。

通过对阿尔及利亚的投资环境进行重点评述，同时结合阿尔及利亚经济
发展的实际情况，发现下面两大行业未来发展潜力大，适合投资。

（1）基础设施建设业。

阿尔及利亚一直致力于基础设施建设，在 2005～2010 年的五年中投资
2000 亿美元进行基础设施建设，实施了道路网络、现代化的港口和铁路网络
的扩建和现代化改造，经济发展得以巩固。2010～2014 年期间又投资 2860
亿美元建设南部和高原省份的基础设施。新的 2015～2019 年计划将进一步促
进国家发展，以实现外汇储备超过 2000 亿美元、FRR 资产超过 56000 亿第纳
尔、没有外债的经济目标。因此，基础设施建设业未来潜力巨大。

（2）矿业。

阿尔及利亚矿业投资，商机巨大。阿尔及利亚含油气盆地很多，例如，
北部的谢利夫盆地和君士坦丁东南部盆地、西北部的大高原盆地、西部的廷
杜夫盆地、中部的哈西霍默盆地、中南部的雷甘盆地和阿赫内特盆地、东部
和东北部的伊利兹盆地和三叠纪盆地。伊利兹盆地和三叠纪盆地是最主要的
油气聚集区。

煤主要集中于西部边界处的贝萨尔盆地，矿床产在晚石炭世沉积层中，
储量不大。

第十二节　苏丹投资环境评析

一、基本国情

苏丹共和国（Republic of the Sudan），简称苏丹，首都喀土穆，位于非洲
东北、红海沿岸、撒哈拉沙漠东端，西接利比亚、乍得、中非，南毗南苏丹，
东接埃塞俄比亚、厄立特里亚。东北濒临红海，海岸线长约 720 公里。苏丹

国土面积 1886068 平方公里，为非洲面积第 3 大国，世界面积第 15 大国。苏丹经济结构单一，以农牧业为主，工业落后，基础薄弱，对自然及外援依赖性强。苏丹是联合国宣布的世界最不发达国家之一。曾被失败国家指数列表评为"世界上最不安定的国家"。但近年来，苏丹国民经济逐步复苏，并呈现出良好的发展势头。主要表现在四个方面：一是随着石油收入迅速增加，GDP 和财政收入不断增加，通货膨胀维持中等水平；二是包括石油在内的对外贸易总额增长较快，国际收支逐渐平衡，汇率较为稳定；三是各国政府援助、银行贷款和直接投资金额较大，增长较快，外汇储备相对以前几年有了一定增长；四是苏丹近年来基础建设发展较快。

1. 行政区划。

苏丹全国共有 18 个州，州是最高地方行政区域。首都喀土穆是全国政治、经济、文化中心。其他主要城市有：迈达尼、苏丹港、阿特巴拉、欧拜伊德、尼亚拉等。

2. 自然资源。

苏丹地域辽阔，资源丰富。截至 2011 年 5 月，苏丹探明可采石油储量约 45 亿桶，但 7 月南北分裂后 75% 划归南方。苏丹还拥有金、银、铁、铬、铜、锰、铅、锌等矿产资源，目前已发现金矿矿床 150 多个，探明黄金储量 970 吨，探明铁矿储量 12.5 亿吨，铬矿储量 1 亿多吨。苏丹动物资源在阿拉伯国家中名列第一，在非洲国家中位列第二。

3. 气候条件。

苏丹位于北纬 8.45 度和北回归线之间，全国受太阳直射，是世界上最热的国家之一，干旱而炎热是这个国家气候的基本特点。苏丹国土广袤，南北东西气温差异很大。全国可分为 2 个气候区：南部为夏季炎热多雨、冬季温暖干燥的热带草原气候区，北部则是高温少雨的热带沙漠气候区，气候干燥，多风沙。

首都喀土穆有"世界火炉"之称，年平均气温在 30 摄氏度以上，4～7 月为最热的季节，一般日间气温 40 摄氏度以上，酷热季节气温可达 50 摄氏度，地表温度最高可达 70 摄氏度。但在个别高海拔地区，寒冷之时气温也可低到 0 摄氏度左右。

二、总体评价

苏丹投资环境综合评价得分为 0.0924，排名第 14，是第 Ⅱ 类（0.08 < T < 0.15），投资环境为较好的国家。从分项指标看，苏丹人口与就业评价得分 0.0146，排名第 10；经济发展评价得分 0.0300，排名第 10；基础设施评价得分 0.0119，排名第 18；社会发展评价得分 0.0276，排名第 11；对外开放评价得分 0.0082，排名第 19；评价类型为 BBBBBB 型（见图 4.12）。

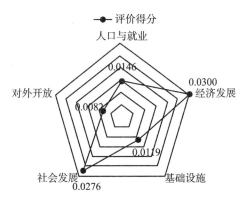

图 4.12　苏丹投资环境评价雷达图

三、分项评价

1. 人口与就业。

2005～2013 年，苏丹的总人口呈现出逐年的上升趋势，在 2013 年达到最大值 37.96 百万人，同年经济活动人口为 14.44 百万人，经济活动占总人口比例为 38.04%，劳动力充沛，2010 年识字率已经高达 71.1%，反映出苏丹教育普及的程度比较好，劳动力素质较高。从总体上讲，苏丹的人口与就业情况非常能够满足经济发展的需要，是一个理想的投资国家。

2. 经济发展。

苏丹是联合国宣布的世界最不发达国家之一。苏丹经济贫困并且经济结构单一，以农牧业为主，工业落后，基础薄弱，对自然及外援依赖性强。

农业是苏丹经济的主要支柱，农业人口占全国总人口的80%。经济作物主要有高粱、谷子、玉米和小麦，在农业生产中占重要地位，占农产品出口额的66%，主要有棉花、花生、芝麻和阿拉伯胶，大多数供出口。长绒棉花产量仅次于埃及，居世界第二；花生产量居阿拉伯国家之首，在世界上仅次于美国、印度和阿根廷；芝麻产量在阿拉伯和非洲国家中占第一位，出口量占世界的一半左右；阿拉伯胶种植面积504万公顷，年均产量约3万吨，占世界总产量的60%~80%。

（1）宏观经济。

2005~2013年，苏丹的GDP和人均GDP均呈现稳步上升的态势，进一步从GDP增长率上看，均为正值，波动较大，整体上增长是平稳的。

（2）产业结构。

2005~2013年，苏丹的第二产业增加值呈现出一个稳步上升的态势，在2008年达到最大值182.89亿美元，2009年由于受到金融危机的影响开始下降，2010年开始又呈现出一个稳步上升的态势，进一步看，第二产业增加值占GDP比例保持在20%以上，说明苏丹工业化水平较低。

（3）金融发展。

苏丹银行业比较落后，苏丹银行负责制定和执行货币政策，调节货币供应，监管其他金融机构，维持金融市场的稳定。苏丹共有银行26家。除苏丹银行外，其他均为商业银行，其中双尼罗河工业发展银行和喀土穆银行属于国有银行。

国际货币基金组织把苏列为无力偿债和不宜提供贷款的国家，于1993年8月停止其会员国的投票权。为加快经济复苏的步伐，巴希尔政府于实施一系列经改措施，一方面减少政府对经济的干预，实行市场经济，鼓励外国投资，发展农业，促进出口；另一方面大力推进私有化进程。

2005~2013年，苏丹的货币供给呈现出逐年递增的趋势，进一步看，苏丹自2005年至2013年的国外净资产呈现出逐年递减的趋势，2009年由于受到金融危机的影响，变为负值，并有逐年递增的趋势。

苏丹总体宏观经济运行较差，产业结构不合理，金融发展水平较低，对跨国投资造成负面影响。

3. 基础设施。

下面对交通运输设施和邮电通信与供电设施等方面分别进行分析。截至2013年底，苏丹铁路总里程为5978公里，公路总里程11900公里，其中4320公里铺有沥青。苏丹有远洋商船10艘，总吨位12.2万吨；内河航线总长5310公里，有轮船300多艘。苏丹港是苏丹的主要商港，年吞吐量800万吨，承担着90%的进出口运输任务。

空运在苏丹运输中占据重要地位，国内90%的运输系通过空运进行。2013年，苏丹民航局有大型喷气客机10多架，全国共有民航机场63个，喀土穆、苏丹港、卡萨拉、朱巴和朱奈纳机场为国际机场。

从总体上讲，苏丹的基础设施已基本能满足经济发展的需要，是一个基础设施比较好的国家。

4. 社会发展。

苏丹2010年的识字率为71.1%，2011年中等教育入学人数为680千人，教育水平较高；2012年每万人医生数为35.2，同年婴儿死亡率为57.9%，出生时预期寿命61.8年，卫生水平较高。总体上看，苏丹的社会发展水平非常好，是进行跨国投资的首选之地。

5. 对外开放。

2005~2013年，苏丹的进出口总额占GDP比例呈现上下波动，一直保持在30%以下，整体上苏丹对外开放程度较低。进一步看，2005~2008年，苏丹的国际旅游收入呈现上下波动，国际旅游吸引力一般，最后，发现苏丹的国际储备呈现的逐年下降趋势。

苏丹实行外汇管制。自1992年以来，尽管苏丹政府采取了一系列贸易自由化政策，放宽了外汇管制，实行自由浮动汇率，但由于外汇短缺，其外汇管制政策经常变动，时松时紧。外国投资者在苏丹的各银行可以开设外汇账户，但外汇汇出汇入都要接受苏丹中央银行的监控，所有进口付汇或出口收汇企业必须在贸易部登记。

苏丹对外开放程度较低，外贸进出口波动较大，外商直接投资不是非常方便，对外资吸引力持续波动，对国际投资有负面的影响。

四、投资机会

21世纪前十年，苏丹经济高速发展，GDP增速连续多年保持在8%以上，经济繁荣，社会稳定，综合国力显著提升，人民生活水平不断改善。然而，2011年南苏丹独立，苏丹经历了国家分裂的阵痛。领土减少，石油资源损失大半，外汇收入锐减，经济和社会发展面临巨大挑战，但苏丹政府大力推行政治经济改革，采取紧缩调控政策，推动"农业、矿业、加工、基建"的多元化可持续发展，并取得初步成效。

苏丹对外资的吸引力主要表现为：

（1）南北苏丹和解，经济复苏提速。

2013年第1季度，南北苏丹关系出现重大转折，4月下旬南苏丹油田复产，日产可达36万桶，并经苏丹管道出口，给两苏发展带来利好预期。2013年末，南苏丹爆发武装冲突，导致南苏丹主力油田被迫停产，如南方油田全面投产，预计苏丹每年可向南苏收取10亿美元石油过境费和约20亿美元的经济补偿，同时还可以带来可观的双边贸易收入。

（2）自然资源丰富，投资潜力巨大。

苏丹拥有广阔肥沃的土地和丰富的水资源和矿产资源，发展农业条件得天独厚，矿产资源开发前景广阔，经济发展潜力巨大。苏丹拥有可耕地5300万公顷，目前耕种约1000万公顷。近年来，苏丹政府高度重视发展农业，制定了农业振兴计划，出台了一系列措施，加强农业市场建设，并积极吸引外资，已取得一定成效。

（3）经济结构调整，机遇挑战并存。

在当前严峻形势下，苏丹经济进入结构调整和战略转型期。在继续着力建设和完善水利、交通、电力等基础设施的同时，积极调动本国企业和大力引进外资开发矿产资源，发展加工制造业，提升自主生产能力，以减少进口和扩大出口，增加创汇来源，弥补因石油减产造成的外汇短缺，摆脱经济发展困境。在过渡期内，苏丹基础设施建设步伐将有所放缓，但农业、矿业、加工业等领域大有可为。

（4）区位优势明显，投资辐射较强。

苏丹东临红海，扼苏丹港这一关键出海口；陆上与 7 个非洲国家接壤，其中 4 个为内陆国；拥有相对完善的铁路、公路网络，交通较为便利。因此，苏丹具有先天地缘优势与较强投资辐射能力。

世界银行《2016 年营商环境报告》显示，苏丹在全球 189 个经济体营商环境便利程度排名中，位列第 159 名。

通过对苏丹的投资环境进行重点评述，同时结合苏丹经济发展的实际情况，发现下面两大行业未来发展潜力大，适合投资。

（1）纺织服装业。

苏丹纺织服装业总体来说，设备陈旧，技术落后，产品单一，管理不善，从业人员素质差，几乎所有企业都显出无力竞争的态势。因此，苏丹政府把投资工业生产列为战略性投资项目，可享受多项税收减免的优惠政策：例如部分或全部免除税收和关税等。

（2）建材工业。

苏丹建材工业发展滞后，造成建筑材料短缺，并制约苏丹经济的发展。苏丹建材工业只能生产基本产品，而且产量不大，价格昂贵，无法满足当地市场需求。现存的一些工厂，技术落后，设备老化，产量低下。

苏丹目前仅有两个水泥厂，一个是位于尼罗河省的阿特巴拉水泥厂，年产水泥 18 万吨，扩建后增至 25 万吨；另一个是位于白尼罗河省的拉巴克水泥厂，年产量 10 万吨。这两家水泥厂的年产量仅能满足苏丹市场需求的30％。

参考文献

［1］CISSED jibrilla. Alhadji，金宏，COULIBALY Mariam. 当代非洲城市化的动因与困境［J］. 世界地理研究，2008（2）：47－55.

［2］Peter J. Ashton，刘林群. 避免非洲的水资源冲突［J］. AMBIO－人类环境杂志，2002，31（3）：236.

［3］SadieY. Second Electionsin Africa：an Overview［J］. Journal of University of South Africa，2001，20（1）.

［4］Tozo Kokou Wotodjo（托左）. FDI 流入非洲发展中国家的驱动因素研究［D］. 首都经济贸易大学，2015.

［5］Y. 阿贝特，郭志仪. 非洲的人口增长与城市化［J］. 西北人口，1982（3）：58－67.

［6］艾周昌. 非洲黑人文明［M］. 北京：中国社会科学出版社，1999.

［7］安春英. 非洲工业发展面临挑战［J］. 亚非纵横，1996（4）：28－30.

［8］安春英. 中国企业对非洲旅游资源市场的开发方略［J］. 西亚非洲，1998，19（5）：66－70.

［9］伯特·戈德沃特. 现代艺术中的原始主义［M］. 南京：江苏美术出版社，1993.

［10］蔡玲玲，陈明昆. 埃塞俄比亚职业教育经费投入的现状与策略［J］. 职教通讯，2010（3）：35－41.

［11］陈顺. 非洲工业化任重道远［N］. 中国水利报，2001－02－03（6）.

[12] 陈岩，马利灵，钟昌标. 中国对非洲投资决定因素：整合资源与制度视角的经验分析 [J]. 世界经济，2012 (10)：91 – 112.

[13] 陈宗德. 非洲私有化潮流：进展与面临的问题 [J]. 西亚非洲，1988 (5)：35 – 37.

[14] 陈宗德. 非洲投资市场及我国对非洲投资概析 [J]. 西亚非洲，2004 (1)：46 – 52.

[15] 陈宗德. 全球化中的非洲工业发展战略 [J]. 西亚非洲，2003 (4)：43 – 45.

[16] 崔宏楷. 中国区域投资环境评价研究 [D]. 东北林业大学，2007.

[17] 达姆图·塔费拉，P. G. 阿特巴赫，别敦荣，黄爱华. 非洲高等教育面临的挑战与发展前景 [J]. 高等教育研究，2003 (2)：20 – 28.

[18] 丹·索撒尔. 非洲城市化诸时代与格局 [J]. 社会学研究，1990 (3)：79 – 90.

[19] 丁可. 浅析中国对非洲轻工产品贸易快速发展的原因 [J]. 西亚非洲，2009 (1)：59 – 64.

[20] 丁丽莉. 非洲区域经济一体化的现状及前景 [J]. 国际资料信息，1995 (3)：17 – 19.

[21] 丁顺珍，刘月明，杨京鸣. 非洲工业发展的现状和前景 [J]. 现代国际关系，1986 (2)：46 – 48.

[22] 董建博. 非洲粮食生产的时空变化及影响因素分析 [D]. 浙江师范大学，2011.

[23] 董艳，张大永，蔡栋梁. 走进非洲——中国对非洲投资决定因素的实证研究 [J]. 经济学（季刊），2011 (2)：675 – 690.

[24] 董云. 理解非洲音乐 [J]. 艺术百家，2006 (2)：126 – 127.

[25] 杜继锋. 非洲国家政体初探 [J]. 西亚非洲，1995 (1)：78 – 79.

[26] 杜群阳，邓丹青. 中国对非洲直接投资的空间分布及其影响因素研究 [J]. 地理科学，2015 (4)：396 – 401.

[27] 高清. 中国刘非洲十国直接投资环境评价 [J]. 现代管理科学，2015 (2)：36 – 38.

[28] 高阳，范洪海，顾大钊，陈东欢. 非洲铀资源现状分析 [J]. 世界

核地质科学，2014（4）：561 - 565.

[29] 葛顺奇. 非洲领先者国家吸引外资的决定因素 [J]. 世界经济，1999（10）：40 - 44.

[30] 龚抒. 非洲国家概况（1950 ~ 1996）[M]. 北京：世界知识出版社，1996.

[31] 顾学明. 中国与非洲矿产资源经贸关系研究 [D]. 北京：中国地质大学，2012.

[32] 郭婧. 美国国际开发署对非洲基础教育援助的评析 [J]. 基础教育，2010，7（8）：56 - 59.

[33] 贺文萍. 非洲大湖地区危机暴露出的若干问题 [J]. 亚非纵横，1997（2）：66 - 72.

[34] 贺文萍. 非洲政坛"军转民" [J]. 世界知识，1997（12）：31 - 32.

[35] 胡昌. "二战"后非洲职业教育发展历程与趋势初探 [J]. 中国职业技术教育，2010（31）：12 - 17.

[36] 胡克红. 世界格局变化后黑非洲的政体变革及其特点 [J]. 西亚非洲，1992（5）：8 - 14.

[37] 胡颖文，徐建刚，蔡银寅. 非洲外商直接投资的时空分异研究 [J]. 热带地理，2007（1）：60 - 63.

[38] 华飞，人口高速增长与当代非洲国家人口政策的研究（1960 ~ 2005 年）[D]. 上海师范大学，2008.

[39] 黄晓梅. 中国对非洲直接投资的区位选择研究 [J]. 甘肃社会科学，2015（5）：220 - 223.

[40] 黄啸，邹建林. 现代艺术大师学民间 [M]. 长沙：湖南美术出版社，2000.

[41] 黄新民，郑丽娟. 非洲交通发展现状及前景 [J]. 西亚非洲，2011（8）：122 - 135.

[42] 基思·里奇伯格. 非洲独裁政权垮台加剧了分离主义情绪 [N]. 华盛顿邮报，1992 - 03 - 25（2）.

[43] 姜忠尽，周秀慧等. 非洲农业地图志 [M]. 南京：南京大学出版社，2012（9）：84 - 98.

［44］劳伦斯·迈耶等.比较政治学——变化世界中的国家和理论（第2
版）［M］.北京：华夏出版社，2001.

［45］雷芳.当代非洲人口增长对经济发展的负面影响［J］.黑龙江教育
学院学报，2009（7）：16-18.

［46］黎萍.灵魂的震撼——非洲音乐的艺术魅力思考［J］.重庆大学学
报（社会科学版），2012（3）：154-155.

［47］李保平.非洲传统文化与现代化［M］.北京：北京大学出版社，
1997.

［48］李东阳，鲍洋.俄罗斯和中亚四国投资环境评价［J］.中央财经大
学学报，2009（12）：75-79.

［49］李娟.非洲投资环境的因子分析以及对我国企业对非洲直接投资
决策的启示［D］，山东大学，2010.

［50］李起陵，苏泽玉.非洲的人口压力和人口政策［J］.西亚非洲，
1992（3）：60-64.

［51］李起陵.非洲的人口状况［J］.人口研究，1981（3）：46-49.

［52］李冉，宁坤.浅谈非洲黑人舞蹈音乐的特点［J］.艺术教育，2008
（4）：103-104.

［53］李瑞兰，马晨希.基于层次分析法的城市投资环境综合评价［J］.
统计与决策，2012（16）：52-54.

［54］李若谷，等.非洲25国国别分析报告（2010年版）［M］.北京：
中国财政经济出版社，2010.

［55］李淑芹，石金贵.非洲水资源及利用现状［J］.水利水电快报，
2009，685（1）：7-9.

［56］李婉红，梁河，罗华智.中国东北三省外商直接投资环境评估比
较研究［J］.经济与管理，2009（12）：55-57.

［57］李小云，齐顾波，唐丽霞等.小农为基础的农业发展：中国与非
洲的比较分析.北京：社会科学文献出版社，2010.

［58］李新烽.非洲非物质文化旅游方兴未艾［N］.人民日报，2006-
03-23（7）.

［59］李智彪.非洲经济增长动力探析［J］.西亚非洲，2013（5）：52-

53.

［60］梁明，田伊霖．非洲对外贸易以及中非贸易的新特点和新趋势［J］．国际贸易，2014（9）：16 - 17.

［61］梁涛．感受非洲自然旅游的魅力［N］．经济参考报，2006 - 10 - 20（15）.

［62］刘爱兰，黄梅波．中国对非洲直接投资的影响分析［J］．国际经济合作，2012（2）：50 - 55.

［63］刘鸿武，王涛．中国私营企业投资非洲现状与趋势分析［J］．浙江师范大学学报（社会科学版），2008（5）：36 - 42.

［64］刘鸿武．非洲地区发展报告2012～2013［M］．北京：中国社会科学出版社，2013.

［65］刘鸿武．非洲地区发展报告2013～2014［M］．北京：中国社会科学出版社，2014.

［66］刘曰峰．非洲对华农产品贸易现状及区域分异研究［D］．中国海洋大学，2012.

［67］刘陟娜，许虹，王秋舒，陈梅．全球金刚石资源分布现状及我国勘查开发建议［J］．中国矿业，2016（7）：5 - 10.

［68］陆庭恩．非洲现代化与教育发展［J］．西亚非洲，1998（1）：4 - 6.

［69］罗巧云．中国和非洲贸易现状和问题研究［J］．现代商贸工业，2012（6）：69 - 70.

［70］骆高远，刘旭．非洲旅游客源市场发展探析［J］．西亚非洲，2011（1）：37 - 42.

［71］骆高远，陆林．中非旅游合作的现状和未来［J］．地理科学，2009（2）：205 - 207.

［72］骆高远，唐兰兰．世界濒危旅游景点及其保护对策［J］．世界地理研究，2008（2）：151 - 157.

［73］骆高远．非洲国家旅游业发展的目标定位研究［J］．亚非纵横，2014（2）：112 - 115.

［74］律保森，包莹莹，杜斌．非洲大陆煤炭资源分布［J］．中国煤炭地质，2015（1）：22 - 27.

[75] 马海亮. 非洲国家大力推动制造业发展 [N]. 经济日报, 2010 -
8 - 28 (5).

[76] 孟庆栽, 张卉. 非洲农业发展的现状和前景 [J]. 现代国际关系,
1983 (4): 35 - 40.

[77] 莫志林. 非洲人口地理的基本特征 [J]. 中学地理教学参考, 1990
(5): 27 - 28.

[78] 宁骚. 非洲黑人文化 [M]. 杭州: 浙江人民出版社, 1993.

[79] 潘霞, 范德成. 区域投资环境的评价研究——以中国内地31个省、
市、区为例 [J]. 经济问题探索, 2007 (8): 40 - 45.

[80] 彭雨. 非洲投资环境评价研究 [D]. 暨南大学, 2015.

[81] 朴英姬. 中国对非洲直接投资的国别、路径及策略选择 [J]. 西亚
非洲, 2009 (7): 55 - 60.

[82] 杞非. 非洲城市的困境 [J]. 生态经济, 2004 (3): 11 - 12.

[83] 赛格, 门明. 中国企业对非洲投资的政治风险及应对 [J]. 西亚非
洲, 2010 (3): 60 - 65.

[84] 佘国强, 王洁. 长沙市旅游项目投资环境评价 [J]. 经济地理,
2011 (10): 1750 - 1753.

[85] 申皓, 杨勇. 浅析非洲经济一体化的贸易创造与贸易转移效应
[J]. 国际贸易问题, 2008 (4): 49 - 51.

[86] 沈军, 包小玲. 中国对非洲直接投资的影响因素——基于金融发
展与国家风险因素的实证研究 [J]. 国际金融研究, 2013 (9): 64 - 74.

[87] 舒运国, 刘伟才. 当代非洲发展研究系列 20 世纪非洲经济史 [M].
杭州: 浙江人民出版社, 2013.

[88] 舒运国, 张忠祥. 非洲经济发展报告 2013 ~ 2014 [M]. 上海: 上
海社会科学院出版社, 2014.

[89] 舒运国, 张忠祥. 非洲经济发展报告 2014 ~ 2015 [M]. 上海: 上
海社会科学院出版社, 2015.

[90] 舒运国. 非洲经济一体化五十年 [J]. 西亚非洲, 2013 (1): 86 - 87.

[91] 舒运国. 非洲人口增长: 挑战与机遇 [J]. 当代世界, 2012 (6):
41 - 43.

［92］舒运国．试析非洲国家人口政策的演变（1960～1980年）［J］．上海师范大学学报（哲学社会科学版），1999（1）：102－108.

［93］私有化推动非洲投资增长［N］．国际商报，2000－09－08（3）.

［94］宋国明．非洲矿业投资环境概览［J］．国土资源情报，2014（12）：15－22.

［95］随洪光．FDI对发展中东道国经济增长质量的作用［D］．南开大学，2011.

［96］孙石磊．非洲外来直接投资主要影响因素研究［D］．北京理工大学，2015.

［97］孙晓萌．非洲旅游业发展初探［C］．走非洲，求发展，成都：四川人民出版社，2008，366－374.

［98］孙延杨．我国对非洲直接投资的影响因素研究［D］．西南财经大学，2014.

［99］孙岩．浅谈非洲黑人舞蹈［J］．青春岁月，2010（22）：43－44.

［100］谭晓玉．南部非洲教育评述［J］．外国中小学教育，1995（2）：22－26.

［101］唐宇华．非洲经济发展面临的挑战及其对策［J］．西亚非洲，1992（3）：46－49.

［102］唐宇华．非洲制造业的发展与工业化战略［J］．西亚非洲，1985（1）：25－28.

［103］陶磊．非洲旅游：徘徊在火的边缘中华［N］．工商时报，2005－7－12（5）.

［104］田泽，陈亮，王睿智．基于引力模型的我国企业对非洲投资区位选择研究［J］．世界科技研究与发展，2016（2）：425－432.

［105］田泽，顾欣，杨欣远．中国对非洲直接投资效率评价研究——基于超效率DEA方法［J］．经济经纬，2016（4）：50－55.

［106］田泽，张雨辰．中国企业对非洲投资环境评价研究［J］．理论探讨，2015（2）：91－94.

［107］田泽．建设"丝路经济带"背景下中国对中东国家投资环境评价研究［J］．现代经济探讨，2016（1）：45－49.

[108] 田泽. 中国企业对非洲境外投资风险评价研究 [J]. 现代经济探讨, 2014 (11)：30 - 34.

[109] 万秀兰, 孙志远. 关于非洲职业技术教育与培训振兴战略的分析与思考 [J]. 比较教育研究, 2009 (13)：26 - 31.

[110] 万秀兰, 田甜.《非洲教育"二·十"行动计划 (2006～2015)》评析 [J]. 比较教育研究, 2010 (4)：1 - 6.

[111] 王晨燕. 对非洲农业援助新形式探索 [J]. 国际经济合作, 2008 (4)：35 - 38.

[112] 王春杰. 非洲音乐的特点及影响 [J]. 大舞台, 2011 (7)：91 - 92.

[113] 王洪一. 非洲政党政治的新特点和新趋势 [J]. 当代世界, 2013 (12)：28 - 30.

[114] 王建梁, 史琦. 和谐教育：全球化时代非洲教育发展的必然选择 [J]. 外国教育研究, 2008, 7 (35)：49 - 50.

[115] 王蕾. 莫让遗产变遗憾 [N]. 北京青年报, 2005 - 07 - 19 (1).

[116] 王沫. 非洲雕刻的美学价值及现代意义 [D]. 东北师范大学, 2008.

[117] 王素. 埃及的技术教育 [J]. 外国教育研究, 1998 (5)：26 - 28.

[118] 王霞. 中国对非洲直接投资的影响因素分析 [D]. 天津师范大学, 2015.

[119] 王小琪. 非洲的人口增长与社会经济问题 [J]. 财经科学, 1981 (2)：73 - 76.

[120] 王玉华. 埃塞俄比亚教育及其改革 [J]. 西亚非洲, 2006 (5)：59 - 62.

[121] 望春. 非洲初等教育的基本形势 [J]. 教育导刊, 1995 (5)：27 - 28.

[122] 文余源, 胡鹏. 多种评价方法在投资环境评价中的综合应用 [J]. 经济地理, 2002 (4)：390 - 393.

[123] 文余源. 中国省域投资环境的对比评价与分析 [J]. 华中师范大学学报 (自然科学版), 2001 (1)：115 - 119.

[124] 吴谋远. 当前非洲地区投资环境分析 [J]. 国际石油经济, 2010

（10）：29－32.

[125] 吴能远. 论非洲工业发展战略 [J]. 西亚非洲，1984（4）：51－59.

[126] 武芳. 加强中非交通领域合作的战略思考 [J]. 国际经济合作，2012（3）：85－88.

[127] 项莹，蔡芳芳. 扩大对非洲直接投资的策略选择 [J]. 国际经济合作，2006（7）：4－6.

[128] 谢胜强，陈盈盈. 基于专家调查和因子分析方法的上海市创业投资环境评价指数研究 [J]. 科学管理研究，2008（6）：93－97.

[129] 邢厚媛. 中国投资助推非洲工业化进程 [N]. 人民日报，2011－08－03（23）.

[130] 邢楠. 非洲国家职业教育模式分析 [J]. 丝绸之路，2013（4）：159－160.

[131] 熊淳，魏体丽. 非洲基础教育均衡发展的困境初探——以尼日利亚初等教育均衡发展之路为例 [J]. 河北师范大学学报，2012，8（14）：63－64.

[132] 熊厚. 第三章中、欧、非贸易关系及发展前景 [J]. 中国社会科学院国际研究学部集刊，2013：376－377.

[133] 徐丙慧，舒运国. 非洲的人口增长与生态环境退化 [J]. 铁道师院学报，1992（S3）：35－41.

[134] 徐惠喜. 非洲国家大力发展旅游业 [N]. 经济日报，2007－01－17（15）.

[135] 薛琳，丁伟. 非洲经济的发展成效与结构制约 [J]. 亚非纵横，2014（3）：85－96.

[136] 闫玉宁. 非洲FDI流入特征及其影响分析 [J]. 中国商贸，2014（8）：87－89.

[137] 严磊. 非洲粮食安全困境的根源与新农业改革 [J]. 山西农业大学学报（社会科版），2015，102（12）：119－120.

[138] 严启发. 非洲资金流入：现状与评估 [J]. 对外经贸实务，2007（11）：9－10.

[139] 杨森林. 非洲人口分布浅析 [J]. 西北人口，1985（1）：54－58.

[140] 杨威, 赵宁曦, 周强等. 非洲旅游市场模式及对策 [C]. 走非洲, 求发展, 成都: 四川人民出版社, 2008.

[141] 杨卫涛. 旅游投资环境评价体系研究 [J]. 中南林业科技大学学报 (社会科学版), 2016 (1): 61 - 69.

[142] 杨晔. 中国区域投资环境评价指标体系建立与应用 [J]. 经济问题, 2008 (7): 97 - 101.

[143] 姚桂梅. 从一体化视角看非洲工业化的新动力 [J]. 西亚非洲, 2016 (4): 19 - 20.

[144] 姚桂梅. 非洲工业化之路前景广阔 [N]. 人民日报, 2014 - 05 - 28 (22).

[145] 姚桂梅. 中国对非洲投资合作的主要模式及挑战 [J]. 西亚非洲, 2013 (5): 103 - 117.

[146] 姚桂梅. 中国在非洲投资的新挑战及战略筹划 [J]. 国际经济合作, 2015 (5): 39 - 45.

[147] 姚桂梅. 中国在非洲直接投资的总体评估 [J]. 西亚非洲, 2009 (7): 48 - 54.

[148] 姚娜. 非洲一体化的发展挑战 [D]: 外交学院, 2012.

[149] 伊卡万 (Ekaouel Hakilou). 非洲经济一体化问题研究 [D]. 吉林大学, 2010.

[150] 尹海伟, 徐建刚, 曾尊固, 龙国英. 非洲投资环境地域差异研究 [J]. 世界地理研究, 2005 (2): 25 - 31.

[151] 张菲. 非洲 FDI 流入现状特征及影响因素分析——基于 1970 ~ 2010 年的数据 [J]. 国际经济合作, 2012 (6): 21 - 27.

[152] 张峰. 非洲铜矿资源对我国可供性研究 [D]. 北京: 中国地质大学, 2012.

[153] 张宏明. 传统宗教在非洲信仰体系中的地位 [J]. 西亚非洲, 2009 (3): 11 - 19.

[154] 张建华. 非洲人口概况 [J]. 世界知识, 1980 (24): 12 - 13.

[155] 张建平, 朱延福. 近年来国内区域投资环境问题研究述评 [J]. 武汉大学学报 (哲学社会科学版), 2012 (5): 119 - 123.

[156] 张建业. 非洲城市化研究 (1960 年至今) [D]. 上海师范大学, 2008.

[157] 张娟, 刘钻石. 中国对非洲直接投资与资源寻求战略 [J]. 世界经济研究, 2012 (3): 75 - 80.

[158] 张娟, 刘钻石. 中国民营企业在非洲的市场进入与直接投资的决定因素 [J]. 世界经济研究, 2013 (2): 74 - 79.

[159] 张墨逸. 非洲农村土地产权改革与粮食生产绩效研究 [D]. 南京大学, 2013.

[160] 张同铸, 丁登山. 试论非洲人口发展战略 [J]. 人口与经济, 1985 (2): 49 - 56.

[161] 张同铸. 非洲经济社会发展战略问题研究 [M]. 北京: 人民出版社, 1992.

[162] 张伟萍. 东道国制度环境对我国不同所有制采掘类非洲 OFDI 影响研究 [D]. 北京: 中国地质大学, 2015.

[163] 张秀琴, 薛彦青, 强亚平, 罗建波. 中国和非洲国家的教育交流与合作 [J]. 西亚非洲, 2004 (3): 80 - 81.

[164] 张永宏. 非洲新能源发展的动力及制约因素 [J]. 西亚非洲, 2013 (5): 74 - 75.

[165] 张永蓬. 非洲国家的资源贸易与收益管理 [J]. 西亚非洲, 2008 (3): 23 - 24.

[166] 张增玲, 甄峰, 刘慧. 20 世纪 90 年代以来非洲城市化的特点和动因 [J]. 热带地理, 2007 (5): 455 - 456.

[167] 张长青. 黑龙江省投资环境问题研究 [J]. 黑龙江社会科学, 2006 (4): 48 - 50.

[168] 赵鑫福. 非洲的又一场灾难——人口问题 [J]. 世界知识, 1992 (7): 24 - 25.

[169] 郑崧. 结构调整与非洲教育 [J]. 比较教育研, 2009 (11): 15 - 16.

[170] 智宇琛. 我国央企参与非洲交通基础设施建设的现状及特点 [J]. 亚非纵横, 2014 (4): 73 - 88.

[171] 中国驻阿尔及利亚大使馆经商参处. 对外投资合作国别 (地区)

指南——阿尔及利亚（2016年版）［R］. 北京：商务部国际贸易经济合作研究院，2016.

［172］中国驻埃及大使馆经商参处. 对外投资合作国别（地区）指南——埃及（2016年版）［R］. 北京：商务部国际贸易经济合作研究院，2016.

［173］中国驻埃塞俄比亚大使馆经商参处. 对外投资合作国别（地区）指南——埃塞俄比亚（2016年版）［R］. 北京：商务部国际贸易经济合作研究院，2016.

［174］中国驻安哥拉大使馆经商参处. 对外投资合作国别（地区）指南——安哥拉（2016年版）［R］. 北京：商务部国际贸易经济合作研究院，2016.

［175］中国驻几内亚大使馆经商参处. 对外投资合作国别（地区）指南——几内亚（2014年版）［R］. 北京：商务部国际贸易经济合作研究院，2014.

［176］中国驻肯尼亚大使馆经商参处. 对外投资合作国别（地区）指南——肯尼亚（2015年版）［R］. 北京：商务部国际贸易经济合作研究院，2015.

［177］中国驻利比里亚大使馆经商参处. 对外投资合作国别（地区）指南——利比里亚（2016年版）［R］. 北京：商务部国际贸易经济合作研究院，2016.

［178］中国驻莫桑比克大使馆经商参处. 对外投资合作国别（地区）指南——利莫桑比克（2016年版）［R］. 北京：商务部国际贸易经济合作研究院，2016.

［179］中国驻南非大使馆经商参处. 对外投资合作国别（地区）指南——南非（2016年版）［R］. 北京：商务部国际贸易经济合作研究院，2016.

［180］中国驻塞拉利昂大使馆经商参处. 对外投资合作国别（地区）指南——塞拉利昂（2016年版）［R］. 北京：商务部国际贸易经济合作研究院，2016.

［181］中国驻苏丹大使馆经商参处. 对外投资合作国别（地区）指

南——苏丹（2016 年版）［R］．北京：商务部国际贸易经济合作研究院，2016.

［182］中国驻坦桑尼亚大使馆经商代表处．对外投资合作国别（地区）指南——坦桑尼亚（2016 年版）［R］．北京：商务部国际贸易经济合作研究院，2016.

［183］周总瑛，陶冶，李淑筠，丁文龙．非洲东海岸重点盆地油气资源潜力［J］．石油勘探与开发，2013，236（5）：543 – 544.

［184］朱颖．非洲国家对外贸易增长缓慢的主要原因［J］．国际商务（对外经济贸易大学学报），2012（4）：13 – 14.

［185］朱重贵．论非洲国家经济从"国有化"到"私有化"的变化［J］．西亚非洲，1988（3）：3 – 4.

附录 非洲国家投资环境评价指标原始数据

阿尔及利亚

	2005 年	2006 年	2007 年	2008 年	2009 年	2010 年	2011 年	2012 年	2013 年
总人口（百万人）	33.96	34.51	35.10	35.73	36.38	37.06	37.76	38.48	39.21
人口增长率（%）	…	…	…	…	…	…	…	…	1.9
经济活动人口（百万人）	…	…	…	…	…	…	…	…	11.88
非农从业人员比重（%）	…	…	…	…	…	…	…	…	73.1
城市人口比例（%）	…	…	…	…	…	…	…	…	74.7
就业率（%）	…	…	…	…	…	…	…	…	30.31
耕地面积（万公顷）	751.1	747	746.9	748.9	749.3	750.2	751	…	…
GDP（亿美元）	964.51	1102.56	1272.97	1608.82	1273.48	1511.47	1873.61	1897.24	…
人均国民总收入（美元）	2840.15	3194.901	3626.705	4502.721	3500.506	4078.458	4961.913	4930.47	…
GDP 增长率（%）	5.9	1.7	3.4	2.4	1.6	3.6	2.8	3.3	…

续表

	2005 年	2006 年	2007 年	2008 年	2009 年	2010 年	2011 年	2012 年	2013 年
第二产业增加值（亿美元）	591.62	689.08	778.49	1002.46	657.15	813.98	992.49	956.47	…
第二产业增加值占 GDP 比重（%）	61.34	62.50	61.16	62.31	51.60	53.85	52.97	50.41	…
固定资产形成总值（亿美元）	230.85	271.09	355.34	499.90	524.63	584.88	633.41	642.00	…
私人最终消费（亿美元）	348.39	371.04	427.74	516.15	515.34	553.24	623.56	672.11	…
公共财政总收入（亿美元）	420.72	501.03	532.26	803.81	505.99	590.54	793.80	826.80	851.40
货币供给（亿美元）	555.40	670.34	865.20	1077.11	1003.85	1113.19	1361.26	1420.30	1540.71
铁路总里程（千 km）	…	…	…	111.26	112.04	113.66	…	…	…
铁路网密度（km/千 km²）	…	…	…	46.7	47.0	47.7	…	…	…
铺装道路比例（%）	…	…	…	73.5	74.0	77.1	…	…	…
每千人铺装道路里程（km/人）	…	…	…	1750.58	1762.488	1836.322	…	…	…
每千人拥有电话主线（条/千人）	76	82	87	86	71	79	81	83	…
每千人拥有蜂窝移动电话用户数（户/千人）	402	609	785	757	900	884	943	979	…
识字率（%）	…	72.6	…	…	…	…	…	…	…
中等教育入学人数（千人）	…	…	…	…	…	…	4573	…	…
高等教育入学人数（千人）	…	…	…	…	…	…	…	1210.3	…
公共教育支出占预算比例（%）	…	…	…	20.3	…	…	…	…	…
师生比率（%）	…	…	12.1	…	…	…	…	23.2	…
公共卫生支出占预算比例（%）	…	…	…	…	10.6	…	…	…	…
每万人医生数（人）	…	…	12.1	…	…	…	…	…	…
每万人医院床位数（张）	17.0	…	…	…	…	…	…	…	…

续表

	2005 年	2006 年	2007 年	2008 年	2009 年	2010 年	2011 年	2012 年	2013 年
出生时预期寿命（年）	...	...	...	...	...	...	...	...	71.0
婴儿死亡率（%）	...	...	...	...	...	...	...	...	26.0
人类贫困指数	...	...	17.5	...	...	...	...	...	...
人类发展指数	...	...	...	...	...	...	...	...	93
出口总额（亿美元）	463.34	547.41	605.85	785.81	451.81	570.89	728.82	717.36	...
进口总额（亿美元）	203.57	214.56	276.31	394.75	392.58	410.00	472.20	503.69	...
FDI（百万美元）	1081	1795	1662	2594	2746	2264	2571	...	...
进出口总额占 GDP 比例（%）	69.14	69.11	69.30	73.38	66.31	64.90	64.10	64.36	...
国际游客到达人数（千人）	1443	1638	1743	1772	1912	2070	2395	2634	2575
国际旅游收入（亿美元）	163016	194911	194025	287051	235665	186280	208900	216960	207468
国际储备（亿美元）	565.82	782.08	1106.26	1435.44	1493.47	1629.15	1831.22	1915.97	1928.47
国外净资产（百万美元）	56727.62	75732.97	106768.7	158671.4	148079.8	159577.9	189128.1	191011.1	196496.1

安哥拉

	2005 年	2006 年	2007 年	2008 年	2009 年	2010 年	2011 年	2012 年	2013 年
总人口（百万人）	16.54	17.12	17.71	18.31	18.93	19.55	20.18	20.82	21.47
人口增长率（%）	...	...	...	...	...	...	...	...	3.1
经济活动人口（百万人）	...	...	...	...	...	...	...	...	7.65
非农从业人员比重（%）	...	...	...	...	...	...	...	...	17
城市人口比例（%）	...	...	...	...	...	...	...	...	60.7
就业率（%）	...	...	...	...	...	...	...	...	35.63

续表

	2005 年	2006 年	2007 年	2008 年	2009 年	2010 年	2011 年	2012 年	2013 年
耕地面积（万公顷）	330	330	340	340	400	410	410	...	...
GDP（亿美元）	282.03	416.60	592.61	821.29	736.35	804.66	1016.64	1125.99	...
人均国民总收入（美元）	1704.726	2433.116	3345.601	4484.472	3890.479	4116.138	5037.845	5407.972	...
GDP 增长率（%）	20.5	18.6	23.2	13.8	2.4	3.4	3.9	5.2	...
第二产业增加值（亿美元）	208.87	282.15	402.38	568.12	445.75	494.49	629.62	697.35	...
第二产业增加值占 GDP 比重（%）	74.06	67.73	67.90	69.17	60.54	61.45	61.93	61.93	...
固定资产形成总值（亿美元）	2350.034	4857.571	7882.127	12787.75	11576.04	12652.28	15966.35	17661.11	...
私人最终消费（亿美元）	23.50	48.58	78.82	127.88	115.76	126.52	159.66	176.61	...
公共财政总收入（亿美元）	124.58	209.66	276.98	428.82	260.90	358.56	508.42	527.81	525.10
货币供给（亿美元）	49.49	85.63	133.94	279.55	321.18	296.86	389.33	413.12	503.46
铁路总里程（千 km）	...	...	...	...	...	...	...	...	...
铁路网密度（km/千 km²）	...	...	...	...	...	...	...	...	...
铺装道路比例（%）	...	...	...	...	...	...	...	...	...
每千人铺装道路里程（km/人）	...	...	...	...	...	...	...	...	...
每千人拥有电话主线（条/千人）	6	6	5	6	16	16	15	15	...
每千人拥有蜂窝移动电话用户数（户/千人）	97	178	280	370	428	456	470	471	...
识字率（%）	...	...	...	...	...	...	70.4	...	...
中等教育入学人数（千人）	...	...	...	...	...	...	885	...	...
高等教育入学人数（千人）	...	...	...	...	...	...	142.8	...	...
公共教育支出占预算比例（%）	...	4.4	...	...	...	...	...	...	...

续表

	2005 年	2006 年	2007 年	2008 年	2009 年	2010 年	2011 年	2012 年	2013 年
师生比率（%）	…	…	…	…	…	…	42.5	…	…
公共卫生支出占预算比例（%）	…	…	…	…	8.4	…	…	…	…
每万人医生数（人）	…	…	…	…	1.7	…	…	…	…
每万人医院床位数（张）	8.0	…	…	…	…	…	…	…	…
出生时预期寿命（年）	…	…	…	…	…	…	…	…	51.9
婴儿死亡率（%）	…	…	…	…	…	…	…	…	95.2
人类贫困指数	…	…	37.2	…	…	…	…	…	…
人类发展指数	…	…	…	…	…	…	…	…	148
出口总额（亿美元）	242.49	318.62	443.96	639.14	408.28	505.95	673.10	710.93	…
进口总额（亿美元）	63.67	80.08	110.95	169.70	236.43	181.43	202.28	237.17	…
FDI（百万美元）	6794	9064	9796	16581	13101	4516	2153		
进出口总额占 GDP 比例（%）	108.56	95.70	93.64	98.48	87.55	85.42	86.11	84.20	…
国际游客到达人数（千人）	210	121	195	294	366	425	481	528	536
国际旅游收入（千美元）	85696	72774	218515	276811	518936	703936	632867	691602	714158
国际储备（亿美元）	31.97	85.99	111.97	178.69	136.64	197.49	287.86	334.15	347.54
国外净资产（百万美元）	4436.32	11484.91	13290.28	20101.88	14872.47	18179.31	31126.06	33343.17	34703.27

贝宁

	2005 年	2006 年	2007 年	2008 年	2009 年	2010 年	2011 年	2012 年	2013 年
总人口（百万人）	8.18	8.44	8.71	8.97	9.24	9.51	9.78	10.05	10.32
人口增长率（%）	…	…	…	…	…	…	…	2.7	…

续表

	2005 年	2006 年	2007 年	2008 年	2009 年	2010 年	2011 年	2012 年	2013 年
经济活动人口（百万人）	…	…	…	…	…	…	3.57	…	…
非农从业人员比重（%）	…	…	…	…	…	…	…	55.8	…
城市人口比例（%）	…	…	…	…	…	…	36.50	45.7	…
就业率（%）	…	…	…	…	…	…	258	…	…
耕地面积（万公顷）	270	250	250	260	245	254			…
GDP（亿美元）	39.19	42.36	49.54	59.73	59.38	58.98	65.82	68.24	75.11
人均国民总收入（美元）	478.98	501.63	568.94	665.67	642.56	620.15	673.00	678.93	727.55
GDP 增长率（%）	2.9	3.8	4.6	5.0	2.7	2.6	3.3	5.4	5.6
第二产业增加值（亿美元）	5.80	6.12	7.15	8.34	8.58	8.67	9.70	9.68	10.52
第二产业增加值占 GDP 比重（%）	14.81	14.45	14.43	13.96	14.46	14.71	14.73	14.19	14.01
固定资产形成总值（亿美元）	8.44	9.20	10.98	13.45	13.80	13.45	15.11	15.01	21.83
私人最终消费（亿美元）	33.48	36.04	41.79	49.85	50.08	50.30	55.77	58.02	63.73
公共财政收入（亿美元）	8.18	9.04	13.08	14.14	14.31	13.15	14.68	15.34	18.94
货币供给（亿美元）	13.10	15.40	19.76	27.24	27.44	29.20	33.45	33.68	39.09
铁路总里程（千 km）	…	…	…	…	…	…	…	…	…
铁路网密度（km/千 km²）	…	…	…	…	…	…	…	…	…
铺装道路比例（%）	…	30.0	30.3	30.3	35.0	35.7	…	…	…
每千人铺装道路里程（km/人）	…	33.79	34.12	34.12	39.42	40.21	…	…	…
每千人拥有电话主线（条/千人）	10	10	14	16	16	15	17	17	…
每千人拥有蜂窝移动电话用户数（户/千人）	78	134	253	434	585	799	853	899	…

续表

	2005 年	2006 年	2007 年	2008 年	2009 年	2010 年	2011 年	2012 年	2013 年
识字率（%）	...	...	...	...	...	42.4	...	...	...
中等教育入学人数（千人）	...	...	...	436	...	...	...	...	...
高等教育入学人数（千人）	...	...	149	...	...	...	...	...	...
公共教育支出占预算比例（%）	...	...	...	...	18.2	...	...	...	...
师生比率（%）	...	...	...	...	...	...	44.2	...	...
公共卫生支出占预算比例（%）	...	...	...	...	8.5	...	...	...	...
每万人医生数（人）	...	...	...	...	1.3	...	...	...	...
每万人医院床位数（张）	...	...	...	...	...	5.0	...	...	...
出生时预期寿命（年）	...	...	...	...	...	...	...	56.5	...
婴儿死亡率（%）	...	...	...	...	...	...	...	77.6	...
人类贫困指数	...	...	...	...	...	...	30.2	...	...
人类发展指数	...	...	...	...	...	...	...	...	166
出口总额（亿美元）	2.91	2.23	2.73	4.20	4.22	4.53	3.56	4.59	...
进口总额（亿美元）	8.99	10.08	16.31	17.13	15.49	20.21	21.31	23.39	...
FDI（百万美元）	53	53	255	170	134	177	118	...	...
进出口总额占 GDP 比例（%）	30.34	29.06	38.44	35.72	33.19	41.95	37.79	41.00	...
国际游客到达人数（千人）	960	975	1010	1027	911	964	1005	1017	...
国际旅游收入（千美元）	102800	115800	206400	235500	131000	148900	186700	188700	207500
国际储备（亿美元）	6.55	9.12	12.09	12.63	12.30	12.00	8.87	7.13	8.01
国外净资产（百万美元）	715.89	1004.96	1402.02	1563.90	1393.05	1484.38	1524.49	1551.34	1818.03

博茨瓦纳

	2005 年	2006 年	2007 年	2008 年	2009 年	2010 年	2011 年	2012 年	2013 年
总人口（百万人）	1.88	1.90	1.92	1.93	1.95	1.97	1.99	2.00	2.02
人口增长率（%）	…	…	…	…	…	…	…	0.9	…
经济活动人口（百万人）	…	…	…	…	…	…	…	1.05	…
非农从业人员比重（%）	…	…	…	…	…	…	61.8	68.6	…
城市人口比例（%）	…	…	…	…	…	…	…	…	…
就业率（%）	…	20.1	…	27.9	31.6	25.9	25.9	52.50	…
耕地面积（万公顷）	24	…	18.2	…	…	…	…	…	…
GDP（亿美元）	89.35	91.94	98.23	99.20	88.50	124.26	139.31	132.72	135.07
人均国民总收入（美元）	4763.02	4849.07	5129.40	5129.14	4533.95	6310.70	7010.92	6622.71	6683.51
GDP 增长率（%）	4.6	8.0	8.7	3.9	-7.8	8.6	6.1	4.3	5.9
第二产业增加值（亿美元）	42.56	44.12	45.72	41.65	27.29	49.88	56.07	46.88	49.85
第二产业增加值占 GDP 比重（%）	47.63	47.99	46.54	41.99	30.83	40.14	40.25	35.33	36.90
固定资产形成总值（亿美元）	25.17	26.52	31.04	32.87	35.82	43.01	49.18	50.51	50.15
私人最终消费（亿美元）	35.86	39.35	41.56	47.48	52.98	73.82	74.14	75.63	79.65
公共财政收入（亿美元）	35.14	38.13	44.62	41.92	41.29	42.74	45.63	50.51	48.79
货币供给（亿美元）	44.12	42.07	52.49	57.43	54.07	64.11	66.41	67.52	71.48
铁路总里程（千 km）	0.891	0.891	0.891	0.891	0.891	0.891	0.891	0.891	0.891
铁路网密度（km/千 km²）	1.53	1.53	1.53	1.53	1.53	1.53	1.53	1.53	1.53
铺装道路比例（%）	85.4	85.4	85.4	85.4	85.0	85.0	78.0	78.0	78.0
每千人铺装道路里程（km/人）	496.80	496.80	496.80	496.80	494.47	494.47	453.75	453.75	453.75
每千人拥有电话主线（条/千人）	79	76	78	80	80	77	74	78	…

续表

项目	2005 年	2006 年	2007 年	2008 年	2009 年	2010 年	2011 年	2012 年	2013 年
每千人拥有蜂窝移动电话用户数（户/千人）	331	474	857	878	1329	1451	1432	1501	…
识字率（%）	…	…	…	…	…	84.5	…	…	…
中等教育入学人数（千人）	…	…	…	…	…	…	…	173	…
高等教育入学人数（千人）	…	…	…	…	…	…	…	89	…
公共教育支出占预算比例（%）	…	…	…	…	16.7	…	…	27.8	…
师生比率（%）	…	…	…	…	…	…	…	24.0	…
公共卫生支出占预算比例（%）	…	…	…	…	…	…	5.0	…	…
每万人医生数（人）	…	…	…	…	…	18.0	…	…	…
每万人医院床位数（张）	…	…	…	…	…	…	…	…	…
出生时预期寿命（年）	…	…	…	…	…	…	…	53.0	…
婴儿死亡率（%）	…	…	…	…	…	…	…	30.5	…
人类贫困指数	…	…	22.9	…	…	…	…	…	…
人类发展指数	…	…	…	…	…	…	…	…	119
出口总额（亿美元）	46.09	43.82	51.69	48.31	33.91	46.87	64.58	63.87	86.44
进口总额（亿美元）	33.46	30.73	40.6	52.5	47.17	56.67	72.96	79.68	89.32
FDI（百万美元）	225	439	444	617	124	-7	426	303	…
进出口总额占 GDP 比例（%）	89.03	81.09	93.95	101.63	91.61	83.33	98.73	108.16	130.12
国际游客到达人（千人）	1684	1642	1965	2344	2468	2532	2634	2773	…
国际旅游收入（亿美元）	561874	537213	546068	552711	450139	456651	516027	547522	584929
国际储备（亿美元）	6309	7992	9790	9119	8704	7885	8082	7628	8127
国外净资产（百万美元）	63.09	79.92	97.90	91.19	87.04	78.85	80.82	76.28	81.27

布吉纳法索

	2005 年	2006 年	2007 年	2008 年	2009 年	2010 年	2011 年	2012 年	2013 年
总人口（百万人）	13.42	13.82	14.24	14.66	15.10	15.54	16.00	16.46	16.94
人口增长率（%）	…	…	…	…	…	…	…	…	3.1
经济活动人口（百万人）	…	…	…	…	…	…	…	5.5	8.51
非农从业人员比重（%）	…	…	…	…	…	…	…	…	…
城市人口比例（%）	…	…	…	…	…	…	…	…	26.1
就业率（%）	…	…	…	…	…	…	570	…	50.24
耕地面积（万公顷）	490	470	490	610	570	600	570	…	…
GDP（亿美元）	49.40	53.50	61.90	76.85	76.00	82.17	97.88	…	…
人均国民总收入（美元）	368.02	387.06	434.82	524.22	503.47	528.76	611.92	…	…
GDP 增长率（%）	8.7	6.3	4.1	5.8	3.0	8.4	6.6	…	…
第二产业增加值（亿美元）	8.88	9.54	11.63	11.96	13.74	16.82	24.96	…	…
第三产业增加值占 GDP 比重（%）	17.98	17.82	18.80	15.56	18.08	20.47	25.50	…	…
固定资产形成总值（亿美元）	10.75	11.18	14.35	17.24	18.79	20.48	27.23	…	…
私人最终消费（亿美元）	39.43	41.54	46.20	58.25	57.42	56.51	64.01	…	…
公共财政收入（亿美元）	9.40	10.73	13.56	14.09	16.35	17.77	22.19	24.99	29.51
货币供给（亿美元）	11.69	12.97	17.51	20.93	23.45	26.64	31.81	34.09	39.22
铁路总里程（千 km）	…	…	…	…	…	…	…	…	…
铁路网密度（km/千 km²）	…	…	…	…	…	…	…	…	…
铺装道路比例（%）	15.3	15.3	15.3	15.3	15.3	15.3	…	…	…
每千人铺装道路里程（km/千人）	41.95	41.95	41.95	41.95	41.95	41.95	…	…	…
每千人拥有电话主线（条/千人）	6	6	8	10	10	9	8	8	…

续表

	2005 年	2006 年	2007 年	2008 年	2009 年	2010 年	2011 年	2012 年	2013 年
每千人拥有蜂窝移动电话用户数(户/千人)	45	70	123	195	239	347	473	571	…
识字率(%)	…	…	28.7	…	…	…	…	…	…
中等教育入学人数(千人)	…	…	…	…	…	…	…	762	…
高等教育入学人数(千人)	…	…	…	…	…	…	…	343	…
公共教育支出占预算比例(%)	…	…	…	…	…	…	…	…	15.9
师生比率(%)	…	…	…	…	…	…	…	…	52.2
公共卫生支出占预算比例(%)	…	…	…	…	…	…	…	12.5	…
每万人医生数(人)	…	…	…	…	…	…	…	0.5	…
每万人医院床位数(张)	…	…	…	…	…	4.0	…	…	…
出生时预期寿命(年)	…	…	…	…	…	…	…	55.9	…
婴儿死亡率(%)	…	…	51.8	…	…	…	…	71.8	…
人类贫困指数	…	…	…	…	…	…	…	…	…
人类发展指数	…	…	…	…	…	…	…	…	183
出口总额(亿美元)	4.67	5.88	6.23	6.93	8.11	13.13	23.53	…	…
进口总额(亿美元)	12.44	13.19	14.98	19.50	20.69	21.55	25.73	…	…
FDI(百万美元)	34	34	344	238	101	35	7	…	…
进出口总额占 GDP 比例(%)	34.64	35.64	34.26	34.39	37.90	42.20	50.33	…	…
国际游客到达人数(千人)	245	264	289	272	269	274	282	279	…
国际旅游收入(千美元)	1400	1200	1200	1200	1400	1700	2400	1400	1498
国际储备(亿美元)	4.38	5.55	10.29	9.28	12.96	10.68	9.57	10.25	8.13
国外净资产(百万美元)	0.34	0.45	0.88	0.85	1.22	1.33	1.45	1.33	1.10

布隆迪

	2005 年	2006 年	2007 年	2008 年	2009 年	2010 年	2011 年	2012 年	2013 年
总人口（百万人）	7.77	8.04	8.33	8.62	8.93	9.23	9.54	9.85	10.16
人口增长率（%）	…	…	…	…	…	…	…	2.8	…
经济活动人口（百万人）	…	…	…	…	…	…	4.28	…	…
非农从业人员比重（%）	…	…	…	…	…	…	…	12.1	…
城市人口比例（%）	…	…	…	…	…	…	…	…	13.6
就业率（%）	95.6	95	93	94	97	92	44.86	…	…
耕地面积（万公顷）	…	…	…	…	…	92	92	…	…
GDP（亿美元）	10.25	11.67	12.48	14.79	16.24	18.45	20.27	21.89	23.24
人均国民总收入（美元）	131.98	145.11	149.84	171.47	181.89	199.77	212.51	222.21	228.64
GDP增长率（%）	0.9	5.4	3.4	4.9	3.8	5.1	4.2	4.2	4.6
第二产业增加值（亿美元）	1.89	1.95	2.25	2.48	3.01	3.13	2.97	3.29	3.67
第二产业增加值占 GDP 比重（%）	18.45	16.71	18.05	16.80	18.56	16.95	14.65	15.02	15.79
固定资产形成总值（亿美元）	2.05	2.19	2.01	2.00	2.69	3.24	4.76	5.61	7.37
私人最终消费（亿美元）	10.09	11.97	12.32	15.07	15.50	16.56	19.10	20.53	22.18
公共财政收入（亿美元）	2.15	2.80	3.38	3.90	3.34	5.16	6.17	6.36	4.40
货币供给（亿美元）	2.38	2.93	3.05	3.74	4.31	5.15	5.33	5.14	5.57
铁路总里程（千 km）	0	0	0	0	—	0	0	0	0
铁路网密度（km/千 km²）	0	0	0	0	—	0	0	0	0
铺装道路比例（%）	10.0	10.7	…	…	15.1	15.5	16.3	16.7	14.8
每千人铺装道路里程（km/人）	2.78	2.98	…	…	4.20	4.31	4.54	4.65	4.12
每千人拥有电话主线（条/千人）	4	4	4	4	4	4	4	2	4

续表

	2005 年	2006 年	2007 年	2008 年	2009 年	2010 年	2011 年	2012 年	2013 年
每千人拥有蜂窝移动电话用户数（户/千人）	21	27	35	61	103	137	178	257	220
识字率（%）	…	…	…	…	…	67.2	…	…	…
中等教育入学人数（千人）	…	…	…	…	…	…	…	…	491
高等教育入学人数（千人）	…	…	…	…	…	…	…	29.3	…
公共教育支出占预算比例（%）	…	…	…	…	…	…	…	…	17.1
师生比例（%）	…	…	…	…	…	…	…	…	42.0
公共卫生支出占预算比例（%）	…	…	…	…	…	…	…	…	12.1
每万人医生数（人）	…	…	…	…	…	…	…	…	0.5
每万人医院床位数（张）	…	…	…	…	…	…	…	…	16.0
出生时预期寿命（年）	…	…	36.4	…	…	…	…	…	51.4
婴儿死亡率（%）	…	…	…	…	…	…	…	…	109.0
人类贫困指数	…	…	…	…	…	…	…	…	…
人类发展指数	…	…	…	…	…	…	…	…	178
出口总额（亿美元）	615.00	604.00	636.53	825.81	841.62	1245.96	1563.50	1943.04	1103.74
进口总额（亿美元）	2891.24	4425.11	3461.00	4777.81	4948.29	6262.71	9528.52	10840.54	10571.75
FDI（百万美元）	1	—	1	4	—	1	2	…	…
进出口总额占 GDP 比例（%）	34191.88	43089.95	32837.29	37895.00	35658.30	40707.94	54712.75	58405.55	50244.88
国际游客到达人数（千人）	148	214	192	202	212	142	189	148	149
国际旅游收入（亿美元）	5000	8000	8400	9000	4500	5500	5896	6417	6170
国际储备（亿美元）	1.00	1.31	1.76	2.66	3.22	3.31	2.94	3.07	3.03
国外净资产（百万美元）	68.30	78.55	120.69	215.96	214.64	206.74	162.15	137.14	121.37

佛得角

	2005 年	2006 年	2007 年	2008 年	2009 年	2010 年	2011 年	2012 年	2013 年
总人口（百万人）	0.48	0.48	0.48	0.49	0.49	0.49	0.49	0.49	0.50
人口增长率（%）	…	…	…	…	…	…	…	1.5	…
经济活动人口（百万人）	…	…	…	…	…	…	…	0.23	…
非农从业人员比重（%）	…	…	…	…	…	…	61.8	86.6	…
城市人口比例（%）	…	…	…	…	…	…	…	…	…
就业率（%）	4.7	4.7	4.7	4.7	4.7	4.7	4.7	46.94	…
耕地面积（万公顷）	8.68	9.83	13.08	15.44	15.02	14.53	16.08	15.37	…
GDP（亿美元）	1811.13	2039.38	2701.88	3183.14	3091.29	2977.29	3274.40	3112.04	…
人均国民总收入（美元）	6.5	10.1	8.6	6.7	-1.3	1.5	4.0	1.2	…
GDP 增长率（%）	1.53	1.78	2.56	3.36	3.30	3.02	3.31	…	…
第二产业增加值（亿美元）	17.59	18.08	19.57	21.74	21.95	20.79	20.61	…	…
第二产业增加值占 GDP 比重（%）	3.46	4.35	6.70	7.61	6.59	7.52	8.72	6.31	…
固定资产形成总值（亿美元）	7.92	9.05	9.53	10.87	10.94	10.49	11.71	11.05	…
私人最终消费（亿美元）	3.25	3.72	4.80	5.27	4.60	4.65	4.78	4.08	4.23
公共财政收入（亿美元）	8.16	9.72	11.74	13.52	13.27	13.33	14.64	14.38	15.60
货币供给（亿美元）	…	…	…	…	…	…	…	…	…
铁路总里程（千 km）	…	…	…	…	…	…	…	…	…
铁路网密度（km/千 km²）	…	…	…	…	…	…	…	29.4	…
铺装道路比例（%）	…	…	…	…	…	…	…	1.19	…
每千人铺装道路里程（km/人）	151	150	149	147	146	145	149	139	…
每千人拥有电话主线（条/千人）									

续表

	2005 年	2006 年	2007 年	2008 年	2009 年	2010 年	2011 年	2012 年	2013 年
每千人拥有蜂窝移动电话用户数（户/千人）	173	228	315	570	591	750	793	842	…
识字率（%）	…	…	…	…	…	…	…	85.3	…
中等教育入学人数（千人）	…	…	…	…	…	…	…	62	…
高等教育入学人数（千人）	…	…	…	…	…	…	…	33	…
公共教育支出占预算比例（%）	…	…	…	…	…	…	…	13.8	…
师生比率（%）	…	…	…	…	…	…	…	23.0	…
公共卫生支出占预算比例（%）	…	…	…	…	10.2	…	…	26.0	…
每万人医生数（人）	…	…	…	…	…	21.0	…	…	…
每万人医院床位数（张）	…	…	…	…	…	…	…	…	…
出生时预期寿命（年）	…	…	…	…	…	…	…	74.3	…
婴儿死亡率（%）	…	…	14.5	…	…	…	…	18.4	…
人类贫困指数	…	…	…	…	…	…	…	…	…
人类发展指数	…	…	…	…	…	…	…	…	132
出口总额（亿美元）	0.89	0.96	0.81	1.15	0.93	1.36	2.11	…	…
进口总额（亿美元）	4.39	5.41	7.43	8.28	7.08	7.43	9.47	7.66	7.25
FDI（百万美元）	82	131	190	209	119	111	93	…	…
进出口总额占 GDP 比例（%）	60.85	64.82	63.00	61.05	53.32	60.45	72.06	…	…
国际游客到达人数（千人）	198	242	267	285	287	336	428	482	…
国际旅游收入（千美元）	122000	208900	303900	351800	286000	278200	368300	413700	448119
国际储备（亿美元）	1.74	2.54	3.64	3.61	3.98	3.82	3.39	3.76	4.17
国外净资产（百万美元）	246.58	286.56	384.73	385.11	344.87	342.09	251.97	295.68	361.08

喀麦隆

	2005 年	2006 年	2007 年	2008 年	2009 年	2010 年	2011 年	2012 年	2013 年
总人口（百万人）	18.14	18.61	19.10	19.60	20.10	20.62	21.16	21.70	22.25
人口增长率（%）	…	…	…	…	…	…	…	2.2	…
经济活动人口（百万人）	…	…	…	…	…	…	8.43	…	…
非农从业人员比重（%）	…	…	…	…	…	…	…	56.8	…
城市人口比例（%）	…	…	…	…	…	…	59.1	…	…
就业率（%）	…	…	…	…	…	…	39.84	…	…
耕地面积（万公顷）	596.3	596.3	596.3	596.3	596.3	620	620	…	…
GDP（亿美元）	153.34	165.27	188.22	215.11	215.70	218.79	245.26	244.55	271.76
人均国民总收入（美元）	845.38	888.00	985.57	1097.80	1072.91	1060.83	1159.28	1126.96	1221.17
GDP 增长率（%）	2.3	3.2	3.3	2.9	1.9	3.3	4.1	4.6	5.3
第二产业增加值（亿美元）	49.08	54.91	56.13	62.33	64.49	65.48	72.54	73.96	80.70
第二产业增加值占 GDP 比重（%）	32.01	33.22	29.82	28.97	29.90	29.93	29.58	30.24	29.70
固定资产形成总值（亿美元）	29.33	29.93	35.51	41.13	41.61	44.82	54.74	50.93	58.76
私人最终消费（亿美元）	119.40	128.42	149.60	175.07	175.86	177.19	201.73	203.79	227.13
公共财政收入（亿美元）	30.22	85.54	41.08	49.35	40.79	40.58	49.25	58.64	63.44
货币供给（亿美元）	29.73	32.76	42.40	51.43	52.14	55.34	64.28	60.21	65.68
铁路总里程（千 km）	1.016	0.982	0.974	…	…	…	…	…	…
铁路网密度（km/千 km²）	2.14	2.07	2.05	…	…	…	…	…	…
铺装道路比例（%）	55.3	57.9	60.4	9.9	…	10.1	…	…	…
每千人铺装道路里程（km/人）	262.92	275.28	287.17	47.07	…	48.02	…	…	…
每千人拥有电话主线（条/千人）	7	7	9	13	25	27	31	36	…

续表

	2005 年	2006 年	2007 年	2008 年	2009 年	2010 年	2011 年	2012 年	2013 年
每千人拥有峰窝移动电话用户数（户/千人）	128	175	247	328	413	425	457	640	…
识字率（%）	…	…	…	…	…	…	75.0	…	…
中等教育入学人数（千人）	…	…	…	…	…	…	…	…	2039
高等教育入学人数（千人）	…	…	…	…	…	…	…	…	334.4
公共教育支出占预算比例（%）	…	…	…	…	…	…	…	14.5	…
师生比率（%）	…	…	…	…	…	…	…	…	38.0
公共卫生支出占预算比例（%）	…	…	…	…	…	0.7	6.0	…	…
每万人医生数（人）	…	…	…	…	…	13.0	…	…	…
每万人医院床位数（张）	…	…	…	…	…	…	…	…	…
出生时预期寿命（年）	…	…	…	…	…	…	…	…	550
婴儿死亡率（%）	…	…	30.8	…	…	…	62.0	…	…
人类贫困指数	…	…	…	…	…	…	…	…	…
人类发展指数	…	…	…	…	…	…	…	…	150
出口总额（亿美元）	31.66	38.49	49.56	58.90	41.70	45.13	56.53	57.57	62.65
进口总额（亿美元）	28.90	31.52	42.21	54.24	45.59	47.23	62.33	60.31	66.40
FDI（百万美元）	234	16	191	-24	668	354	360	…	…
进出口总额占 GDP 比例（%）	39.50	42.36	48.76	52.60	40.47	42.22	48.46	48.20	47.49
国际游客到达人数（千人）	176	451	477	487	498	573	604	817	…
国际旅游收入（亿美元）	169000	175000	219300	150700	259500	154400	397371	340227	356661
国际储备（亿美元）	9.51	17.18	29.08	30.88	36.76	36.43	31.99	33.81	0
国外净资产（百万美元）	0.91	1.94	3.14	3.88	3.77	3.73	3.45	3.02	2.99

中非共和国

	2005 年	2006 年	2007 年	2008 年	2009 年	2010 年	2011 年	2012 年	2013 年
总人口（百万人）	3.96	4.03	4.11	4.19	4.27	4.35	4.44	4.53	4.62
人口增长率（%）	…	…	…	…	…	…	…	…	2.0
经济活动人口（百万人）	…	…	…	…	…	…	…	…	2.09
非农从业人员比重（%）	…	…	…	…	…	…	…	…	38.4
城市人口比例（%）	…	…	…	…	…	…	…	…	39.5
就业率（%）	…	…	…	…	…	…	…	…	45.24
耕地面积（万公顷）	193	193	193	193	195	180	180	20.60	20.01
GDP（亿美元）	12.71	13.92	16.01	18.73	18.53	18.43	20.95	20.60	20.01
人均国民总收入（美元）	320.80	345.16	389.90	447.50	434.35	423.60	472.33	455.33	433.52
GDP 增长率（%）	2.4	3.8	3.7	2.0	1.7	3.0	3.3	4.0	-9.2
第一产业增加值（亿美元）	1.81	1.98	2.30	2.50	2.54	2.54	2.88	2.83	2.64
第二产业增加值占 GDP 比重（%）	14.26	14.24	14.36	13.37	13.70	13.81	13.76	13.73	13.17
固定资产形成总值（亿美元）	1.32	1.49	1.70	2.30	2.24	2.80	3.29	3.20	2.46
私人最终消费（亿美元）	11.89	12.92	15.11	18.02	18.26	17.84	19.78	19.17	17.99
公共财政收入（亿美元）	1.67	3.37	2.44	3.01	3.18	3.41	2.93	3.55	3.78
货币供给（亿美元）	2.43	2.35	2.47	3.08	3.32	3.62	4.37	4.57	4.49
铁路总里程（千 km）	…	…	…	…	20.278	20.278	…	…	…
铁路网密度（km/千 km²）	…	…	…	…	32.60	32.60	…	…	…
铺装道路比例（%）	…	…	…	…	6.8	6.8	…	…	…
每千人铺装道路里程（km/人）	…	…	…	…	42.30	42.30	…	…	…
每千人拥有电话主线（条/千人）	3	…	…	…	1	—	—	—	…

续表

	2005年	2006年	2007年	2008年	2009年	2010年	2011年	2012年	2013年
每千人拥有蜂窝移动电话用户数（户/千人）	25	27	83	136	202	225	224	253	…
识字率（%）	…	…	…	…	…	…	56.6	…	…
中等教育入学人数（千人）	…	…	…	…	…	…	…	126	…
高等教育入学人数（千人）	…	…	…	…	…	…	…	12.5	…
公共教育支出占预算比例（%）	…	…	…	11.7	…	…	…	…	…
师生比率（%）	…	…	…	…	…	…	…	80.1	…
公共卫生支出占预算比例（%）	…	…	…	…	11.0	…	…	…	…
每万人医生数（人）	…	…	…	…	0.5	…	…	…	…
每万人医院床位数（张）	…	…	…	…	…	…	10.0	…	…
出生时预期寿命（年）	…	…	42.4	…	…	…	…	…	50.2
婴儿死亡率（%）	…	…	…	…	…	…	…	…	92.4
人类贫困指数	…	…	…	…	…	…	…	…	…
人类发展指数	…	…	…	…	…	…	…	…	180
出口总额（亿美元）	1.28	1.58	1.78	1.48	1.29	1.45	2.01	1.96	…
进口总额（亿美元）	1.85	2.03	2.49	3.00	2.71	3.05	3.80	3.00	…
FDI（百万美元）	32	35	57	117	121	92	109	…	…
进出口总额占GDP比例（%）	24.64	25.88	26.67	23.92	21.59	24.41	27.72	24.05	…
国际游客到达人数（千人）	12	14	17	31	52	54	57	57	…
国际旅游收入（千美元）	47252	50618	57040	70362	72340	76800	87493	73341	75699
国际储备（亿美元）	1.4	1.26	0.83	1.22	2.11	1.81	1.55	1.58	0
国外净资产（百万美元）	95.02	71.41	53.71	54.49	60.70	21.34	28.24	-22.35	7.08

乍得

	2005 年	2006 年	2007 年	2008 年	2009 年	2010 年	2011 年	2012 年	2013 年
总人口（百万人）	10.01	10.36	10.69	11.03	11.37	11.72	12.08	12.45	12.83
人口增长率（%）	…	…	…	…	3.19	…	…	…	3.5
经济活动人口（百万人）	…	…	…	…	…	…	…	…	…
非农从业人员比重（%）	…	…	…	…	…	…	…	32.1	…
城市人口比例（%）	…	…	…	…	28.06	…	…	…	23.0
就业率（%）	…	…	…	…	…	…	…	…	…
耕地面积（万公顷）	450	445	430	430	430	450	490	…	…
GDP（亿美元）	65.22	72.98	84.34	101.07	90.01	104.10	117.30	122.40	125.09
人均国民总收入（美元）	651.26	704.63	788.63	916.23	791.54	888.17	971.02	983.31	975.37
GDP增长率（%）	8.6	0.6	3.3	3.1	4.1	13.2	0.6	9.1	3.4
第二产业增加值（亿美元）	28.21	33.10	37.49	48.73	38.14	47.31	58.83	59.96	60.32
第二产业增加值占 GDP 比重（%）	43.26	45.36	44.46	48.21	42.38	45.44	50.15	48.98	48.22
固定资产形成总值（亿美元）	12.53	16.77	19.80	24.05	26.20	31.76	34.76	37.35	43.17
私人最终消费（亿美元）	41.23	48.23	56.61	66.23	64.51	70.53	75.36	76.96	75.58
公共财政总收入（亿美元）	3.56	4.05	4.67	5.38	5.85	7.25	8.50	8.23	10.28
货币供给（亿美元）	3.36	5.39	6.66	11.30	10.23	12.22	14.64	15.69	17.89
铁路总里程（千 km）	…	…	…	…	…	…	…	…	…
铁路网密度（km/千 km²）	…	…	…	…	…	…	…	…	…
铺装道路比例（%）	…	…	…	…	…	…	…	…	…
每千人铺装道路里程（km/人）	…	…	…	…	…	…	…	…	…
每千人拥有电话主线（条/千人）	1	2	3	4	5	5	3	3	…

续表

	2005 年	2006 年	2007 年	2008 年	2009 年	2010 年	2011 年	2012 年	2013 年
每千人拥有蜂窝移动电话用户数（户/千人）	21	46	89	170	209	238	318	355	…
识字率（%）	…	…	…	…	…	…	…	33.6	…
中等教育入学人数（千人）	…	…	…	…	…	…	450	…	…
高等教育入学人数（千人）	…	…	…	…	…	…	24.3	…	…
公共教育支出占预算比例（%）	…	…	…	…	…	…	…	10.3	…
师生比率（%）	…	…	…	…	…	…	62.6	…	…
公共卫生支出占预算比例（%）	…	…	…	…	13.8	…	…	…	…
每万人医生数（人）	…	…	…	2.7	…	…	…	…	…
每万人医院床位数（张）	4.3	…	…	…	…	…	…	…	…
出生时预期寿命（年）	…	…	53.1	…	…	…	…	49.9	…
婴儿死亡率（%）	…	…	…	…	…	…	…	124.9	…
人类贫困指数	…	…	…	…	…	…	…	…	…
人类发展指数	…	…	…	…	…	…	…	…	184
出口总额（亿美元）	30.86	33.78	36.32	41.89	28.91	37.13	45.4	42.94	…
进口总额（亿美元）	12.9	17.95	22.17	26.54	28.35	33.47	32.51	29.92	…
FDI（百万美元）	-99	-279	-69	234	1105	1940	1855	…	…
进出口总额占 GDP 比例（%）	67.10	70.88	69.35	67.71	63.62	67.82	66.42	59.53	…
国际游客到达人数（千人）	59	76	107	97	115	111	111	101	…
国际旅游收入（千美元）	14100	14600	15500	14600	13700	13700	15406	15706	16059
国际储备（亿美元）	2.26	6.26	9.56	13.46	6.17	6.32	9.51	11.56	0
国外净资产（百万美元）	136.50	497.24	849.21	1377.82	506.15	611.78	966.37	1092.98	906.81

科摩罗

	2005 年	2006 年	2007 年	2008 年	2009 年	2010 年	2011 年	2012 年	2013 年
总人口（百万人）	0.60	0.62	0.63	0.65	0.67	0.68	0.70	0.72	0.74
人口增长率（%）	…	…	…	…	…	…	…	2.8	…
经济活动人口（百万人）	…	…	…	…	…	…	0.24	…	…
非农从业人员比重（%）	…	…	…	…	…	…	…	5.4	…
城市人口比例（%）	…	…	…	…	…	…	34.29	…	35.5
就业率（%）	…	8	8	8	8.5	8.2	8.2	…	…
耕地面积（万公顷）	8	8	8	8	…	…	…	…	…
GDP（亿美元）	3.80	4.06	4.62	5.23	5.24	5.30	5.86	5.71	6.19
人均国民总收入（美元）	632.90	658.20	730.57	806.07	787.02	776.71	837.54	795.07	841.72
GDP 增长率（%）	2.8	2.6	0.8	0.4	1.9	2.2	2.6	3.0	3.5
第二产业增加值（亿美元）	0.45	0.47	0.50	0.65	0.62	0.63	0.67	0.65	0.68
第二产业增加值占 GDP 比重（%）	11.81	11.65	10.89	12.49	11.79	11.80	11.41	11.32	11.06
固定资产形成总值（亿美元）	0.39	0.48	0.45	0.94	0.86	0.55	0.46	0.22	0.08
私人最终消费（亿美元）	3.72	4.02	4.71	5.10	5.26	5.33	5.98	5.85	6.41
公共财政总收入（亿美元）	0.77	0.75	0.94	1.25	1.26	1.56	1.44	1.73	1.80
货币供给（亿美元）	0.90	1.05	1.27	1.51	1.63	1.85	2.13	2.28	2.48
铁路总里程（千 km）	…	…	…	…	…	…	…	…	…
铁路网密度（km/千 km²）	…	…	…	…	…	…	…	…	…
铺装道路比例（%）	…	…	…	…	77	…	…	…	…
每千人铺装道路里程（km/人）	…	…	…	…	1.72	…	…	…	…
每千人拥有电话主线（条/千人）	26	29	38	41	43	29	31	31	…

续表

	2005 年	2006 年	2007 年	2008 年	2009 年	2010 年	2011 年	2012 年	2013 年
每千人拥有蜂窝移动电话用户数（户/千人）	24	56	92	132	171	225	287	323	…
识字率（%）	…	…	…	…	…	74.9	…	…	…
中等教育入学人数（千人）	43	…	…	…	…	…	…	…	…
高等教育入学人数（千人）	…	…	…	…	…	5.1	…	…	…
公共教育支出占预算比例（%）	24.1	…	…	…	…	…	…	…	…
师生比率（%）	…	…	…	…	…	…	27.7	…	…
公共卫生支出占预算比例（%）	…	…	…	…	8.0	…	…	…	…
每万人医生数（人）	…	2.0	…	…	…	…	…	…	…
每万人医院床位数（张）	…	22.0	…	…	…	…	…	…	…
出生时预期寿命（年）	…	…	20.4	…	…	…	…	61.5	…
婴儿死亡率（%）	…	…	…	…	…	…	…	64.0	…
人类贫困指数	…	…	…	…	…	…	…	…	…
人类发展指数	…	…	…	…	…	…	…	…	169
出口总额（亿美元）	0.12	0.10	0.14	0.07	0.15	0.21	0.25	0.08	0.10
进口总额（亿美元）	0.98	1.15	1.38	1.80	2.10	2.33	2.77	1.40	1.52
FDI（百万美元）	1	1	8	5	14	4	7	…	…
进出口总额占 GDP 比例（%）	29.05	30.98	32.86	35.58	43.01	47.77	51.49	25.95	26.14
国际游客到达人数（千美元）	26	29	15	15	11	15	19	20	21
国际旅游收入（亿美元）	40400	45300	54500	72515	58510	62301	72116	69240	66525
国际储备（亿美元）	0.86	0.94	1.17	1.12	1.5	1.45	1.55	1.94	1.65
国外净资产（百万美元）	95.55	102.42	120.06	119.71	124.57	123.77	152.19	163.77	143.55

刚果

	2005 年	2006 年	2007 年	2008 年	2009 年	2010 年	2011 年	2012 年	2013 年
总人口（百万人）	3.54	3.65	3.76	3.88	4.00	4.11	4.23	4.34	4.45
人口增长率（%）	…	…	…	…	…	…	1.66	2.4	…
经济活动人口（百万人）	…	…	…	…	…	…	…	…	…
非农从业人员比重（%）	…	…	…	…	…	…	…	69	…
城市人口比例（%）	…	…	…	…	…	…	62.5	…	…
就业率（%）	…	…	…	…	…	…	39.24	…	…
耕地面积（万公顷）	49	49	49	49	50	50	50	…	…
GDP（亿美元）	59.61	75.94	72.80	99.95	91.55	120.74	145.44	134.02	137.94
人均国民总收入（美元）	1682.34	2082.35	1936.64	2578.77	2291.67	2936.28	3442.43	3090.10	3101.27
GDP 增长率（%）	7.7	6.2	-1.6	5.9	7.5	8.7	3.4	3.8	3.4
第二次产业增加值（亿美元）	43.76	58.39	51.89	75.43	66.24	94.33	114.40	102.11	101.43
第二产业增加值占 GDP 比重（%）	73.41	76.88	71.28	75.47	72.36	78.13	78.65	76.19	73.53
固定资产形成总值（亿美元）	14.69	22.03	35.22	35.06	39.24	36.44	50.99	59.00	56.25
私人最终消费（亿美元）	16.63	18.53	20.93	29.68	28.55	29.64	32.91	30.09	52.63
公共财政总收入（亿美元）	23.62	34.35	32.94	55.76	28.27	45.05	61.33	64.40	74.03
货币供给（亿美元）	8.52	12.72	14.83	21.66	21.57	28.56	40.31	45.11	53.53
铁路总里程（千 km）	17.795	17.795	17.795	17.795	17.795	…	…	…	…
铁路网密度（km/千 km²）	52.03	52.03	52.03	52.03	52.03	…	…	…	…
铺装道路比例（%）	6	6	6	6	6	…	…	…	…
每千人铺装道路里程（km/人）	20.52	20.52	20.52	20.52	20.52	…	…	…	…
每千人拥有电话主线（条/千人）	5	4	4	2	2	2	2	4	…

续表

	2005 年	2006 年	2007 年	2008 年	2009 年	2010 年	2011 年	2012 年	2013 年
每千人拥有蜂窝移动电话用户数（户/千人）	158	253	345	471	551	940	938	1012	…
识字率（%）	…	…	…	…	…	…	90.7	…	…
中等教育入学人数（千人）	…	…	…	…	…	…	74	…	…
高等教育入学人数（千人）	…	…	…	…	…	20.4	…	…	…
公共教育支出占预算比例（%）	…	…	…	…	…	…	…	3.9	…
师生比率（%）	…	…	…	…	5.3	…	0.0	…	…
公共卫生支出占预算比例（%）	…	…	…	…	…	…	…	…	…
每万人医生数（人）	22.0	…	…	…	…	…	…	…	…
每万人医院床位数（张）	16.0	…	…	…	…	…	…	…	…
出生时预期寿命（年）	…	…	38.0	…	…	…	…	57.8	…
婴儿死亡率（%）	…	…	…	…	…	…	…	…	67.4
人类贫困指数	…	…	…	…	…	…	…	…	…
人类发展指数	…	…	…	…	…	…	…	…	—
出口总额（亿美元）	52.48	65.44	62.77	91.83	81.67	108.53	138.14	115.52	116.21
进口总额（亿美元）	21.31	19.81	39.33	35.36	44.51	40.78	66.93	74.56	84.19
FDI（百万美元）	1475	1925	2275	2526	1862	2209	2931	…	…
进出口总额占 GDP 比例（%）	123.80	112.26	140.25	127.25	137.82	123.66	141.00	141.84	145.28
国际游客到达人数（千人）	35	46	55	62	94	101	96	92	…
国际旅游收入（千美元）	3200	3100	700	700	24000	10700	11400	6900	7267
国际储备（亿美元）	7.32	18.42	21.75	38.72	38.06	44.47	56.41	55.5	0
国外净资产（百万美元）	869.54	1979.50	2300.19	4170.94	3877.53	4694.93	6482.05	6064.80	6440.66

刚果（金）

	2005 年	2006 年	2007 年	2008 年	2009 年	2010 年	2011 年	2012 年	2013 年
总人口（百万人）	54.03	55.59	57.19	58.82	60.49	62.19	63.93	65.71	67.51
人口增长率（%）	…	…	…	…	…	…	…	2.6	…
经济活动人口（百万人）	…	…	…	…	…	…	24.94	…	…
非农从业人员比重（%）	…	…	…	…	…	…	…	43	…
城市人口比例（%）	…	…	…	…	…	…	35.9	…	…
就业率（%）	…	…	…	…	…	…	39.01	…	…
耕地面积（万公顷）	670	670	670	675	679	680	680	…	…
GDP（亿美元）	115.36	137.22	158.26	185.19	175.44	196.45	226.90	261.55	304.88
人均国民总收入（美元）	213.51	246.84	276.74	314.85	290.05	315.89	354.91	398.06	451.58
GDP 增长率（%）	6.1	5.3	6.3	6.2	2.9	7.1	6.9	7.2	8.2
第二产业增加值（亿美元）	38.04	42.97	50.56	65.74	61.57	67.86	77.37	89.42	115.91
第二产业增加值占 GDP 比重（%）	32.97	31.32	31.95	35.50	35.09	34.54	34.10	34.19	38.02
固定资产形成总值（亿美元）	13.97	21.08	22.78	21.27	27.03	25.49	30.05	34.96	50.12
私人最终消费（亿美元）	104.93	114.89	129.57	167.72	151.95	172.47	196.16	221.15	245.89
公共财政收入（亿美元）	11.92	18.30	16.20	23.72	27.25	43.37	42.85	55.14	71.06
货币供给（亿美元）	5.64	9.16	12.41	17.85	18.55	21.69	26.31	31.90	36.34
铁路总里程（千 km）	3.641	3.641	3.641	…	…	…	…	…	…
铁路网密度（km/千 km²）	1.55	1.55	1.55	…	…	…	…	…	…
铺装道路比例（%）	…	…	…	…	…	…	…	…	…
每千人铺装道路里程（km/人）	…	164	58	597	659	637	…	…	…
每千人拥有电话主线（条/千人）	184	…	…	…	…	…	1	1	…

续表

	2005 年	2006 年	2007 年	2008 年	2009 年	2010 年	2011 年	2012 年	2013 年
每千人拥有蜂窝移动电话用户数（户/千人）	48	75	108	159	147	179	231	280	…
识字率（%）	…	…	…	…	…	66.8	…	…	…
中等教育入学人数（千人）	…	…	…	…	…	…	3.784	…	…
高等教育入学人数（千人）	…	…	…	…	…	…	487.7	…	…
公共教育支出占预算比例（%）	…	…	…	…	…	…	…	…	…
师生比率（%）	…	…	…	…	17.0	…	37.4	…	…
公共卫生支出占预算比例（%）	…	…	…	…	…	…	…	…	…
每万人医生数（人）	…	6.1	…	…	…	…	…	…	…
每万人医院床位数（张）	…	8.0	…	…	…	…	…	…	…
出生时预期寿命（年）	…	…	…	…	…	…	…	48.7	…
婴儿死亡率（%）	…	…	24.3	…	…	…	…	110.2	…
人类贫困指数	…	…	…	…	…	…	…	…	…
人类发展指数	…	…	…	…	…	…	…	…	186
出口总额（亿美元）	24.44	27.65	38.36	65.40	56.83	88.66	102.11	88.19	…
进口总额（亿美元）	26.90	28.91	34.00	43.00	39.00	107.04	118.04	106.40	…
FDI（百万美元）	0	256	1808	1727	664	2939	1687	…	…
进出口总额占 GDP 比例（%）	44.50	41.22	45.72	58.54	54.62	99.62	97.03	74.40	…
国际游客到达人数（千人）	81	74	65	67	70	97	79	91	…
国际旅游收入（千美元）	83100	92900	102700	115300	150800	200700	219089	216593	223780
国际储备（亿美元）	1.31	1.55	1.81	0.78	10.35	13	12.68	16.33	16.78
国外净资产（百万美元）	-690.26	-821.70	-478.39	-531.13	-60.22	972.38	923.90	1525.92	1406.46

科特迪瓦

	2005 年	2006 年	2007 年	2008 年	2009 年	2010 年	2011 年	2012 年	2013 年
总人口（百万人）	17.39	17.66	17.95	18.26	18.60	18.98	19.39	19.84	20.32
人口增长率（%）	…	…	…	…	…	…	…	2.2	…
经济活动人口（百万人）	…	…	…	…	…	…	…	7.57	…
非农从业人员比重（%）	…	…	…	…	…	…	…	63.9	…
城市人口比例（%）	…	…	…	…	…	…	…	52.1	…
就业率（%）	…	…	…	…	…	…	…	38.16	…
耕地面积（万公顷）	280	280	290	290	290	290	290	…	…
GDP（亿美元）	153.08	159.49	181.04	217.52	217.88	225.76	240.34	245.32	281.55
人均国民总收入（美元）	880.10	902.99	1008.62	1191.26	1171.31	1189.65	1239.50	1236.50	1385.87
GDP 增长率（%）	1.7	1.5	1.8	2.5	3.3	2.0	-4.2	9.4	8.7
第二产业增加值（亿美元）	38.98	41.89	47.34	59.09	60.81	55.76	59.53	61.12	69.82
第二产业增加值占 GDP 比重（%）	25.46	26.27	26.15	27.16	27.91	24.70	24.77	24.91	24.80
固定资产形成总值（亿美元）	15.66	17.42	23.63	26.50	26.39	30.65	21.48	36.61	53.99
私人最终消费（亿美元）	116.24	122.51	145.29	164.73	163.72	166.20	175.03	178.30	203.42
公共财政收入（亿美元）	29.69	30.90	39.04	48.24	50.16	46.09	36.58	51.34	62.07
货币供给（亿美元）	39.45	43.89	59.16	66.93	74.38	84.41	99.71	96.21	115.13
铁路总里程（千 km）	82.639	82.639	82.639	82.639	82.639	…	…	…	…
铁路网密度（km/千 km²）	256.27	256.27	256.27	256.27	256.27	…	…	…	…
铺装道路比例（%）	7.9	7.9	7.9	7.9	7.9	…	…	…	…
每千人铺装道路里程（km/千人）	25.47	25.47	25.47	25.47	25.47	…	…	…	…
每千人拥有电话主线（条/千人）	14	15	13	19	15	14	13	13	…

续表

	2005 年	2006 年	2007 年	2008 年	2009 年	2010 年	2011 年	2012 年	2013 年
每千人拥有蜂窝移动电话用户数（户/千人）	130	222	400	550	681	761	864	963	…
识字率（%）	…	…	…	…	…	56.2	…	…	…
中等教育入学人数（千人）	737	…	…	…	…	…	…	…	…
高等教育入学人数（千人）	…	…	156.8	…	…	…	…	…	…
公共教育支出占预算比例（%）	…	…	…	24.6	…	…	…	…	…
师生比率（%）	…	…	…	…	4.4	…	48.8	…	…
公共卫生支出占预算比例（%）	…	…	…	1.4	…	…	…	…	…
每万人医生数（人）	…	4.0	…	…	…	…	…	…	…
每万人医院床位数（张）	…	…	…	…	…	…	…	…	…
出生时预期寿命（年）	…	…	…	…	…	…	…	56.0	…
婴儿死亡率（%）	…	…	…	…	…	…	…	69.7	…
人类贫困指数	…	…	37.4	…	…	…	…	…	…
人类发展指数	…	…	…	…	…	…	…	…	168
出口总额（亿美元）	7.25	8.14	8.05	9.83	10.26	10.22	11.09	10.85	13.73
进口总额（亿美元）	5.87	5.82	6.67	7.88	6.95	7.84	6.73	9.77	12.70
FDI（百万美元）	312	319	427	446	377	339	344	…	…
进出口总额占 GDP 比例（%）	8.57	8.75	8.13	8.14	7.90	8.00	7.41	8.40	9.39
国际游客到达人数（千人）	404	428	406	379	353	348	344	361	370
国际旅游收入（千美元）	167650	161125	175300	355400	316500	519200	750700	601511	685600
国际储备（亿美元）	13.67	17.98	25.19	22.53	32.67	36.24	43.16	39.28	39.12
国外净资产（百万美元）	1331.37	1603.81	2211.85	2250.85	2451.82	2839.90	3805.18	3063.23	2838.69

吉布提

	2005 年	2006 年	2007 年	2008 年	2009 年	2010 年	2011 年	2012 年	2013 年
总人口（百万人）	0.78	0.79	0.80	0.81	0.82	0.83	0.85	0.86	0.87
人口增长率（%）	…	…	…	…	…	…	…	…	1.5
经济活动人口（百万人）	…	…	…	…	…	…	…	…	0.32
非农从业人员比重（%）	…	…	…	…	…	…	…	…	4.1
城市人口比例（%）	…	…	…	…	…	…	…	…	77.2
就业率（%）	…	…	…	…	…	…	…	…	36.78
耕地面积（万公顷）	0.1	0.13	0.13	0.1	0.2	0.2	0.2	…	…
GDP（亿美元）	6.30	6.82	7.56	8.84	9.16	9.71	10.38	…	…
人均国民总收入（美元）	811.24	864.96	946.73	1091.65	1114.05	1164.05	1226.01	…	…
GDP 增长率（%）	3.2	12.7	5.0	5.4	3.4	2.0	3.4	…	…
第二产业增加值（亿美元）	1.02	1.14	1.35	1.80	1.85	2.00	1.99	…	…
第二产业增加值占 GDP 比重（%）	16.21	16.79	17.91	20.37	20.25	20.65	19.21	…	…
固定资产形成总值（亿美元）	1.17	1.37	1.55	2.85	3.30	3.09	3.05	…	…
私人最终消费（亿美元）	5.53	6.25	7.01	6.58	6.73	6.94	7.65	…	…
公共财政总收入（亿美元）	2.63	2.69	2.98	4.11	3.88	4.00	4.28	4.65	5.09
货币供给（亿美元）	5.50	6.06	6.64	8.01	9.41	10.56	10.08	11.60	12.62
铁路总里程（千 km）	…	…	…	…	…	…	…	…	…
铁路网密度（km/千 km²）	…	…	…	…	…	…	…	…	…
铺装道路比例（%）	…	…	…	…	…	…	…	…	…
每千人铺装道路里程（km/人）	…	…	…	…	…	…	…	…	…
每千人拥有电话主线（条/千人）	14	14	18	18	20	22	22	23	…

续表

	2005 年	2006 年	2007 年	2008 年	2009 年	2010 年	2011 年	2012 年	2013 年
每千人拥有蜂窝移动电话用户数（户/千人）	57	57	87	139	157	199	228	247	…
识字率（%）	…	…	…	…	…	…	…	…	…
中等教育入学人数（千人）	…	…	…	…	…	…	…	…	57
高等教育入学人数（千人）	…	…	…	…	…	…	…	…	…
公共教育支出占预算比例（%）	…	…	22.8	…	…	…	…	…	34.2
师生比率（%）	…	…	…	…	…	…	4.7	…	…
公共卫生支出占预算比例（%）	…	2.3	…	…	13.9	…	…	…	…
每万人医生数（人）	…	…	…	…	…	14.0	…	…	…
每万人医院床位数（张）	…	…	…	…	…	…	…	…	…
出生时预期寿命（年）	…	…	…	…	…	…	…	…	61.8
婴儿死亡率（%）	…	…	…	…	…	…	…	…	54.7
人类贫困指数	…	…	25.6	…	…	…	…	…	…
人类发展指数	…	…	…	…	…	…	…	…	164
出口总额（亿美元）	0.4	0.56	0.53	0.66	0.77	0.85	0.95	1.06	1.18
进口总额（亿美元）	2.77	3.06	4.52	5.61	4.51	3.64	4.16	4.75	5.42
FDI（百万美元）	22	108	195	229	100	27	78	…	…
进出口总额占 GDP 比例（%）	50.29	53.11	66.76	70.91	57.66	46.25	49.21	…	…
国际游客到达人数（千人）	30	40	40	53	58	51	32	…	…
国际旅游收入（千美元）	…	…	…	…	…	…	…	…	…
国际储备（亿美元）	0.89	1.2	1.32	1.75	2.42	2.49	2.44	2.49	4.19
国外净资产（百万美元）	446.75	517.67	535.18	659.40	717.26	756.40	674.65	770.24	957.73

埃及

	2005年	2006年	2007年	2008年	2009年	2010年	2011年	2012年	2013年
总人口（百万人）	71.78	72.99	74.23	75.49	76.78	78.08	79.39	80.72	82.06
人口增长率（%）	…	…	…	…	…	…	…	…	2.5
经济活动人口（百万人）	…	…	…	…	…	…	…	27.25	…
非农从业人员比重（%）	…	…	…	…	…	…	…	…	72.9
城市人口比例（%）	…	…	…	…	…	…	…	…	43.0
就业率（%）	…	…	…	…	…	…	…	33.76	…
耕地面积（万公顷）	256.3	260.5	256.4	264.2	288.4	287.3	287	…	…
GDP（亿美元）	876.32	1014.21	1259.55	1575.14	1794.32	2047.31	2208.95	2489.32	2441.56
人均国民总收入（美元）	1220.87	1389.50	1696.82	2086.50	2337.12	2622.21	2782.33	3083.82	2975.48
GDP增长率（%）	4.5	6.8	7.1	7.2	4.9	4.8	1.8	2.2	2.1
第二产业增加值（亿美元）	318.15	389.75	440.28	619.65	643.83	762.75	825.76	971.75	952.49
第二产业增加值占GDP比重（%）	36.31	38.43	34.96	39.34	35.88	37.26	37.38	39.04	39.01
固定资产形成总值（亿美元）	166.96	201.92	275.35	367.40	355.78	412.46	386.34	406.11	351.67
私人最终消费（亿美元）	666.61	769.98	956.74	1192.63	1431.77	1601.07	1747.05	2097.36	2071.47
公共财政总收入（亿美元）	191.81	263.99	312.44	407.74	509.94	477.07	447.36	501.03	509.93
货币供给（亿美元）	855.77	979.34	1176.89	1411.90	1500.38	1632.49	1703.70	1805.95	1887.50
铁路总里程（千km）	9.556	9.556	9.57	9.57	9.57	9.57	9.57	9.57	…
铁路网密度（km/千km²）	9.54	9.54	9.56	9.56	9.56	9.56	9.56	9.56	…
铺装道路比例（%）	79	81	82.2	83.1	89.4	90.1	89.6	89.6	…
每千人铺装道路里程（km/人）	791.14	811.17	823.19	832.20	895.30	902.31	897.30	897.30	…
每千人拥有电话主线（条/千人）	145	147	150	157	134	122	109	102	…

续表

	2005 年	2006 年	2007 年	2008 年	2009 年	2010 年	2011 年	2012 年	2013 年
每千人拥有峰窝移动电话用户数（户/千人）	192	249	381	548	727	904	1037	1153	...
识字率（%）	...	...	...	...	...	...	...	71.4	...
中等教育入学人数（千人）	...	...	...	...	...	...	...	...	3077
高等教育入学人数（千人）	...	...	...	...	...	...	...	...	2.2
公共教育支出占预算比例（%）	...	...	...	...	...	...	...	11.9	...
师生比率（%）	...	...	...	...	...	...	...	25.5	...
公共卫生支出占预算比例（%）	...	...	...	...	...	...	...	5.1	...
每万人医生数（人）	...	...	...	...	...	...	112	...	...
每万人医院床位数（张）	...	...	...	...	...	17.0	...	...	...
出生时预期寿命（年）	...	...	...	...	...	...	...	...	70.8
婴儿死亡率（%）	...	...	23.4	...	...	...	...	15.9	...
人类贫困指数	...	...	...	...	...	...	...	...	...
人类发展指数	...	...	...	...	...	...	...	...	112
出口总额（亿美元）	106.46	137.2	161.68	262.48	241.93	273.35	315.82	306.27	...
进口总额（亿美元）	198.12	205.94	270.33	527.72	449.34	530.21	622.82	724.7	...
FDI（百万美元）	6111	11053	13237	8113	6758	2189	3982	3005	...
进出口总额占 GDP 比例（%）	34.76	33.83	34.30	50.17	38.53	39.25	42.49	41.42	...
国际游客到达人数（千人）	8608	9083	11091	12835	12536	14731	9845	11532	9192
国际旅游旅游收入（千美元）	6694510	7417850	9091330	10734600	10510300	12282600	8536780	9745760	5804570
国际储备（亿美元）	207.31	245.9	303.22	323.47	323.86	337.43	150.46	117.58	153.56
国外净资产（百万美元）	19314.71	32809.25	41061.52	45569.06	46181.59	54307.65	32075.72	21917.82	17755.60

赤道几内亚

	2005 年	2006 年	2007 年	2008 年	2009 年	2010 年	2011 年	2012 年	2013 年
总人口（百万人）	0.60	0.62	0.64	0.66	0.68	0.70	0.72	0.74	0.76
人口增长率（%）	…	…	…	…	…	…	…	2.2	…
经济活动人口（百万人）	…	…	…	…	…	…	0.37	…	…
非农从业人员比重（%）	…	…	…	…	…	…	…	51.6	…
城市人口比例（%）	…	…	…	…	…	…	39.9	…	…
就业率（%）	…	…	…	…	…	…	51.39	…	…
耕地面积（万公顷）	13	13	13	13.1	13.2	13	13	…	…
GDP（亿美元）	71.48	84.63	107.29	162.43	109.60	131.92	177.51	189.24	168.61
人均国民总收入（美元）	11834.67	13605.77	16764.08	24684.76	16189.10	18953.53	24792.45	25711.88	22273.23
GDP 增长率（%）	8.9	5.3	24.8	20.8	19.0	-0.8	7.7	9.5	-12.1
第二产业增加值（亿美元）	68.07	80.79	102.37	157.20	104.01	125.23	169.59	180.66	159.68
第二产业增加值占 GDP 比重（%）	95.22	95.47	95.41	96.79	94.90	94.93	95.54	95.47	94.70
固定资产形成总值（亿美元）	15.63	22.97	33.27	48.14	71.04	63.51	76.35	94.08	63.03
私人最终消费（亿美元）	5.48	5.91	7.21	8.46	7.82	12.51	20.52	16.38	13.72
公共财政总收入（亿美元）	28.68	42.93	52.57	71.95	64.12	47.72	64.82	69.28	70.89
货币供给（亿美元）	5.19	5.97	9.14	12.79	15.76	20.06	22.67	33.08	36.27
铁路总里程（千 km）	…	…	…	…	…	…	…	…	…
铁路网密度（km/千 km²）	…	…	…	…	…	…	…	…	…
铺装道路比例（%）	…	…	…	…	…	…	…	…	…
每千人铺装道路里程（km/人）	…	…	…	…	…	…	…	…	…
每千人拥有电话主线（条/千人）	16	16	16	15	15	19	…	20	…

续表

	2005 年	2006 年	2007 年	2008 年	2009 年	2010 年	2011 年	2012 年	2013 年
每千人拥有蜂窝移动电话用户数（户/千人）	159	192	233	272	294	570	591	677	…
识字率（%）	…	…	…	…	…	93.9	…	…	…
中等教育入学人数（千人）	21	…	…	…	…	…	…	…	…
高等教育入学人数（千人）	1.0	…	…	…	…	…	…	…	…
公共教育支出占预算比例（%）	4.0	…	…	…	…	…	…	…	…
师生比率（%）	…	…	…	…	…	…	27.9	…	…
公共卫生支出占预算比例（%）	…	…	…	…	7.0	…	…	…	…
每万人医生数（人）	…	…	…	…	30.0	…	…	…	…
每万人医院床位数（张）	…	…	…	…	…	21.0	…	…	…
出生时预期寿命（年）	…	…	…	…	…	…	…	51.4	…
婴儿死亡率（%）	…	…	31.9	…	…	…	…	152.3	…
人类贫困指数	…	…	…	…	…	…	…	…	…
人类发展指数	…	…	…	…	…	…	…	…	136
出口总额（亿美元）	70.64	82.07	102.1	149.3	88.42	100.72	140.42	147.28	…
进口总额（亿美元）	13.1	20.2	27.6	37.46	52.05	56.8	60	…	…
FDI（百万美元）	769	470	1243	-794	1636	1369	737	…	…
进出口总额占 GDP 比例（%）	117.15	120.85	120.89	114.98	128.17	119.41	112.90	…	…
国际游客到达人数（千人）	…	…	…	…	…	…	…	…	…
国际旅游收入（亿美元）	…	…	…	…	…	…	…	…	…
国际储备（亿美元）	21.02	30.67	38.46	44.31	32.52	23.46	30.54	43.97	…
国外净资产（百万美元）	2352.10	3009.48	3756.42	5009.86	3307.02	2333.64	3366.03	4454.74	4449.66

厄立特里亚

	2005 年	2006 年	2007 年	2008 年	2009 年	2010 年	2011 年	2012 年	2013 年
总人口（百万人）	4.85	5.04	5.21	5.38	5.56	5.74	5.93	6.13	6.33
人口增长率（%）	…	…	…	…	…	…	…	…	3.2
经济活动人口（百万人）	…	…	…	…	…	…	…	…	2.79
非农从业人员比重（%）	…	…	…	…	…	…	…	…	39.7
城市人口比例（%）	…	…	…	…	…	…	…	…	22.2
就业率（%）	…	…	…	…	…	…	…	…	44.08
耕地面积（万公顷）	62	67	67	67	69	69	69	…	…
GDP（亿美元）	10.25	11.41	12.60	13.32	18.04	20.41	25.22	30.07	10.25
人均国民总收入（美元）	211.22	226.58	241.76	247.42	324.65	355.52	425.15	490.51	211.22
GDP 增长率（%）	2.6	−1.0	1.4	−9.8	3.9	2.2	8.7	7.5	…
第二产业增加值（亿美元）	2.25	2.20	2.53	3.58	4.05	4.72	6.09	6.99	…
第二产业增加值占 GDP 比重（%）	21.92	19.26	20.08	26.85	22.45	23.13	24.14	23.24	…
固定资产形成总值（亿美元）	2.23	1.66	1.67	1.75	1.72	1.97	2.61	2.95	…
私人最终消费（亿美元）	10.24	11.12	11.16	11.40	16.62	18.07	20.27	23.16	…
公共财政收入（亿美元）	…	…	…	…	…	…	…	…	…
货币供给（亿美元）	14.20	15.01	16.82	19.49	22.56	26.08	29.90	34.12	39.52
铁路总里程（千 km）	…	…	…	…	…	…	…	…	…
铁路网密度（km/千 km²）	…	…	…	…	…	…	…	…	…
铺装道路比例（%）	…	…	…	…	…	…	…	…	…
每千人铺装道路里程（km/人）	…	…	…	…	…	…	…	…	…
每千人拥有电话主线（条/千人）	8	7	7	8	9	9	10	10	…

续表

	2005年	2006年	2007年	2008年	2009年	2010年	2011年	2012年	2013年
每千人拥有蜂窝移动电话用户数（户/千人）	8	12	16	20	25	32	41	50	…
识字率（%）	…	…	…	…	…	…	68.9	…	…
中等教育入学人数（千人）	…	…	…	…	…	…	…	266	…
高等教育入学人数（千人）	…	…	…	…	…	12.0	…	…	…
公共教育支出占预算比例（%）	…	…	…	…	…	…	…	…	…
师生比率（%）	…	…	…	…	…	…	…	40.9	…
公共卫生支出占预算比例（%）	…	…	…	…	3.1	…	…	…	…
每万人医生数（人）	0.5	…	…	…	…	…	…	…	…
每万人医院床位数（张）	…	…	…	…	…	…	7.0	…	…
出生时预期寿命（年）	…	…	33.7	…	…	…	…	…	62.9
婴儿死亡率（%）	…	…	…	…	…	…	…	…	54.3
人类贫困指数	…	…	…	…	…	…	…	…	…
人类发展指数	…	…	…	…	…	…	…	…	181
出口总额（亿美元）	0.11	0.12	0.13	0.11	0.11	0.12	3.88	4.57	…
进口总额（亿美元）	4.87	4.87	5.02	5.91	5.78	6.79	8.49	…	…
FDI（百万美元）	-1	—	—	—	—	56	19	…	…
进出口总额占GDP比例（%）	48.57	43.74	40.89	45.21	32.64	33.86	49.04	…	…
国际游客到达人数（千人）	83	78	81	70	79	83	…	…	…
国际旅游收入（亿美元）	0.28	0.25	0.34	0.58	0.9	1.14	1.15	…	…
国际储备（亿美元）	203.45	178.61	161.77	188.43	262.09	373.47	456.24	0	0
国外净资产（百万美元）	…	…	…	…	…	…	…	0.00	0.00

埃塞俄比亚

	2005 年	2006 年	2007 年	2008 年	2009 年	2010 年	2011 年	2012 年	2013 年
总人口（百万人）	76.17	78.29	80.44	82.62	84.84	87.10	89.39	91.73	94.10
人口增长率（%）	…	…	…	…	…	…	…	2.1	…
经济活动人口（百万人）	…	…	…	…	…	…	…	46.36	…
非农从业人员比重（%）	…	…	…	…	…	…	…	20.9	…
城市人口比例（%）	…	…	…	…	…	…	…	…	18.2
就业率（%）	…	…	…	…	…	…	…	50.54	…
耕地面积（万公顷）	1236.4	1292.3	1339.6	1403.8	1360.6	1394.8	1456.5	…	…
GDP（亿美元）	110.62	136.92	173.32	234.77	259.84	236.23	275.87	385.15	425.05
人均国民总收入（美元）	145.23	174.89	215.46	284.16	306.27	271.23	308.60	419.88	451.69
GDP 增长率（%）	11.8	10.8	11.5	10.8	8.8	12.4	11.2	8.7	10.4
第二产业增加值（亿美元）	14.66	17.75	22.49	26.75	27.91	25.87	29.46	40.22	47.32
第二产业增加值占 GDP 比重（%）	13.25	12.97	12.98	11.39	10.74	10.95	10.68	10.44	11.13
固定资产形成总值（亿美元）	29.17	38.13	42.41	57.83	64.67	65.58	83.38	138.03	152.86
私人最终消费（亿美元）	101.01	125.81	161.40	219.31	237.93	219.00	235.26	324.78	347.70
公共财政总收入（亿美元）	23.24	26.74	32.75	41.36	46.38	45.97	50.66	65.34	69.62
货币供给（亿美元）	46.66	54.58	63.37	72.76	71.09	72.25	85.73	106.69	131.91
铁路总里程（千 km）	…	0.781	0.781	0.781	0.781	0.781	…	…	…
铁路网密度（km/千 km²）	…	0.71	0.71	0.71	0.71	0.71	…	…	…
铺装道路比例（%）	…	…	…	…	…	…	…	…	…
每千人铺装道路里程（km/人）	…	…	…	…	…	…	…	…	…
每千人拥有电话主线（条/千人）	8	10	11	11	11	11	10	9	…

续表

指标	2005 年	2006 年	2007 年	2008 年	2009 年	2010 年	2011 年	2012 年	2013 年
每千人拥有蜂窝移动电话用户数（户/千人）	6	11	16	25	50	83	128	237	…
识字率（%）	…	…	39.0	…	…	…	…	…	…
中等教育入学人数（千人）	…	…	…	…	…	…	…	2269	…
高等教育入学人数（千人）	…	…	…	…	…	…	…	491.9	…
公共教育支出占预算比例（%）	…	…	…	…	…	…	…	25.3	…
师生比率（%）	…	…	…	…	11.4	…	55.1	…	…
公共卫生支出占预算比例（%）	…	…	…	…	…	…	0.2	…	…
每万人医生数（人）	…	…	…	…	…	…	63.0	…	…
每万人医院床位数（张）	…	…	…	…	…	…	…	…	…
出生时预期寿命（年）	…	…	50.9	…	…	…	…	59.7	…
婴儿死亡率（%）	…	…	…	…	…	…	…	63.6	…
人类贫困指数	…	…	…	…	…	…	…	…	173
人类发展指数	…	…	…	…	…	…	…	…	…
出口总额（亿美元）	3.00	0.10	18.31	23.87	23.33	33.11	36.65	40.53	40.88
进口总额（亿美元）	40.99	53.58	58.54	86.45	80.40	87.72	95.66	142.94	149.55
FDI（百万美元）	265	545	222	109	221	288	206	…	…
进出口总额占 GDP 比例（%）	39.77	39.20	44.34	46.99	39.92	51.15	47.96	47.64	44.80
国际游客到达人数（千美元）	227	330	358	383	427	468	598	561	563
国际旅游收入（亿美元）	9300	8598	8402	7565	7099	7129	9404	9795	10127
国际储备（亿美元）	10.43	8.67	12.9	8.71	17.81	…	…	…	…
国外净资产（百万美元）	1705.88	1580.00	1814.60	1366.46	…	…	…	…	…

加蓬

	2005 年	2006 年	2007 年	2008 年	2009 年	2010 年	2011 年	2012 年	2013 年
总人口（百万人）	1.38	1.41	1.45	1.48	1.52	1.56	1.59	1.63	1.67
人口增长率（%）	…	…	…	…	…	…	…	1.8	…
经济活动人口（百万人）	…	…	…	…	…	…	0.58	…	…
非农从业人员比重（%）	…	…	…	…	…	…	…	68.9	…
城市人口比例（%）	…	…	…	…	…	…	86.4	…	…
就业率（%）	…	…	…	…	…	…	36.48	…	…
耕地面积（万公顷）	32.5	32.5	32.5	32.5	32.5	32.5	32.5	…	…
GDP（亿美元）	89.90	98.36	115.49	144.73	107.86	139.44	177.34	167.32	169.32
人均国民总收入（美元）	6519.28	6960.88	7981.21	9759.04	7100.67	8961.20	11125.28	10245.95	10126.69
GDP 增长率（%）	3.0	-1.9	6.3	1.7	-2.7	6.9	7.0	5.3	6.1
第二产业增加值（亿美元）	56.89	61.96	71.25	91.76	56.84	85.63	118.08	107.03	99.91
第三产业增加值占 GDP 比重（%）	63.29	63.00	61.70	63.40	52.70	61.41	66.59	63.97	59.01
固定资产形成总值（亿美元）	18.71	20.77	23.99	28.11	27.95	31.17	36.54	34.87	44.19
私人最终消费（亿美元）	29.35	31.38	39.16	47.34	43.90	47.29	56.35	58.02	64.23
公共财政总收入（亿美元）	27.15	30.27	34.14	46.40	35.68	37.03	52.32	49.87	51.55
货币供给（亿美元）	15.78	18.70	21.86	25.45	24.68	28.05	37.24	39.83	45.78
铁路总里程（千 km）	0.81	0.81	1.098	…	…	…	…	…	…
铁路网密度（km/千 km²）	3.03	3.03	4.10	…	…	…	…	…	…
铺装道路比例（%）	…	…	…	…	…	…	…	…	…
每千人铺装道路里程（km/人）	…	…	…	…	…	…	…	…	…
每千人拥有电话主线（条/千人）	29	26	19	23	25	20	20	11	…

续表

	2005 年	2006 年	2007 年	2008 年	2009 年	2010 年	2011 年	2012 年	2013 年
每千人拥有蜂窝移动电话用户数（户/千人）	537	643	821	896	929	1069	1173	1874	…
识字率（%）	…	…	…	…	…	88.4	…	…	…
中等教育入学人数（千人）	105	…	…	…	…	…	…	…	…
高等教育入学人数（千人）	…	…	…	…	…	…	…	…	…
公共教育支出占预算比例（%）	…	…	…	…	…	…	…	…	…
师生比率（%）	…	…	17.5	…	8.3	…	24.5	…	…
公共卫生支出占预算比例（%）	…	…	…	…	…	…	…	…	…
每万人医生数（人）	2.5	…	…	…	…	…	…	…	…
每万人医院床位数（张）	…	…	…	…	…	63.0	…	…	…
出生时预期寿命（年）	…	…	…	…	…	…	…	63.1	…
婴儿死亡率（%）	…	…	…	…	…	…	…	44.5	…
人类贫困指数	…	…	…	…	…	…	…	…	…
人类发展指数	…	…	…	…	…	…	…	…	106
出口总额（亿美元）	5.45	6.06	7.08	9.57	5.83	8.61	9.76	9.66	…
进口总额（亿美元）	1.47	1.73	2.11	2.55	1.99	2.98	2.98	3.66	…
FDI（百万美元）	242	268	269	209	33	531	728	…	…
进出口总额占 GDP 比例（%）	7.70	7.92	7.95	8.37	7.25	8.31	7.18	7.97	…
国际游客到达人数（千人）	526	789	781	822	839	874	881	934	…
国际旅游收入（千美元）	58200	66200	84600	80300	62500	73600	83300	87705	91325
国际储备（亿美元）	6.69	11.14	12.28	19.24	19.93	17.36	21.57	23.52	0
国外净资产（百万美元）	994.48	1333.77	2289.53	2161.04	2062.65	1809.96	2217.86	2149.59	2462.12

冈比亚

	2005 年	2006 年	2007 年	2008 年	2009 年	2010 年	2011 年	2012 年	2013 年
总人口（百万人）	1.44	1.48	1.53	1.58	1.63	1.68	1.74	1.79	1.85
人口增长率（%）	…	…	…	…	…	…	…	…	3.3
经济活动人口（百万人）	…	…	…	…	…	…	…	0.68	…
非农从业人员比重（%）	…	…	…	…	…	…	…	…	17.5
城市人口比例（%）	…	…	…	…	…	…	58.9	…	…
就业率（%）	…	…	…	…	…	…	…	…	…
耕地面积（万公顷）	33	29.3	30.3	37.2	42.8	45	45	37.99	…
GDP（亿美元）	5.69	5.89	7.12	8.77	8.06	8.68	8.20	8.32	8.26
人均国民总收入（美元）	396.13	397.33	465.89	555.55	495.04	516.39	472.42	464.31	446.94
GDP 增长率（%）	-0.9	1.1	3.6	5.7	6.4	6.5	-4.3	6.1	5.6
第二产业增加值（亿美元）	0.88	0.95	1.09	1.30	1.13	1.17	1.26	1.32	1.35
第三产业增加值占 GDP 比重（%）	15.43	16.16	15.36	14.86	14.01	13.52	15.38	15.87	16.28
固定资产形成总值（亿美元）	1.84	2.01	2.35	2.58	2.41	1.75	2.76	2.07	1.93
私人最终消费（亿美元）	5.76	6.25	7.25	8.43	7.35	8.28	6.54	8.08	7.65
公共财政收入（亿美元）	0.99	1.14	1.47	1.69	1.80	1.79	1.91	2.31	…
货币供给（亿美元）	2.15	2.76	3.33	4.41	4.39	4.75	5.01	4.96	4.80
铁路总里程（千 km）	0.78	0.78	0.78	…	…	…	…	…	…
铁路网密度（km/千 km²）	72.97	72.97	72.97	…	…	…	…	…	…
铺装道路比例（%）	…	…	…	…	…	…	…	…	…
每千人铺装道路里程（km/千人）	…	…	…	…	…	…	…	…	…
每千人拥有电话主线（条/千人）	29	30	31	30	29	28	30	35	…

续表

	2005 年	2006 年	2007 年	2008 年	2009 年	2010 年	2011 年	2012 年	2013 年
每千人拥有蜂窝移动电话用户数（户/千人）	165	261	503	713	781	855	995	836	…
识字率（%）	…	…	…	…	…	…	…	…	49.0
中等教育入学人数（千人）	…	…	…	…	…	…	…	…	130
高等教育入学人数（千人）	…	…	…	6.5	…	…	…	…	…
公共教育支出占预算比例（%）	…	…	…	…	…	…	…	…	46.7
师生比率（%）	…	…	…	…	…	…	37.6	…	…
公共卫生支出占预算比例（%）	…	…	…	…	…	…	…	…	11.6
每万人医生数（人）	…	…	0.9	…	…	…	…	…	…
每万人医院床位数（张）	…	…	…	…	…	…	…	…	264.3
出生时预期寿命（年）	…	…	…	…	…	…	…	…	66.3
婴儿死亡率（%）	…	…	40.9	…	…	…	…	…	69.7
人类贫困指数	…	…	…	…	…	…	…	…	165
人类发展指数	…	…	…	…	…	…	…	…	…
出口总额（亿美元）	0.81	0.84	0.91	0.87	0.95	0.96	1.11	1.02	1.09
进口总额（亿美元）	-2.24	-2.21	-2.62	-3.08	-2.97	-3.12	-3.35	-3.64	-3.86
FDI（百万美元）	45	71	76	70	40	37	36	…	…
进出口总额占GDP比例（%）	-25.08	-23.39	-24.03	-25.19	-25.10	-24.94	-27.24	-31.51	-33.49
国际游客到达人数（千人）	460	613	487	643	142	91	57	174	107
国际旅游收入（亿美元）	836100	861300	908200	918700	768000	619500	694000	914400	801640
国际储备（亿美元）	0.98	1.21	1.43	1.17	2.24	2.02	2.23	2.36	2.22
国外净资产（百万美元）	101.89	134.59	149.38	139.12	113.48	127.49	146.20	141.90	108.88

加纳

	2005 年	2006 年	2007 年	2008 年	2009 年	2010 年	2011 年	2012 年	2013 年
总人口（百万人）	21.38	21.95	22.53	23.11	23.69	24.26	24.82	25.37	25.91
人口增长率（%）	…	…	…	…	…	…	…	…	2.5
经济活动人口（百万人）	…	…	…	…	…	15.21	…	…	…
非农从业人员比重（%）	…	…	…	…	…	58.0	…	…	…
城市人口比例（%）	…	…	…	…	…	…	…	…	50.9
就业率（%）	…	…	…	…	…	62.70	…	…	…
耕地面积（万公顷）	400	420	430	450	465	470	480	…	…
GDP（亿美元）	97.79	193.59	231.44	270.42	252.92	303.41	369.88	377.46	415.27
人均国民总收入（美元）	457.31	882.03	1027.42	1170.12	1067.54	1250.52	1490.19	1488.04	1603.05
GDP 增长率（%）	5.9	4.5	6.5	8.4	4.0	8.0	15.0	7.9	7.4
第二产业增加值（亿美元）	26.86	40.26	48.03	55.24	48.05	58.01	94.54	103.23	116.85
第二产业增加值占 GDP 比重（%）	27.46	20.80	20.75	20.43	19.00	19.12	25.56	27.35	28.14
固定资产形成总值（亿美元）	31.00	43.99	49.53	61.08	51.18	79.40	101.44	117.88	…
私人最终消费（亿美元）	86.85	167.93	208.48	247.01	209.22	258.76	234.94	267.73	…
公共财政总收入（亿美元）	31.05	34.70	47.94	53.05	48.05	61.62	86.01	92.60	110.96
货币供给（亿美元）	33.48	45.98	61.18	76.68	72.56	96.27	120.50	125.66	152.67
铁路总里程（千 km）	1.016	0.982	0.974	…	…	…	…	…	…
铁路网密度（km/千 km²）	4.26	4.12	4.08	…	…	…	…	…	…
铺装道路比例（%）	55.3	57.9	60.4	…	…	5.5	…	…	…
每千人铺装道路里程（km/人）	131.91	138.11	144.08	…	…	13.12	…	…	…
每千人拥有电话主线（条/千人）	7	7	9	13	25	27	31	11	…

续表

	2005 年	2006 年	2007 年	2008 年	2009 年	2010 年	2011 年	2012 年	2013 年
每千人拥有蜂窝移动电话用户数（户/千人）	128	175	247	328	413	425	457	1003	…
识字率（%）	…	…	…	…	…	74.1	…	…	…
中等教育入学人数（千人）	…	…	…	…	…	…	1888	…	…
高等教育入学人数（千人）	…	…	…	…	…	…	216.9	…	…
公共教育支出占预算比例（%）	…	…	…	…	…	…	…	14.5	…
师生比率（%）	…	…	…	…	…	…	…	…	33.0
公共卫生支出占预算比例（%）	…	…	…	…	…	…	…	5.1	…
每万人医生数（人）	…	…	…	…	2.0	…	…	…	…
每万人医院床位数（张）	…	…	…	…	…	…	9.0	…	…
出生时预期寿命（年）	…	…	…	…	…	…	…	64.6	…
婴儿死亡率（%）	…	…	…	…	…	…	…	44.1	…
人类贫困指数	…	…	28.1	…	…	…	…	…	…
人类发展指数	…	…	…	…	…	…	…	…	135
出口总额（亿美元）	18353.85	21223.91	21759.57	21553.77	12058.16	15630.77	18164.67	15725.54	…
进口总额（亿美元）	16749.23	17914.24	18863.83	19773.58	14273.76	16358.74	19398.68	…	…
FDI（百万美元）	145	636	855	1220	1685	2527	3222	…	…
进出口总额占 GDP 比例（%）	35895.94	20217.35	17552.75	15282.93	10411.08	10543.24	10155.53	…	…
国际游客到达人数（千人）	429	497	587	698	803	931	1005	1059	1122
国际旅游收入（亿美元）	54	49	43	321	600	1400	700	467	513
国际储备（亿美元）	17.67	21.05	20	17.85	34.02	47.78	54.98	53.83	51.34
国外净资产（百万美元）	1624.18	2269.57	2586.17	2533.96	2553.19	3801.40	4858.28	3875.56	2265.08

几内亚

	2005 年	2006 年	2007 年	2008 年	2009 年	2010 年	2011 年	2012 年	2013 年
总人口（百万人）	9.58	9.80	10.05	10.32	10.59	10.88	11.16	11.45	11.75
人口增长率（%）	…	…	…	…	…	…	…	2.5	…
经济活动人口（百万人）	…	…	…	…	…	…	…	5.37	…
非农从业人员比重（%）	…	…	…	…	…	…	…	3.9	…
城市人口比例（%）	…	…	…	…	…	…	…	36.3	…
就业率（%）	…	…	…	…	…	…	…	46.90	…
耕地面积（万公顷）	274.1	275	280	285	285	285	285	…	…
GDP（亿美元）	27.09	26.98	38.13	41.30	42.14	43.50	46.35	…	…
人均国民总收入（美元）	282.88	275.36	379.52	400.41	397.79	399.93	415.23	…	…
GDP 增长率（%）	3.0	2.5	1.8	4.9	-0.3	1.9	3.9	3.9	2.5
第二产业增加值（亿美元）	9.42	10.77	15.07	17.50	16.98	19.42	20.69	…	…
第二产业增加值占 GDP 比重（%）	34.76	39.90	39.52	42.36	40.31	44.66	44.65	…	…
固定资产形成总值（亿美元）	6.83	6.57	7.95	9.63	7.56	8.09	10.13	…	…
私人最终消费（亿美元）	20.98	21.87	33.02	35.32	37.29	35.93	46.14	…	…
公共财政总收入（亿美元）	4.48	5.16	6.50	7.32	7.28	7.44	10.25	…	…
货币供给（亿美元）	5.59	6.31	8.10	10.27	12.38	18.10	17.03	…	…
铁路总里程（千 km）	0.39	0.39	0.39	0.39	0.39	0.39	0.39	0.39	…
铁路网密度（km/千 km²）	1.59	1.59	1.59	1.59	1.59	1.59	1.59	1.59	…
铺装道路比例（%）	5.4	5.4	5.4	5.4	10.4	10.4	10.4	10.5	…
每千人铺装道路里程（km/人）	13.28	13.28	13.28	13.28	25.57	25.57	25.57	25.81	…
每千人拥有电话主线（条/千人）	3	2	2	3	1	1	1	2	…

续表

	2005 年	2006 年	2007 年	2008 年	2009 年	2010 年	2011 年	2012 年	2013 年
每千人拥有蜂窝移动电话用户数（户/千人）	21	...	213	288	325	404	494	456	...
识字率（%）	...	...	...	...	...	41.0	...	...	...
中等教育入学人数（千人）	...	...	...	...	...	...	...	636	...
高等教育入学人数（千人）	...	...	...	...	...	...	103.2	...	...
公共教育支出占预算比例（%）	...	...	...	...	...	...	...	11.8	...
师生比例（%）	...	...	...	...	...	...	44.1	...	...
公共卫生支出占预算比例（%）	...	...	...	...	...	...	...	2.0	...
每万人医生数（人）	...	...	...	...	...	...	...	0.8	...
每万人医院床位数（张）	...	...	...	...	...	...	3.0	...	...
出生时预期寿命（年）	...	...	50.5	...	...	...	...	54.5	...
婴儿死亡率（%）	...	...	...	...	...	...	...	85.0	...
人类贫困指数	...	...	...	...	...	...	...	...	...
人类发展指数	...	...	...	...	...	...	...	...	178
出口总额（亿美元）	8.46	10.33	12.03	14.17	10.5	14.71	16.01	19.25	13.71
进口总额（亿美元）	8.17	10.66	12.6	14.88	11.34	15.96	18.41	23.7	28.18
FDI（百万美元）	105	125	386	382	141	101	956	723	...
进出口总额占 GDP 比例（%）	61.39	77.79	64.59	70.33	51.83	70.51	74.26	...	...
国际游客到达人数（千人）	45	46	30	24	...	12	131	132	...
国际旅游收入（千美元）	579100	687500	916700	752200	689900	800100	925900	934800	870338
国际储备（亿美元）	0.95	...	...	...	...	...	...	...	...
国外净资产（百万美元）	46.34	82.28	60.51	149.13	243.68	35.06	731.71	...	...

几内亚比绍

	2005 年	2006 年	2007 年	2008 年	2009 年	2010 年	2011 年	2012 年	2013 年
总人口（百万人）	1.42	1.45	1.48	1.52	1.55	1.59	1.62	1.66	1.70
人口增长率（%）	…	…	…	…	…	…	…	…	2.2
经济活动人口（百万人）	…	…	…	…	…	…	…	…	0.67
非农从业人员比重（%）	…	…	…	…	…	…	…	…	30.0
城市人口比例（%）	…	…	…	…	…	…	…	…	30.2
就业率（%）	…	…	…	…	…	…	…	…	39.41
耕地面积（万公顷）	28	28	28	28	28	30	30	…	…
GDP（亿美元）	5.66	5.65	6.66	8.31	7.85	8.00	10.43	10.20	…
人均国民总收入（美元）	398.09	389.09	448.93	547.64	506.33	504.11	642.53	612.88	…
GDP 增长率（%）	4.3	2.3	3.2	3.2	3.3	4.4	9.0	-2.2	…
第二产业增加值（亿美元）	0.82	0.79	0.90	1.16	1.06	1.08	1.40	1.54	…
第二产业增加值占 GDP 比重（%）	14.54	14.04	13.46	13.99	13.45	13.47	13.43	15.15	…
固定资产形成总值（亿美元）	0.36	0.41	0.54	0.52	0.49	0.54	0.58	0.49	…
私人最终消费（亿美元）	5.20	5.56	6.31	8.21	7.82	7.94	9.45	9.75	…
公共财政总收入（亿美元）	0.91	0.97	1.12	1.46	2.09	1.84	1.92	1.39	…
货币供给（亿美元）	0.99	1.05	1.49	2.06	2.04	2.52	3.64	3.18	…
铁路总里程（千 km）	2.755	2.755	2.755	2.755	2.755	2.755	2.755	2.755	2.755
铁路网密度（km/千 km²）	76.26	76.26	76.26	76.26	76.26	76.26	76.26	76.26	76.26
铺装道路比例（%）	37.8	37.8	37.8	37.8	37.8	37.8	37.8	37.8	37.8
每千人铺装道路里程（km/人）	13.66	13.66	13.66	13.66	13.66	13.66	13.66	13.66	13.66
每千人拥有电话主线（条/千人）	7	5	3	3	3	3	3	3	3

续表

	2005 年	2006 年	2007 年	2008 年	2009 年	2010 年	2011 年	2012 年	2013 年
每千人拥有蜂窝移动电话用户数（户/千人）	72	113	208	344	378	392	407	694	436
识字率（%）	…	…	…	…	…	54.2	…	…	…
中等教育入学人数（千人）	…	55	…	…	…	…	…	…	…
高等教育入学人数（千人）	…	3.7	…	…	…	…	…	…	…
公共教育支出占预算比例（%）	…	…	…	…	…	…	…	…	…
师生比率（%）	…	…	…	…	…	51.9	…	…	…
公共卫生支出占预算比例（%）	…	…	…	…	4.0	…	…	…	2.0
每万人医生数（人）	…	…	…	…	…	…	…	…	2.0
每万人医院床位数（张）	…	…	…	…	…	…	…	…	96.5
出生时预期寿命（年）	…	…	…	…	…	…	…	…	48.9
婴儿死亡率（%）	…	…	34.9	…	…	…	…	…	61.0
人类贫困指数	…	…	…	…	…	…	…	…	…
人类发展指数	…	…	…	…	…	…	…	…	176
出口总额（亿美元）	0.90	0.74	1.07	1.28	1.22	1.69	2.95	1.76	…
进口总额（亿美元）	1.12	1.31	1.74	2.05	2.13	2.99	3.40	2.81	…
FDI（百万美元）	8	17	19	6	18	33	19	…	…
进出口总额占 GDP 比例（%）	35.56	36.34	42.12	40.16	42.65	58.53	60.89	44.79	…
国际游客到达人数（千人）	5	12	30	30	30	30	30	30	30
国际旅游收入（亿美元）	…	…	…	…	…	…	…	…	…
国际储备（亿美元）	0.8	0.82	1.13	1.25	1.69	1.56	2.2	1.65	1.97
国外净资产（百万美元）	67.56	82.81	108.31	148.22	174.23	187.87	280.84	171.57	187.47

肯尼亚

	2005 年	2006 年	2007 年	2008 年	2009 年	2010 年	2011 年	2012 年	2013 年
总人口（百万人）	35.79	36.76	37.75	38.77	39.83	40.91	42.03	43.18	44.35
人口增长率（%）	…	…	…	…	…	…	15.34	2.7	…
经济活动人口（百万人）	…	…	…	…	…	…	…	…	…
非农从业人员比重（%）	…	…	…	…	…	…	…	12.9	…
城市人口比例（%）	…	…	…	…	…	…	32.3	…	…
就业率（%）	…	…	…	…	…	…	36.50	…	…
耕地面积（万公顷）	526.4	531	530	530	550	550	550	…	…
GDP（亿美元）	166.99	200.29	240.05	268.63	270.32	282.92	303.43	359.83	…
人均国民总收入（美元）	466.64	544.91	635.86	692.82	678.78	691.58	721.98	833.36	…
GDP 增长率（%）	5.9	6.3	7.0	1.5	2.7	5.8	4.4	4.6	…
第二产业增加值（亿美元）	31.86	37.00	44.50	53.11	50.20	52.31	53.03	62.59	…
第二产业增加值占 GDP 比重（%）	19.08	18.47	18.54	19.77	18.57	18.49	17.48	17.39	…
固定资产形成总值（亿美元）	35.04	42.94	52.75	59.21	60.13	65.45	68.60	82.98	…
私人最终消费（亿美元）	140.18	169.24	201.57	238.92	236.18	242.61	273.44	325.12	…
公共财政总收入（亿美元）	40.33	45.95	57.71	65.61	65.62	71.80	77.30	99.95	115.22
货币供给（亿美元）	73.90	90.58	115.53	130.25	135.19	160.50	170.49	204.34	235.11
铁路总里程（千 km）	2.597	2.597	2.597	2.597	2.704	2.704	2.704	2.706	…
铁路网密度（km/千 km²）	4.46	4.46	4.46	4.46	4.64	4.64	4.64	4.64	…
铺装道路比例（%）	13.6	13.6	13.6	13.6	13.6	14	14	15	…
每千人铺装道路里程（km/人）	79.24	79.24	79.24	79.24	79.24	81.57	81.57	87.40	…
每千人拥有电话主线（条/千人）	8	8	12	17	17	12	10	6	…

续表

	2005 年	2006 年	2007 年	2008 年	2009 年	2010 年	2011 年	2012 年	2013 年
每千人拥有蜂窝移动电话用户数（户/千人）	152	203	250	352	461	523	640	719	…
识字率（%）	…	…	…	…	…	87.4	…	…	…
中等教育入学人数（千人）	…	…	…	…	…	…	…	1915	…
高等教育入学人数（千人）	…	…	…	…	…	…	…	399.0	…
公共教育支出占预算比例（%）	…	…	…	…	…	…	…	16.4	…
师生比率（%）	…	…	…	…	…	…	…	46.8	…
公共卫生支出占预算比例（%）	…	…	…	…	…	…	…	5.0	…
每万人医生数（人）	…	…	…	…	…	…	…	2.0	…
每万人医院床位数（张）	…	…	…	…	…	14.0	…	…	…
出生时预期寿命（年）	…	…	…	…	…	…	…	57.7	…
婴儿死亡率（%）	…	…	…	…	…	…	…	52.0	…
人类贫困指数	…	31.4	…	…	…	…	…	…	…
人类发展指数	…	…	…	…	…	…	…	…	145
出口总额（亿美元）	34.47	34.81	40.79	49.86	44.60	51.60	57.72	61.26	…
进口总额（亿美元）	58.65	72.33	89.89	111.39	101.89	119.55	146.46	162.62	…
FDI（百万美元）	21	51	729	96	116	178	335	…	…
进出口总额占 GDP 比例（%）	55.76	53.49	54.44	60.03	54.19	60.49	67.29	62.22	…
国际游客到达人数（千人）	1479	1601	1817	1203	1490	1609	1823	1711	…
国际旅游收入（亿美元）	26700	28700	30600	29600	29600	24600	25600	41443	36834
国际储备（亿美元）	17.99	24.16	33.55	28.79	38.49	43.2	42.64	57.11	63.49
国外净资产（百万美元）	2420.07	2870.57	3791.82	3735.05	3147.38	3400.38	3313.76	3883.91	4271.86

莱索托

	2005 年	2006 年	2007 年	2008 年	2009 年	2010 年	2011 年	2012 年	2013 年
总人口（百万人）	1.93	1.94	1.96	1.97	1.99	2.01	2.03	2.05	2.07
人口增长率（%）	…	…	…	…	…	…	…	…	1.1
经济活动人口（百万人）	…	…	…	…	…	…	…	…	0.90
非农从业人员比重（%）	…	…	…	…	…	…	…	…	58.9
城市人口比例（%）	…	…	…	…	…	…	…	…	71.0
就业率（%）	32.3	30.3	32.5	35.8	33.5	32.2	30.8	…	43.48
耕地面积（万公顷）	…	…	…	…	…	…	…	…	…
GDP（亿美元）	12.58	13.28	14.62	15.01	15.64	19.31	22.06	20.58	19.54
人均国民总收入（美元）	653.18	684.49	747.65	761.39	785.92	961.11	1086.66	1002.85	942.21
GDP 增长率（%）	2.7	4.3	4.7	5.7	3.4	7.1	2.8	6.5	3.8
第二产业增加值（亿美元）	4.16	4.69	5.25	5.59	5.06	5.95	7.30	6.55	6.19
第二产业增加值占 GDP 比重（%）	33.08	35.34	35.92	37.25	32.33	30.81	33.09	31.82	31.68
固定资产形成总值（亿美元）	2.89	3.08	3.50	4.55	4.36	5.58	5.97	6.82	6.20
私人最终消费（亿美元）	15.50	15.65	16.92	16.32	17.44	22.16	24.85	22.65	21.05
公共财政总收入（亿美元）	6.86	6.74	9.12	9.09	9.76	12.81	12.13	11.23	13.07
货币供给（亿美元）	4.08	5.18	5.79	5.91	6.79	8.99	9.20	8.71	7.95
铁路总里程（千 km）	…	…	…	…	…	…	…	…	…
铁路网密度（km/千 km²）	53	…	…	…	…	…	…	…	…
铺装道路比例（%）	…	…	…	…	…	…	…	…	…
每千人铺装道路里程（km/人）	16.08	…	…	…	…	…	…	…	…
每千人拥有电话主线（条/千人）	25	27	24	21	20	19	19	25	…

续表

	2005 年	2006 年	2007 年	2008 年	2009 年	2010 年	2011 年	2012 年	2013 年
每千人拥有蜂窝移动电话用户数（户/千人）	130	184	247	301	332	492	607	753	…
识字率（%）	…	…	…	…	75.8	…	…	…	…
中等教育入学人数（千人）	…	…	…	…	…	…	…	135	…
高等教育入学人数（千人）	…	…	…	…	…	…	…	25.5	…
公共教育支出占预算比例（%）	…	…	…	…	…	…	21.5	…	…
师生比率（%）	…	…	34.3	…	…	…	…	34.1	…
公共卫生支出占预算比例（%）	…	…	…	…	…	…	11.3	…	…
每万人医生数（人）	0.5	…	…	…	…	…	…	…	…
每万人医院床位数（张）	…	13.3	…	…	…	…	…	…	…
出生时预期寿命（年）	…	…	…	…	…	…	…	…	49.4
婴儿死亡率（%）	…	…	…	…	…	…	…	…	59.3
人类贫困指数	…	…	…	…	…	…	…	…	…
人类发展指数	…	…	…	…	…	…	…	…	158
出口总额（亿美元）	6.50	6.95	7.70	8.94	7.26	8.52	6.34	6.01	…
进口总额（亿美元）	13.85	14.83	17.31	20.32	19.79	22.04	25.26	…	…
FDI（百万美元）	57	89	97	56	48	55	52	…	…
进出口总额占 GDP 比例（%）	161.83	164.05	170.96	194.93	172.97	158.25	143.25	…	…
国际游客到达人数（千人）	131	347	292	285	320	414	397	422	418
国际旅游收入（千美元）	182200	236000	261000	350000	307000	320000	397386	426976	447292
国际储备（亿美元）	5.19	6.58	10.03	9.72	11.8	10.71	9.19	10.28	9.78
国外净资产（百万美元）	671.86	910.78	1202.84	1360.41	1279.81	1380.33	1364.46	1235.20	1321.84

利比里亚

	2005 年	2006 年	2007 年	2008 年	2009 年	2010 年	2011 年	2012 年	2013 年
总人口（百万人）	3.27	3.39	3.52	3.67	3.82	3.96	4.08	4.19	4.29
人口增长率（%）	…	…	…	…	…	…	…	2.4	…
经济活动人口（百万人）	…	…	…	…	…	…	…	…	1.46
非农从业人员比重（%）	…	…	…	…	…	…	…	32.8	…
城市人口比例（%）	…	…	…	…	…	…	…	51.1	…
就业率（%）	…	…	…	…	…	…	…	…	34.03
耕地面积（万公顷）	38	38.5	38.5	40	43	45	45	…	…
GDP（亿美元）	0.10	0.11	0.12	0.13	0.14	0.14	0.15	0.19	0.24
人均国民总收入（美元）	3.11	3.31	3.47	3.64	3.60	3.49	3.57	4.44	5.49
GDP 增长率（%）	9.7	13.5	8.6	8.1	7.8	7.3	8.2	11.3	4.6
第二产业增加值（亿美元）	0.01	0.01	0.02	0.02	0.02	0.02	0.02	0.03	0.01
第二产业增加值占 GDP 比重（%）	11.25	11.23	11.85	11.40	11.37	11.49	11.40	11.41	11.25
固定资产形成总值（亿美元）	…	…	…	…	…	…	…	…	…
私人最终消费（亿美元）	…	…	…	…	…	…	…	…	…
公共财政总收入（亿美元）	0.87	1.21	1.78	2.21	2.61	2.88	3.75	4.59	5.74
货币供给（亿美元）	0.02	0.02	0.03	0.04	0.05	0.06	0.09	0.09	0.09
铁路总里程（千 km）	…	…	…	…	…	…	…	…	…
铁路网密度（km/千 km²）	…	…	…	…	…	…	…	…	…
铺装道路比例（%）	…	…	…	…	…	…	…	…	…
每千人铺装道路里程（km/人）	…	…	…	…	…	…	…	…	…
每千人拥有电话主线（条/千人）	0	0	1	1	1	1	1	…	…

续表

	2005 年	2006 年	2007 年	2008 年	2009 年	2010 年	2011 年	2012 年	2013 年
每千人拥有蜂窝移动电话用户数（户/千人）	50	84	162	234	283	393	492	564	…
识字率（%）	…	…	…	…	…	60.8	…	…	…
中等教育入学人数（千人）	…	…	…	…	…	…	…	…	522
高等教育入学人数（千人）	…	…	…	…	…	…	82.0	…	…
公共教育支出占预算比例（%）	…	…	…	12.1	…	…	…	…	…
师生比率（%）	…	…	…	…	…	…	26.8	…	8.4
公共卫生支出占预算比例（%）	…	…	…	…	…	…	…	…	128.0
每万人医生数（人）	…	…	…	…	…	8.0	…	…	…
每万人医院床位数（张）	…	…	…	…	…	…	…	…	…
出生时预期寿命（年）	…	…	…	…	…	…	…	…	60.6
婴儿死亡率（%）	…	…	35.2	…	…	…	…	77.2	…
人类贫困指数	…	…	…	…	…	…	…	…	…
人类发展指数	…	…	…	…	…	…	…	…	174
出口总额（亿美元）	1.1	1.58	2.08	2.54	1.60	2.00	7.74	8.29	5.44
进口总额（亿美元）	3.24	4.67	5.3	8.49	5.63	7.19	10.44	11.23	12.11
FDI（百万美元）	83	108	132	284	218	450	508	…	…
进出口总额占 GDP 比例（%）	4265.30	5586.48	6045.09	8260.74	5258.11	6661.58	12470.48	10489.15	7449.13
国际游客到达人数（千人）	…	…	…	…	…	…	…	…	…
国际旅游收入（亿美元）	…	…	…	…	…	…	…	…	…
国际储备（亿美元）	0.25	0.72	1.19	1.61	3.72	4.66	5.13	4.97	4.56
国外净资产（百万美元）	721.03	750.20	738.57	654.96	656.08	358.18	387.72	342.29	295.40

利比亚

	2005 年	2006 年	2007 年	2008 年	2009 年	2010 年	2011 年	2012 年	2013 年
总人口（百万人）	5.59	5.69	5.78	5.88	5.96	6.04	6.10	6.16	6.20
人口增长率（%）	…	…	…	…	…	…	…	…	0.8
经济活动人口（百万人）	…	…	…	…	…	…	…	…	2.28
非农从业人员比重（%）	…	…	…	…	…	…	…	…	97.4
城市人口比例（%）	…	…	…	…	…	…	…	…	78.1
就业率（%）	…	…	…	…	…	…	…	…	36.29
耕地面积（万公顷）	175	175	175	175	175	175	175	…	…
GDP（亿美元）	508.54	603.28	735.67	956.07	690.31	807.39	407.25	931.04	…
人均国民总收入（美元）	9090.85	10609.96	12723.39	16267.92	11574.65	13365.10	6673.01	15126.56	…
GDP增长率（%）	11.1	5.7	5.0	2.7	-0.7	4.3	-61.3	104.5	…
第二产业增加值（亿美元）	387.85	470.67	568.62	765.30	492.74	600.54	207.07	664.08	…
第二产业增加值占 GDP 比重（%）	76.27	78.02	77.29	80.05	71.38	74.38	50.85	71.33	…
固定资产形成总值（亿美元）	141.47	131.08	212.71	334.07	268.08	319.72	81.45	153.62	…
私人最终消费（亿美元）	111.44	106.26	119.56	119.87	212.74	140.55	154.15	320.05	…
公共财政总收入（亿美元）	283.25	359.45	423.54	596.24	334.28	484.28	138.40	556.60	381.64
货币供给（亿美元）	129.76	149.33	212.05	325.78	357.77	364.97	474.93	512.79	531.64
铁路总里程（千 km）	…	…	…	…	…	…	…	…	…
铁路网密度（km/千 km²）	…	…	…	…	…	…	…	…	…
铺装道路比例（%）	…	…	…	…	…	…	…	…	…
每千人铺装道路里程（km/人）	…	…	…	…	…	…	…	…	…
每千人拥有电话主线（条/千人）	152	160	168	157	178	203	164	132	…

续表

	2005年	2006年	2007年	2008年	2009年	2010年	2011年	2012年	2013年
每千人拥有蜂窝移动电话用户数（户/千人）	357	691	778	1256	1599	1804	1638	1558	…
识字率（%）	…	…	…	…	…	…	89.5	…	…
中等教育入学人数（千人）	…	733	…	…	…	…	…	…	…
高等教育入学人数（千人）	375.0	…	…	…	…	…	…	…	…
公共教育支出占预算比例（%）	…	…	…	…	…	…	…	…	…
师生比率（%）	…	…	…	…	…	…	…	…	…
公共卫生支出占预算比例（%）	…	…	…	…	5.5	…	…	…	…
每万人医生数（人）	…	…	…	…	19.0	…	…	…	…
每万人医院床位数（张）	…	…	…	…	37.0	…	…	…	…
出生时预期寿命（年）	…	…	…	…	…	…	…	…	75.3
婴儿死亡率（%）	…	…	13.4	…	…	…	…	…	13.5
人类贫困指数	…	…	…	…	…	…	…	…	…
人类发展指数	…	…	…	…	…	…	…	…	64
出口总额（亿美元）	249.61	327.05	388.80	509.17	296.44	385.31	162.26	168.68	…
进口总额（亿美元）	60.35	60.54	67.51	91.20	100.40	104.54	49.56	63.97	…
FDI（百万美元）	1038	2064	3850	3180	3310	1909	0	…	…
进出口总额占GDP比例（%）	60.95	64.25	62.03	62.80	57.49	60.67	52.01	24.99	…
国际游客到达人数（千人）	562	125	106	760	806	834	772	782	…
国际旅游收入（千美元）	250000	190000	74200	74200	50000	60000	26949	30764	31420
国际储备（亿美元）	397.39	595.33	796.6	925.63	989.79	998.94	1049.99	1186.09	1188.79
国外净资产（百万美元）	42983.21	60548.09	79749.21	102224.59	103048.00	105662.99	114881.15	124724.60	124604.72

马达加斯加

	2005 年	2006 年	2007 年	2008 年	2009 年	2010 年	2011 年	2012 年	2013 年
总人口（百万人）	18.29	18.83	19.37	19.93	20.50	21.08	21.68	22.29	22.93
人口增长率（%）	…	…	…	…	…	…	15.34	2.7	…
经济活动人口（百万人）	…	…	…	…	…	…	…	…	…
非农从业人员比重（%）	…	…	…	…	…	…	32.3	12.9	…
城市人口比例（%）	…	…	…	…	…	…	70.76	…	…
就业率（%）	…	…	…	…	…	…	…	…	…
耕地面积（万公顷）	300	300	300	320	350	350	350	359.83	…
GDP（亿美元）	166.99	200.29	240.05	268.63	270.32	282.92	303.43	359.83	…
人均国民总收入（美元）	913.02	1063.92	1239.22	1348.06	1318.91	1342.12	1399.67	1614.00	…
GDP 增长率（%）	5.9	6.3	7.0	1.5	2.7	5.8	4.4	4.6	…
第二产业增加值（亿美元）	31.86	37.00	44.50	53.11	50.20	52.31	53.03	62.59	…
第二产业增加值占 GDP 比重（%）	19.08	18.47	18.54	19.77	18.57	18.49	17.48	17.39	…
固定资产形成总值（亿美元）	35.04	42.94	52.75	59.21	60.13	65.45	68.60	82.98	…
私人最终消费（亿美元）	140.18	169.24	201.57	238.92	236.18	242.61	273.44	325.12	…
公共财政总收入（亿美元）	40.33	45.95	57.71	65.61	65.62	71.80	77.30	99.95	…
货币供给（亿美元）	73.90	90.58	115.53	130.25	135.19	160.50	170.49	204.34	235.11
铁路总里程（千 km）	2.597	2.597	2.597	2.597	2.704	2.704	2.704	2.706	…
铁路网密度（km/千 km²）	4.42	4.42	4.42	4.42	4.61	4.61	4.61	4.61	…
铺装道路比例（%）	13.6	13.6	13.6	13.6	13.6	14.0	14.0	15.0	…
每千人铺装道路里程（km/人）	79.84	79.84	79.84	79.84	79.84	82.19	82.19	88.06	…
每千人拥有电话主线（条/千人）	8	8	12	17	17	12	10	6	…

续表

	2005 年	2006 年	2007 年	2008 年	2009 年	2010 年	2011 年	2012 年	2013 年
每千人拥有蜂窝移动电话用户数（户/千人）	152	203	250	352	461	523	640	719	…
识字率（%）	…	…	…	…	…	87.4	…	…	…
中等教育入学人数（千人）	…	…	…	…	…	…	…	1915	…
高等教育入学人数（千人）	…	…	…	…	…	…	…	399.0	…
公共教育支出占预算比例（%）	…	…	…	…	…	…	…	16.4	…
师生比率（%）	…	…	…	…	…	…	…	46.8	…
公共卫生支出占预算比例（%）	…	…	…	…	…	…	…	5.0	…
每万人医生数（人）	…	…	…	…	…	…	…	2.0	…
每万人医院床位数（张）	…	…	…	…	…	14.0	…	…	…
出生时预期寿命（年）	…	…	…	…	…	…	…	57.7	…
婴儿死亡率（%）	…	…	…	…	…	…	…	52.0	…
人类贫困指数	…	31.4	…	…	…	…	…	…	…
人类发展指数	…	…	…	…	…	…	…	…	151
出口总额（亿美元）	34.47	34.81	40.79	49.86	44.60	51.60	57.72	61.26	…
进口总额（亿美元）	58.65	72.33	89.89	111.39	101.89	119.55	146.46	162.62	…
FDI（百万美元）	21	51	729	96	116	178	335	…	…
进出口总额占 GDP 比例（%）	55.76	53.49	54.44	60.03	54.19	60.49	67.29	62.22	…
国际游客到达人数（千人）	1479	1601	1817	1203	1490	1609	1823	1711	…
国际旅游收入（亿美元）	26700	28700	30600	29600	29600	24600	25600	41443	36834
国际储备（亿美元）	17.99	24.16	33.55	28.79	38.49	43.2	42.64	57.11	63.49
国外净资产（百万美元）	2420.07	2870.57	3791.82	3735.05	3147.38	3400.38	3313.76	3883.91	4271.86

马拉维

指标	2005 年	2006 年	2007 年	2008 年	2009 年	2010 年	2011 年	2012 年	2013 年
总人口（百万人）	12.93	13.31	13.71	14.14	14.57	15.01	15.46	15.91	16.36
人口增长率（%）	…	…	…	…	…	…	…	…	3.1
经济活动人口（百万人）	…	…	…	…	…	…	…	7.96	…
非农从业人员比重（%）	…	…	…	…	…	…	…	21.9	…
城市人口比例（%）	…	…	…	…	…	…	…	20.3	…
就业率（%）	…	…	…	…	…	…	…	50.31	…
耕地面积（万公顷）	320	330	300	340	350	360	360	…	…
GDP（亿美元）	32.43	35.87	39.91	49.33	57.41	64.56	…	…	…
人均国民总收入（美元）	250.90	269.50	291.04	348.90	393.96	430.02	…	…	…
GDP 增长率（%）	3.3	4.7	9.6	7.6	8.3	6.9	2.9	1.9	5.4
第二产业增加值（亿美元）	5.43	6.52	8.01	8.55	9.49	10.59	…	…	…
第二产业增加值占 GDP 比重（%）	16.76	18.17	20.07	17.33	16.53	16.40	…	…	…
固定资产形成总值（亿美元）	5.21	6.63	6.83	11.12	10.21	7.00	…	…	…
私人最终消费（亿美元）	33.04	35.47	39.97	47.48	57.85	67.88	…	…	…
公共财政总收入（亿美元）	7.17	8.82	10.55	11.71	14.89	17.11	17.37	10.45	7.26
货币供给（亿美元）	5.55	5.63	7.49	9.94	12.26	15.40	20.08	15.51	13.61
铁路总里程（千 km）	0.767	0.767	0.767	0.767	0.767	0.767	0.767	…	…
铁路网密度（km/千 km²）	6.50	6.50	6.50	6.50	6.50	6.50	6.50	…	…
铺装道路比例（%）	22	23	23	25	26	…	…	…	…
每千人铺装道路里程（km/千人）	25.96	27.14	27.14	29.50	30.68	…	…	…	…
每千人拥有电话主线（条/千人）	6	8	8	9	8	12	11	7	…

续表

指标	2005 年	2006 年	2007 年	2008 年	2009 年	2010 年	2011 年	2012 年	2013 年
每千人拥有蜂窝移动电话用户数（户/千人）	21	43	72	115	176	218	251	278	…
识字率（%）	…	…	…	…	…	74.8	…	…	…
中等教育入学人数（千人）	…	…	…	…	…	…	…	…	307
高等教育入学人数（千人）	…	…	…	…	…	…	8.0	…	…
公共教育支出占预算比例（%）	…	…	…	…	…	…	18.0	…	…
师生比率（%）	…	…	…	…	…	…	76.1	…	…
公共卫生支出占预算比例（%）	…	…	…	…	12.1	…	…	…	…
每万人医生数（人）	…	…	…	…	1.8	…	…	…	…
每万人医院床位数（张）	…	…	…	…	…	…	13.0	…	…
出生时预期寿命（年）	…	…	…	…	…	…	…	54.8	…
婴儿死亡率（%）	…	…	…	…	…	…	…	86.8	…
人类贫困指数	…	…	28.2	…	…	…	…	…	…
人类发展指数	…	…	…	…	…	…	…	…	170
出口总额（亿美元）	5.04	5.43	7.13	8.78	11.88	10.58	14.21	12.14	12.12
进口总额（亿美元）	11.84	11.95	11.17	19.82	18.07	21.65	24.31	26.54	28.75
FDI（百万美元）	12	67	27	71	11	9	193	…	…
进出口总额占 GDP 比例（%）	52.06	48.44	45.86	57.98	52.17	49.92	…	…	…
国际游客到达人数（千人）	438	638	735	742	755	746	767	770	…
国际旅游收入（亿美元）	146400	173000	218750	272400	169900	186100	248500	225965	152567
国际储备（亿美元）	1.59	1.34	2.17	2.43	1.5	3.08	1.98	2.24	4.06
国外净资产（百万美元）	96.77	141.90	200.30	139.96	-14.49	141.10	25.35	131.75	271.93

马里

	2005 年	2006 年	2007 年	2008 年	2009 年	2010 年	2011 年	2012 年	2013 年
总人口（百万人）	11.94	12.33	12.73	13.14	13.56	13.99	14.42	14.85	15.30
人口增长率（%）	…	…	…	…	…	…	…	…	3.6
经济活动人口（百万人）	…	…	…	…	…	…	…	…	4.69
非农从业人员比重（%）	…	…	…	…	…	…	…	29.1	…
城市人口比例（%）	…	…	…	…	…	…	…	…	39.3
就业率（%）	…	…	…	…	…	…	…	…	30.65
耕地面积（万公顷）	560.3	567.7	580.8	576.1	626.1	626.1	686.1	93.65	98.78
GDP（亿美元）	50.43	55.44	64.24	79.16	80.69	84.32	95.56	630.45	645.52
人均国民总收入（美元）	422.32	449.80	504.82	602.55	595.09	602.86	662.80	-0.4	2.2
GDP 增长率（%）	6.1	5.3	4.3	5.0	4.5	5.8	2.7	21.02	22.45
第二产业增加值（亿美元）	12.17	13.46	14.61	15.97	16.98	17.02	21.21	22.44	22.73
第二产业增加值占 GDP 比重（%）	24.14	24.28	22.73	20.17	21.05	20.19	22.20	16.63	23.30
固定资产形成总值（亿美元）	8.47	10.12	13.85	15.99	18.38	19.91	23.61	64.97	72.95
私人最终消费（亿美元）	37.82	39.99	46.22	55.72	55.76	57.16	65.63	18.13	25.52
公共财政收入（亿美元）	10.93	33.29	13.94	16.56	19.46	19.20	22.47	33.53	37.03
货币供给（亿美元）	16.24	17.82	21.25	22.86	25.16	26.14	31.62	0.643	0.643
铁路总里程（千 km）	0.734	0.734	0.729	0.643	0.643	0.643	0.643	0.52	0.52
铁路网密度（km/千 km²）	0.59	0.59	0.59	0.52	0.52	0.52	0.52	…	…
铺装道路比例（%）	26	25	20	30	32	…	…	…	…
每千人铺装道路里程（km/人）	322.66	310.25	248.20	372.30	397.12	…	…	…	…
每千人拥有电话主线（条/千人）	6	6	6	5	6	5	7	14	…

续表

	2005 年	2006 年	2007 年	2008 年	2009 年	2010 年	2011 年	2012 年	2013 年
每千人拥有蜂窝移动电话用户数（户/千人）	58	111	181	238	307	482	683	895	…
识字率（%）	…	…	…	…	…	31.1	…	…	…
中等教育入学人数（千人）	…	…	…	…	…	…	628	…	…
高等教育入学人数（千人）	…	…	…	…	…	81.2	…	…	…
公共教育支出占预算比例（%）	…	…	…	…	…	…	…	20.0	…
师生比率（%）	…	…	…	…	…	…	…	48.0	…
公共卫生支出占预算比例（%）	…	…	…	…	…	…	…	7.9	…
每万人医生数（人）	…	…	…	…	1.0	1.0	…	…	…
每万人医院床位数（张）	…	…	…	…	…	…	…	…	…
出生时预期寿命（年）	…	…	…	…	…	…	…	67.0	…
婴儿死亡率（%）	…	…	…	…	…	…	…	93.1	…
人类贫困指数	…	…	…	…	…	…	…	42.7	…
人类发展指数	…	…	…	…	…	…	…	…	182
出口总额（亿美元）	11.02	15.50	15.56	20.96	17.72	20.53	23.90	30.01	27.77
进口总额（亿美元）	15.64	18.19	22.70	27.31	19.82	27.17	27.23	28.89	32.72
FDI（百万美元）	225	82	65	180	109	402	552	306	402
进出口总额占 GDP 比例（%）	52.88	60.77	59.56	60.96	46.53	56.57	53.50	62.90	61.24
国际游客到达人数（千人）	126	130	132	136	116	129	130	101	…
国际旅游收入（千美元）	870140	1004310	1302410	1452370	1118990	1283920	1482400	1478410	1286070
国际储备（亿美元）	8.54	9.7	10.87	10.72	16.04	13.44	13.79	13.41	14
国外净资产（百万美元）	832.65	1038.14	1140.97	1171.08	1629.44	1536.25	1506.34	1397.18	1606.95

毛里塔尼亚

指标	2005年	2006年	2007年	2008年	2009年	2010年	2011年	2012年	2013年
总人口（百万人）	3.15	3.24	3.33	3.42	3.52	3.61	3.70	3.80	3.89
人口增长率（%）	…	…	…	…	…	…	…	…	2.4
经济活动人口（百万人）	…	…	…	…	…	…	…	…	1.18
非农从业人员比重（%）	…	…	…	…	…	…	…	…	32.2
城市人口比例（%）	…	…	…	…	…	…	…	…	42.0
就业率（%）	…	…	…	…	…	…	…	…	30.33
耕地面积（万公顷）	40	40	40	40	39	45	45	…	41.50
GDP（亿美元）	16.77	24.93	25.65	32.68	27.72	33.62	39.29	37.22	41.50
人均国民总收入（美元）	533.05	769.92	770.41	954.77	788.37	931.68	1060.98	980.43	1066.87
GDP增长率（%）	5.4	11.4	1.0	3.5	-1.2	4.7	3.6	7.0	6.7
第二产业增加值（亿美元）	4.91	11.63	9.84	13.24	9.74	14.29	17.64	14.73	16.86
第二产业增加值占GDP比重（%）	29.28	46.64	38.34	40.51	35.12	42.51	44.91	39.57	40.63
固定资产形成总值（亿美元）	11.43	6.75	7.07	9.79	7.45	8.85	13.74	18.49	18.47
私人最终消费（亿美元）	13.66	15.83	22.19	27.29	22.47	26.00	25.20	29.57	32.47
公共财政总收入（亿美元）	4.94	17.37	7.94	8.66	7.66	9.56	11.55	10.39	…
货币供给（亿美元）	5.79	6.62	8.18	10.10	10.54	11.31	13.31	13.94	15.30
铁路总里程（千km）	9.144	11.066	11.066	…	10.56	10.628	…	…	…
铁路网密度（km/千km²）	8.87	10.74	10.74	…	10.25	10.31	…	…	…
铺装道路比例（%）	30.3	26.8	26.8	…	27.8	29.7	…	…	…
每千人铺装道路里程（km/人）	312.30	276.23	276.23	…	286.53	306.12	…	…	…
每千人拥有电话主线（条/千人）	13	11	12	22	21	20	20	17	…

续表

指标	2005年	2006年	2007年	2008年	2009年	2010年	2011年	2012年	2013年
每千人拥有蜂窝移动电话用户数（户/千人）	237	327	425	611	621	769	895	1060	…
识字率（%）	…	…	…	…	…	…	58.6	…	…
中等教育入学人数（千人）	…	…	…	…	…	…	…	152	…
高等教育入学人数（千人）	…	…	…	…	…	…	…	17.9	…
公共教育支出占预算比例（%）	…	10.1	…	…	…	…	…	…	…
师生比率（%）	…	…	…	…	…	…	…	40.1	…
公共卫生支出占预算比例（%）	…	…	…	…	4.9	…	…	…	…
每万人医生数（人）	…	…	…	…	1.3	…	…	…	…
每万人医院床位数（张）	…	4.0	…	…	…	…	…	…	…
出生时预期寿命（年）	…	…	36.2	…	…	…	…	…	61.6
婴儿死亡率（%）	…	…	…	…	…	…	…	…	71.4
人类贫困指数	…	…	…	…	…	…	…	…	…
人类发展指数	…	…	…	…	…	…	…	…	155
出口总额（亿美元）	6.23	13.67	14.66	17.75	13.64	20.74	27.78	26.39	…
进口总额（亿美元）	13.42	10.73	14.30	19.66	13.37	17.27	17.28	24.51	…
FDI（百万美元）	814	155	139	343	-3	131	45	…	…
进出口总额占GDP比例（%）	117.20	97.87	112.90	114.50	97.45	113.02	114.69	136.75	…
国际游客到达人数（千人）	…	…	…	…	…	…	…	…	…
国际旅游收入（亿美元）	0.65	1.88	1.98	1.89	2.26	2.72	4.85	9.5	8.31
国际储备（亿美元）	…	…	…	…	…	…	…	…	…
国外净资产（百万美元）	212.86	11.30	44.23	22.07	13.40	33.64	253.61	651.64	574.34

毛里求斯

	2005 年	2006 年	2007 年	2008 年	2009 年	2010 年	2011 年	2012 年	2013 年
总人口（百万人）	1.21	1.22	1.22	1.22	1.23	1.23	1.24	1.24	1.24
人口增长率（%）	…	…	…	…	…	…	…	0.62	0.3
经济活动人口（百万人）	…	…	…	…	…	…	…	…	…
非农从业人员比重（%）	…	…	…	…	…	…	…	92.6	…
城市人口比例（%）	…	…	…	…	…	…	…	…	41.4
就业率（%）	8.5	8.3	8.1	8	8	8	7.8	0.50	…
耕地面积（万公顷）	57.02	59.64	68.81	85.45	78.73	86.17	99.35	100.73	106.57
GDP（亿美元）	4700.94	4900.75	5640.29	6987.20	6416.31	6999.60	8044.31	8123.75	8566.57
人均国民总收入（美元）	1.8	4.9	5.8	5.5	3.0	4.1	3.9	3.2	3.1
GDP 增长率（%）	15.16	15.89	18.55	24.01	21.69	22.91	25.61	25.24	25.94
第二产业增加值（亿美元）	26.58	26.64	26.96	28.09	27.55	26.59	25.77	25.05	24.34
第二产业增加值占 GDP 比重（%）	13.94	16.30	19.56	23.74	23.29	24.17	27.02	26.35	25.55
固定资产形成总值（亿美元）	44.12	46.91	54.14	70.57	65.36	71.57	82.61	84.68	88.51
私人最终消费（亿美元）	12.21	12.37	13.47	18.71	19.47	21.27	24.11	24.56	25.69
公共财政总收入（亿美元）	64.22	65.44	76.44	96.42	92.77	103.68	116.30	115.01	122.55
货币供给（千 km）	2.02	2.021	2.028	2.028	2.066	2.08	2.112	2.149	…
铁路总里程（千 km）	990.20	990.69	994.12	994.12	1012.75	1019.61	1035.29	1053.43	…
铁路网密度（km/千 km²）	98	98	98	98	98	98	98	98	…
铺装道路比例（%）	2.00	2.00	2.00	2.00	2.00	2.00	2.00	2.00	…
每千人铺装道路里程（km/人）	286	284	286	286	294	302	291	266	…
每千人拥有电话主线（条/千人）									

续表

	2005 年	2006 年	2007 年	2008 年	2009 年	2010 年	2011 年	2012 年	2013 年
每千人拥有蜂窝移动电话用户数（户/千人）	526	615	734	812	850	928	1004	1131	…
识字率（%）	…	…	…	…	…	88.5	…	…	…
中等教育入学人数（千人）	…	…	…	…	…	…	…	123	…
高等教育入学人数（千人）	…	…	…	…	…	44.0	…	…	…
公共教育支出占预算比例（%）	…	…	…	…	…	…	20.4	12.4	…
师生比率（%）	…	…	…	…	…	…	9.0	…	…
公共卫生支出占预算比例（%）	…	…	…	…	…	…	…	13.0	…
每万人医生数（人）	…	…	…	…	…	…	…	…	…
每万人医院床位数（张）	…	…	…	…	…	…	34.0	…	…
出生时预期寿命（年）	…	…	…	…	…	…	…	73.7	…
婴儿死亡率（%）	…	…	9.5	…	…	…	…	12.2	…
人类贫困指数	…	…	…	…	…	…	…	…	…
人类发展指数	…	…	…	…	…	…	…	…	80
出口总额（亿美元）	21.43	23.35	22.26	23.89	19.30	22.60	25.63	26.51	…
进口总额（亿美元）	31.62	36.42	38.66	46.46	37.06	43.82	51.49	53.58	…
FDI（百万美元）	42	105	339	383	248	430	273	361	170
进出口总额占 GDP 比例（%）	93.04	100.22	88.53	82.32	71.59	77.08	77.62	79.50	…
国际游客到达人数（千人）	761	788	907	930	871	935	965	965	9931
国际旅游收入（千美元）	128300	137800	162300	187500	193500	194800	224241	247746	252802
国际储备（亿美元）	13.43	12.73	17.84	17.46	21.86	24.49	25.89	28.44	33.47
国外净资产（百万美元）	4943.56	7522.96	8495.37	10022.57	10533.67	12866.34	12913.79	13355.11	12245.05

摩洛哥

	2005 年	2006 年	2007 年	2008 年	2009 年	2010 年	2011 年	2012 年	2013 年
总人口（百万人）	30.13	30.40	30.67	30.96	31.28	31.64	32.06	32.52	33.01
人口增长率（%）	…	…	…	…	…	…	…	…	1.5
经济活动人口（百万人）	…	…	…	…	…	…	…	…	11.71
非农从业人员比重（%）	…	…	…	…	…	…	…	…	74.8
城市人口比例（%）	…	…	…	…	…	…	…	…	58.9
就业率（%）	…	…	…	…	…	…	…	…	35.47
耕地面积（万公顷）	812.2	806.4	806.5	805.5	787.04	782.96	794.38	890.38	…
GDP（亿美元）	534.34	588.58	666.29	799.53	810.37	816.77	917.70	…	…
人均国民总收入（美元）	1773.73	1936.43	2172.67	2582.86	2590.94	2581.29	2862.53	2737.88	…
GDP 增长率（%）	3.0	7.8	2.7	5.6	4.8	3.6	5.0	2.7	…
第二产业增加值（亿美元）	150.79	159.81	181.99	242.41	231.69	242.37	277.57	269.84	…
第二产业增加值占 GDP 比重（%）	28.22	27.15	27.31	30.32	28.59	29.67	30.25	30.31	…
固定资产形成总值（亿美元）	163.76	184.61	235.13	293.50	280.62	278.39	304.57	300.90	315.74
私人最终消费（亿美元）	341.79	377.27	439.57	516.64	519.18	519.65	584.60	573.00	631.06
公共财政收入（亿美元）	142.34	151.14	205.46	273.03	247.67	230.13	263.34	255.34	293.74
货币供给（亿美元）	573.35	682.45	861.95	1032.14	1061.98	1059.22	1173.41	1149.68	1241.69
铁路总里程（千 km）	1.907	1.907	1.907	1.907	2.109	2.109	2.109	2.109	…
铁路网密度（km/千 km²）	4.27	4.27	4.27	4.27	4.72	4.72	4.72	4.72	…
铺装道路比例（%）	59.6	60	61.5	61.6	70	70	71	70	…
每千人铺装道路里程（km/人）	266.15	267.94	274.63	275.08	312.59	312.59	317.06	312.59	…
每千人拥有电话主线（条/千人）	44	41	77	95	113	119	111	101	…

续表

	2005 年	2006 年	2007 年	2008 年	2009 年	2010 年	2011 年	2012 年	2013 年
每千人拥有蜂窝移动电话用户数（户/千人）	394	521	641	740	812	1015	1136	1200	…
识字率（%）	…	…	…	…	56.1	…	…	…	…
中等教育入学人数（千人）	…	…	…	…	…	…	…	…	2555
高等教育入学人数（千人）	…	…	…	…	441.1	…	…	…	449.68
公共教育支出占预算比例（%）	…	…	…	…	…	…	…	…	20.0
师生比率（%）	…	…	…	…	…	…	…	25.8	…
公共卫生支出占预算比例（%）	…	…	…	…	…	…	…	5.0	…
每万人医生数（人）	…	…	…	…	…	…	…	…	5.0
每万人医院床位数（张）	…	…	…	…	…	…	…	…	8.5
出生时预期寿命（年）	…	…	…	…	…	…	…	…	72.4
婴儿死亡率（%）	…	…	31.1	…	…	…	…	29.0	…
人类贫困指数	…	…	…	…	…	…	…	…	130
人类发展指数	…	…	…	…	…	…	…	…	…
出口总额（亿美元）	111.91	12.72	153.26	200.95	140.22	177.65	216.31	214.24	217.65
进口总额（亿美元）	207.87	239.27	319.03	420.70	327.52	353.88	442.24	448.38	449.68
FDI（百万美元）	1654	2449	2805	2487	1952	1574	2519	…	…
进出口总额占 GDP 比例（%）	59.85	42.81	70.88	77.75	57.72	65.08	71.76	74.42	…
国际游客到达人次（千人）	6077	6777	7701	8209	8661	9752	9834	9800	9943
国际旅游收入（千美元）	4575700	5949670	7141710	7180670	6585040	6656310	7271090	7616950	6847690
国际储备（亿美元）	162.23	203.78	241.62	221.42	228.36	226.51	195.64	163.94	174.72
国外净资产（百万美元）	18714.43	21765.57	25405.25	25432.13	23909.93	22861.16	20822.74	16269.18	16118.74

莫桑比克

	2005 年	2006 年	2007 年	2008 年	2009 年	2010 年	2011 年	2012 年	2013 年
总人口（百万人）	21.01	21.59	22.17	22.76	23.36	23.97	24.58	25.20	25.83
人口增长率（%）	…	…	…	…	…	…	…	…	2.8
经济活动人口（百万人）	…	…	…	…	…	…	…	…	12.62
非农从业人员比重（%）	…	…	…	…	…	…	…	17.4	…
城市人口比例（%）	…	…	…	…	…	…	…	…	31.4
就业率（%）	…	…	…	…	…	…	…	…	48.86
耕地面积（万公顷）	450	480	480	480	520	520	520	…	…
GDP（亿美元）	59.71	64.80	73.78	90.53	88.05	84.65	113.59	130.53	…
人均国民总收入（美元）	284.20	300.17	332.78	397.69	376.92	353.20	462.10	517.92	…
GDP 增长率（%）	8.4	8.7	7.3	6.8	6.3	7.1	7.3	7.2	…
第二产业增加值（亿美元）	15.13	17.12	19.09	22.15	20.76	19.46	24.73	28.18	…
第三产业增加值占 GDP 比重（%）	25.34	26.42	25.88	24.47	23.58	22.99	21.77	21.59	…
固定资产形成总值（亿美元）	12.30	12.53	12.97	16.30	15.97	15.27	25.60	32.89	…
私人最终消费（亿美元）	54.79	56.45	64.40	79.22	77.90	70.99	95.14	104.54	…
公共财政总收入（亿美元）	13.24	16.27	20.25	24.03	24.99	26.40	37.58	42.49	44.26
货币供给（亿美元）	12.11	13.84	16.55	22.18	26.36	25.11	36.36	46.78	52.35
铁路总里程（千 km）	3.116	3.116	3.116	3.116	3.116	3.116	3.116	3.116	3.116
铁路网密度（km/千 km²）	3.90	3.90	3.90	3.90	3.90	3.90	3.90	3.90	3.90
铺装道路比例（%）	18.1	18.1	17.9	17.9	18	21	21	21	21
每千人铺装道路里程（km/人）	144.69	144.69	143.09	143.09	143.89	167.87	167.87	167.87	167.87
每千人拥有电话主线（条/千人）	3	3	3	3	4	6	6	4	8

续表

	2005 年	2006 年	2007 年	2008 年	2009 年	2010 年	2011 年	2012 年	2013 年
每千人拥有蜂窝移动电话用户数（户/千人）	72	110	141	197	261	295	341	331	333
识字率（%）	…	…	…	…	…	…	51.6	…	…
中等教育入学人数（千人）	…	…	…	…	…	…	…	…	630
高等教育入学人数（千人）	…	…	…	…	…	…	…	123.8	…
公共教育支出占预算比例（%）	…	…	…	…	…	…	…	…	18.1
师生比率（%）	…	…	…	…	…	…	55.4	…	…
公共卫生支出占预算比例（%）	…	…	…	…	…	…	17.2	…	…
每万人医生数（人）	…	…	…	…	…	3.9	…	…	…
每万人医院床位数（张）	…	…	…	…	…	…	7.0	…	…
出生时预期寿命（年）	…	…	…	…	…	…	…	…	53.1
婴儿死亡率（%）	…	…	…	…	46.8	…	…	78.8	…
人类贫困指数	…	…	…	…	…	…	…	…	…
人类发展指数	…	…	…	…	…	…	…	…	185
出口总额（亿美元）	17.45	23.81	24.12	26.53	21.47	23.33	36.04	38.56	34.38
进口总额（亿美元）	24.08	28.69	30.5	40.08	37.64	35.64	63.12	86.88	67.49
FDI（百万美元）	108	113	399	509	867	1018	2593	5218	…
进出口总额占 GDP 比例（%）	69.55	81.02	74.03	73.58	67.13	69.66	87.30	96.10	69.55
国际游客到达人（千人）	954	1095	1259	1439	1711	1836	2012	2205	1969
国际旅游收入（千人）	502093	520273	992655	874663	831214	1003870	1184580	813782	626526
国际储备（亿美元）	10.59	11.61	14.5	15.83	21.03	21.63	24.73	27.76	31.03
国外净资产（百万美元）	1478.06	1874.29	2100.74	2343.91	2316.02	2352.03	2511.15	3323.37	3270.50

纳米比亚

	2005 年	2006 年	2007 年	2008 年	2009 年	2010 年	2011 年	2012 年	2013 年
总人口（百万人）	2.03	2.05	2.08	2.11	2.14	2.18	2.22	2.26	2.30
人口增长率（%）	…	…	…	…	…	…	0.93	1.7	…
经济活动人口（百万人）	…	…	…	…	…	…	…	…	…
非农从业人员比重（%）	…	…	…	…	…	…	…	71.6	…
城市人口比例（%）	…	…	…	…	…	…	42.0	…	…
就业率（%）	…	…	…	…	…	…	41.89	…	…
耕地面积（万公顷）	81.4	81.3	80	80	80	80	80	…	…
GDP（亿美元）	66.53	73.70	81.44	81.20	81.22	100.93	113.68	119.95	…
人均国民总收入（美元）	3282.11	3589.80	3913.56	3846.45	3790.16	4632.02	5125.23	5309.82	…
GDP增长率（%）	2.5	7.1	5.4	3.4	-1.1	6.3	5.7	5.0	…
第二产业增加值（亿美元）	19.41	25.53	28.99	31.05	26.52	29.70	32.26	37.10	…
第二产业增加值占 GDP 比重（%）	29.18	34.64	35.60	38.24	32.65	29.43	28.38	30.93	…
固定资产形成总值（亿美元）	13.51	17.26	20.85	21.60	19.61	25.11	26.28	28.62	…
私人最终消费（亿美元）	44.21	43.37	50.12	49.23	56.22	68.10	80.20	80.16	…
公共财政总收入（亿美元）	17.96	19.36	24.95	25.05	27.65	32.11	31.26	36.44	37.71
货币供给（亿美元）	27.31	33.26	35.19	57.94	79.30	72.67	78.91	81.70	77.17
铁路总里程（千 km）	2.536	2.641	2.665	2.686	2.691	2.716	2.746	2.775	2.807
铁路网密度（km/千 km²）	3.08	3.20	3.23	3.26	3.26	3.30	3.33	3.37	3.41
铺装道路比例（%）	13	12.7	13.2	13.9	14	14.5	…	…	…
每千人铺装道路里程（km/千人）	107.15	104.68	108.80	114.57	115.40	119.52	…	…	…
每千人拥有电话主线（条/千人）	67	64	64	66	148	157	159	72	…

续表

	2005 年	2006 年	2007 年	2008 年	2009 年	2010 年	2011 年	2012 年	2013 年
每千人拥有蜂窝移动电话用户数（户/千人）	216	287	371	478	1632	1952	2240	1030	2380
识字率（%）	…	…	…	…	…	…	85.3	…	…
中等教育入学人数（千人）	…	…	…	…	…	…	…	…	192
高等教育入学人数（千人）	…	…	…	…	…	…	…	…	36.1
公共教育支出占预算比例（%）	…	…	…	…	…	…	…	…	22.6
师生比率（%）	…	…	…	…	…	…	…	…	27.2
公共卫生支出占预算比例（%）	…	…	…	…	12.1	…	…	…	…
每万人医生数（人）	…	…	…	…	30.0	…	…	…	…
每万人医院床位数（张）	…	…	…	…	26.7	…	…	…	…
出生时预期寿命（年）	…	…	…	…	…	…	…	62.6	…
婴儿死亡率（%）	…	…	17.1	…	…	…	…	30.4	…
人类贫困指数	…	…	…	…	…	…	…	…	…
人类发展指数	…	…	…	…	…	…	…	…	128
出口总额（亿美元）	25.04	33.76	40.4	47.29	52.55	52.83	53.65	54.77	54.18
进口总额（亿美元）	25.16	27.99	40.26	46.89	64.76	64.99	66.23	73.15	73.44
FDI（百万美元）	348	387	733	720	552	712	900	…	…
进出口总额占 GDP 比例（%）	75.46	83.79	99.04	115.99	144.43	116.73	105.46	106.65	…
国际游客到达人数（千人）	778	833	929	931	980	984	1027	1027	1004
国际旅游收入（亿美元）	43000	35800	40900	78200	65600	104900	78600	82910	87337
国际储备（亿美元）	3.12	4.5	8.96	12.93	20.51	16.96	17.87	17.46	14.57
国外净资产（百万美元）	-24.69	715.66	1058.58	1653.63	2904.37	2682.38	3191.74	2545.92	2536.02

尼日尔

	2005 年	2006 年	2007 年	2008 年	2009 年	2010 年	2011 年	2012 年	2013 年
总人口（百万人）	13.18	13.68	14.20	14.74	15.30	15.89	16.51	17.16	17.83
人口增长率（%）	…	…	…	…	…	…	…	3.6	…
经济活动人口（百万人）	…	…	…	…	…	…	…	8.31	…
非农从业人员比重（%）	…	…	…	…	…	…	…	15.0	…
城市人口比例（%）	…	…	…	…	…	…	…	21.7	…
就业率（%）	…	…	…	…	…	…	…	48.43	…
耕地面积（万公顷）	1414.8	1416.7	1495.8	1495.5	1494	1494	1494	…	…
GDP（亿美元）	31.14	33.82	39.82	50.32	50.04	52.90	58.65	62.59	68.42
人均国民总收入（美元）	236.19	247.25	280.45	341.41	327.01	332.85	355.24	364.79	383.70
GDP增长率（%）	7.4	5.8	3.1	9.6	-0.7	8.4	2.3	11.1	3.6
第二产业增加值（亿美元）	3.70	4.11	5.66	7.69	8.12	8.93	10.22	12.80	14.97
第二产业增加值占 GDP 比重（%）	11.88	12.14	14.21	15.28	16.23	16.88	17.42	20.44	21.88
固定资产形成总值（亿美元）	7.29	8.23	9.76	16.67	18.72	22.24	24.61	23.34	25.29
私人最终消费（亿美元）	24.78	26.57	31.65	38.29	40.80	41.92	47.46	47.02	51.90
公共财政总收入（亿美元）	6.12	21.62	8.92	13.66	10.39	10.41	16.56	18.69	18.17
货币供给（亿美元）	4.72	5.53	7.42	8.91	10.00	11.63	12.96	15.72	19.34
铁路总里程（千 km）	…	…	…	…	…	…	…	…	…
铁路网密度（km/千 km²）	…	…	…	…	…	…	…	…	…
铺装道路比例（%）	24.7	20.5	20.6	20.6	20.9	20.9	21	21.5	21.4
每千人铺装道路里程（km/人）	312.95	259.74	261.00	261.00	264.80	264.80	266.07	272.41	271.14
每千人拥有电话主线（条/千人）	2	3	3	5	5	6	6	6	…

续表

	2005 年	2006 年	2007 年	2008 年	2009 年	2010 年	2011 年	2012 年	2013 年
每千人拥有蜂窝移动电话用户数（户/千人）	24	41	59	133	192	245	316	324	…
识字率（%）	…	…	…	…	…	…	…	28.7	…
中等教育入学人数（千人）	…	…	…	…	…	…	…	201	…
高等教育入学人数（千人）	…	…	…	…	…	…	12.4	…	…
公共教育支出占预算比例（%）	…	…	…	…	…	…	…	39.0	9.7
师生比率（%）	…	…	…	…	…	…	…	6.5	…
公共卫生支出占预算比例（%）	…	…	…	…	…	…	…	0.6	…
每万人医生数（人）	3.1	…	…	…	…	…	…	…	…
每万人医院床位数（张）	…	…	…	…	…	…	…	…	59.6
出生时预期寿命（年）	…	…	…	…	…	…	…	86.5	…
婴儿死亡率（%）	…	…	…	…	…	…	48.2	…	…
人类贫困指数	…	…	…	…	…	…	…	…	…
人类发展指数	…	…	…	…	…	…	…	…	186
出口总额（亿美元）	3.12	2.75	4.47	7.07	6.46	7.54	9.00	11.64	…
进口总额（亿美元）	6.9	7.98	8.68	11.26	14.93	21.83	18.15	15.52	…
FDI（百万美元）	30	51	129	340	791	940	1014	…	…
进出口总额占 GDP 比例（%）	32.18	31.72	33.03	36.43	42.74	55.52	46.29	43.39	…
国际游客到达人数（千美元）	58	60	48	73	66	71	82	81	80
国际旅游收入（千美元）	54500	184200	213300	569000	601800	571200	623300	557000	602133
国际储备（亿美元）	2.51	3.71	5.93	7.05	6.56	7.6	6.73	10.15	10.95
国外净资产（百万美元）	143.46	324.47	533.45	716.40	504.85	692.43	670.39	954.58	1101.86

尼日利亚

	2005 年	2006 年	2007 年	2008 年	2009 年	2010 年	2011 年	2012 年	2013 年
总人口（百万人）	139.59	143.32	147.19	151.21	155.38	159.71	164.19	168.83	173.62
人口增长率（%）	…	…	…	…	…	…	…	2.6	…
经济活动人口（百万人）	…	…	…	…	…	…	48.65	75.4	…
非农从业人员比重（%）	…	…	…	…	…	…	…	…	…
城市人口比例（%）	…	…	…	…	…	…	50.5	…	…
就业率（%）	…	…	…	…	…	…	29.63	…	…
耕地面积（万公顷）	3500	3700	3750	3700	3400	3600	3600	4539.67	5167.29
GDP（亿美元）	1110.10	1443.03	1641.94	2049.46	1665.16	3606.44	4088.06	2688.84	2976.29
人均国民总收入（美元）	795.28	1006.89	1115.55	1355.39	1071.66	2258.15	2489.79	6.7	7.3
GDP 增长率（%）	6.5	6.0	6.4	6.3	6.9	7.8	4.7	1213.21	1331.53
第二产业增加值（亿美元）	482.98	604.87	667.48	850.17	569.57	930.97	1138.40	26.72	25.77
第二产业增加值占 GDP 比重（%）	43.51	41.92	40.65	41.48	34.21	25.81	27.85	590.45	665.82
固定资产形成总值（亿美元）	61.28	120.21	153.81	173.18	204.87	560.28	579.69	2714.66	3202.67
私人最终消费（亿美元）	843.69	919.91	1246.55	1357.28	1274.75	2497.85	2756.88	788.34	901.11
公共财政收入（亿美元）	428.20	471.81	376.88	570.22	318.42	469.29	746.93	987.21	1190.41
货币供给（亿美元）	200.43	313.09	463.60	776.76	724.02	766.83	859.73	3.505	…
铁路总里程（千 km）	3.505	3.505	3.505	3.505	3.505	3.505	3.505	3.79	…
铁路网密度（km/千 km²）	3.79	3.79	3.79	3.79	3.79	3.79	3.79	…	…
铺装道路比例（%）	82.7	69.1	71.8	…	…	…	…	…	…
每千人铺装道路里程（km/人）	763.98	638.35	663.29	…	…	…	…	3	…
每千人拥有电话主线（条/千人）	9	12	11	9	10	7	4		

续表

指标	2005 年	2006 年	2007 年	2008 年	2009 年	2010 年	2011 年	2012 年	2013 年
每千人拥有蜂窝移动电话用户数（户/千人）	133	225	275	418	482	551	586	677	…
识字率（%）	…	…	…	…	…	61.3	…	…	…
中等教育入学人数（千人）	…	…	…	…	…	9057	…	…	…
高等教育入学人数（千人）	1391.5	…	…	…	…	…	…	…	…
公共教育支出占预算比例（%）	…	…	…	…	…	…	…	…	…
师生比率（%）	…	…	36.2	…	…	36.0	…	…	…
公共卫生支出占预算比例（%）	…	…	3.8	…	6.4	…	…	…	…
每万人医生数（人）	…	…	…	…	…	…	…	…	…
每万人医院床位数（张）	5.3	…	…	…	…	…	…	…	…
出生时预期寿命（年）	…	…	…	…	…	…	…	52.3	…
婴儿死亡率（%）	…	…	…	…	…	…	…	88.3	…
人类贫困指数	…	…	…	…	…	…	…	…	…
人类发展指数	…	…	…	…	…	…	…	…	153
出口总额（亿美元）	504.40	587.26	660.50	857.15	561.21	764.49	958.13	956.76	…
进口总额（亿美元）	135.57	227.15	310.94	437.77	342.68	506.63	661.07	601.12	…
FDI（百万美元）	4978	4898	6087	8249	8650	6099	8915	…	…
进出口总额占 GDP 比例（%）	57.65	56.44	59.16	63.18	54.28	35.25	39.61	34.32	…
国际游客到达人数（千人）	2778	3056	5239	5820	6053	6113	6078	6516	…
国际旅游收入（亿美元）	442000	308000	261520	305294	237985	245438	312253	295968	322028
国际储备（亿美元）	283.14	423.35	513.72	530.39	448	349.56	352.49	464.42	0
国外净资产（百万美元）	29446.10	48104.80	58283.33	72526.51	48280.42	41476.77	42934.86	55571.80	55063.73

卢旺达

	2005年	2006年	2007年	2008年	2009年	2010年	2011年	2012年	2013年
总人口（百万人）	9.43	9.66	9.93	10.22	10.53	10.84	11.14	11.46	11.78
人口增长率（%）	…	…	…	…	…	…	…	…	2.7
经济活动人口（百万人）	…	…	…	…	…	…	…	…	5.52
非农从业人员比重（%）	…	…	…	…	…	…	…	…	13.9
城市人口比例（%）	…	…	…	…	…	…	…	…	19.7
就业率（%）	…	…	…	…	…	…	…	…	46.86
耕地面积（万公顷）	111.6	112.8	110	120.1	121	122	122	…	…
GDP（亿美元）	23.87	28.86	34.39	43.28	48.51	52.51	59.75	66.50	69.99
人均国民总收入（美元）	253.18	298.68	346.39	423.40	460.73	484.54	536.19	580.37	594.26
GDP增长率（%）	9.4	9.2	7.6	11.2	6.2	6.3	7.5	7.3	4.6
第二产业增加值（亿美元）	3.63	4.28	5.03	6.49	6.81	7.43	9.18	9.95	11.05
第二产业增加值占GDP比重（%）	15.20	14.82	14.62	15.00	14.04	14.14	15.36	14.96	15.79
固定资产形成总值（亿美元）	4.08	4.98	6.87	11.19	12.11	12.78	14.64	17.40	18.35
私人最终消费（亿美元）	20.60	24.90	29.45	36.10	42.41	46.42	51.47	56.01	57.53
公共财政总收入（亿美元）	6.45	7.68	10.36	12.69	13.44	14.27	15.93	17.50	18.94
货币供给（亿美元）	3.93	5.21	6.87	8.53	9.27	10.56	13.01	14.49	16.04
铁路总里程（千km）	…	…	…	…	…	…	…	…	…
铁路网密度（km/千km²）	…	…	…	…	…	…	…	…	…
铺装道路比例（%）	…	…	…	…	…	…	…	…	…
每千人铺装道路里程（km/人）	…	…	…	…	…	…	…	…	…
每千人拥有电话主线（条/千人）	3	2	2	2	3	4	3	4	…

续表

	2005 年	2006 年	2007 年	2008 年	2009 年	2010 年	2011 年	2012 年	2013 年
每千人拥有蜂窝移动电话用户数（户/千人）	24	33	64	129	231	327	399	497	…
识字率（%）	…	…	…	…	…	65.9	…	…	…
中等教育入学人数（千人）	…	…	…	…	…	…	…	535	…
高等教育入学人数（千人）	…	…	…	…	…	…	…	71.6	…
公共教育支出占预算比例（%）	…	…	…	20.4	…	…	…	…	…
师生比率（%）	…	…	…	…	16.8	…	…	59.3	…
公共卫生支出占预算比例（%）	…	…	…	…	…	0.6	…	…	…
每万人医生数（人）	…	…	…	…	…	…	…	…	…
每万人医院床位数（张）	…	…	16.0	…	…	…	…	…	…
出生时预期寿命（年）	…	…	…	…	…	…	…	…	64.1
婴儿死亡率（%）	…	…	…	…	…	…	…	…	48.4
人类贫困指数	…	…	32.9	…	…	…	…	…	…
人类发展指数	…	…	…	…	…	…	…	…	167
出口总额（亿美元）	1.25	1.47	1.77	2.68	2.35	2.97	4.64	5.06	…
进口总额（亿美元）	4.71	5.91	6.79	11.74	13.08	14.31	17.3	16.24	…
FDI（百万美元）	14	31	82	103	119	42	106	…	…
进出口总额占 GDP 比例（%）	24.97	25.58	24.89	33.31	31.80	32.91	36.72	32.03	…
国际游客到达人数（千人）	404	494	566	621	646	619	844	971	1066
国际旅游收入（千美元）	7300	6700	5000	7700	8300	11100	15900	15000	15610
国际储备（亿美元）	4.06	4.4	5.53	5.96	7.43	8.13	10.5	8.48	10.36
国外净资产（百万美元）	378.71	…	…	…	…	…	…	…	…

圣多美和普林西比

指标	2005年	2006年	2007年	2008年	2009年	2010年	2011年	2012年	2013年
总人口（百万人）	0.16	0.16	0.16	0.17	0.17	0.18	0.18	0.19	0.19
人口增长率（%）	…	…	…	…	…	…	…	2.5	…
经济活动人口（百万人）	…	…	…	…	…	…	…	0.065	…
非农从业人员比重（%）	…	…	…	…	…	…	…	44.5	…
城市人口比例（%）	…	…	…	…	…	…	…	63.1	…
就业率（%）	…	…	…	…	…	…	…	34.21	…
耕地面积（万公顷）	0.8	0.8	0.85	0.9	0.9	0.85	0.87	…	…
GDP（亿美元）	1.12	1.20	1.29	1.65	1.80	1.82	2.23	2.50	…
人均国民总收入（美元）	724.98	756.39	794.34	982.87	1038.20	1023.30	1218.01	1332.01	…
GDP增长率（%）	1.6	12.6	2.0	9.1	4.0	4.5	4.9	4.0	…
第二产业增加值（亿美元）	0.19	0.22	0.26	0.36	0.35	0.34	0.40	0.48	…
第二产业增加值占GDP比重（%）	17.32	18.66	19.80	21.85	19.56	18.67	17.74	19.06	…
固定资产形成总值（亿美元）	0.98	0.54	0.77	0.54	0.95	0.97	1.23	1.23	…
私人最终消费（亿美元）	0.45	1.24	1.07	1.94	1.53	1.69	2.04	2.14	…
公共财政总收入（亿美元）	0.88	0.46	2.37	0.83	0.61	0.77	0.92	0.88	1.16
货币供给（亿美元）	0.41	0.44	0.56	0.71	0.70	0.76	0.89	0.97	1.15
铁路总里程（千km）	0.48	0.53	0.545	0.555	0.6	…	…	…	…
铁路网密度（km/千km²）	479.52	529.47	544.46	554.45	599.40	…	…	…	…
铺装道路比例（%）	78.1	75.5	75.2	75.7	75	…	…	…	…
每千人铺装道路里程（km/人）	0.78	0.76	0.75	0.76	0.75	…	…	…	…
每千人拥有电话主线（条/千人）	47	49	49	48	47	46	47	47	47

续表

	2005 年	2006 年	2007 年	2008 年	2009 年	2010 年	2011 年	2012 年	2013 年
每千人拥有蜂窝移动电话用户数（户/千人）	78	119	191	316	394	620	683	710	…
识字率（%）	…	…	…	…	…	89.2	…	…	…
中等教育入学人数（千人）	…	…	…	…	…	…	12	…	…
高等教育入学人数（千人）	…	…	…	…	…	0.766	…	…	…
公共教育支出占预算比例（%）	…	…	…	…	…	…	…	…	…
师生比率（%）	…	…	…	…	…	…	…	28.7	…
公共卫生支出占预算比例（%）	…	…	…	…	13.2	…	…	…	…
每万人医生数（人）	…	…	…	…	4.5	…	…	…	…
每万人医院床位数（张）	…	…	…	…	…	…	29.0	…	…
出生时预期寿命（年）	…	…	…	…	…	…	…	64.9	…
婴儿死亡率（%）	…	…	…	…	…	…	…	47.9	…
人类贫困指数	…	…	12.6	…	…	…	…	…	…
人类发展指数	…	…	…	…	…	…	…	…	144
出口总额（亿美元）	0.04	0.04	0.04	0.06	0.06	0.06	0.06	0.06	0.07
进口总额（亿美元）	0.50	0.71	0.80	1.14	1.03	1.12	1.34	1.41	1.52
FDI（百万美元）	16	38	36	79	16	25	18	…	…
进出口总额占 GDP 比例（%）	47.48	62.36	64.97	72.53	60.95	65.15	62.54	58.81	65.41
国际游客到达人数（千人）	16	12	12	15	15	8	10	11	10
国际旅游收入（亿美元）	241700	249200	503300	508200	430500	432300	555105	560185	619131
国际储备（亿美元）	0.27	0.34	0.39	0.61	0.67	0.48	0.52	0.52	0.56
国外净资产（百万美元）	77.02	59.24	76.05	96.48	78.89	73.74	71.65	78.01	98.53

塞内加尔

	2005 年	2006 年	2007 年	2008 年	2009 年	2010 年	2011 年	2012 年	2013 年
总人口（百万人）	11.27	11.58	11.91	12.24	12.59	12.95	13.33	13.73	14.13
人口增长率（%）	…	…	…	…	…	…	…	…	2.7
经济活动人口（百万人）	…	…	…	…	…	…	…	…	4.54
非农从业人员比重（%）	…	…	…	…	…	…	…	…	27.2
城市人口比例（%）	…	…	…	…	…	…	…	…	47.8
就业率（%）	…	…	…	…	…	…	…	…	32.13
耕地面积（万公顷）	317.6	298.6	298.5	365	385	385	385	…	…
GDP（亿美元）	75.68	80.93	97.34	117.44	112.39	113.17	125.01	123.15	…
人均国民总收入（美元）	671.49	698.66	817.60	959.54	892.91	873.82	937.76	897.18	…
GDP增长率（%）	5.6	2.4	5.0	3.7	2.4	4.2	1.7	3.4	2.4
第二产业增加值（亿美元）	17.93	19.37	23.47	27.00	26.20	26.43	30.82	29.67	…
第二产业增加值占 GDP 比重（%）	23.70	23.94	24.12	22.99	23.31	23.35	24.66	24.09	…
固定资产形成总值（亿美元）	20.31	24.48	29.50	35.90	29.35	28.69	35.14	33.65	…
私人最终消费（亿美元）	67.59	74.05	89.11	109.20	102.88	101.44	111.11	107.63	…
公共财政总收入（亿美元）	18.12	19.81	25.69	28.85	27.63	28.23	32.34	32.72	32.08
货币供给（亿美元）	29.45	33.49	41.17	44.81	47.14	51.29	57.46	56.70	62.57
铁路总里程（千 km）	…	…	…	…	…	…	0.906	…	…
铁路网密度（km/千 km²）	…	…	…	…	…	…	4.61	…	…
铺装道路比例（%）	15.6	15.7	15.9	16	…	…	…	…	…
每千人铺装道路里程（km/人）	30.69	30.89	31.28	31.48	…	…	…	…	…
每千人拥有电话主线（条/千人）	25	25	23	20	23	27	27	26	25

续表

	2005 年	2006 年	2007 年	2008 年	2009 年	2010 年	2011 年	2012 年	2013 年
每千人拥有蜂窝移动电话用户数（户/千人）	159	266	358	455	567	667	733	875	933
识字率（%）	…	…	…	…	…	…	52.1	…	…
中等教育入学人数（千人）	…	…	…	…	…	…	…	892	…
高等教育入学人数（千人）	…	…	…	…	…	92.1	…	…	…
公共教育支出占预算比例（%）	…	…	…	…	…	…	…	22.7	…
师生比率（%）	…	…	…	…	…	…	32.9	…	…
公共卫生支出占预算比例（%）	…	…	…	…	11.6	…	…	…	…
每万人医生数（人）	…	…	…	…	…	…	0.2	…	…
每万人医院床位数（张）	…	…	…	3.4	…	…	…	…	…
出生时预期寿命（年）	…	…	…	…	…	…	…	…	58.9
婴儿死亡率（%）	…	…	…	…	…	…	…	…	43.0
人类贫困指数	…	…	…	…	…	…	46.7	…	…
人类发展指数	…	…	…	…	…	…	…	…	154
出口总额（亿美元）	15.78	15.94	16.74	22.06	20.97	21.64	25.44	23.82	24.43
进口总额（亿美元）	32.68	36.16	47.24	63.48	46.84	46.39	56.65	58.87	…
FDI（百万美元）	52	210	273	272	208	237	265	272	…
进出口总额占 GDP 比例（%）	64.03	64.38	65.73	72.83	60.33	60.12	65.66	67.15	…
国际游客到达人数（千人）	779	876	879	877	815	906	1151	1163	…
国际旅游收入（千美元）	192100	227800	325800	308700	256500	274400	291000	281094	300700
国际储备（亿美元）	11.86	13.34	16.6	16.02	21.23	20.47	19.46	20.82	18.33
国外净资产（百万美元）	1296.57	1609.13	1861.73	1730.76	1898.48	2076.89	1915.63	1817.82	1557.91

塞舌尔

	2005 年	2006 年	2007 年	2008 年	2009 年	2010 年	2011 年	2012 年	2013 年
总人口（百万人）	0.09	0.09	0.09	0.09	0.09	0.09	0.09	0.09	0.09
人口增长率（%）	…	…	…	…	…	…	…	…	…
经济活动人口（百万人）	…	…	…	…	…	…	…	…	…
非农从业人员比重（%）	…	…	…	…	…	…	…	…	…
城市人口比例（%）	…	…	…	…	…	…	…	…	…
就业率（%）	0.1	0.1	0.1	0.1	0.1	0.1	0.1	…	…
耕地面积（万公顷）	0.1	0.1	0.1	0.1	0.1	0.1	0.1	…	…
GDP（亿美元）	7.62	8.65	8.97	8.30	7.17	8.07	8.91	9.57	…
人均国民总收入（美元）	8754.44	9829.96	10078.82	9220.11	7884.47	8867.69	9679.88	10397.49	…
GDP 增长率（%）	9.0	9.4	10.4	−2.1	−1.1	5.9	7.9	2.8	…
第二产业增加值（亿美元）	1.67	1.77	1.81	1.66	1.27	1.44	1.63	1.62	…
第三产业增加值占 GDP 比重（%）	21.91	20.42	20.20	20.01	17.72	17.85	18.32	16.96	…
固定资产形成总值（亿美元）	3.29	3.09	3.00	2.60	2.31	3.56	3.72	4.00	…
私人最终消费（亿美元）	4.72	4.70	4.71	6.01	4.56	5.20	6.35	6.88	…
公共财政收入（亿美元）	3.94	4.49	3.30	3.37	2.95	3.08	3.29	4.48	4.96
货币供给（亿美元）	8.89	9.13	6.92	6.32	4.70	6.02	6.14	5.42	6.51
铁路总里程（千 km）	…	…	…	…	…	…	…	…	…
铁路网密度（km/千 km²）	…	…	…	…	…	…	…	…	…
铺装道路比例（%）	96	96	96.5	96.5	96.5	96.5	96.5	97.5	…
每千人铺装道路里程（km/人）	0.43	0.43	0.44	0.44	0.44	0.44	0.44	0.44	…
每千人拥有电话主线（条/千人）	21	22	22	26	27	29	24	331	25

395

续表

	2005 年	2006 年	2007 年	2008 年	2009 年	2010 年	2011 年	2012 年	2013 年
每千人拥有蜂窝移动电话用户数（户/千人）	57	72	83	92	127	127	138	1586	153
识字率（%）	…	…	…	…	…	91.8	…	…	…
中等教育入学人数（千人）	…	…	…	…	…	…	…	…	7
高等教育入学人数（千人）	…	…	…	…	…	…	…	…	1.7
公共教育支出占预算比例（%）	…	…	…	…	…	…	…	…	12.6
师生比率（%）	…	…	…	…	…	…	…	…	12.6
公共卫生支出占预算比例（%）	…	…	…	…	…	…	14.8	…	…
每万人医生数（人）	…	…	…	…	…	…	148.0	…	…
每万人医院床位数（张）	…	…	…	…	…	…	36.0	…	…
出生时预期寿命（年）	…	…	…	…	…	…	72.6	…	…
婴儿死亡率（%）	…	…	…	…	…	…	9.8	…	…
人类贫困指数	…	…	…	…	…	…	…	…	…
人类发展指数	…	…	…	…	…	…	…	…	46
出口总额（亿美元）	3.51	4.2	3.98	4.37	4.31	3.91	4.39	4.97	5.78
进口总额（亿美元）	7.52	8.55	6.96	10.89	7.96	9.9	10.06	10.2	10.78
FDI（百万美元）	86	146	239	130	118	160	144	158.59	…
进出口总额占 GDP 比例（%）	144.82	147.39	121.96	183.90	171.01	171.14	162.26	158.59	…
国际旅游客到达人数（千人）	129	141	161	159	158	175	194	208	230
国际旅游收入（亿美元）	64000	23000	22200	33800	25400	25800	44300	46800	47214
国际储备（亿美元）	0.56	1.13	0.41	0.64	1.91	2.56	2.79	3.08	3.99
国外净资产（百万美元）	−50.36	96.01	62.84	221.35	202.13	289.06	344.26	370.22	566.67

塞拉利昂

	2005 年	2006 年	2007 年	2008 年	2009 年	2010 年	2011 年	2012 年	2013 年
总人口（百万人）	5.12	5.28	5.42	5.53	5.64	5.75	5.87	5.98	6.09
人口增长率（%）	…	…	…	…	…	…	…	…	1.9
经济活动人口（百万人）	…	…	…	…	…	…	…	…	0.39
非农从业人员比重（%）	…	…	…	…	…	…	…	…	42.4
城市人口比例（%）	…	…	…	…	…	…	…	…	40.0
就业率（%）	…	…	…	…	…	…	110	…	6.40
耕地面积（万公顷）	129.5	148.7	101.1	108.4	109	110	110	36.49	44.23
GDP（亿美元）	15.54	17.68	20.26	23.86	23.30	24.36	28.23	36.49	44.23
人均国民总收入（美元）	303.50	334.75	374.03	431.27	413.01	423.54	481.26	610.32	726.01
GDP 增长率（%）	4.3	4.3	8.0	6.7	3.2	5.3	6.0	15.2	…
第二产业增加值（亿美元）	1.86	1.98	2.08	1.96	1.61	2.01	2.32	5.53	8.70
第二产业增加值占 GDP 比重（%）	11.96	11.22	10.27	8.23	6.90	8.23	8.20	15.15	19.68
固定资产形成总值（亿美元）	1.79	1.87	1.95	2.30	2.36	7.92	12.22	9.40	6.90
私人最终消费（亿美元）	14.73	16.32	19.34	23.29	23.05	19.65	25.67	29.56	37.08
公共财政收入（亿美元）	2.66	4.56	7.13	3.11	3.69	4.13	4.99	5.17	6.28
货币供给（亿美元）	2.63	3.04	3.80	4.80	5.55	6.07	6.80	8.34	9.63
铁路总里程（千 km）	…	…	…	…	…	…	…	…	…
铁路网密度（km/千 km²）	…	…	…	…	…	…	…	…	…
铺装道路比例（%）	…	…	…	…	…	…	…	…	…
每千人铺装道路里程（km/人）	…	…	…	…	…	2	3	3	…
每千人拥有电话主线（条/千人）	5	5	6	6	6	2	3	3	…

	2005 年	2006 年	2007 年	2008 年	2009 年	2010 年	2011 年	2012 年	2013 年
每千人拥有蜂窝移动电话用户数（户/千人）	…	…	143	182	206	348	364	370	…
识字率（%）	…	…	…	…	…	…	43.3	…	…
中等教育入学人数（千人）	156	…	…	…	…	…	…	…	…
高等教育入学人数（千人）	9.0	…	…	…	…	…	…	…	…
公共教育支出占预算比例（%）	…	…	…	…	18.1	…	…	…	…
师生比率（%）	…	…	…	…	…	…	…	33.0	…
公共卫生支出占预算比例（%）	…	…	…	…	…	…	…	8.9	…
每万人医生数（人）	…	…	…	…	…	0.2	…	…	…
每万人医院床位数（张）	…	4.0	…	…	…	…	…	…	…
出生时预期寿命（年）	…	…	47.7	…	…	…	…	…	45.6
婴儿死亡率（%）	…	…	…	…	…	…	…	…	115.7
人类贫困指数	…	…	…	…	…	…	…	…	…
人类发展指数	…	…	…	…	…	…	…	…	177
出口总额（亿美元）	1.59	2.28	2.45	2.15	2.33	3.41	5.97	10.81	18.88
进口总额（亿美元）	3.41	3.95	4.46	5.33	5.21	7.75	17.17	16.04	17.76
FDI（百万美元）	83	59	97	58	74	87	49	…	…
进出口总额占 GDP 比例（%）	32.15	35.24	34.11	31.38	32.36	45.82	81.97	73.58	82.86
国际游客到达人数（千人）	40	34	32	36	37	39	52	60	59
国际旅游收入（千人）	7376790	7969300	8615890	7808830	7483180	8931460	9354190	9827070	8926270
国际储备（亿美元）	1.71	1.84	2.17	2.2	4.05	4.09	4.39	4.78	4.78
国外净资产（百万美元）	-2.38	187.66	226.09	227.44	245.86	211.03	292.10	374.93	372.47

索马里

指标	2005 年	2006 年	2007 年	2008 年	2009 年	2010 年	2011 年	2012 年	2013 年
总人口（百万人）	8.47	8.69	8.91	9.14	9.38	9.64	9.91	10.20	10.50
人口增长率（%）	…	…	…	…	…	…	…	…	2.9
经济活动人口（百万人）	…	…	…	…	…	…	…	…	3.09
非农从业人员比重（%）	…	…	…	…	…	…	…	…	15.6
城市人口比例（%）	…	…	…	…	…	…	…	…	38.7
就业率（%）	…	…	…	…	…	…	…	…	29.43
耕地面积（万公顷）	135	114	100	110	110	110	110	…	…
GDP（亿美元）									
人均国民总收入（美元）	…	…	…	…	…	…	…	…	…
GDP 增长率（%）	3.0	2.4	2.6	2.6	2.6	2.6	2.6	2.6	…
第二产业增加值（亿美元）									
第二产业增加值占 GDP 比重（%）									
固定资产形成总值（亿美元）	…	…	…	…	…	…	…	…	…
私人最终消费（亿美元）	…	…	…	…	…	…	…	…	…
公共财政总收入（亿美元）	…	…	…	…	…	…	…	…	…
货币供给（亿美元）	0	0	0	0	0	0	0	0	0
铁路总里程（千 km）									
铁路网密度（km/千 km²）									
铺装道路比例（%）	…	…	…	…	…	…	…	…	…
每千人铺装道路里程（km/人）	…	…	…	…	…	…	…	…	…
每千人拥有电话主线（条/千人）	12	12	11	11	11	10	9	7	…

续表

	2005 年	2006 年	2007 年	2008 年	2009 年	2010 年	2011 年	2012 年	2013 年
每千人拥有蜂窝移动电话用户数（户/千人）	59	63	67	69	68	67	182	226	…
识字率（%）	…	…	…	…	…	…	…	…	…
中等教育入学人数（千人）	…	…	87	…	…	…	…	…	…
高等教育入学人数（千人）	…	…	…	…	…	…	…	…	…
公共教育支出占预算比例（%）	…	…	…	…	…	2.5	…	…	…
师生比率（%）	…	…	35.5	…	…	…	…	…	…
公共卫生支出占预算比例（%）	…	…	…	…	…	…	…	…	…
每万人医生数（人）	…	0.4	…	…	…	…	…	…	…
每万人医院床位数（张）	…	…	…	…	…	…	…	…	…
出生时预期寿命（年）	…	…	…	…	…	…	…	…	55.1
婴儿死亡率（%）	…	…	…	…	…	…	…	…	78.6
人类贫困指数	…	…	…	…	…	…	…	…	…
人类发展指数	…	…	…	…	…	…	…	…	0
出口总额（亿美元）	2.51	2.85	3.46	4.15	4.22	4.5	5.2	5.1	…
进口总额（亿美元）	6.26	7.93	8.87	8.9	7.5	9.4	8.8	…	…
FDI（百万美元）	24	96	141	87	108	112	102	…	…
进出口总额占 GDP 比例（%）	…	…	…	…	…	…	…	…	…
国际游客到达人数（千人）	…	…	…	…	…	…	…	…	…
国际旅游收入（亿美元）	…	…	…	…	…	…	…	…	…
国际储备（亿美元）	0	0	0	0	0	0	0	0	0
国外净资产（百万美元）	0	0	0	0	0	0	0	0	0

南非

	2005 年	2006 年	2007 年	2008 年	2009 年	2010 年	2011 年	2012 年	2013 年
总人口（百万人）	48.24	48.92	49.60	50.27	50.89	51.45	51.95	52.39	52.78
人口增长率（%）	…	…	…	…	…	…	…	…	0.7
经济活动人口（百万人）	…	…	…	…	…	…	…	…	18.82
非农从业人员比重（%）	…	…	…	…	…	…	…	…	94.2
城市人口比例（%）	…	…	…	…	…	…	…	…	62.9
就业率（%）	…	…	…	…	…	…	…	…	35.66
耕地面积（万公顷）	1317.5	1260	1260	1280	1266	1253.3	1203.3	…	…
GDP（亿美元）	2202.93	2322.48	2541.95	2454.90	2573.78	3310.60	3629.52	3435.15	3136.92
人均国民总收入（美元）	4567.09	4747.60	5124.59	4883.73	5057.54	6434.34	6986.70	6557.39	5943.83
GDP 增长率（%）	5.3	5.6	5.5	3.6	-1.5	3.1	3.6	2.5	1.9
第二产业增加值（亿美元）	686.57	723.64	794.47	793.31	797.11	995.58	1079.74	975.87	865.16
第二产业增加值占 GDP 比重（%）	31.17	31.16	31.25	32.32	30.97	30.07	29.75	28.41	27.58
固定资产形成总值（亿美元）	414.71	478.70	576.25	630.42	612.50	699.87	758.07	722.76	677.46
私人最终消费（亿美元）	1557.82	1648.91	1793.94	1686.42	1724.61	2164.30	2401.00	2323.80	2130.33
公共财政总收入（亿美元）	546.94	607.33	682.55	678.93	807.06	907.68	1043.63	1019.60	923.15
货币供给（亿美元）	1731.34	1993.05	2365.36	2317.43	2300.14	2845.78	3106.47	2889.41	2671.87
铁路总里程（千 km）	…	…	…	…	…	…	…	…	…
铁路网密度（km/千 km²）	…	…	…	…	…	…	…	…	…
铺装道路比例（%）	…	…	…	…	…	…	…	…	…
每千人铺装道路里程（km/人）	…	…	…	…	…	…	…	…	…
每千人拥有电话主线（条/千人）	98	95	91	88	85	82	79	77	…

401

续表

项目	2005 年	2006 年	2007 年	2008 年	2009 年	2010 年	2011 年	2012 年	2013 年
每千人拥有蜂窝移动电话用户数（户/千人）	704	811	853	895	912	979	1232	1306	…
识字率（%）	…	…	…	…	…	…	93.0	…	…
中等教育入学人数（千人）	…	…	…	…	…	…	…	4844	…
高等教育入学人数（千人）	…	…	…	…	…	…	…	…	…
公共教育支出占预算比例（%）	…	…	…	…	16.9	…	…	…	…
师生比率（%）	…	…	…	…	…	…	…	29.5	…
公共卫生支出占预算比例（%）	…	…	…	…	9.3	…	…	…	…
每万人医生数（人）	…	…	…	…	…	…	7.6	…	…
每万人医院床位数（张）	28.4	…	…	…	…	…	…	…	…
出生时预期寿命（年）	…	…	25.4	…	…	…	…	…	56.9
婴儿死亡率（%）	…	…	…	…	…	…	…	…	38.1
人类贫困指数	…	…	…	…	…	…	…	…	…
人类发展指数	…	…	…	…	…	…	…	…	121
出口总额（亿美元）	562.61	658.25	764.35	861.18	665.42	857	929.76	867.12	…
进口总额（亿美元）	641.92	809.51	905.27	875.93	756.47	962.49	1224.18	1016.11	…
FDI（百万美元）	6647	-527	5695	9006	5365	1228	5807	…	…
进出口总额占 GDP 比例（%）	54.68	63.20	65.68	70.76	55.25	54.96	59.35	54.82	…
国际游客到达人数（千美元）	5530	6259	6774	7157	7012	8074	8339	9188	9515
国际旅游收入（千美元）	150300	252400	261800	330700	298700	94300	185000	879976	791276
国际储备（亿美元）	187.79	232.67	298.1	308	354.58	383.92	428.11	442.12	450.8
国外净资产（百万美元）	30395.44	40097.49	42919.01	46905.69	39375.44	46144.95	69534.85	61333.25	65292.86

南苏丹

	2005 年	2006 年	2007 年	2008 年	2009 年	2010 年	2011 年	2012 年	2013 年
总人口（百万人）	8.04	8.38	8.74	9.12	9.52	9.94	10.38	10.84	11.30
人口增长率（%）	…	…	…	4.37	…	…	…	2.4	…
经济活动人口（百万人）	…	…	…	…	…	…	…	…	…
非农从业人员比重（%）	…	…	…	37.4	…	…	…	…	…
城市人口比例（%）	…	…	…	17.0	…	…	…	…	…
就业率（%）	…	…	…	47.92	…	…	…	…	…
耕地面积（万公顷）	0	0	0	0	0	0	0	…	…
GDP（亿美元）	…	…	…	…	…	…	…	…	…
人均国民总收入（美元）	…	…	…	…	…	…	…	…	…
GDP 增长率（%）	…	…	…	…	4.3	4.2	1.9	…	…
第二产业增加值（亿美元）	…	…	…	…	…	…	…	…	…
第三产业增加值占 GDP 比重（%）	…	…	…	…	…	…	…	…	…
固定资产形成总值（亿美元）	…	…	…	…	…	…	…	…	…
私人最终消费（亿美元）	…	…	…	…	…	…	…	…	…
公共财政总收入（亿美元）	…	…	…	…	…	…	…	…	…
货币供给（亿美元）	…	…	…	…	…	…	…	…	…
铁路总里程（千 km）	…	…	…	…	…	…	…	…	…
铁路网密度（km/千 km²）	…	…	…	…	…	…	…	…	…
铺装道路比例（%）	…	…	…	…	…	…	…	…	…
每千人铺装道路里程（km/人）	…	…	…	…	…	…	…	…	…
每千人拥有电话主线（条/千人）	…	…	…	…	…	…	…	…	…

续表

	2005 年	2006 年	2007 年	2008 年	2009 年	2010 年	2011 年	2012 年	2013 年
每千人拥有蜂窝移动电话用户数（户/千人）	…	…	…	…	…	…	…	…	…
识字率（%）	…	…	…	…	40.0	…	…	…	…
中等教育入学人数（千人）	…	…	…	…	…	…	44	…	…
高等教育入学人数（千人）	…	…	…	…	…	…	…	…	…
公共教育支出占预算比例（%）	…	…	…	…	…	…	…	3.2	…
师生比率（%）	…	…	…	…	…	…	52.4	…	…
公共卫生支出占预算比例（%）	…	…	…	…	…	4.0	…	…	…
每万人医生数（人）	…	…	…	…	…	…	…	…	…
每万人医院床位数（张）	…	…	…	…	…	…	…	…	…
出生时预期寿命（年）	…	…	…	…	…	…	…	59.8	…
婴儿死亡率（%）	…	…	…	…	…	58.0	…	…	…
人类贫困指数	…	…	…	…	…	…	…	…	…
人类发展指数	…	…	…	…	…	…	…	…	…
出口总额（亿美元）	…	…	…	…	…	…	…	…	…
进口总额（亿美元）	…	…	…	…	…	…	…	…	…
FDI（百万美元）	…	…	…	…	…	…	…	…	…
进出口总额占 GDP 比例（%）	…	…	…	…	…	…	…	…	…
国际游客到达人数（千人）	…	…	…	…	…	…	…	…	…
国际旅游收入（千美元）	…	…	…	…	…	…	…	…	…
国际储备（亿美元）	…	…	…	…	…	…	…	…	…
国外净资产（百万美元）	…	…	…	…	…	…	…	…	…

苏丹

	2005 年	2006 年	2007 年	2008 年	2009 年	2010 年	2011 年	2012 年	2013 年
总人口（百万人）	31.59	32.40	33.22	34.04	34.85	35.65	36.43	37.20	37.96
人口增长率（%）	…	…	…	…	…	…	…	…	2.7
经济活动人口（百万人）	…	…	…	…	…	…	…	…	14.44
非农从业人员比重（%）	…	…	…	…	…	…	…	…	48.5
城市人口比例（%）	…	…	…	…	…	…	…	…	34.8
就业率（%）	…	…	…	…	…	…	…	…	38.04
耕地面积（万公顷）	1875	1875	1924.7	1932.1	1879.6	1885.8	1885.8	…	…
GDP（亿美元）	344.98	444.74	583.37	647.32	599.01	687.55	685.48	668.60	650.79
人均国民总收入（美元）	1092.20	1372.73	1756.18	1901.65	1718.68	1928.49	1881.57	1797.55	1714.22
GDP增长率（%）	5.2	7.7	5.8	3.8	4.5	6.5	1.9	0.4	3.6
第二产业增加值（亿美元）	77.19	104.08	156.19	182.89	149.68	156.50	141.96	135.10	129.24
第三产业增加值占 GDP 比重（%）	22.38	23.40	26.77	28.25	24.99	22.76	20.71	20.21	19.86
固定资产形成总值（亿美元）	58.54	90.40	113.06	115.62	110.33	137.25	155.87	131.28	129.35
私人最终消费（亿美元）	286.86	342.55	435.31	454.01	459.93	488.01	486.34	499.59	465.77
公共财政总收入（亿美元）	62.83	80.42	100.21	131.00	82.55	126.60	121.19	62.48	71.32
货币供给（亿美元）	57.62	82.45	97.75	109.98	124.00	154.16	156.98	164.68	155.67
铁路总里程（千 km）	4.578	4.578	5.901	5.901	5.901	5.901	5.844	5.844	…
铁路网密度（km/千 km²）	2.43	2.43	3.13	3.13	3.13	3.13	3.10	3.10	…
铺装道路比例（%）	33	35.7	32	32	32	51.6	90.6	…	…
每千人铺装道路里程（km/人）	622.40	673.33	603.54	603.54	603.54	973.21	1708.78	…	…
每千人拥有电话主线（条/千人）	2	2	1	1	1	1	14	9	…

续表

	2005 年	2006 年	2007 年	2008 年	2009 年	2010 年	2011 年	2012 年	2013 年
每千人拥有蜂窝移动电话用户数（户/千人）	7	15	19	26	38	41	738	605	…
识字率（%）	…	…	…	…	…	71.1	…	…	…
中等教育入学人数（千人）	…	…	…	…	…	…	680	…	…
高等教育入学人数（千人）	…	…	…	477.0	…	…	…	…	…
公共教育支出占预算比例（%）	…	…	…	…	…	12.9	…	…	…
师生比率（%）	…	…	…	…	38.4	…	…	…	…
公共卫生支出占预算比例（%）	…	…	…	…	…	17.8	…	35.2	…
每万人医生数（人）	…	…	…	…	…	…	…	…	…
每万人医院床位数（张）	…	…	…	…	7.0	…	…	…	…
出生时预期寿命（年）	…	…	…	…	…	…	…	57.9	61.8
婴儿死亡率（%）	…	…	34.0	…	…	…	…	…	…
人类贫困指数	…	…	…	…	…	…	…	…	…
人类发展指数	…	…	…	…	…	…	…	…	171
出口总额（亿美元）	44.93	54.72	89.25	118.11	75.05	116.30	89.79	30.43	…
进口总额（亿美元）	69.60	88.07	95.32	124.07	82.89	122.56	96.51	70.54	…
FDI（百万美元）	2305	3541	2436	2601	3034	2064	2314	2465	…
进出口总额占 GDP 比例（%）	33.20	32.11	31.64	37.41	26.37	34.74	27.18	15.10	…
国际游客到达人数（千美元）	246	328	436	440	420	495	536	567	…
国际旅游收入（千美元）	74400	72500	28900	17700	28300	31700	15833	22737	23609
国际储备（亿美元）	18.69	16.6	13.78	13.99	10.94	10.36	1.93	1.93	1.9
国外净资产（百万美元）	1132.38	616.59	400.99	486.60	-481.30	-87.45	-601.12	-59.38	-1328.15

斯威士兰

	2005 年	2006 年	2007 年	2008 年	2009 年	2010 年	2011 年	2012 年	2013 年
总人口（百万人）	1.11	1.12	1.14	1.15	1.17	1.19	1.21	1.23	1.25
人口增长率（%）	…	…	…	…	…	…	…	…	1.4
经济活动人口（百万人）	…	…	…	…	…	…	…	…	0.41
非农从业人员比重（%）	…	…	…	…	…	…	…	…	67.5
城市人口比例（%）	…	…	…	…	…	…	…	…	23.0
就业率（%）	…	…	…	…	…	…	17.5	…	32.8
耕地面积（万公顷）	17.8	17.8	17.8	17.8	17.5	17.5	17.5	…	…
GDP（亿美元）	20.36	21.71	22.73	22.40	23.79	30.04	32.71	33.91	…
人均国民总收入（美元）	1842.97	1941.90	2002.56	1941.45	2026.79	2518.10	2698.91	2754.36	…
GDP 增长率（%）	2.5	3.3	3.5	2.4	1.3	-1.8	8.2	6.3	…
第二产业增加值（亿美元）	9.10	10.14	10.58	10.40	10.98	13.98	15.71	16.75	…
第二产业增加值占 GDP 比重（%）	44.67	46.69	46.54	46.44	46.14	46.53	48.03	49.41	…
固定资产形成总值（亿美元）	3.89	3.78	3.75	3.34	3.26	3.77	3.80	3.85	…
私人最终消费（亿美元）	19.08	25.04	26.11	27.41	29.29	32.35	32.52	32.90	…
公共财政总收入（亿美元）	7.61	8.12	11.38	9.60	11.33	12.54	9.50	9.10	12.13
货币供给（亿美元）	5.46	6.41	7.48	7.36	9.11	11.37	11.60	11.33	10.03
铁路总里程（千 km）	0.302	0.297	0.297	0.297	0.297	0.332	0.332	0.332	0.332
铁路网密度（km/千 km²）	17.39	17.11	17.11	17.11	17.11	19.12	19.12	19.12	19.12
铺装道路比例（%）	32.6	37.6	37.6	37.6	37.6	37.6	42.0	42.0	45.0
每千人铺装道路里程（km/人）	5.66	6.53	6.53	6.53	6.53	6.53	7.29	7.29	7.81
每千人拥有电话主线（条/千人）	38	39	40	41	42	45	49	40	49

407

续表

项目	2005年	2006年	2007年	2008年	2009年	2010年	2011年	2012年	2013年
每千人拥有蜂窝移动电话用户数（户/千人）	181	224	335	462	561	618	710	660	780
识字率（%）	…	…	…	…	…	87.4	…	91	…
中等教育入学人数（千人）	…	…	…	…	…	…	…	…	…
高等教育入学人数（千人）	…	…	…	…	…	…	…	10.2	…
公共教育支出占预算比例（%）	…	…	…	…	…	…	…	22.1	…
师生比率（%）	…	…	…	…	…	…	…	27.5	12.0
公共卫生支出占预算比例（%）	…	…	…	…	…	…	…	5.9	…
每万人医生数（人）	…	…	…	…	…	…	…	…	…
每万人医院床位数（张）	…	…	…	…	…	…	21.0	…	…
出生时预期寿命（年）	…	…	35.1	…	…	…	…	…	45.5
婴儿死亡率（%）	…	…	…	…	…	…	…	…	99.7
人类贫困指数	…	…	…	…	…	…	…	…	…
人类发展指数	…	…	…	…	…	…	…	…	141
出口总额（亿美元）	16.36	16.63	17.44	15.69	16.61	19.11	22.81	16.81	18.36
进口总额（亿美元）	16.59	12.28	13.15	13.25	14.32	20.20	20.00	17.52	16.81
FDI（百万美元）	-46	121	37	106	66	136	95	…	…
进出口总额占GDP比例（%）	161.81	133.16	134.56	129.15	129.97	130.86	130.87	101.24	…
国际游客到达人数（千人）	1182	1200	1230	1186	1344	1343	1328	1593	1612
国际旅游收入（千美元）	823600	950200	1198800	1288700	1159800	1254500	1353200	1563700	1679190
国际储备（亿美元）	2.44	3.73	7.74	7.52	9.59	7.56	6.01	7.41	8.99
国外净资产（百万美元）	298.27	486.85	817.02	976.39	922.20	784.70	554.27	763.58	871.95

坦桑尼亚

	2005 年	2006 年	2007 年	2008 年	2009 年	2010 年	2011 年	2012 年	2013 年
总人口（百万人）	38.82	39.94	41.12	42.35	43.64	44.97	46.36	47.78	49.25
人口增长率（%）	...	...	...	...	...	...	...	2.7	...
经济活动人口（百万人）	...	...	...	...	...	...	...	23.47	...
非农从业人员比重（%）	...	...	...	...	...	...	...	20.5	...
城市人口比例（%）	...	...	...	...	...	...	26.9	...	...
就业率（%）	...	...	...	...	...	...	...	49.12	...
耕地面积（万公顷）	970	970	1000	1132.57	1150	1160	1160	...	...
GDP（亿美元）	129.31	130.03	152.52	187.68	193.21	207.89	216.66	257.04	...
人均国民总收入（美元）	333.06	325.54	370.92	443.12	442.75	462.26	467.39	537.94	...
GDP增长率（%）	7.4	6.7	7.1	7.4	6.0	7.0	6.4	6.9	...
第二产业增加值（亿美元）	29.38	29.75	35.59	43.42	45.33	49.34	52.21	62.50	...
第二产业增加值占 GDP 比重（%）	22.72	22.88	23.33	23.14	23.46	23.73	24.10	24.32	...
固定资产形成总值（亿美元）	34.87	39.01	49.15	60.81	60.75	72.22	86.09	95.51	...
私人最终消费（亿美元）	93.73	97.41	114.30	137.59	139.94	143.40	157.85	185.72	...
公共财政总收入（亿美元）	24.51	25.31	29.80	43.53	42.04	43.05	45.83	61.33	74.53
货币供给（亿美元）	31.46	41.25	49.99	62.35	66.50	78.14	82.83	93.06	101.85
铁路总里程（千 km）	4.582	4.46	4.46	4.46	4.46	3.682	3.682	3.682	...
铁路网密度（km/千 km²）	4.85	4.72	4.72	4.72	4.72	3.90	3.90	3.90	...
铺装道路比例（%）	...	5.2	...	6.0	...	7.9	...	...	...
每千人铺装道路里程（km/人）	...	47.25	...	56.71	...	74.66	45.83	...	...
每千人拥有电话主线（条/千人）	154	152	163	124	173	175	175	4	...

续表

	2005 年	2006 年	2007 年	2008 年	2009 年	2010 年	2011 年	2012 年	2013 年
每千人拥有蜂窝移动电话用户数（户/千人）	4349	6247	8328	12418	17484	20984	23980	571	…
识字率（%）	…	…	…	…	…	73.2	…	…	…
中等教育入学人数（千人）	…	…	…	…	…	…	…	1884	…
高等教育入学人数（千人）	51.6	…	…	…	…	…	…	…	…
公共教育支出占预算比例（%）	…	…	…	27.5	…	…	…	…	…
师生比率（%）	…	…	…	…	…	51.0	…	…	…
公共卫生支出占预算比例（%）	…	…	…	…	18.1	…	…	…	…
每万人医生数（人）	…	…	4.8	…	…	…	…	…	…
每万人医院床位数（张）	…	…	…	…	…	7.0	…	…	…
出生时预期寿命（年）	…	…	…	…	…	…	…	58.9	…
婴儿死亡率（%）	…	…	…	…	…	…	78.6	…	…
人类贫困指数	…	…	30.0	…	…	…	…	…	…
人类发展指数	…	…	…	…	…	…	…	…	152
出口总额（亿美元）	21.2	17.43	20.24	31.12	28.56	40.51	47.35	55.47	…
进口总额（亿美元）	32.47	45.27	59.19	70.81	65.31	80.13	153.83	162.27	…
FDI（百万美元）	936	403	582	1247	953	1023	1095	…	…
进出口总额占 GDP 比例（%）	41.51	48.22	52.08	54.31	48.58	58.03	92.86	84.71	…
国际游客到达人数（千人）	613	644	719	770	714	783	868	931	…
国际旅游收入（亿美元）	18400	18000	33600	38600	67700	65000	69542	69583	72175
国际储备（亿美元）	20.49	22.59	28.86	28.63	34.7	39.05	37.26	40.52	45.32
国外净资产（百万美元）	2361.81	2886.66	2951.59	3407.27	3734.58	4319.10	4005.03	4024.69	4126.89

多哥

	2005 年	2006 年	2007 年	2008 年	2009 年	2010 年	2011 年	2012 年	2013 年
总人口（百万人）	5.54	5.69	5.84	5.99	6.14	6.31	6.47	6.64	6.82
人口增长率（%）	…	…	…	…	…	…	…	…	2.6
经济活动人口（百万人）	…	…	…	…	…	…	…	…	3.07
非农从业人员比重（%）	…	…	…	…	…	…	…	…	56.2
城市人口比例（%）	…	…	…	…	…	…	…	…	39.0
就业率（%）	…	…	…	…	…	…	…	…	45.01
耕地面积（万公顷）	210	210	231	234	241	249	251	…	…
GDP（亿美元）	19.20	20.00	22.63	28.48	28.44	28.24	33.17	34.22	38.16
人均国民总收入（美元）	346.57	351.73	387.75	475.67	462.87	447.85	512.48	515.06	559.82
GDP增长率（%）	1.2	3.9	2.1	2.4	3.4	4.0	4.9	5.9	5.6
第二产业增加值（亿美元）	3.64	4.06	4.72	5.75	5.06	5.13	6.62	7.08	7.81
第三产业增加值占 GDP 比重（%）	18.94	20.29	20.84	20.19	17.78	18.17	19.96	20.70	20.46
固定资产形成总值（亿美元）	3.47	3.73	3.63	4.54	5.27	5.72	6.55	9.33	10.64
私人最终消费（亿美元）	20.82	20.78	23.15	27.14	26.18	27.22	32.80	30.91	35.73
公共财政总收入（亿美元）	3.56	4.05	4.67	5.38	5.84	7.25	8.50	8.22	10.28
货币供给（亿美元）	5.93	7.34	9.58	11.86	13.06	14.48	17.62	17.74	20.72
铁路总里程（千 km）	…	…	11.652	…	…	…	…	…	…
铁路网密度（km/千 km²）	…	…	205.20	…	…	…	…	…	…
铺装道路比例（%）	…	…	21.0	…	…	…	…	…	…
每千人铺装道路里程（km/人）	…	…	11.92	…	…	…	…	…	…
每千人拥有电话主线（条/千人）	11	14	17	24	29	10	9	9	…

续表

	2005年	2006年	2007年	2008年	2009年	2010年	2011年	2012年	2013年
每千人拥有蜂窝移动电话用户数（户/千人）	78	125	204	259	356	413	416	499	…
识字率（%）	…	…	…	…	…	…	60.4	…	…
中等教育入学人数（千人）	…	…	…	…	…	…	546	…	…
高等教育入学人数（千人）	…	…	…	…	…	…	…	65.6	…
公共教育支出占预算比例（%）	…	…	…	…	17.6	…	…	…	…
师生比率	…	…	…	…	…	…	…	41.7	…
公共卫生支出占预算比例（%）	…	…	…	…	8.0	…	…	…	…
每万人医生数（人）	…	…	…	0.5	…	…	…	…	…
每万人医院床位数（张）	…	…	…	…	…	…	7.0	…	…
出生时预期寿命（年）	…	…	36.6	…	…	…	…	…	56.5
婴儿死亡率（%）	…	…	…	…	…	…	…	…	65.8
人类贫困指数	…	…	…	…	…	…	…	…	…
人类发展指数	…	…	…	…	…	…	…	…	159
出口总额（亿美元）	6.60	6.30	6.77	8.53	9.03	9.76	11.73	12.28	13.45
进口总额（亿美元）	11.73	12.19	10.72	13.07	12.80	13.44	17.60	16.64	…
FDI（百万美元）	77	77	49	24	49	86	54	…	…
进出口总额占GDP比例（%）	95.46	92.46	77.30	75.85	76.78	82.17	88.43	84.51	…
国际游客到达人数（千人）	81	94	86	74	150	202	300	235	251
国际旅游收入（亿美元）	361300	318200	372800	470400	636700	747100	917400	1046210	1046210
国际储备（亿美元）	1.92	3.75	4.38	5.82	7.03	7.15	7.74	4.42	5.11
国外净资产（百万美元）	254.89	401.54	431.25	534.60	521.75	535.51	615.07	542.12	589.59

突尼斯

	2005 年	2006 年	2007 年	2008 年	2009 年	2010 年	2011 年	2012 年	2013 年
总人口（百万人）	10.05	10.16	10.27	10.39	10.51	10.63	10.75	10.88	11.00
人口增长率（%）	…	…	…	…	…	…	…	1.1	…
经济活动人口（百万人）	…	…	…	…	…	…	…	3.92	…
非农从业人员比重（%）	…	…	…	…	…	…	…	78.9	…
城市人口比例（%）	…	…	…	…	…	…	…	…	66.5
就业率（%）	…	…	…	…	…	…	…	36.03	…
耕地面积（万公顷）	273	276.3	273.3	283.5	270.7	282.3	283.9	…	…
GDP（亿美元）	291.63	314.44	358.45	417.44	396.43	405.14	429.19	424.26	441.53
人均国民总收入（美元）	2901.51	3094.92	3488.86	4017.31	3771.57	3810.57	3991.37	3901.21	4015.01
GDP 增长率（%）	4.0	5.7	6.3	4.5	3.1	3.0	-1.9	3.7	2.6
第二产业增加值（亿美元）	85.14	93.17	112.62	141.33	121.88	127.77	135.55	132.24	122.86
第三产业增加值占 GDP 比重（%）	29.19	29.63	31.42	33.86	30.74	31.54	31.58	31.17	27.83
固定资产形成总值（亿美元）	69.08	77.69	89.77	106.18	105.76	108.37	99.76	99.00	…
私人最终消费（亿美元）	199.00	212.35	239.84	275.79	269.56	277.38	303.54	301.95	…
公共财政总收入（亿美元）	71.38	73.32	85.19	108.59	101.94	103.66	117.87	118.99	114.72
货币供给（亿美元）	183.24	199.59	233.23	277.63	285.86	302.57	334.77	328.15	352.75
铁路总里程（千 km）	2.153	2.156	2.156	2.156	2.156	2.156	2.156	…	…
铁路网密度（km/千 km²）	13.16	13.18	13.18	13.18	13.18	13.18	13.18	…	…
铺装道路比例（%）	…	74.3	…	75.2	…	…	…	…	…
每千人铺装道路里程（km/千人）	…	121.56	…	123.03	…	…	…	…	…
每千人拥有电话主线（条/千人）	125	125	124	120	122	122	114	103	94

续表

	2005 年	2006 年	2007 年	2008 年	2009 年	2010 年	2011 年	2012 年	2013 年
每千人拥有蜂窝移动电话用户数（户/千人）	566	725	767	833	938	1054	1161	1200	1168
识字率（%）	…	…	…	…	…	…	…	82.0	…
中等教育入学人数（千人）	…	…	…	…	1202	…	…	…	…
高等教育入学人数（千人）	…	…	…	…	…	…	336.0	…	…
公共教育支出占预算比例（%）	…	…	…	22.7	…	…	…	…	…
师生比率	…	…	…	…	…	…	…	…	…
公共卫生支出占预算比例（%）	…	…	…	…	6.8	…	…	…	7.2
每万人医生数（人）	…	…	…	…	…	12.3	…	…	…
每万人医院床位数（张）	…	…	…	…	…	21.0	…	…	…
出生时预期寿命（年）	…	…	…	…	…	…	…	74.7	…
婴儿死亡率（%）	…	…	…	…	…	…	…	16.1	…
人类贫困指数	…	…	15.6	…	…	…	…	…	…
人类发展指数	…	…	…	…	…	…	…	…	94
出口总额（亿美元）	106.11	116.98	151.64	192.17	144.21	164.47	177.96	170.18	170.99
进口总额（亿美元）	133.02	150.41	190.91	245.86	191.69	222.50	238.97	244.73	243.88
FDI（百万美元）	783	3308	1616	2759	1688	1513	1143	…	…
进出口总额占 GDP 比例（%）	82.00	85.03	95.57	104.93	84.73	95.51	97.14	97.80	93.96
国际游客到达人数（千美元）	6975	7176	7512	7750	7611	7715	5451	7635	…
国际旅游收入（亿美元）	2128100	2256400	2555200	2931100	2751000	2623500	1894300	2203800	2167680
国际储备（亿美元）	44.48	67.85	78.63	88.61	110.69	94.71	74.65	83.69	72.99
国外净资产（百万美元）	3135.38	5140.60	5232.81	6679.67	7248.15	6454.55	4348.23	4902.56	3276.54

乌干达

	2005 年	2006 年	2007 年	2008 年	2009 年	2010 年	2011 年	2012 年	2013 年
总人口（百万人）	28.73	29.71	30.73	31.78	32.86	33.99	35.15	36.35	37.58
人口增长率（%）	…	…	…	…	…	…	…	…	3.2
经济活动人口（百万人）	…	…	…	…	…	…	…	10.34	…
非农从业人员比重（%）	…	…	…	…	…	…	…	15.3	…
城市人口比例（%）	…	…	…	…	…	…	…	…	18.1
就业率（%）	…	…	…	…	…	…	675	28.45	…
耕地面积（万公顷）	595	610	625	645	660	675	675	…	…
GDP（亿美元）	92.70	101.62	124.40	150.26	151.67	157.49	167.44	195.25	…
人均国民总收入（美元）	322.72	342.02	404.83	472.82	461.52	463.38	476.40	537.19	…
GDP增长率（%）	10.0	7.0	8.1	10.4	4.1	6.2	6.2	2.8	…
第二产业增加值（亿美元）	22.99	24.51	32.41	39.25	39.30	41.99	46.22	54.56	…
第三产业增加值占 GDP 比重（%）	24.80	24.11	26.05	26.12	25.91	26.66	27.61	27.94	…
固定资产形成总值（亿美元）	21.41	22.53	30.77	32.97	36.00	39.16	44.98	52.96	…
私人最终消费（亿美元）	75.18	88.14	104.27	133.11	129.60	142.17	152.45	171.61	…
公共财政收入（亿美元）	17.80	17.54	22.11	23.16	23.01	23.80	28.91	30.99	33.54
货币供给（亿美元）	17.42	19.80	25.66	33.63	33.22	43.29	41.33	47.95	51.38
铁路总里程（千 km）	…	…	…	1.241	1.241	1.241	1.241	1.241	1.241
铁路网密度（km/千 km²）	…	…	…	5.14	5.14	5.14	5.14	5.14	5.14
铺装道路比例（%）	…	…	…	…	…	…	…	…	…
每千人铺装道路里程（km/人）	…	…	…	…	…	…	…	…	…
每千人拥有电话主线（条/千人）	61	102	186	295	314	414	521	9	496

续表

	2005年	2006年	2007年	2008年	2009年	2010年	2011年	2012年	2013年
每千人拥有蜂窝移动电话用户数（户/千人）	57	98	181	289	306	404	507	459	488
识字率（%）	…	…	…	…	…	…	…	71.0	…
中等教育入学人数（千人）	…	…	…	…	…	…	…	1251	…
高等教育入学人数（千人）	…	…	…	…	…	…	197.0	…	…
公共教育支出占预算比例（%）	…	…	…	…	…	…	…	14.6	…
师生比例（%）	…	…	…	…	…	…	…	49.0	…
公共卫生支出占预算比例（%）	…	…	…	…	…	…	54.0	…	…
每万人医生数（人）	…	…	…	…	…	5.0	…	…	…
每万人医院床位数（张）	…	…	…	…	…	…	…	…	…
出生时预期寿命（年）	…	…	…	…	…	…	…	50.4	…
婴儿死亡率（%）	…	…	…	…	…	…	…	…	…
人类贫困指数	…	…	…	…	…	…	…	…	…
人类发展指数	…	…	…	…	…	…	…	…	161
出口总额（亿美元）	21.2	26.38	35.53	46.04	43.4	47.31	56.85	60.96	58.67
进口总额（亿美元）	21.2	26.38	35.53	46.04	43.4	47.31	56.85	60.96	58.67
FDI（百万美元）	380	644	792	729	842	540	895	1206	…
进出口总额占GDP比例（%）	33.80	37.71	43.57	47.49	44.21	43.67	48.97	45.62	…
国际游客到达人数（千美元）	468	539	642	844	807	946	1.151	1.197	…
国际旅游收入（千美元）	98400	110000	137800	148400	97700	124600	146300	154800	157637
国际储备（亿美元）	13.44	18.11	25.6	23.01	29.94	27.06	26.17	31.67	32.42
国外净资产（百万美元）	1504.73	2066.66	2867.68	2914.61	2568.89	2834.04	2502.21	3375.71	3112.85

赞比亚

指标	2005 年	2006 年	2007 年	2008 年	2009 年	2010 年	2011 年	2012 年	2013 年
总人口（百万人）	11.47	11.78	12.11	12.46	12.83	13.22	13.63	14.08	14.54
人口增长率（%）	…	…	…	…	…	…	…	…	3.0
经济活动人口（百万人）	…	…	…	…	…	…	5.42	…	…
非农从业人员比重（%）	…	…	…	…	…	…	…	39.0	…
城市人口比重（%）	…	…	…	…	…	…	…	…	41.2
就业率（%）	…	…	…	…	…	…	39.77	…	…
耕地面积（万公顷）	272.7	301.3	294.9	305.2	335	370	340	…	224.46
GDP（亿美元）	66.02	99.20	107.47	136.53	121.78	155.41	184.78	198.04	224.46
人均国民总收入（美元）	575.63	841.96	887.47	1096.02	949.58	1175.87	1355.32	1407.03	1543.84
GDP增长率（%）	5.3	6.2	6.2	5.7	6.4	7.6	6.8	7.3	6.5
第二产业增加值（亿美元）	19.28	31.94	36.41	46.59	42.17	57.32	71.31	76.75	95.35
第二产业增加值占 GDP 比重（%）	29.21	32.20	33.87	34.13	34.63	36.88	38.59	38.76	42.48
固定资产形成总值（亿美元）	16.09	22.26	23.81	28.55	25.04	34.09	45.07	50.97	65.27
私人最终消费（亿美元）	43.06	54.51	67.46	93.02	74.32	79.53	92.00	97.82	92.36
公共财政总收入（亿美元）	17362.58	22892.53	24666.28	32771.98	24122.77	31664.58	41629.63	42319.65	48650.80
货币供给（亿美元）	12922.12	23060.76	25998.65	34173.63	27320.61	37326.12	44865.80	49900.95	56132.77
铁路总里程（千 km）	59.596	59.596	59.596	59.596	59.596	59.596	59.596	59.596	59.596
铁路网密度（km/千 km²）	79.46	79.46	79.46	79.46	79.46	79.46	79.46	79.46	79.46
铺装道路比例（%）	10.9	10.9	11.2	11.2	11.2	…	…	…	…
每千人铺装道路里程（km/人）	81.75	81.75	84.00	84.00	84.00	…	…	…	…
每千人拥有电话主线（条/千人）	8	8	8	7	7	7	6	6	9

续表

	2005 年	2006 年	2007 年	2008 年	2009 年	2010 年	2011 年	2012 年	2013 年
每千人拥有蜂窝移动电话用户数（户/千人）	83	142	219	286	346	416	606	758	732
识字率（%）	…	…	…	…	…	71.2	…	…	…
中等教育入学人数（千人）	…	…	…	…	…	…	…	…	…
高等教育入学人数（千人）	24.6	…	…	…	…	…	…	…	…
公共教育支出占预算比例（%）	…	…	…	…	22.0	…	…	…	…
师生比率（%）	…	…	…	…	…	…	62.6	…	…
公共卫生支出占预算比例（%）	…	…	…	…	…	…	…	…	11.3
每万人医生数（人）	…	…	…	…	…	…	…	…	0.9
每万人医院床位数（张）	…	…	…	…	…	…	…	…	18.0
出生时预期寿命（年）	…	…	35.5	…	…	…	…	49.4	…
婴儿死亡率（%）	…	…	…	…	…	…	…	82.6	…
人类贫困指数	…	…	…	…	…	…	…	…	…
人类发展指数	…	…	…	…	…	…	…	…	163
出口总额（亿美元）	21.55	37.25	46.00	49.74	42.33	71.88	88.30	93.60	105.88
进口总额（亿美元）	25.66	30.73	39.86	49.28	37.87	53.14	72.92	87.91	101.66
FDI（百万美元）	357	616	1324	939	695	1729	1109	1732	1811
进出口总额占 GDP 比例（%）	71.51	68.53	79.89	72.53	65.85	80.44	87.25	91.66	92.46
国际游客到达人数（千人）	669	757	897	812	710	815	969	952	915
国际旅游收入（亿美元）	98476	336210	305154	336941	389729	351094	390754	431078	433476
国际储备（亿美元）	5.6	7.2	10.9	10.96	18.92	20.94	23.24	30.42	26.84
国外净资产（百万美元）	−790.74	9717.61	11380.06	13292.52	9729.151	13937.62	19326.88	23327.58	19148.37

津巴布韦

	2005 年	2006 年	2007 年	2008 年	2009 年	2010 年	2011 年	2012 年	2013 年
总人口（百万人）	12.71	12.72	12.74	12.78	12.89	13.08	13.36	13.72	14.15
人口增长率（%）	…	…	…	…	…	…	6.42	1.7	…
经济活动人口（百万人）	…	…	…	…	…	…	…	…	…
非农从业人员比重（%）	…	…	…	…	…	…	…	51.6	…
城市人口比例（%）	…	…	…	…	…	…	…	31.1	…
就业率（%）	…	…	…	…	…	…	48.05	…	…
耕地面积（万公顷）	388	403	403	423	410	410	410	…	…
GDP（亿美元）	87.09	60.53	16.15	2.16					
人均国民总收入（美元）	685.17	475.71	126.77	16.89					
GDP 增长率（%）	-4.0	-3.6	-3.3	-9.9		9.6	10.6	4.4	…
第二产业增加值（亿美元）	40.20	34.28	7.29	0.49	…	…	…	…	…
第三产业增加值占 GDP 比重（%）	46.15	56.63	45.11	22.75	…	…	…	…	…
固定资产形成总值（亿美元）	6.25	5.96	0.47	0.02	…	…	…	…	…
私人最终消费（亿美元）	85.31	60.71	14.60	2.10	…	…	…	…	…
公共财政收入（亿美元）	0.42	0.03	0.01	…	…	…	…	…	…
货币供给（亿美元）	0.30	0.07	0.01	…	…	…	…	…	…
铁路总里程（千 km）	…	…	…	…	…	…	…	…	…
铁路网密度（km/千 km²）	…	…	…	…	…	…	…	…	…
铺装道路比例（%）	…	…	…	…	…	…	…	…	…
每千人铺装道路里程（km/人）	…	…	…	…	…	…	…	…	…
每千人拥有电话主线（条/千人）	26	27	28	28	31	30	28	23	…

续表

	2005 年	2006 年	2007 年	2008 年	2009 年	2010 年	2011 年	2012 年	2013 年
每千人拥有蜂窝移动电话用户数（户/千人）	51	68	98	133	320	612	721	969	…
识字率（%）	…	…	…	…	…	9.2	…	…	…
中等教育入学人数（千人）	…	…	…	…	…	864	…	…	…
高等教育入学人数（千人）	…	…	…	…	…	78.0	…	…	…
公共教育支出占预算比例（%）	14.5	…	…	…	…	…	…	…	…
师生比例（%）	…	…	…	…	…	…	…	…	…
公共卫生支出占预算比例（%）	8.5	…	…	…	…	…	0.8	…	…
每万人医生数（人）	…	…	…	…	…	…	…	…	…
每万人医院床位数（张）	…	…	…	…	…	…	17.0	…	…
出生时预期寿命（年）	…	…	34.0	…	…	…	…	52.7	…
婴儿死亡率（%）	…	…	…	…	…	…	…	73.8	…
人类贫困指数	…	…	…	…	…	…	…	…	…
人类发展指数	…	…	…	…	…	…	…	…	172
出口总额（亿美元）	16.71	15.88	17.21	16.94	21.9	32.04	35.17	38.39	35.07
进口总额（亿美元）	20.72	25.77	34.42	28.32	62.07	58.65	85.96	74.84	77.04
FDI（百万美元）	103	40	69	52	105	166	387	…	…
进出口总额占 GDP 比例（%）	42.98	68.81	319.67	2095.74	…	…	…	…	…
国际游客到达人数（千人）	1559	2287	2506	1956	2017	2239	2261	2386	…
国际旅游收入（亿美元）	…	…	…	…	…	…	…	…	…
国际储备（亿美元）	0.97	1.55	1.46	0.76	8.22	7.32	6.59	5.74	6.04
国外净资产（百万美元）	-0.45	-0.22	-0.23	-256.61	…	…	…	…	…